美国平等的历程

〔英〕J. R. 波尔　著
张聚国 译

商务印书馆
2010年·北京

J. R. Pole

THE PURSUIT OF EQUALITY IN AMERICAN HISTORY

根据加利福尼亚大学出版社(University of California Press)1993 年版译出

为纪念理查德·霍夫斯达特而作

目　　录

中文版序

在美国历史上的几个重要时期，具有多种含义的平等一直是公众辩论中举足轻重的主题。在很大的程度上由于启蒙运动所阐释的个体主义以及美国人通过英国普通法对个体主义的理解，权利平等成为北美各殖民地据以声言有权放弃他们对英国的效忠并建立独立国家的原则。尽管平等的思想并非时时占据主导地位，但是它已经永久地融入到了国民意识之中；在平等思想尤其突出的各种危急时刻之间的时间里，一股潜流始终保持着这一问题的活力，并时刻准备突破政治的表面。然而，不同时期持续不断的危机揭示出了若干个平等的线索或类型，它们时而交汇在一起，时而相互冲突。在本书中，我运用历史的和分析的方法将六种平等的类型加以区别和探讨；但是我们必须铭记在心的是它们时常是重叠的，甚至可以说，有时候它们相得益彰，而在其他的历史背景中它们却有可能相互冲突。这些平等的类型包括：(1)**政治平等**。它意味着每一个选民拥有一张选票以及最终实现成年人的普选权。(2)**法律面前的平等**。它作为一种原则在启蒙思想中起到的作用很可能要大于它的政治方面的意义。它意味着第一，不论人的阶级、种族和地位在法庭享有相似的法律程序；第二，法律的实质性内容应以同样的方式作用于每一个人；立法者也应受到他们所制定的法律的约束。(3)**宗教平等**。它要求政府不偏不倚地对待不同的教派或教会，最终实现教徒与非教徒在个人心灵上的平等。(4)**机会平等**。它最初是为保障平等的经济、教育和社会权利所采取的保护性手段，而后来则意味着通过政府的干预来促进上述权利的实现(这里，机会平等与美国人的另一种价值观念——自由相互冲突；自由被认为是对政府的约束)。(5)**性别平等**。我称之为“角色互换原则”，即妇女和男子能够担任可以互换的角色。这一原则为妇女进入专职工作领域、商业领域、警察和消防队、并最终进入武装部队敞开了大门；女性官员可以指挥男性；但是在理论上，不论性别，所有美国人都能够取得这样的指挥权。(6)最后是所有事情都包含的**受尊重**的平等(equality of esteem)，即每个人假定具有平等的价值的权利。[德沃金等法学思想家们喜欢称之为“受尊敬的平等”(equality of respect)；二者有着细微的差别，我认为尊敬(respect)更多的是一种赢得的东西]。能否通过法律实现受尊重的平等仍然是一个不确定的问题，但是法律能够影响许多其他条件，而这些条件又会影响个人价值问题。

然而，性别问题给本书的方法论带来了一个难题。假如“角色互换原则”能够成立的话，那么也就没有必要将性别平等作为一个单独的平等类型。(如果始终完全使用同样的方法，**种族**平等也应当被看作一个平等的类型。然而种族是一个不科学的、漏洞百出、变动不居的类型，是一个社会概念而不是一个事实。如果每一个人在其他所有方面都是平等的，那么种族也就变得无关紧要了。)至于性别问题，本书的第十二章将表明，这是一个远未得到解决的问题。我们还不能说这些平等的类型是确定无疑的；老年人、残疾人，甚至是相貌丑陋之人都已经组成了他们自己的政治压力集团；引人注目的是，退伍军人也已经学会通过施加压力维护自己的利益；但是近年来集中于解决“单一问题”的政治的结果是经过谈判所达成的具体的解决方案，而不是适用某个一般性的平等原则。

在二战后的一代人中，部分地由于战争本身的原因，例如对纳粹种族主义的恐惧，以及由于有组织的法律的和政治的方案的推行，这些平等的类型前所未有地交汇在一起，从而将平等这一主题提升到法律的和思想的论辩的突出地位。林登·约翰逊总统在他1965年发表的著名演讲中要求实现“结果的平等”，这样一来无论赋予“平等”什么含义，它都将成为一种无法履行的国家义务。沃伦法院以1962年的“贝克诉卡尔案”为开端的有关重新划分选区的多个裁定，竟然恢复了共和国的平等基础；作为这一系列判决的基础的一个根本性质的观点是，认为司法部门有责任介入各个方面的纠纷，并纠正那些削弱联邦宪法的结构性错误。通过确立犯有重罪的被告享有律师辩护的权利，联邦最高法院认可了法律面前的平等原则。《平等工资法》的通过和平等就业机会委员会的成立使机会平等稳步地得以实现。(尽管妇女们尚未完全实现同工同酬。)一个殷实的、自信心不断增强的黑人资产阶级开始分享它的白人同代人的一部分利益。在南方,不久前通过《选举权法》获得选举权的黑人选民们选出了黑人市长、黑人警察局长和黑人教育专员;种族本身开始放松对南方政治的控制。但是,其他矛盾与隔阂又很快凸显出来。划分选区以产生对人口中特定成分有利的预想结果的政策,无论其主观意图多好,却与政治平等的首要原则相矛盾,而且经常是削弱了而不是增强了少数群体的代表权。"结果的平等"是肯定性行动公开宣扬的目标,本书宁愿称之为"按人口比例的多元化"。70 年代初,尼克松总统提出的"沉默的大多数"预示着保守主义的到来。其间只是担任一届总统的吉米·卡特短暂地打断过这个过程。1980 年里根当选总统标志着富有平等精神的改革时代的终结。

近年来所取得的许多成果保存了下来,但是这些成果只能表明努力所达到的水平,而这种努力并没有善始善终;另外的一些社会成分分裂为派系,产生了内部的纷争。中上层白人妇女在专职工作领域,尤其是在法律界已经赢得了极为广泛的机会。但是妇女在律师事务所要提升到合伙经营者的身份,却只能达到每一个董事会只有一名妇女。换句话说,那些女性律师或法官仍被认为是妇女律师或妇女法官。而且这种优势总是被那些有着较高的社会地位和良好的教育起点的妇女所占有;即使是这样,随着级别的提升,她们要晋身管理层或合伙经营者的地位变得越来越困难——妇女们所经历的这种情况被称为"玻璃天花板"。在一些权威的律师事务所中,黑人专职人员们经常作为一个"象征性的"或者边缘化的人而存在。他们感到除了完成他们的正式工作以外,他们永远也不会完全被接纳为那个"俱乐部"的成员。当然那些"俱乐部"正是制定决策的地方。他们发现他们在心理上要付出的代价经常是羞辱性的,而这反过来又会损害他们的工作表现。

超出个人的控制或意图的是,共和党领导下的美国社会正经历着一场悄无声息的巨大变革。这场变革始于里根时代之前,在他卸职后仍在继续进行。中上层白人阶级正以前所未有的规模向郊区迁徙。在那儿,无论是黑人还是白人美国人都能够利用他们新获得的购买力来取得同样的利益,包括在资金充足、设备齐全的学校就读，在安静的街道与安全的社区生活。但是，在他们离开的城市中仍然居住着一个被剥夺了权利、未受教育、一贫如洗、经常失业的工人阶级。随着中上层阶级不断向郊区迁徙，这里的情况变得越来越糟。这种人口流动不仅仅是个人决定的偶然结果；它是公路院外集团、建筑业院外集团和铁路院外集团所组成的具有巨大影响的团体以及各种类型的折扣和利益推动下的一种政策。

在城市中心，许多学校不得不依靠全副武装的警卫的保卫；流浪街头的黑人青年耳濡目染的是毒品贩子和群体殴斗，他们凶暴、危险和狂躁。监狱中关押的大部分是黑人，其中大多数青年人要在狱中度过他们生命中的部分岁月。在以前以及在今天，在城市中有相当高比例的儿童由依靠福利度日的单身母亲抚养。为推行这些福利计划而征收的税可以被视为一种“保护费”。

医疗保障反映了极端的社会分化。对于那些能够买得起私人保险或者那些享有雇员社会保障计划的人们来说，其健康保险实际上是最好的。在美国，治疗方法和医疗设备都极先进。但是随着保险费用的迅速增长，这些医疗保险计划正在不断地削减；在布什总统的第二个任期内，4，300 万美国人根本享受不到任何医疗保险，而收入在 16，000～20，000 美元之间的那部分人中，有35％享受不到医疗保险。而且这种问题随着享受公司保险的工人比例逐年减少而变得越来越严重。老年人可以享受联邦政府提供的医疗服务；但是在南部农村，医生却相当匮乏而且极为分散。美国的新生儿死亡率在发达国家中是最高的。克林顿上台时确立了一些社会改革的目标，然而他未能消除职业界对他——更确切地说是他夫人——的医疗照顾计划的敌视。我们还不知道戈尔能否实现这一计划。

在民主党统治时期，旨在增进机会平等的立法措施包括：要求预留 10％的政府合同给“少数族裔”成员开办的公司以及明确规定工业训练计划要给“少数族裔”的成员预留名额。这其中包含了一个哲学问题：这种按比例分配利益的政策与按照资质签订政府合同的同样基本的原则相矛盾。由此还产生了其他的一些问题。什么是少数族裔开办的公司取决于如何界定“少数族裔”；更进一步的问题是，“少数族裔”的地位本身是否就能证明他们在过去受过歧视？在一项工业训练计划中，一个白人钢铁工人受到冷落，而一个技术欠熟练的黑人工人却被接纳。于是，这个白人工人以受到了种族歧视为由提起诉讼。（确立这项工业培训计划的法律明确禁止种族歧视。）这个白人工人没有过错；他从未歧视过任何人。但是这一做法提出了一个抽象的问题：如果这个黑人工人以前没有受到过歧视，他在两个人中是否更符合参加工业培训计划的条件呢？而原告韦伯可以提出的问题是：为什么他要因为他的先辈们犯下的罪过而受到不公平的待遇呢？费力达成的妥协不能成为永久性的指导方针。美国将成为一个以族裔群体为基础的联邦吗？对联邦宪法的解释随着判例变来变去。

在里根参加大选之前，国会立法限制金钱在选举政治中的过度影响。然而在"伯克利诉法雷奥案"(1976)中，联邦最高法院推翻了国会的这一法律，恢复了金钱利益对政治的影响。它裁定说一个人在政治上花钱在一定意义上说是受联邦宪法第一条修正案保护的"言论"自由的一种形式。这在一定程度上抵消了有关重新划分选区的裁定中所包含的多数决定原则，而且在一个民主主义者看来这一裁定完全是一种倒退。自从里根当选美国总统以来，尤其是在乔治·布什和2001年以来的小布什当政时期（现在看来，克林顿时期是一种变迁的中断而不是反复），美国社会所发生的最为引人注目的变化就是财富分配鸿沟的急剧拉大，以及由此带来的穷人和富人对能够获得的各种资源占有的不平等。当财富包括投资资本、财产以及收入时，没有一个工业国家的贫富差别像美国那样有天壤之别。新资本主义迅速带来了新的更为悬殊的不平等，对财富的大肆挥霍并引起了公众的不满。新贵们摆脱了上流社会礼节或自我克制的约束，通过在能够显示其阶级优越性的方面的消费来展示其在消费力方面的优势。他们可以将其子女送入学费昂贵的社会知名大学，而管理董事会也会给予他们优待，从而实际上使他们在经济阶级上的有利地位成为世袭性的。与美国的历史传统相悖的是，富人们为其新获得的确定无疑的优越地位沾沾自喜；比其他发达的工业社会更为明显的是，美国社会已经因为一个新出现的毫不掩饰自己的阶级优越感的阶级的出现而严重地两极分化。这种制度是实实在在的：上层和中上层阶级的美国人居住在隔离的戒备森严的庭院里。

然而,随着机会的增多和相互尊重的加强,美国不同人口群体的人比以前的确更为广泛地分享这些成果了。(例如)一位黑人军官获得了将军军衔并且最终成为国务卿;一位黑人女学者(她也是一位能够自办音乐会的钢琴家)成为了总统主要的安全顾问;这在艾森豪威尔总统时期是令人难以置信的。受到尊重与成功如影随形,开辟了更大程度的机会平等的道路;但是不幸的是,它同时也激起了更为激烈的竞争,从而削弱了初衷。

平等的六个类型的界限已经变得模糊了,它们所展示出来的复杂性使我们很难对它们产生清楚的认识。支撑平等的六种类型的各种权利仍然植根于联邦宪法之中。而在联邦宪法中既蕴含着问题,也包含着可能的答案。美国未来平等的含义既取决于一个共和党人主导的联邦最高法院,也取决于人民通过国会所表达的意愿。

J. R. 波尔

2004 年 7 月

序

xi

“这是一个新型的国家,孕育于自由,致力于人人生而平等的主张。”林肯的这句话将美利坚共和国对其个体的公民和居民的两个主要承诺巧妙地结合在一起。如果美国治下的人民享有平等的权利,那么他们自然在自由或财产等其他事情上不可能拥有不平等的权利。平等的观念一开始就在这个国家的生活中合情合理地占据道义上的首要地位。在整个美国的国家生活中,社会目标中的平等意识与个体权利平等的道义地位一直结合在一起,为国家的存在提供了正当的理由。

然而,这种首要地位从未达到独一无二的程度。研究平等观念的历史有着充分的理由,因为这种研究似乎是对美国政治和社会思想的完整描述。但是,我在这本作了重大修改的《美国平等的历程》中不会下此论断。其他的观念和信仰,最主要的是社会、经济和族裔地位的等级划分,一直得到公众的认可。平等的观念,无论如何界定,一直不得不在它呼唤政府政策以及私人交往中与这些竞争对手相抗衡。这些不同的观点不仅仅是对美国主流的偏离,而且也不能将美国社会和政治思想的历史理解为确立一个单一的自由或实现平等的原则的历史。许多美国人完全摒弃了平等的观念,而常常正是由这些摒弃平等观念的人制定他人不得不遵守的规则。他们的观点在这本书中会时常 xii
看到,如果不是这样,争取平等的斗争的故事就完全没有必要去讲。平等的原则值得称道的是,它在美国政治生活的紧要关头总是与这些竞争性的思想和变通性的抉择开战。虽然追求平等的历史并不能等同于美国政治思想的整个历史,但它对于理解那种历史是必不可少的。

因此,要求平等的具体背景取决于各种地方性的和历史的挑战和情势,它们表现出来的形式或者是反对平等的社会权力,或者是围绕平等的不同类型的利益分化。这在下面的分析中会得到进一步解释。十分感谢昆廷·斯金纳的启迪，历史学者开始敏锐地感到，他们要想理解政治思想在历史上的准确含义，必须理解历史情景所处的氛围。当那些思想同时还有社会的、道德的、有时是宗教的或科学的因素决定着它们的应用的时候，这个观点就显示出更为广泛的意义。有关平等的理论和信仰在各种历史背景下都以人性为题材。然而，这并不是说对任何一个特定的历史情景，如美国独立革命和法国大革命时期、内战和重建以前的杰克逊民主，或者是20世纪中期的民权斗争，都可以作为一个自我独立的历史本体进行设想和研究。每一个历史情景本身都是一个复杂的现象，其实际的情况都是从历史中发展而来。历史上的行动和话语融入并成为未来的一部分。

在撰写本书第一版时，我意识到应该注意不同的背景反映出的对平等观念的强调程度的微妙差别，这种差别有时会产生完全不同的含义。在这个增订版中，我认为我更为重视那些历史上不同阶段的思想塑造后来的现实的更为微妙的方式。每一个具体的历史情景都会对后来的历史情景的轮廓和特点产生影响。

xiii 这里需要特别强调的是本书主题具体有关美国的部分。美国背景与众不同的特点源于这个国家政府制度的联邦制结构。甚至中央政府的立法、行政和司法等部门在它们的相互关系中也体现出某种联邦主义，而在国会两院之间也存在着结构性的差别。在联邦政府之外，各州的半独立状态就像相隔一个半世纪的时间鸿沟一样成为阻碍统一的中央政策执行的近乎神圣的屏障。这个问题在内战之后的重建时期和大体上说联邦政府伴随“新政”再次扩大权力之间的时期变得最为棘手。这是一个漫长的时期——对许多人来说倾其一生。只要维护这种联邦制结构成为比保障个体在同一联邦宪法之下享有平等的权利更为神圣的目标，平等，即使把它界定为平等的权利这种最为基本的形式，也会面临来自政府结构内部的强大敌人。非美国人常常发现这很难与政府保障作为宪政原则的平等的公开承诺相协调。美国人依据不同的立场对这个问题有不同的看法，但似乎常常满足于接受联邦政府的决策，只要他们自己的切身利益没有受到威胁。

尽管如此，历史上实行的联邦制原则表明对美国的历程这种概括有些局限性。这本书的许多观点和分析与总体上说对平等的原则感兴趣的其他国家的经历有着重要的联系。没有理由认为这本书中对平等类型的分析与欧洲无关，那里有其自己的《人权宪章》，而且也确实有其自己版本的联邦制度。然而，从历史的观点来看，美国的联邦制度至少使美国成为一个特例。似乎不可能还有其他宪法是其"国家最高法"的国家会如此执意以政府政策为代价维护其政府结构，以至于妨碍了惠及其公民的国家政策的推行。

当对平等的追求的研究达到历史的深度的时候，这种分析就会揭示出：极为强烈的个体主义一直是美利坚生活的核心特色。（正因为如此，阿列克西·德·托克维尔对美国平等的关注要求他同样深刻地分析个体主义——这个概念来自法国，但是对于托克维尔来说，其影响并不局限于美国。）从多种意义上说，这一切代表着被称为现代社会的一个普遍特征在美国的体现。托克维尔 xiv
有关美国的书在1840年出版英文版20多年以后，亨利·梅因爵士的著名评论反映了个体主义原则的一个突出特点——这个评论堪称那个时代引用最为频繁的句子之一——"迄今为止，进步社会的走向一直是从重视地位到重视契约"。①

这个定义当然具有循环论的倾向，因为正是从重视地位到重视契约的发展将社会界定为"进步的"。美国对这一发展的贡献确定无疑。它废弃了重视社会地位的做法，联邦宪法本身将契约确立为一个政府原则。这一原则的公正性建立在缔约各方假定的平等基础之上。甚至有人认为国家的起源及其存在的理由也应归因于有些类似的契约性协议。市场经济的迅速扩张很快将道义权利和契约权利的平等转换为机会的平等。机会平等这个概念——是在各种平等的词汇中内涵最为丰富的词语之一——证明是新的可能性的源泉。那么，是什么机会？

人们常常提出争取提高个人经济地位的机会就是人生的目标。然而，提

---

① Sir Henry James Sumner Maine, *Ancient Law* (1861; Everyman ed., London, 1931), 100.

高个人的经济地位只是在自我发现的漫漫旅程中迈出的第一步。美国人的追求也许只是用美国人的方式做其他人在他们自己不同的文化背景中所做的和一直在做的事情，而且美国人正是从宣称权利平等进步到维护自我发现和自我实现的权利。《独立宣言》本身认可了这种追求，然而其结果超出了杰斐逊或者他那代人所能够想像到的。然而，自我实现常常依靠别人的意志。由于很显然的心理原因，只有那些拥有产生于些微的自尊的满足感的人才能取得自我实现。在个体主义社会里，这种个人心理的关键性要素本身常常受到众
xv 多周围条件的影响，有时甚至是决定性的。当平等成为一种政府政策的时候，人们逐渐认识到的一个不容回避的事实是：这些条件中的许多处于政府的控制之下或者可以由政府随意处置。受人尊重的平等，是本书初版提出的一系列平等的类型中很有特色的一种。经验证明它是实现美国的承诺中似乎暗含的那些个人满足的决定性因素。我相信这次修订更为全面地探讨了权利平等的观念沿着微妙的路线走向要求自尊的平等的过程。这个题材的资料丰富而浩繁，这本书的这一版因此得以分析了涉及的社会心理问题和围绕这些问题的道义哲学。

然而，这本书的修订保留了原书中将平等分为不同类型的分析，其充分的理由是这种分析经受了时间的考验。然而通过更为深入地探讨它们的逻辑关系和历史发展，我希望这个修订本中的许多章节赋予了历史本身几乎全新的价值。自从本书出版以来，新的"阶级"类型提出了平等的政治要求，包括残疾人、老年人，实际上还有丑陋的人。他们也提出了相关的其他政治要求。本书不会论及这些人。奥卡姆的威廉提出论述中不能提出过多的要点。我认为我受到了这个观点的影响。仔细一想，这些其他类型的人似乎对原书所列的个体权利和要求没有增加实质性的内容。

然而，我利用这次修订提出，除了已经提到的平等的正式类型以外，平等也可以被视为一个比喻。我也再次验证了我所说的**角色互换的观点**的局限性。我最初提出这个观点时的假定是妇女和男性实际上可以进行角色互换。但是，这个假定本身证明是坚持要求在美国社会拥有一个更令人满意的地位的美国妇女以及那些要求实质性地确认她们的权利和认同感的妇女之间产生

分歧的根源之一。有关这个问题的章节彻底重写，探讨了妇女运动中以争取个体权利为中心和强调群体权利两种观点之间的紧张关系。历史分析和对妇女运动的目标和价值的研究证明了角色互换的概念的价值。但是，这个概念 xvi
对历史研究和政府决策也有误导人的一面。不同性别或者不同族裔背景的个体**能力**可以等同，并不一定意味着他们的**动机**完全一样。不能要求妇女或男性**想要**做另一种性别想做的任何事情，或者要求妇女或男性成为另一种性别（或者另一种性别的多数人）想要成为的角色。在平等的基础之上的自由选择权不能强加给个体作出任何特定的选择的义务。

一种司空见惯的评论是，美国历史上在对权利关注的同时，并没有同样强调义务或责任。如果说人们向国家要求的权利是平等的，那么他们应向国家履行的责任是否也应该是平等的？这个问题在卷帙浩繁的阐述权利的理论中一直不突出。经典马克思主义的道德准则要求每个人竭尽所能地奉献，然后每个人可以按需获取。（这个男性提出的构想绝对没有将妇女从这一个原则的支配中排斥出去。）这个原始的规则很显然表明人有不同的需求。然而即使在马克思主义社会，也从未确立明确的标准用以确定个人的需要如何，以及按照什么原则可以不同于其他人。在整个国家遭受大萧条的毁灭性打击的时候，美国的决策者开始关注界定**最低**需求而不是平等的需求问题。随之产生的最大需求的问题从未得到认真的考察。除了对社会主义的一些有限的探讨，平等的义务的观念在美国的思想史上是几乎空白的篇章，充其量有一些讨论这个问题的草稿和笔记，而没有连续性的阐释。

历史的沉默为研究这个问题留下的文字记载很少。历史学者，还有哲学家和政治学者，不得不进行推测。不难看出，在他们关注个体的动机和个体的理由时，美国人更喜欢强调积极的个人满足，而不是社会义务的似乎消极一些的特征。美国在历史上形成的平等权利的原则强化了这种偏好，因为美国平等权利观念写入法律的时期正是对这些权利的多数威胁似乎来自过于强大和专断的政府的时候。在这种情况下阐释的权利实质上是防止当权者滥用权力。然而，这在美国承诺的性质方面造成了一个矛盾：政治权力应该仅仅由平 xvii
等而多数的选票基础上产生的政府来行使；某一领域的平等权利可能受到拥

有同样的平等权利的多数意志在政治上行使这种权利时的威胁。由于这种自我矛盾产生的诸多问题无法通过诉诸基本原则或者任何自动的内部机制来解决,也似乎不能指望通过参照任何一个问题的解决来获取永久的和最终的解决方法。

这些问题本身不能解释美国为什么不愿形成有关平等的政治义务的理论。然而从共和国之初,经济繁荣总是光顾和报偿创业精神和努力。鉴于国家的存在是为了给予保护和满足愿望,鉴于它对个人的要求极少,个人对国家尽责的观念就成为意义不大的考虑。在美国历史上,平等的权利意味着平等的要求,而不是平等的义务。

这个原则从本质上说是一项个体主义的原则。人们常常感到它与群体的目标和需要的竞争,无论这些群体表现为劳工组织、宗教、种族或族裔组织,抑或是妇女组织。这本书研究的是历史,不是要倡导什么,更不是说教。然而我在写这本书时确信,联邦宪法对个体权利的尊重与尤其重视个体的经历和心灵的完整性的更为古老、更为广泛的西方传统一脉相承。然而,个体主义的原则占据首要地位是一个历史问题。它不是一个自然法则。它也不会减弱群体情绪的力量或者群体行动的效力。历史学者的任务是记录和分析由于这些群体试图压倒,甚至取代作为采取政治行动的道义基础的个体权利诉求时引发的内部冲突的性质。无论读者怎么看,笔者感到应该说明的是,如果不理解它们的历史源头,就无法对这些激烈的而且常常是苦涩的冲突的利弊作出明智的结论。

在你纵览了本书1978年初版以后所出现的有关平等的各个方面的浩繁
xviii 的论著之后会发现,很显然,这个修订本几乎无法早一些时间写出来。尽管笔者可以说本书的初版预示了这种发展,然而多数的信息以及对有关平等的辩论最为引人入胜的一些贡献在那个时候不可能出现也是事实。这个历经数年笔耕的修订本如果没有各种学者的建议和评论根本不可能问世也同样是事实。我欠下的思想债不可胜数。罗伯特·莱恩——无论他如何看待这种结果——总是不吝提出他的睿智的见解。本书正文表明他总是将未发表的文章中的观点传达给我的友好习惯的重要性。威廉·纳尔逊、约翰·菲利普·里德、埃本·莫格伦以及纽约大学法学院法律史研讨班的成员的批评详尽而严格(有时具有爆炸性)。本书的很大一部分是在应纳尔逊教授之邀在纽约大学进行格莱柏基金资助的研究期间以及后来在威廉·玛丽学院美国文化研究中心担任高级研究员期间写成。丹尼尔·W. 豪仔细审阅了书稿前半部分中的绝大部分,而迈克尔·莱斯·本尼迪克特对我的帮助是严格审读了有关重建后时期和进步运动时期的章节。乔伊斯·阿普尔比、埃里克·巴伦德、约翰·兹维斯柏和伊丽莎白·麦考伊阅读了其他的章节。我尤其要感谢埃里克·方纳审阅了整个书稿。我还要感谢丽贝卡·斯塔尔和玛丽-马德琳·邓宁校对了本书的注释,当然任何尚未发现的错误都是我的责任。

毋庸置疑,对这个题目感兴趣的人都可能写出多种版本的有关平等观念的历史。除了在正常的学术争论的领域之外,这些问题从本质上说是政治性的,容易造成激烈的思想情绪。我根本无法统一我接触过的所有观点。正因为如此,我希望这本书宽厚而公正的读者不要贸然接受我的分析和结论。我还要补充说明的是,我利用编年的分析方法,力求将这种论述和分析截止到20世纪80年代初。这没有能完全做到,尤其是在论及宗教问题的时候。而且在原则上,我尽量不对本书写作期间正在进行的辩论和正在发生的事件作出评论,并保证在不可确定的未来对这些问题存疑。那些事情终将在历史上 xix
占据它们的位置,这本书中的许多历史问题直接汇入了当前的辩论。现实如果不理解和接受历史就无法左右或者引导它自己的前进,而当我们在较长时间之后回过头来透视历史的时候,会对历史作出更为清晰的判断。

J. R. 波尔

牛 津

1992年6月25日

第一章　在充满敌意的世界里的平等观念 1

英属北美殖民地的人民不仅是最早摆脱旧世界取得独立的欧洲殖民帝国的臣民，而且他们也是最早把国家的存在建立在抽象的道义原则之上的民族。人人生而平等的原则难解难分地融入了大陆会议为殖民地反叛英王以及美利坚合众国作为一个独立的国家存在而提供根据的道义基础之中。人们反对英国统治的诉求是集体提出的。《独立宣言》宣布，一个民族与另一个民族分离的时间已经到来。然而，提出这种集体享有平等的要求的人受到了个体主义动机的驱动和个体主义思想的鼓舞。通过同样的行动，他们要求作为自由个体的权利：享有平等的自由、平等的权利以及这些权利赋予他们的平等地反对他们生活于其中的政府的权利。他们以及他们的继承者将这些原则带回他们的家乡并运用于他们的新政府中。

而且，支持这些要求的那些真理被认为是“不言自明的”。尽管不言自明的概念绝对不是不解自明的，而且其漫长的历史至少可以追溯到托马斯·阿奎那，然而其直接的、立足于民众的诉诸“人类舆论”——首先意味着美国的舆论——的公开言辞给人的感觉很显然是富有平等精神的。每一个拥有理性能 2
力的人都会平等地体会到这些真理的力量。①

---

① 根据一个古老的哲学传统，对一些人不言自明的真理对其他人来说不一定同样如此。阿奎那认为，认知者的大脑的智力影响他所认知的事物的不言自明的真理。然而这并不是说可以作出不同的解释，只是说一些人能够认识真理，而另外一些人则不能。莫顿·怀特：《美国革命的哲学》。参见 Morton White, *The Philosophy of the American Revolution* (New York, 1978), 6—7。怀特评论道，美国革命的参加者们可能赞同各种形式的精英主义，他们中的一些人确实如此。然而没有留下证据表明这些思想的精粹进入了大陆会议的讨论。我这里要补充的是，如果它们进入了，这无疑会损害他们指望《独立宣言》所产生的道义魅力。

理性在欧洲启蒙运动中受到了高度的尊崇，在美国受到的尊崇也不亚于欧洲。然而理性本身并非动机。平等思想的政治力量源于比任何可以表达出来的抽象思想埋藏更深的力量。远在《独立宣言》将这些力量凝聚在一起之前，平等的观念——尽管很少得到明确的表达，但却常常被强烈地感受到——一直是被剥夺了权利、不满和社会愤懑等被压抑着的感情宣泄的渠道。平等的观念和理想在美国表现出来的活力超过了任何其他主要国家，正是因为这个原因，美国的历史比任何其他国家的历史更注定要证明：平等不能归结为一个单一的不可分解的概念，更不能把它归结为能够凝聚和引导整个国家的多方面因素的一个原则。这是因为政府承诺的严肃认真。自从美利坚共和国建立以来，平等作为一个观念，也作为一个比喻，其演变和延续下来的很大部分力量在于它已经被证明能够适用于不同的利益；在服务于不同的利益时，它展现出了不同的含义。因此，对美国的平等观念的历史进行研究——对其他国家的平等观念的研究也是一样——在一定程度上必定就等于研究语言及其含义的历史。

然而，不能据此认为研究平等只是研究美国历史上的冲突和纷争的另一种途径。应该把它视为通过它自己的比喻性的语言理解美利坚共和国的一个手段。因为平等的语言根植于美国的基本法中，而且对于其道德准则的形成是必不可少的事实对于美国人来说意味着他们——与其他民族相比要在更大的程度上——面对同样的法律条文，这种法律条文一直是人人能够理解的（尽
3 管不一定是不言自明的）。从平等的语言中提炼出某些通俗易懂的含义的需要促使不同派别的美国人致力于同样的问题，在同一个对话中相互交流，并且常常通过同一语言的细微差别得出不同的结论。

语言在人类事务中的作用永远也不能低估。它帮助人们表达他们的信仰，并给予他们要求权利的勇气。平等的观念主要是在社会动荡，或者面临社会动荡的威胁的时候才能在社会制度上打下持久的印记，而在社会较为稳定的时期，那种印记常常保存下来并决定着男人和女人们直面未来的思维模式。在下面的内容中，对平等的呼唤、其可能出现的对立的含义以及隐藏在它们背后的情感必然主要出现在我们熟悉的社会剧变时期，这种剧变将不满推到社会表面，有时甚至会重塑社会的轮廓。美国革命在所有的方面都是一场剧变，对于随

后对平等的界定来说也是一个出发点和参照物。它是世界历史上思想和语言发展中的一个重大事件。因此，美利坚成为一个典范，承担着一种甚至孤立主义也无法完全屏蔽的责任。后来称为"大觉醒"的宗教复兴运动很早就开始重新界定教派关系的界限，奠定了宗教平等的积极原则的基础。这个过程得益于将源于启蒙运动有关宗教的思想而不是宗教本身的哲学原则应用于政府政策。

尽管在共和国的早期社会的和经济的机会分配不平等，但是这种机会很多，而且在地理空间上分布广泛。我们在后面会看到，在某些地区，这种情况不仅消弭了社会不满的锋芒，而且使一大部分具有参政机会的选民满意地认为，他们所享有的物质上的丰裕和社会上的安逸等同于他们所理解的"平等"。在这种情况下，平等意味着在政治上对变革的保守的抵制；这种保守主义也可能意味着反对开放令其他阶级或者其他种族同样满足的途径。极而言之，这意味着一个阶级愿望的实现是以剥夺其他的阶级的权利为代价的。至少，这 4
种很显然共同使用的语言的含义中所暴露出来的矛盾表明了平等思想运用的局限性。而标志着工业经济快速发展的不平等的恶化导致了新一轮的抗议。安德鲁·杰克逊的平等的语言以及他对合众国银行的敌视并未能真正遏止杰克逊时代的美国以及随后的年代里出现的财富分配不均的实际过程。然而，对于白人美国人来说——也只对他们来说——杰克逊显然标志着政府接受了平等机会的观念，这种观念很快汇入到竞选大会的语言之中。

历史上的动荡时刻正是问题被看得最清的时侯。然而在研究这些问题时忽视了它们的历史背景是错误的。在政治动荡演变为对平等的重新界定的时刻之前，不满的潜流必然埋藏很深。毋庸置疑，内战及其余波造成了平等的重新界定，尽管其潜在的原则早已得到了联邦宪法的确认。纳入 1791 年联邦宪法第五条修正案的"正当法律程序"的承诺认可了法律面前的平等原则，至少它的狭隘意义是，在一个已经宣称实行共和原则的社会，社会特权在理论上被驱逐出了法庭。然而从其早期的表现来看，这只是一个保护性的原则，用来保证程序的正规性，而不是认可干预性的政策。而且，这种免受政府侵扰的保护性原则的作用只是凸显了美国政府学中最令人反感的矛盾，因为受到保护的财产权包含着持有黑人奴隶的权利。在所谓人人享有平等的个人自由的权利与所有的奴隶主持有奴隶财产的平等权利发生冲突的时候，总是后者占据上风。在一切最为严格的检验中，甚至杰斐逊的三大要素之间也被发现不是平等的，因为一些人通过获取财产追求幸福的权利损害了其他人自由的权利以及他们追求幸福的权利。

内战和重建时期所取得的成就是，提出了法律面前的平等的保障在将来是否需要政府的干预，而不仅仅是消极的保护的问题。重建未能在那些为此而战斗的人活着时解决这些问题。经过一代人甚至更长的时间以后，倡导种族平等的人失去了对美国进程的控制，而且其他一些问题以平等机会的名义占据优先地位。然而不分种族、阶级或宗教信仰，以及最终不分性别将所有的美国人包容在内的政府承诺的思想不会轻易消逝，因为美国社会没有特权的部分不愿认输，而且他们能够利用深深地根植于美国的意识形态和联邦宪法本身的平等原则的语言进行反击。从 20 世纪开始，在大萧条期间势头渐增，历经新政，尤其是到第二次世界大战结束这一段时期最为显著的一个特征是，长期坚持把平等作为社会政策的核心目标。这一目标的实现依靠教育、规劝、立法和宪法不同程度的结合。以前的阶段最长从未超过两三届总统的任期，而二战之后紧随着的是对美国的道义承诺和现实稳定构成的新的和持久的威胁——朝鲜战争和冷战。除了这些外部的因素之外，还有一场具备非凡的活力、有力的领导和社会深度的民权运动，以及一个深信司法机关应该履行其社会义务的联邦最高法院。

因此，平等的观念，通过其种种的表现，自这个国家建立的那一刻起就显示出一种韧性，这给美国人的公开声明和自命不凡增添了一抹特殊的魅力，也使美国有理由向在“旧世界”需要面对帝国、君主、神父、社会等级的普通民众提供对“旧世界”构成威胁的社会正义，并有理由对“旧世界”怀有各种偏见。当然这种提供仅限于白人。来自欧洲的众多移民以及他们的不断增殖成群结队的后代子孙对土地的占有对于美国早已存在的土著人口来说是一个灾难；非洲裔的美国奴隶以及他们自由的后裔都未被邀请分享利益；东方人后来或者遭到排斥，或者权利被限制。宪政的逻辑依据社会或经济权利的分配，或者被粗暴地抛掷在一边。然而宪政逻辑却具有某种内在的结构，当它所服务的社会深层发生变化的时候，这种结构可以被有效地利用。

美国平等原则的韧性以及它们在新的环境下卷土重来的能力在很大程度上归因于美国制度在历史上形成的结构，以及美国的宪政渊源。同样，平等的 6
观念具备的活力在很大程度上是因为平等已经融入正义的语言之中。追求平等的运动当然由众多的社会阶级构成，而这些阶级是由众多个人组成的。而联邦宪法本身正是针对个人，不论他们的社会地位，通过给予平等的保护维护正义。平等的保护意味着保护那些在法律上平等的个人。联邦宪法以及它蕴涵的思想的基础是在历史上形成的在政治上不同寻常地坚持把个体公民的权利放在首要地位。当不满的个人利用政治的或是法律的程序提醒美国政府履行这种义务时，他们并非总是能实现他们的目标。然而，他们可以欣慰的是——尽管有些缥缈——他们能够借此警告政府它进行统治的整个权利建立在履行这种承诺之上。到联邦宪法制定之时，平等的观念在美国已经达到了史无前例的成熟。然而它起源于一场古代就有先例的运动。

哲学的先例和古代的典范

虽然平等的观念曾经回荡在神话般的城邦时代，它们并未能成为古代世界政治、经济抑或哲学生活的一个稳定组成部分。在公元前 5 世纪的雅典，当诡辩派一反当时的主流思想，认为人在具有理性的能力方面是平等的时，他们的思想只是为了纯粹的思想，而不是对社会不满的反应。[①] 然而这种思想在某种意义上卷入了后来的运动。说人人——这个概念并不包括妇女——具有理性的能力并不一定等于说人人拥有理性的程度是相等的。诡辩派的看法的重要意义在于这种观点通过宣布人人具有共同的能力明确指出人人都是人。这种观点意味着人与人之间相互负有理性能力所要求的义务。它具有平等精神，因为它超越了传统的观点，这种传统观点认为不同的理性天赋以及美德和其他品质恰恰构成了区分由哪些人来统治和哪些人的所有责任是服从统治的

---

① 我要感谢乔治·福里斯特(George Forrest)教授对这些问题的评论。

7 差别。尽管亚里士多德确信人人具备理性，但他认为奴隶与众不同的特征是，他们拥有的理性的能力仅够他们理解他们的主人的话，而他们自己却不具备推理的能力。他的结论是，体力劳动者不应参与政府，因为他们的生活剥夺了他们培养产生智慧必不可少的品质的机会。[1]

斯多葛派和伊壁鸠鲁学派把人人有能力培养美德和享受快乐的真理视为一种平等，然而这些观点如凤毛麟角，而且与那个时代的思想主流相悖，或者只是对政府或者个人的权力毫无意义的哲学抽象。没有人挑战生而优等者统治生而劣等者的权利。这种观点直到文艺复兴初期帕多亚的马西略和库萨的尼古拉的著作提出一种平等的观念之前几乎没有受到任何置疑。这种平等的观念并不认为人人天赋平等，而是认为人人能够也应该通过选举和委员会在立法和政府中发挥他们力所能及的作用。然而这些观点只有在宣称无知的人应该接受智者的统治的前提下才会因为其合理性得到支持。[2]

马基雅维里在著作中阐述的共和国观念以及18世纪美国的共和主义者们所接受的历经历史形式改变了的共和国观念更多地源于希腊和罗马某些为人熟知的典范，而不是它们较为著名的哲学家们的推理。据说斯巴达是由莱克格斯建立起来的，其基础是平等地分配土地和征收赋税。它简朴而苛严的生活方式构成了共和国要想存续下去必须维持的价值观和社会习俗的一种典
8 范。[3] 在耶稣出现之前的大约三个半世纪里，亚里士多德在雅典对政治世界的考察发现，对平等的要求长期以来一直造成公民内部的纷争和社会不稳定。

---

① Aristotle, *Politics*, VII, ix, 1; I, v, 8. Trans. T. A. Sinclair, rev. Trevor J. Saunders (Harmondsworth, 1983). 柏拉图在《斐多篇》(*Phaedo*)中指出，所有平等的事物都具有平等的本质。然而这并不能说明有必要在政治上实行平等。

② Sanford A. Lakoff, *Equality in Political Philosophy* (Cambridge, Mass., 1964), 12—59.

③ 美国人通过英国人翻译的普鲁塔克的《希腊罗马名人传》(Plutarch, *Lives of the Noble Grecians and Romans*)了解到了古代世界。孟德斯鸠1748年出版的《论法的精神》(Montesquieu, *Spirit of the Laws*)也涉及古代的历史，在殖民地被广泛阅读。亚历山大·汉密尔顿并不太欣赏斯巴达生活方式的迷人之处。他把斯巴达城描绘为“比一个管理有方的军营好不了多少”。*Federalist* 6, in Jacob E. Cooke, ed., *The Federalist* (Middletown, Conn., 1961).

这些威胁，加上亚里士多德对公民社会正义原则的关注，说明为什么平等和正义在他对政治学的分析中占据了中心位置。国家的目标是实现正义。“人们都认为正义意味着某种意义上的平等，他们对我在我的《伦理学》中阐述的正义思想不太同意。他们认为正义是与个人有关的某种实体；而平等则必须是同等的人的平等。”重要的事情是只有同等的人之间才可以相比较。问题的实质是——“为了解决这种问题我们需要政治哲学”——要找到平等原则适用的事情。① 亚里士多德解释说，民主“源于这样的思想：那些在某一方面平等的人在各方面都是绝对的平等的”。② 虽然亚里士多德敏锐地意识到了以航海为业的阶级，尤其是雅典海军的水手们和海港居民们为要求民主所施加的压力，但他认为他们不应成为政治国家的一部分。他的真正信念是，“没有巨大财产的”从事农业的民族最适合于实行民主。因此他赞同通过法律禁止占有的土地超过规定的数额。③ 在整个分析中他坚持认为，被视为不平等的不公正的形式造成的不满会危及社会的稳定；尊严受到践踏爆发出来的感情会像经济上的不满一样强烈。可以通过各种政府形式实现稳定，然而最佳的和最稳妥的是那种通过正义保证稳定的政府。我们看到，正义总是要求通过平等的待遇令人民满意。这个观点富含了剥夺权利的社会心理学，然而亚里士多德未能将这些观点转化为对权利的维护，而维护权利在盎格鲁-美国人的宪政思想家们的思想形成中发挥过重要作用。④

亚里士多德从广泛的历史例证中汲取思想。然而正是罗马共和国提比 9
略·格拉古的著名的《土地法》为文艺复兴以后的共和主义思想家们提供了通过立法确立某种土地所有者的平等的最佳典范。然而不幸的是，这个旨在遏止获取巨大私人地产的雄心勃勃的努力为那些从共和范例中汲取教训的人留下了一个模棱两可的遗产。这个遗产显然与普遍认为是共和主义价值观基础的平等和简朴的原则相吻合。它后来作为詹姆斯·哈林顿 1656 年首次出版

① *Politics*, III, xii.

② Ibid, V, i.

③ Ibid., VI, iv; VII, vi.

④ Ibid., III, ix, x, xi, xii; V, i.

的《大洋国》一书的基本原则再次出现。这本书将英国共和政体的一些核心原则传递给英国和美国的下一代。然而格拉古的试验灾难性地失败了，激怒了权力强大的贵族们。马基雅维里反复强调共和国中贫困的美德以及伴随的简朴，责怪格拉古的土地法毁灭了共和国。[①] 主宰美利坚共和国形成时期的土地持有者、土地投机者和商人们不可能自己制定一部土地法危及他们自己的追求。

受到辉格党传统浸染的美国人和他们的英国同时代的人一样崇尚西塞罗，并根据他的中名“图里乌司”亲切地称他“图里”。后世的自由论者能够从西塞罗在罗马共和国的最后的年代里对它的充满激情的辩护中获得灵感。西塞罗把国家描绘为“通过法律团结在一起的公民联合体”，断言权利的平等是“法律的一部分”。他雄辩有力地问道：如果这些公民的地位不平等的话，通过什么权利原则能将公民的联合体凝聚在一起？这种说法并不是说人人能够在财产或天生的能力上实现平等；同一个共和国的所有公民应该享有的平等是在他们的相互关系中权利的平等。[②]

这一原则在共和主义政治思想的传统中具有极强的连续性和恢复生机的能力。这个原则与20世纪末期罗纳德·德沃金和迈克尔·沃尔泽等美国政治哲学家有关政府应该以同等的尊重对待它治下的所有人的观点一脉相承，尽管二者的历史传统不同，而且后者所关注的范围有了相当大的扩展。[③]

在塔西佗和萨鲁斯特的有力支持下，西塞罗阐述了有关法律和自由的观点，这些观点确定无疑地融入了英国的传统。然而这些思想的来源完全是世俗的。然而美国的殖民者在阐释法律时，他们经常追溯它们的宗教源头。“十诫”没有对人进行等级划分。第一个信仰唯一神的宗教告诉它的信众上帝会平等而公正地惩罚有罪的人，至少同样令人深信人人会得到他平等的爱。尽管后来实现了政教分离，《旧约圣经》也不会减弱这种强大的保护。

---

① *Discourses*, I, xxxvii; I, iii; III, I, xxv.

② Cicero, *On the Commonwealth*, XXXII, trans. George Holland Sabine and Stanley Barney Smith (rpr., Indianapolis, 1976), 136—37.

③ 将在本书第十四章对这些政治哲学家进行评论。

后来在耶稣的教诲和受难中,在罗马帝国初期的犹太人中间出现了与政治理论不同的观点,这种观点在共和主义思想的缔造者们中间普遍没有体现。属于恺撒的事情——世俗权力——和属于上帝的事情首次被做了区分。尤其是保罗所阐述的思想认为,世俗的不平等并不会影响到末日的审判。这种观点充满了东西方基督徒的头脑。然而这种观点中也包含着颠覆性的因素。它教导那些出身卑微的男人和女人,某些精神的准则比任何世俗的权力更为重要,因此总是有人以这些准则的名义蔑视世俗的权威。因此基督教不会保证人民的恭顺。自君士坦丁皇帝开始,当基督教本身成为一种世俗权力的时候,它的领袖们更多地从政治和战争的谋略而不是他们虔信的宗教的教导中获得统治手段。对于那个基督徒君主来说,他很显然的策略是把基督教作为政府的一条臂膀。在西方的历史上,作为基督教核心的平等原则只在很少的时期曾经受到了基督徒政客们的较多关注。然而,基督教把他或者她自己得救的很大一部分责任的负担放在了每一个个体的基督徒身上。后来一些基督教教派把这一思想传播到贫困者和被剥夺权力的人中间,用使徒的话说,这对特定时期任何"现存的权力"造成了令人不安的后果。这些思想的政治含义一直令 11
教会权力以及它们的世俗盟友感到不安。

古代世界的智慧以及对基督教的虔信通过各种渠道渗透到了在北美定居并建立了各种不同的殖民地的那几代人的教育之中。在英国的殖民地建立之前的不到一个世纪里,基督教本身的分裂和剧变,对平等的观念产生了深刻的影响。在教义上,基督新教清除了神职人员的神秘光环,而且在印刷术发明的不可或缺的帮助下,使每一个去教堂参加礼拜的人都能得到《圣经》。实际上,这通常意味着只有一家之长才会得到一本《圣经》。因此,对民主的进程作出笼统的判断会冒犯错误的危险。这种存疑同样适用于印刷业的社会后果,因为政府总是宣称拥有控制印刷业的权力。然而在一个日益强调商业冒险和智性精神的时代,只要具备新教精神就绝对不会一无所获。《圣经》实际上人人可以得到。俗人自己可以阅读和体会牧师阐释的经文。对牧师的神秘性的极为类似的反叛在美国开始于18世纪30年代。正如宗教改革一样,大觉醒运动是对权威的反叛,但是它的进行要比早期新教徒所面临的问题容易得多,因为大觉醒运动完全是在新教的范畴内发生的，因此反叛者能够从正统的神职人员的“武器库”中夺取斗争的武器。

对于美国殖民地的最初几代人来说，平等的理论或者是有关平等的理论的提出有多种来源。其中最有影响的是雨果·格老秀斯在1619—1620年间出版的《荷兰法学入门》。该书主张将权力和自然法联系在一起。自然法并不要求对普遍的和不可剥夺的权利提供保护，因为它们还未进入政治思想，但它要求尊重契约的义务和“交往的权利”——这都是人生活的重要条件——自然也使尊重个体的权利成为必要。[1] 没有法律，权利无法行使。而英国的法律
12 一直承认一系列法律明确规定的权利。17世纪初普通法律师和反对王权的议会党人重新发现和大加颂扬的英国公民权利的权威来源正是《大宪章》。躁动不安的商业界可能没有时间关注抽象的原则，然而它重视那些英国普通法支持的签订合同的权利。这些契约中所包含的权利没有一项含有普遍权利或普遍平等的思想。然而它们所暗含的等同于某些明确规定的平等。在这个意义上说，所有英国的自由人在《大宪章》的保护下都应该享有某些基本性的保护。[2]

如果由此认为约翰王以及1215年反对他的男爵们或是大约400年以后的普通法律师们企图得到倡导平等观念的名声是过分的。然而17世纪40年代爆发的英国内战突然扫除了大量社会不满、宗教激情的爆发和要求政治关注的呐喊的障碍，这在英国的历史上史无前例。在一本较早时候出版的小册子中，约翰·利尔本宣布：“独一无二的议会立法权追根溯源是人民固有的权力，源于他们共同同意选出的委员会，其他概不成立。在委员会的选举中最穷的人和最富有以及最伟大的人一样，享有真正的投票权。”[3]利尔本的同代人，

---

[1] Richard Tuck, *Natural Rights Theories, their Origin and Development* (Cambridge, 1981[?]), 68; 90—94; 127.

[2] 最为经常援引的是第三十九条：“除非经过他的同辈依据本国的法律的合法审判，任何自由的人不能被逮捕、监禁、剥夺财产、褫夺公民权、流放或以任何方式灭绝，也不能对他进行起诉或指控。”经常援引的还有第四十条：“不能向任何人出卖、剥夺或者推迟任何人的权利或正义。”

[3] John Lilburne, *The Charters of London*, quoted by C. B. Macpherson, *The Political Theory of Possessive Individualism* (Oxford, 1962), 3—4.

身居大西洋那一边的罗德岛的罗杰·威廉斯可能深刻地理解了他的思想背后隐藏的新教徒必须做的事情。约翰·怀尔德曼要求在议会议员的选举中,"所有生而自由而且年龄在21岁以上的人都成为选民",因为不法行为剥夺了自己的自由的那些人除外。[1] 然而平等派绝不是都持有同样的观点,但那些较为民主的主张很难成为现实,主要是因为平等派总的来说共同的普遍观点是,一个自由的个体必须独立于任何人的意志。因此,马克西米利安·佩蒂一会儿说"我们认为没有丧失他们与生俱来的权利的所有居民在选举中都 13
应有平等的发言权",而在后来又承认"学徒工、仆役或者那些接受施舍的人"应该被排斥在选举之外,因为"他们仰赖他人的意志,会害怕得罪他们。那些仆役和学徒工应通过他们的主人行使选举权"。这并不是前后矛盾。[2]

亨利·埃尔顿将军在为军队指挥权辩护时反复谈到了财产利益。他宣布:"我认为,在这个王国没有永久的固定的利益的人没有权利感兴趣或者参与处理王国的事务,没有权利参与决定和选择制定统治我们法律的人。"乔治·梅森在大约120多年以后起草《弗吉尼亚权利宣言》时再次重复了这个观点。[3] 然而真正的平等派在将国家的目的界定为保护财产上不能达成一致。陆军少校威廉·雷恩伯勒指出:"这个政府的主要目的是保护人身和财产。如果任何法律要控制我的人身,那它比我的财产还珍贵。"[4]

这些极少数人的声音只是在极为罕见的政治场合会被听到。然而不仅仅通过他们的观点能够理解平等观念。平等派的伟大的同代人托马斯·霍布斯的平等主义实际上是完全的屈从。《利维坦》中的所有臣民都平等地服从法律,都同样没有权力,因为只有这样人类才能从自然状态下人人相斗的可怕战争中摆脱出来而获得安宁的生活。然而17世纪的斗争和剧烈的宗教纷争同时造成了人们对教条主义的厌倦,取而代之的是一种新的更为宽容的情

---

① John Wildman, "The Case of the Army Truly Stated," in A. S. P. Woodhouse, ed., *Puritanism and Liberty* (Chicago, 1951), 433.

② Woodhouse, ibid., 53, 83.

③ Ibid., 57; W. W. Hening, *Statutes of Virginia*, II, 280.

④ Woodhouse, ibid., 67.

绪——其特点是对人性与日俱增的充满爱恋的、宽容的兴趣以及对人性的乐观主义。

这种新的仁爱的思想曾经深刻地影响了萨夫茨伯里伯爵三世和苏格兰哲学家弗朗西斯·哈奇森(亚当·斯密的老师),包含着系统的平等理论的种
14 子。[1] 约翰·洛克曾经告诉萨夫茨伯里的祖父萨夫茨伯里伯爵一世:在组建公民社会之前的自然状态里,人们具有对财产的天赋**权利**,然而他们无法保护这些权利;民法的目标是保护天赋权利,但永远不能取而代之。这与霍布斯的观点相左。霍布斯认为自然法和民法占有同等的道义空间。[2] 对于洛克以及他的信徒来说,民法的作用是保护早已经存在的天赋权利。正义政府的存在必须经过那些为了保护自然法早已经承认的权利自愿参与政府、生活在其下的人的同意。

这些观点中暗含着两个对未来具有重大意义的截然不同的主题。一个主题有时被称为“自愿原则”,因为它使国家建立在个人抉择和独立行动的基础之上。在18世纪和19世纪初,随着政治经济学中自由放任主义的出现以及竞争性自由企业理论的发展,这一原则将扩展成为对社会与其成员之间关系的普遍态度以及有关政府义务的一种观点。法国政治思想家提出了“个人主义”的概念用以描绘这种新的原则。尽管这个原则很快被视为企业经济学的驱动性力量,但它在许多年里被作为一个谴责性的词语来使用。毫无疑问比较重要的事实是,它在美国获得了它最早的正面的内涵。[3]

---

[1] 仁爱很快被人们所广泛接受。亚历山大·蒲柏(Alexander Pope)得以把它作为在他极受欢迎的诗《人论》(*An Essay on Man*)的主题。这首诗写作于18世纪30年代初,正是这位诗人很少见的充满仁爱的时期。在考察反奴隶制思想的起源的框架下分析仁爱思想的发展的精彩论述,请参阅 David Brion Davis, *The Problem of Slavery in Western Culture* (Ithaca, 1966), 348—64。

[2] *Leviathan*, I, ch. 15.

[3] Koenrad W. Swart, “Individualism in the mid-Nineteenth Century (1826—1860),” *Journal of the History of Ideas* XXIII (1962): 77—90; Yehoshua Arieli, *Individualism and Nationalism in American Ideology* (Cambridge, Mass., 1964), 225—31; J. R. Pole, “American Individualism and the Promise of Progress,” an inaugural lecture, University of Oxford, 1980.

第二个主题是平等。如果说人们自愿决定签订契约组成公民社会，那么至少在都是协议的签署者的意义上，他们是平等的。每个人具有平等的不签订协议的自由。这些具有平等的意志的个体的人们人人都同样有意保护自己的财产。财产的数量不同不会影响意志的平等，因为每个人签订契约的动机 15
必须同样对保护自己的财产存在兴趣。

在洛克的思想中这个观点得到了强化，因为他相信上帝将世界给予了所有的人；任何人所应拥有的财产不能超过他及他的家人的实际需要。研究洛克思想的学者都知道很难协调这个观点以及洛克为他在卡罗来纳的庇护人萨夫茨伯里提出的划分土地、社会地位和政治权利的等级制计划。解决这个棘手的问题的方法是，把这些情况视为给予定居者机会，使他达到能使人适合于享有自由的物质上的独立程度。① 尽管洛克并不认为所有的人在天赋能力上是平等的，然而他的思想的意义是，他的认识论包含着明显的个体主义和潜在的平等主义。因为既然每一个个体的思想在呱呱坠地的时候是一块白板，一张生命历程将打上印记的空白纸，那么，这些空白的思想在它们最初是不是在某种意义上说是平等的呢？②

洛克思想中的激进色彩对于他的时代的社会和政治秩序具有颠覆性的含义。③ 他的政治思想尤其是大约在 18 世纪中期以后在美国殖民地的影响与日俱增，这在很大程度上增强了后来成为托马斯·杰斐逊的箴言的原则的道义合理性。在《独立宣言》中，洛克的“生命、自由和财产”换成了“生命、自由和

---

① M. Eugene Sirmans, *Colonial South Carolina: A Political History, 1663—1763* (Chapel Hill, N. C., 1966), 8—9. 本书作者认为洛克与阿什利（即后来的萨夫茨伯里勋爵）合作提出的上述方案的有关研究表明那些观点主要出于阿什利。

② John Locke, *Essay Concerning Human Understanding*, ed. A. S. Pringle-Pattison (Oxford, 1934), II, ch. xxvii. 有一种洛克似乎没有考虑到的观点有助于摆脱这种困境：即使在空白的状态下，人的思想也是不同的，在解释经历的天赋能力方面是不平等的。

③ Julian H. Franklin, *John Locke and the Theory of Sovereignty* (Cambridge, 1978), esp. chs. 3 and 4. 有关洛克支持激进政治、参与激进政治以及这与他的政治思想的联系，参阅 Richard Ashcraft, *Revolutionary Politics and Locke's Two Treatises of Government* (Princeton, 1986)。

追求幸福”,而且其整个思想建立在人权的自然平等基础之上。①

16 权利自然平等的状态的假设对于洛克比对杰斐逊来说至少在某种意义上更具宗教色彩。洛克的观点源于加尔文教的召唤论。这个召唤源自上帝,然而如何诠释这种召唤是每一个成年个体他自己(或她自己)的职责。② 然而洛克论及的是公民政府,而不是神权政府。他所宣扬的权利必然包含着同意生活在公民政府之下的个人热衷的平等原则。

所有这一切似乎给了人类平等的观念在道义上、思想上和宗教上值得尊重的、令人鼓舞的保证。然而这些观念在一个充满敌意的世界里必须为了它们的生存而斗争。在这个世界里,巨大的权力的不平等与财产的不平等相伴而行,平等的道义原则也遭受了被纳入这种权力结构的命运。亚历山大·蒲柏在他的也许是被最为广泛阅读的诗中用富有特色的贴切的语言描述了问题的实际情况:

秩序是上天的第一法则,这等于认同
有些人是也必然是比其他的人更尊崇
更富有,更睿智;然而如果谁由此宣称
那些人也更幸福,这就与情理不通
我们承认上天对人类的公正

---

① 1753 年当纽约殖民地的威廉·利文斯顿(William Livingston)和他的同僚撰写后来以《独立的思想者》(*The Independent Reflector*)为题出版的文章时,他已经被称为“著名的洛克先生”。很快,他又被称为“大名鼎鼎的洛克先生”。Milton M. Klein, ed., *The Independent Reflector* (Cambridge, Mass., 1963), 173, 406. 詹姆斯·奥蒂斯(James Otis)在《英属殖民地权利申论》(*The Rights of the British Colonies Asserted and Proved*)中意味深长地称洛克为“我们的英国作家”,宣称洛克的贡献“很少有其他民族”的人能出其右者。参见 Bernard Bailyn, ed., *Pamphlets of the American Revolution*, vol. 1 (1750—1765) (Cambridge, Mass., 1965), 436—37。杰斐逊把培根、牛顿和洛克视为现代文明的指路人,把洛克有关政府论的小册子描绘为“完美至极”。Nathan Schachner, *Thomas Jefferson: A Biography* (New York, 1957), 391. 有关洛克对 18 世纪美国和英国思想的影响的分析参见:Isaac Kramnick, *Republicanism and Bourgeois Radicalism: Political Ideology in Late Eighteenth Century England and America* (Ithaca, N. Y., 1990)。

② John Dunn, *The Political Thought of John Locke* (Cambridge, 1969), 223.

人人都拥有幸福的平等
而这种幸福使相互间的需要递增
一切自然的差别使自然维持安定①

为与政治权力结构相结合的物质上的不平等辩护的理由是，这促进了幸福的平等。这种理论根本不能平息社会忌妒，或叫饥肠辘辘的人填饱肚子。然而它暗示有必要依据每个人的需要都会得到平等的考虑的原则对社会秩序作出解释。这个主题在政治改革家们的手里可能得到发展。阿瑟·洛夫乔伊在对生物大链条所进行的精彩阐释中利用这一段诗强调他的等级主题时，引用到第三行的中间部分，因而低估了这个观点的重要性。② 17

至少从15世纪一直到欧洲启蒙运动时期被主张平等的人士愤怒地踏在脚下，生物大链条的宇宙观在很大程度上主宰了西方思想。这个理论认为人类只是维系从上帝往下一系列相互依存的生物等级构成的整个宇宙秩序的生物大链条中的一个链环。这个奇妙绝伦的具有美感而和谐的观念使人们更为舒心地、更为清楚和明确地思考宇宙的秩序。这在广义相对论帮助下是做不到的。通过一个有力的类比，这个理论也为在世界上的王国中确立等级和权威的必要性提供了注解。据信人类在生物大链中占有一个特殊的位置，介于天使和野兽之间，吸收了二者的一些特点，但实际上在理性的能力方面超过天使。这个图像在人们的大脑中印下的景象反映了现存政治权威的结构，从至高无上的国王和他的宫廷往下，是根据出身和头衔划分的不同权力等级。③

上帝创造的任何事物都不是白费功夫。宇宙创造的原则在于物质的丰

① *Essay on Man*，IV，49—56. 这首诗分两部分分别在1733和1734年发表。值得注意的是，在当时，幸福是社会秩序的目标的思想已经为人所熟悉。蒲柏并非一个具有创新性的思想家。诗中的和谐的五音部诗行和具有讽刺意味的对仗的巧妙运用幽默地突出了诗中包含的有关秩序的中心思想。

② Arthur O. Lovejoy，*The Great Chain of Being*（Cambridge，Mass.，1948），206.

③ 对这一理论的经典性阐释参见：E. M. W. Tillyard，*The Elizabeth World Picture*（London，1938）。

富。任何存在的事物对整体都有益；任何对整体有益的事物都是已经存在的。对这种情况，没有理由不满，也没有改进的空间。杰斐逊很信服物质丰富的原则。他认为，如果恐龙曾经在地球上生活过——发现了它们的骨骼证明了这
18 一点——那么它们一定依然生活在某些地方，问题是怎么找到它们。[1] 这一问题的有趣之处在于，这个常见的现象表明，同一个思想结构中会同时存在陈旧的和新颖的思想。然而正是因为它的完备性，生物大链条理论很显然已经走进了死胡同。除非它能把它的生物等级进一步细分，它不再能解释新的问题。当早期的一些地质发现表明世界的一些部分比其他的部分年代古老的时候，生物大链条理论也就走到了尽头。这是一个科学范式堕入绝境的极好例证。

实际上，这种宇宙的图画从未被通过严格的逻辑关系与人类事务的秩序联系起来。它仅仅是一种类比。也不能认为在生物大链条中，同一个链环联系着大链条中人类内部的所有生命。但可以合情合理地认为所有的人在分配给他们的空间中是平等的。与神的权威的类比如果不服务于世俗权力就不会产生那么大力量。那些世俗的权力能够借用保罗的观点证明世俗的权力是神的权力赋予的。（在殖民地时期的新英格兰，在选举时印刷的布道词中牧师们很可能最喜欢的是《圣经·罗马书》第十三章中的一句话："凡掌权的都是神所命的。"）没有任何同样有分量的观点能够驳斥来自教会和政府的圣贤们、来自旧世界和新英格兰的地方官员和牧师们的这些观点。因此，除了在很抽象的道义意义上，尘世平等的观念在政治权力或者财富分配的冷酷世界中没有朋友。这种观念对于这些制度赖以生存的为人认可的社会秩序的所有准则都具有颠覆性。早期基督徒被视为对现存秩序的威胁并非无缘无故。后来基督教与政府达成了妥协，并创造了词语等级制用以描绘教会的等级和权力结构，这在很大的程度上反映了世俗权力的等级和权力结构。

当社会中的种种严重的不平等被人看作和感觉是严重的不公正的时候，平等就会成为一种行动的计划。然而它的社会力量源于一种道义直觉而不是

---

① Daniel Boorstin, *The Lost World of Thomas Jefferson* (New York, 1948), 41.

思想原则。① 在美国和在世界其他地方一样，把这种直觉转换成建立一个新 19
的社会秩序的令人信服的理论证明非常困难。在如何组建公民社会、公民社会如何满足供求需要、如何提供军事防卫或者如何建立司法和行政制度等问题上，平等作为一个理想存在着一个固有的弱点：它提不出挑战现存道德、宗教和经济权力的权威的充分理由。如果平等的观念要想存在下去或者取得进展，它们的倡导者必须证明他们能够胜任两大思想任务：他们必须令他们的同代人相信，这些源于非常久远的封建历史的现存秩序或者是不公正的，或者是低效率的，或者兼而有之。在这个基础上他们还要证明在实现平等的同时，能够保障经济和政治制度的效率。后面这一条是否曾经完全成功过值得怀疑。

① "直觉的不满是政治理论的一个重要资源。它可以告诉我们事情出了问题，而不一定告诉我们怎么解决它。"Thomas Nagel, "Equality and Partiality," The John Locke Lectures at the University of Oxford, March, 1990, 1—9. 我非常感激内格尔教授允许我看他这些演讲的稿子。

20 # 第二章　美国的环境：不言自明的真理的出现

不寻常的机会　不平等的结果

对于18世纪欧洲富有改革精神的思想家们来说，无论他们如何相信理性终将获胜，其实际的前景却是黯淡的。无论是农村或者是城市的人民群众被迫处于从属的地位，要承受大伤元气的苛捐杂税，被剥夺了最基本的司法权利，完全没有直接的政治权力。当法国**启蒙运动的思想家们**在这种背景下面对社会正义的问题的时候，有关平等的负担和赋税的要求，在不可或缺的法律面前一律平等的支持下出现，成为社会正义的基本要求。在这种情况下出现的争取平等的要求，不是一种明确表达的或者详细阐述的政府理论，而是一种与乔万尼·萨托利所描述的"抗议理想"恰相吻合的愤怒的呐喊。[①] 然而社会的忿恨本身不具备转化为明确界定的政治目标的能力。**启蒙运动的思想家们**普遍设想强化君主制，把它视为能够削弱贵族和教会势力的唯一力量。法国的君主制从未鼓足勇气完成这一任务，最后它在那场不仅埋葬了旧制度的头衔、等级、特权和陋习而且也埋葬了它的很大一部分进步、博爱和希望的"雪崩"中销声匿迹。

21 英属美洲殖民地的社会情况有很大的不同。在从北美大陆一直到利润丰厚的加勒比海岛屿形成的巨大的半圆形领地中没有一个统一的等级制度。也可以说这片领地中不同的气候、经济和政府类型不能支撑一个单一的社会结

---

① Giovanni Sartori, *Democratic Theory* (New York, 1965), 325—26.

构。君主制的改变和统一一切的巨大力量在名义上和权威上是存在的,然而同样引人注目的是在殖民地的土地上和议会政治中看不到它的影子。殖民地社会显示出与众不同的特征。每一个殖民地社会都通过财产的力量以及传统的对明显的权威和社会地位的遵从等约束力结合在一起。那些雄心勃勃的人,如果起点优越,或者运气亨通,较为可能在殖民地社会找到发达的机会。尽管在那里不像英国或者欧洲其他国家有那么多高位可攀,但是很可能可以找到更多的到达那些高位的途径。

然而,个人腾达的抱负从本质上说不是一个具有平等精神的动机。康涅狄格河谷、哈得孙河河谷、新泽西北部、切萨皮克湾和南卡罗来纳的大土地所有者们的巨大财富以及因此而产生的社会影响和政治权力源于各种不同的因素,其中继承常常发挥着巨大的作用。而在他们的生活方式中没有多少理由承认实行平等原则的义务。然而事实是,他们以及主宰海港城市政治的大商人时常发表难得的民主观点,而这种观点在他们英国同代人中间却很少能够听到。这种趋势在独立革命期间在本地政治场景的压力下有了明显的发展。在殖民地独立前的 20 年,费城的长老会领袖弗朗西斯·阿利森在对他的会众发表讲话时暗示了一个更为广阔的社会图景。他说他希望制定"平等地实施的平等的法律",因为所有的人应该享有保护,应该得到诚实劳动的报偿,应该根据他们服务于公众的能力和资历平等地享有公众赋予的荣誉和名利双收的地位。平等的权利和特权应该与平等的义务相称。[①] 但是这种笼而统之的社会批评仍然罕见。实际上还没有出现打着社会正义的名义重新分配财富的观 22
念。甚至对奴隶制的质疑也刚刚开始,而且那时主要是在宾夕法尼亚。在那里,废除奴隶制将对经济不会造成多大影响。

殖民地社会并非完全处于和谐与和平的状态。18 世纪 60 年代纽约殖民地的农民暴动至少部分的是对人口压力的一种反应,这种压力可能对广阔的以及未能利用的地产安全构成威胁。然而重要的是,这些骚乱被殖民地当局

① Francis Allison MSS, Presbyterian Historical Society, Philadelphia; sermons, folder 5, V; 1756.

视为法律和秩序的问题来对待，而不是作为应搬上政治议程进行解决的问题。那些统治阶级的人尽管可能坚持得到证实的共和国原则，尤其是在处理与英国的关系问题上，然而在他们自己的领地中，他们不会觉得有必要实行社会改革计划。

除了某些例外，以上的观点也同样适用于这些社会中持不同意见的分子。在18世纪中期战争的压力和消耗之后在乡村和城市间或爆发的不满情绪的动力是义愤，而没有理论的支持。从整体上来说，这些不满很少通过系统的政治分析指向激进的对社会的平等改造。甚至北卡罗来纳和南卡罗来纳的组织较好的自订约章者——北卡罗来纳的自订约章者曾与政府军进行过一场激烈的战斗——也最终因为同样的弱点而失败。他们所遭受的剥削、暴虐和不良政府的痛苦如此强烈，他们应对的方法也就如此极端。这些情况使北卡罗来纳的自订约章者比他们的同代人较为接近于某种社会理论。这些“武装的改革家们”将他们的处境与政治和司法制度的失败直接联系在一起。重要的是，由于他们的不满纯粹是殖民地内部的问题，与殖民地对英国的不满没有任何联系，北卡罗来纳的自订约章者指出他们不满的基本原因是“贫困和弱势群体与有钱有势的人竞争的机会不平等”。[①] 尽管他们顽强抵抗，终究在战斗中被击溃。他们在失败后的命运是被处死。就像其他地区的持异见者一样，他们缺乏改革运动所需的推进其目标的政治因素。在其他地区，对农村地区的大
23 土地所有者和被认为对富人有利的政府的不满也是认真的，尽管它们更多地诉诸呐喊而不是暴力。然而各个地区的持异见者都有着同样的弱点。他们在乡村没有一个普遍的权力基础，缺乏政治组织能力，也没有一个统一的思想。

宾夕法尼亚政治统一的表面也难以掩盖其思想缺乏统一。在那里，激进理想与政治组织的有效结合超过了独立革命时期任何一个殖民地。这个问题反映了那些在他们的共和主义思想中把个人权利放在首要地位的人以及那些

---

① Marvin L. Michael Kay, “The North Carolina Regulation, 1766—1776: A Class Conflict,” in Alfred F. Young, ed., *The American Revolution: Explorations in the History of American Radicalism* (De Kalb, Ill., 1976), 88.

强调把社会利益放在首要地位的人之间的冲突。毫无疑问，如果没有行使权利的社会环境，个人权利也就无从谈起；而如果不能有效地保护个人权利，就不能建立正当的共和主义社会。当宗教的、经济的或是政治的私人利益与经济控制和政治统一的社会需要发生矛盾的时候，这种分歧可能很快走向极端。在不久爆发的独立战争中，本杰明·拉什作为一个名副其实的激进主义者，走的是强调个人权利的路线。而同样激进的克里斯托弗·马歇尔坚持认为，个人利益必须服从于某些社会需要。正如埃里克·方纳所评论的，共和主义的确切涵义有待于进一步确定。[①] 然而，如果认为人们会一致同意对共和主义的任何确切的界定，不是偏颇的，也是过于乐观的。

出于同样的原因，从18世纪中期的某些观念来预见平等的天赋权利理想会被宣布为美利坚民族的普遍原则是草率之举，而不是有先见之明。然而，美国革命中确实发生了这样的事情。美利坚的国旗是一个不平等的社会里的享有特权的领袖们在上面签了名然后举起的。这可能是这些领袖们始料未及的事情。当他们中的一些善于辞令的人回首他们的所作所为的时候，他们会从中发现殖民地政治的普通从政者们未能察觉到的逻辑。

在美国和其他地区大约一个半世纪的发展过程中，不平等的机会造成了不平等的结果。然而美国拓殖和发展的经历无法根据古代的特权决定论认可 24
这种结果。殖民地的绅士们的教育包含着一些共和主义原则，这些原则比在英格兰更能和谐地与他的社会和政治生活融合在一起。小的土地所有者和工匠没有建立一个新的社会秩序的宏大视野。他们所要求的与其说是真正的平等，不如说是空间、多一些安全和对个人独立的确信。那些较大的土地所有者因为已经具备了这些优势，他更可能追求的是确保他的地位能够反映他的真正的价值。甚至特权在某种意义上也要去赢得。只有从这个角度才能对要求和维护平等产生最为深刻的理解。考虑到这一点以及独立革命时期政治局势的混乱状态，这些对平等的要求和维护很快成为一种强大的道义和社会力量。

乔治·梅森是弗吉尼亚北部最大的土地和奴隶持有者之一，也是一位吸

---

① Eric Foner, *Tom Paine and Revolutionary America* (London, 1976), 119—20.

收了最纯粹的共和主义原则的人。他大约在1775年4月撰写的对费尔法克斯独立连年度选举的评论很突出地增强了美国平等的神秘色彩。在东北部与英国发生冲突的危险迫在眉睫的消息不断传来的情况下，这个连队的操练就不仅仅是为了做做样子而已。这个连队的成员和军官需要选举的事实足以令共和主义者满意。梅森评论道："根据这个开明的富有公益精神的计划，我们中间财德兼备的先生们成为费尔法克斯独立连的成员，屈尊加入普通士兵的行列，完全听从他们自己选出的军官的命令。"这个连队实际上仅招收100名成员。它是在梅森自己担任主席的"费尔法克斯县诸绅士和自由持有者"的一次会议上组成的。这些绅士们似乎还从未冒险听从比他们社会地位低的人的命令。梅森所支持的原则是听从来自地位平等的人的命令，然而他的表达方式显然表明服从别人的命令对于弗吉尼亚的绅士们来说是一个全新的观念。梅森的备忘录中还有这样一句名言："我们以平等的身份来到这个世界上，也以平等的身份离开这个世界。"这个对来自《圣经·传道书》中的观点的响应并
25 不排除这两个突出的事件期间的不平等。没有机会怀疑梅森的真诚。他整个一生中的原则一直是共和主义的，表现了一个共和主义贵族的自豪感。①

几乎在每一个地方，殖民地上层阶级的自信的基础是对政治的、法律的和经济的权力的同样牢牢的控制。他们掌握着立法委员会的要津，担任着法官和行政官员，组成了律师协会。他们也很善于使他们的种植园适应土壤生产力的变化，使他们的商业随市场压力而变通。他们的信誉使他们能够借贷用于扩大生产和自我保护。在18世纪中期，他们逐渐采用了表明他们与其他人存在着引人注目的社会差别的生活方式。

特权与抗议

考虑到一个发展中的经济因为战争的破坏所必然面临的困难、通货的匮

---

① Robert A. Rutland, ed., *The Papers of George Mason, 1725—1792* (Chapel Hill, 1970), 1:229.

乏、资金的不足以及土质肥薄等方面非常巨大的差异,殖民地与大西洋世界其他地区相比已经做得很不错了。如果比较仅限于自由人口,可以表明:在独立革命前不久,殖民地的人均财富占有量并不次于大不列颠。价格水平攀升的趋势以及以大约每 25 年增加一倍的极高的人口增长率有力地说明,从总体上说殖民地人民对未来存有信心。[1] 然而,在各个殖民地内部和它们之间,财富的分配存在着明显的不均。一种计算方法表明,财富分配不平等的情况在新英格兰比在南部殖民地更为严重。将非自由人口从南部的统计数字中排斥出去与实际情况不符,因为尽管奴隶的消费水平很低,但是他们创造的财富养肥了他们的主人。通过这种比较发现,中部殖民地的财富分布比东北部殖民地以及南部殖民地稍微均衡一些。

七年战争引发的经济繁荣在 1763 年以后很快崩溃,陷入了普遍的萧条。26
英国对通货的限制使这一问题更为突出。费城的许多不同类型的工人的挣钱能力下降,收入仅相当于独立革命爆发前的一段时期的 30%。[2] 在波士顿和费城,济贫成为市政府关心的一个主要问题。[3] 尽管这些困难并不普遍,也不是一直存在,它们表明不能想当然地认为殖民地的经济是繁荣的;这种繁荣也不是根据应得的报偿被均衡地分享和分配。它们也提醒殖民地人民,他们所依赖的某些因素掌握在英国政府的手里,而在这个政府中他们没有正式的发言权。而且,殖民地的许多居民也很可能已经意识到了那些标志着收入的不平等的迹象正随着时间的推移而逐渐(如果说不是急剧地)和显而易见地增强。[4]

富人和穷人之间两种不同的生活情趣的观念之间的差别要比显示性消费更容易激怒别人。然而殖民地的情况常常将人们置于较为随便的场景中,在

---

① Alice Hanson Jones, *Wealth of a Nation to Be: The American Colonies on the Eve of the Revolution* (New York, 1980), 183—85, 300; John J. McCusker and Russell R. Menard, *The Economy of British America, 1607—1789* (Chapel Hill, N. C., 1985), 66—67.

② Gary B. Nash, *The Urban Crucible: Social Change, Political Consciousness and the Origins of the American Revolution* (Cambridge, Mass., 1979), 233.

③ Ibid., 253—54.

④ McCusker and Menard, *Economy of British America*, 59.

这种场景中明显的不同有时极具煽动性。费城市一家报纸上发表的一位作者的文章中有力地问道："费城市的一半财产不正是为**穿皮围裙的人**拥有吗？"更意味深长的是他写道，"另外一半财产不正是属于那些父亲们和祖父们**穿皮围裙的人**吗？"①

"明显的不消费"有时比炫耀更令人不快。在哈得孙河谷，大片私人拥有的土地抛荒。马萨诸塞西部日益密集的人口去西部寻求空间，涌进和占据了纽约大庄园主这些未加利用的地产。18 世纪 50 年代爆发了骚乱，1766 年再次爆发了佃农反对大土地所有者的骚乱。② 所有这一切还算不上激进的具有平等精神的农民暴动。这些占地者只是为他们自己争取空间。他们所痛恨的
27 固有的不公正是一些人依据前几代人的土地所有权独占广阔的内地的自然资源。一个新近到来的爱尔兰激进人士托马斯·扬医生也许最好地表达了这种情绪。他目睹了所发生的事情，并为那些人辩护。"地球是属于上帝的，其中的所有事物都属于上帝，"他在一个论战性的小册子中写道，"然而纽约的绅士们在大约一个世纪的时间里一直强烈地反对他的所有权，而且似乎坚持他以及他所创造的人都不能分享这些土地，除非永远做他们的仆役。"③扬也许比绝大多数持异见者更爱好思考。他还评论道，上帝是一个共和主义者，"**在他眼里人没有高低贵贱之分**，他也不重礼拜的仪式或形式。"④根据这些条件，那些大土地所有者以及纽约的其他权贵显然称不上共和主义者。这种观点在 1766 年显然对他们不利。

这种激进思想的线索在宾夕法尼亚得到了最充分的表达和发展。在那里，英帝国的危机为费城的激进主义者夺取政治主动权提供了一个难得的机会。这种冲动的一个主要推动力无疑来自民兵。随着与英国的争端导致军事

---

① *Pennsylvania Packet*, 18 March 1776.

② 对这些骚乱进行的与传统的观点不同的分析参见：Patricia U. Bonomi, *A Factious People: Politics and Society in Colonial New York* (New York, 1971), 211—23。

③ Pauline Maier, *The Old Revolutionaries: Political Lives in the Age of Samuel Adams* (New York, 1980), 119.

④ Ibid., 126. 着重号（黑体部分）为原作者所加。

冲突的危险与日俱增,民兵成为一个活跃而引人注目的力量。詹姆斯·坎农是费城的主要激进主义者之一。他代表士兵委员会起草了一份面向所有军事人员的言辞激烈的演说。这份声明将"美国的幸福"归因于"自由人之上"没有任何其他的等级。(这在新英格兰不是一个准确的描述,在那里人们总是希望别人称呼他"士绅",也总是极力表明自己拥有这样的头衔。)"过度富裕的人"不值得信赖,因为他们总是创造他们期望从中渔利的社会差别。然而表明激进主义者在宾夕法尼亚所遭遇到的困难的一件事情是,在起草权利法案的时候,州大会删除了谴责"很大一部分财产为一小撮个人占有"的条款。宾夕法尼亚州的激进主义者制定一个哈林顿设想的土地法的努力仅仅走到了这一步。① 人们没有指望或者打算让权利的平等造成财产的平等。18 世纪 30 年 28
代末开始的宗教复兴以及对波及地区造成重大压力和损失的旷日持久的战争,打乱了许多分布在广大地区的社区的生活。来访者和当地的观察家们都注意到了一种桀骜不驯的精神搅乱了社会氛围。《印花税法》危机进一步恶化了局势,激起暴民公开抢掠个人财产。"一种平等主义的精神迷漫着整个殖民地,"托马斯·库欣在致马萨诸塞副总督托马斯·哈钦森的信中写道,"政府的高官与下层官员之间没有了分别。"②六年后,一位访问马里兰的英国青年写道:"平等的观念似乎很普遍,下层人民只是在表面上对那些位居高位者有一点尊重。"③同年,费城的安立甘教牧师雅各布·杜克在对其教区居民布道时说:"特拉华河边最贫穷的劳动者都认为他像那些绅士和学者们一样拥有在宗教和政治事务上发表他的看法的自由。"杜克所说的不是财富的平等,而是期望的平等。我们应该记住这种区分,因为这暗示了 19 世纪将全面出现的一个平等类型——机会的平等。他接着指出:"确实,费城的公民之间的差别要小于世界上任何一个文明的城市。财富什么也说明不了,因为每一个人可以期

---

① Eric Foner, *Tom Paine*, 129, 133.

② Cushing to Hutchinson, 15 December 1766, in Hutchinson Lettersbooks transcripts, Massachusetts Historical Society, xxv, 119.

③ William Eddis, *Letters from America*, ed. Aubrey C. Land (Cambridge, Mass., 1969), 65.

望有一天会和他的最富有的邻居一样平起平坐。”[①]这些乐观的观点不会给工匠们、小商贩和日工们带来多少安慰，更不用说被排除在外的大量的契约劳工和为数不多的奴隶了。“穷人很少具有与一个绅士谈话的任何荣耀，只是在选举前的几个礼拜里才会见到他，”一个无名氏的带有讥讽意味的抱怨一针见
29 血。“究竟有多少穷人、普通人和技工在这两个礼拜里高兴地与那些七年来未曾屈尊看过他们一眼的绅士们握过手，受过他们一个笑脸，或是与他们亲密地交谈过？但愿在这个殖民地能够人人平等！总之，拉票活动与贵族的傲气格格不入。”[②]这些充满怨恨的话出自一个感到未能得到适当关注的人。它以它特有的方式表明对平等的承认的新要求。这里我们看到的是渴望受尊重的平等的较早的表达。

即使在遥远而安逸的弗吉尼亚，新兴的教派分离派浸礼会传播的不重礼仪和兄弟情谊等令人不安的精神暗含着对教会和政府内当权派的挑战。浸礼会教徒们并不宣扬政治平等，然而他们强调人与人之间的友谊和感情，以至于将黑人甚至奴隶们包括在内。[③]

集体的自尊与个人的独立：政治认同的出现

美利坚民族意识诞生于争取平等的斗争。自从1760年乔治二世去世以来，英国政策的几乎每一个举措都在某种意义上使美国人感到，他们在英帝国之内以及英国议会的统治下被认为没有平等的法律权利和政治地位。这种法律面前的不平等在美国人的情感中被折射成为一个他们深恶痛绝的形式——受尊重的不平等。

国王去世本身开辟了首次清楚展现这些不平等的道路。在他去世六个月

---

① Daniel J. Boorstin, *The Americans: The Colonial Experience* (Harmondsworth, 1965), 349.

② *Pennsylvania Evening Post*, 27 April 1776.

③ Rhys Isaac, *The Transformation of Virginia, 1740—1790* (Chapel Hill, N. C., 1983), ch. 8.

以后，所有以他的名义采取的举措，包括议会会议和签发的令状，都不复存在。马萨诸塞的商人们强烈反对该殖民地最高法院签发的被称为“协助令”的令状，该令状授权海关官员在政府的协助下可以进入库房、商店，甚至私人住房搜查违禁商品。协助令所授予的广泛的权力与在英国出于类似的原因签发的一般令状差不多少。当旧的令状失效时，当局就要签发新的令状。波士顿商 30
人抓住这一机会，指示詹姆斯·奥蒂斯和奥克森布里奇·撒切尔在马萨诸塞殖民地的最高法院挑战令状的合法性。奥蒂斯从伦敦的《绅士杂志》上发表的一篇文章中吸收了部分观点，发表了一个言辞激烈的演说。他声称违背宪法的法案是无效的；那些种植园的官员与英国国内的官员一样受着同样的法律限制。[1] 当伦敦的普通法法院对于基于类似的原则的案件作出明显不同的判决时，美国人想起了奥蒂斯提出的上述第二个观点。

一个突出的案例是“威尔克斯诉伍德案”。这是“一般性搜查令”所涉及的系列案件中的第一个。该案源自根据一个一般性搜查令对英国议会议员约翰·威尔克斯住处的搜查。威尔克斯是《北部不列颠人》[2]的主编。他曾声称英王在位期间所发表的演说辞是由他以前的老师布特伯爵起草的。国务大臣哈利法克斯伯爵乔治·邓克认为这是具有煽动性的诽谤。哈利法克斯派他的仆从罗伯特·伍德逮捕了威尔克斯，彻底搜查了他的住所，带走了他的文件，甚至逮捕了他的印刷工人。在两周之内，威尔克斯声称享有议会议员的特权，并起诉到民事诉讼法院，要求对损失得到赔偿。民事诉讼法院的首席大法官查尔斯·普拉特爵士是一个守旧的辉格党人，也是皮特的朋友。普拉特根据国会议员的特权作出了对威尔克斯有利的判决，并未解决一般性搜查令的合法性问题。然而这一判决结果被赞誉为维护了臣民反对政府官员滥用权力的自由。

普拉特很快在名字中被授予了贵族头衔，他在历史上也被称为大法官卡

---

① Lyman H. Butterfield, ed., *The Adams Papers: Diary and Autobiography of John Adams* (Cambridge, Mass., 1961) 1:211—12. Nelson B. Lasson, *The History and Development of the Fourth Amendment* (Baltimore, 1937), 55—57.

② 这个名称是对所谓苏格兰人对英王的影响的讽刺。

姆登勋爵。他作为公民自由的英雄的地位的确立更多地归因于他后来在相关的“恩提克诉卡林顿案”中的判决。[1] 在该案中，一般性搜查令被宣布为非法，因为它们授予了普通法中没有包含的权力。这一点从殖民地的角度来说意义
31 重大。甚至保守得多的、主掌国王法庭的曼斯菲尔德勋爵也同意卡姆登有关一般性搜查令非法的裁决。[2] 殖民地对这些诉讼密切关注。他在有关 1766 年《公告令》的辩论中对殖民地自由的激动人心的辩护进一步提高了卡姆登在殖民地的威望。殖民地的报纸经常对他的行为和原则赞许有加，美国人对一个英国辉格党法官的感激之情今天仍然记载在东部沿海的一些城镇和县城的名称上。[3]

这些判决对于殖民地有着重要的启示。当平民院根据法院的裁定宣布一般性搜查令违法时，它将那些可以通过法令规定的情况排除在外，这成为很快为它所判用的一个漏洞。1767 年议会通过了《汤森税法》，这不仅对输入殖民地的进口商品开始强征新一轮的关税，而且也正式将美国的协助令合法化，并指定每一个殖民地的最高法院为有权签发协助令的机构。[4] 没有什么比这更能有力地向美国人表明，他们并没有平等地享有保护英国国内的英国人的自

---

① T. B. Howell, *A Complete Collection of State Trials* (London, 1816), XIX, 1159 ff.; Sir Charles Grant Robertson, *Select Statutes, Cases and Documents* (London, 1947), 455; J. Steven Watson, *The Reign of George III, 1760—1815* (Oxford, 1960), 98—101; John Brewer, *Party Ideology and Popular Politics at the Accession of George III* (Cambridge, 1960), 220.

② 曼斯菲尔德(Mansfield)进一步指出，即使有议会的决议支持，一般性搜查令也是违法的，尽管他的裁定是否要屈从于法令仍是一个悬而未决的问题。许多美国的法官漠视这种区分，以便否定令状的合法性。他们因此实际上推动了美国宪法（在本案中是普通法）至上原则的发展。Grant Robertson, *Select Statutes*, 454—55.

③ 将这些事件报道给美国公众的报纸包括：《康涅狄格新闻报》(*The Connecticut Courant*)、《纽约报》(*The New York Gazette*)、《纽约信使报》(*The New York Mercury*)、《波士顿报》(*The Boston Gazette*)、《南卡罗来纳报》(*The South Carolina Gazette*)和不同版本的《弗吉尼亚报》(*The Virginia Gazette*)。这里仅列举少数几种。

④ 起草这项规定的议员们面临的棘手的任务是，掩盖殖民地海关官员过去使用的搜查令可能是非法的。因此他们将该法案的目的描述为消除在这个问题上可能产生的疑问。M. H. Smith, *The Writs of Assistance Case* (Berkeley and Los Angeles, 1978), 453—55.

由和财产的权利和特权。[1] 对国内的英国人与美洲的英国人之间在权利上这种令人痛恨的区别对待成为约翰·迪金森《一个宾夕法尼亚农场主的信札》的一个主题。这很可能是1776年之前发表的维护殖民地权利的最有影响的文章。[2]

《汤森税法》给殖民地的法官们造成了严重的困难。如果按照奥蒂斯的观点，普通法制约着国会法令，那这个法案本身的合法性就值得怀疑。不幸的是，蔑视议会法案的美国法官的未来职位也会成问题。美国的法官们——少数除外——始终能够坚定地面对这些问题，并在大多数情况下在反省了自己的良心和法律原则之后决定拒绝签发搜查令。宾夕法尼亚的首席大法官威廉·艾伦在致费城港的税务官约翰·斯威夫特的信中说："尽管我的职责和天性引导我竭尽全力为英王效忠，然而我认为法律没有授权我签发这种令状。"这个观点后来体现出来的重要意义在于，艾伦后来一直效忠英王。[3] 32

在议会向殖民地征税引发的争端的初期阶段，就有殖民地的发言人认为甚至英国的宪法也应服从于自然法的权威。然而这并非殖民地观点的核心。美国人普遍地坚持英国宪法和普通法，因为它们体现了正义政府所需要的所有约束力，它们存在的合法性在于人们认为它们实际上保护和实施了源于自然法的权利。美国人权利的真正"自然"之处在于：它们属于美国人，是因为它们属于完全纯正血统的或者"本国出生的"英国人。这种观点包含着一切与平等有关的必要因素。弗吉尼亚学识渊博的律师理查德·布兰德非常清楚地解释了这种联系："我所说的是一个民族的权利：在他们所处的情势下，权利意味着平等……鉴于殖民地居民像英国人一样对特权和自由拥有自然的权利，就像他们也实际上居住在大不列颠王国之内一样，议会有什么权利对他们行使

① Lasson, *Fourth Amendment*, 65 n. 50.

② 参见珀迪(Purdie)和狄克逊(Dixon)主编的《弗吉尼亚报》(*Virginia Gazette*)1768年3月10日一期，第9页。

③ O. M. Dickerson, "Writs of Assistance as a Cause of the American Revolution," in Richard B. Morris, ed., *The Era of the American Revolution* (New York, 1939; rpr., 1965), 40—75.

这种权力?”[1]

殖民地的论辩几乎总是包裹着法律分析的武装。然而殖民地感情的驱动力量远比法律的逻辑急切,这种驱动力量之中没有什么比受到伤害的自尊更强大。这种情绪有个人的,也有群体的。没有任何美国人比乔治·华盛顿更为深切地感受到了、更好地说明了这一点。华盛顿在法国人和印第安人之战
33 中作为一个民兵指挥官战功显赫,得到英王委任为军官的希望的破灭以及他对军衔偏低的极度不满令他感到郁郁寡欢。总督*曾经提出让他担任民兵组织中的上校军衔,但只享受上尉的薪俸和权力,对此他不满地评论道:“每一个上尉都是英王任命的,任何一个享受一半薪俸的军官或者其他人,只要有了英王的委任,就比我的军衔高!”[2]对于未来的大陆军总指挥来说,这种情绪的象征性意义怎么说都不过分。第一届大陆会议结束数年以后,托利党人丹尼尔·伦纳德在更为宽泛的意义上明确地指出了这一点。他说:“辉格党人用独立的观点讨好人民”,“而托利党人的计划带有一定程度的屈从,这是一个极为可耻的思想。”[3]

在很大程度上,美国的辉格党人是正确的。自从英王决定通过 1763 年的公告限制殖民地向西拓殖以来,英国的皇家和议会的政策开启了一系列对殖民地事务的新的侵犯。根据 1764 年《糖税法》在殖民地设置了英国海关官员,他们的职责经常与殖民地珍视的地方惯例相冲突。随后接踵而至的不时采取的措施——《印花税法》、宣布议会有权“在任何情况下”为殖民地制定立法的《公告令》、汤森征收关税、英国议会威胁暂停纽约殖民地议会、茶税以及最后在 1774 年通过的“不可容忍的法令”——都起到了同样的作用:它们显然促使美国人认为自己低人一等,无论是他们在个人面对英国官员时,还是作为公众

---

① Richard Bland, *An Enquiry into the Rights of the British Colonies* (Williamsburg, 1769). 着重号(黑体部分)为原作者所加。

* 马里兰总督夏普。——译者

② Bernhard Knollenberg, *George Washington: The Virginia Period, 1732—1775* (Durham, N. C., 1964), 25.

③ Massachusettensis, 19 December 1774, in Bernard Mason, ed., *The American Colonial Crisis* (New York, 1972), 12.

在最终控制影响他们的命运的政策上。平等一词在美国人的抗议的语言中相对来说很少明确出现,然而不平等激起的情感却无处不在。

当托马斯·杰斐逊受命起草弗吉尼亚给于1774年9月参加大陆会议的代表团的训令时,他将问题的个人方面与公众方面很好地结合在一起,其恰如 34
其分的语言很快为他赢得了在起草文件方面更为重大的责任。他问道:"大不列颠岛上的160000选民有什么理由为美洲殖民地的400万人制定法律?这些殖民地中的每一个人与他们中的所有人在品德、理解力和体力方面是平等的。"①

在不到两年的时间里,这种有力的质疑转变成激昂的肯定。杰斐逊在《独立宣言》的初稿或草稿的开头宣布:"我们认为这些真理是神圣的和不容置疑的:每个人在被创造时都是平等和独立的;他们从这种平等的创造中获得了平等的和不可让与的权利。"②在这里,平等的权利被认定为平等的创造的一个条件。后来更为著名和措辞更为有力的《独立宣言》并未改变这个结论,其中的真理变得"不言自明",人人平等的权利直接来自造物主的意志。如果接受这个前提,推论也就不容置疑;如果不接受这个前提,真理就不能不言自明。

《独立宣言》的政治目标是集体的目标。一个民族平等地屹立于世界民族之林的时刻到来了。然而这个集体平等的哲学前提与个体道义平等的信念难解难分。托马斯·潘恩对王位世袭制的有力抨击也揭示了同样的含意。"人类起初在上帝创造的物种的秩序中是平等的,只有后来的某些情况会破坏这种平等。"潘恩鞭挞的目标很快明了了——"**国王和臣民的划分**"。这与男性和女性的区别不同,无法顺理成章地予以解释。③ 尽管约翰·亚当斯不喜欢潘恩的做法,十分讨厌他反对宗教,害怕他的言辞可能造成的民主化后果,但是他也同意潘恩提出的没有人生而有权统治别人的基本原则。

亚当斯自己在1765年发表的文章《论教规和封建法》直接论及这些问题。35

① Julian P. Boyd, ed., *The Papers of Thomas Jefferson* (Princeton, 1951—) 1: 423.

② Ibid., 423—28.

③ Philip S. Foner, ed., *The Complete Writings of Thomas Paine* (New York, 1945) 1:9.

他谴责"封建"封号是对人性真正尊严的冒犯。他强烈抨击"一切黑暗下流的、不能废除的世袭权利——上帝选定论——政府的合法性源于神的奇迹般的指定。那些神父们将封建君主包裹上云雾和神秘色彩,并从中推论出所有思想中为害最深的被动服从和逆来顺受。"①几年后,当他在独立战争期间担任驻法特使时,收到一封很可能来自乔治三世本人的长信,许诺将美国人的领袖封为贵族,以恢复殖民地对英王的忠诚。亚当斯的回信表明他对他最根本的美国人的信念忠贞不渝。他在自传中宣布:"这不是美国人中的贵族吗!我说的是世袭性贵族。但无论是世袭性的还是终生贵族,没有什么比这更令那个时候的美国人的普遍民意痛恨的了。他们主张至少每年选举一次行政官员和议员。"②

这些观点表达出美国的辉格党人在组织对英国的抵抗时所理解和信仰的真理。那些在它们的新州宪的序言中写入了权利宣言的州利用这个机会确认了作为新政府权威的基础的平等原则。首要的是费尔法克斯独立连的乔治·梅森在为弗吉尼亚起草的权利宣言中所宣布的:"根据自然法人人平等地享有自由和独立,而且他们一旦建立了某种社会,就拥有某些固有的权利,他们不能通过任何契约剥夺他们后代的这些权利。"这些权利包括:"通过获得和拥有财产享有生命和自由的权利,以及追求和获得幸福和安全的权利。"大约 5 个月以后,宾夕法尼亚州的州宪中写入了同样的语言。马萨诸塞在它的村镇会议上经过旷日持久的审议,在 1780 年通过了它的州宪。其《权利宣言》的第一条几乎使用了同样的语言:"人人生而自由和平等,具有某些自然的、根本的和不可让与的权利。"③

36 在这种背景下产生的《独立宣言》的作用是,统一表达了一种共同的观点。考虑到声称拥有独立的主权的各州组成的集体可以被视为一个国家,它等同

---

① Charles Francis Adams, ed., *The Works of John Adams* (Boston, 1850) 9:375—78.

② Butterfield, *Adams Papers* 4:149—52.

③ J. R. Pole, ed., *The Revolution in America, 1754—1788: Documents of the Internal Development of America in the Revolutionary Era* (London, 1970), 519, 530—31, 480.

于一个国家的承诺。杰斐逊半个世纪以后指出,他的目标是表达出"对那个问题的共同认识"。[①] 当然这不是唯一的可以在思想上可以利用的常识。在那时孟德斯鸠的《论法的精神》已经出版了 20 多年,这本书也许是杰斐逊那一代人所读过的最有影响的政治学著作。孟德斯鸠在一种前所未有的程度上沉湎于一种深奥的文化相对主义,并从中衍生出一种道德相对主义。根据这种道德相对主义,法律和道德准则与不同文明国家的气候和习俗有关。杰斐逊的普世主义之外的这些思想确实值得研究。在随后的几年里,它们会被更为广泛地接受。事实上,随着北部和南部日益不祥的分裂发展成为突出的政治问题,文化相对主义会很快在美国复兴。杰斐逊"不言自明的"真理的道义普适性在 1776 年之所以能够抓住人们的想像力,是因为它表达出道义问题引发的反叛的激情。它在政治责任被转变为自治所面临的曲折复杂的问题之前激发起独立的情绪。这个具有普遍意义的宣言发表的正是时候。也许在历史上是独一无二的最佳时间。

当大陆会议发布的《独立宣言》告诉世人作为美国人反叛的基础的真理是
"不言自明的"时,它也告诉人民他们自己就能看到这些真理。这与美国人熟
悉的某种形式的新教神学,尤其是加尔文教之间有着很大的相似性。加尔文
教的布道者们宣扬每一个人在他或她的一生中都应首先对上帝负责任,同样,
《独立宣言》也告诉人们他们中的每一个人都要对政府负责。重要的是这不仅
仅是一个象征性的声明。而实际情况是,美国人在那个时候已经肩负起建立
政府的责任,而且这个负担是沉重的。对于新教徒们来说,自由从来不是意味
着对个人的世俗目标或物质利益的享乐主义的追求的自由。新英格兰创业的 37
几代人不会想到"追求幸福"这个短语,而且他们也不会赞同这个观点。对于
他们来说,自由意味着服侍上帝的自由。当人的幸福被提升到人的价值观中
关乎利益和荣誉的位置时,那就要由人类来决定那些价值观。

由此产生的重大责任也是显而易见的。每一个人在平等地享有自由和幸

---

① Carl L. Becker, *The Declaration of Independence* (1922; rpr., New York, 1959), 25.

福的权利之外，也平等地决定着那些价值观。人人平等的不是他们的能力或品格，而是他们的权利。根据这个原则，人们的权利取决于他们作为人的个体性，而不是世袭特权，不是家族的或是社会的地位，也不是种族甚至宗教。是否这同一个原则也自然地适用于妇女们的问题还没有进入任何人的政治议事日程。如果正如几乎所有的人认为的一样，妇女天生不同于男人，那么尽管她们可能享有平等的权利，这些平等的权利也不会带来平等的社会利益。在后来的几代人中，当激进的女权运动的女性代言人们声称妇女的权利与男性的权利完全一样时，她们无法通过引用《独立宣言》并将其中的男性换成女性来赢得那场辩论。她们实际上不得不坚定地宣布，在经济和政治生活的一切活动中，妇女实际上**能够替换**男人。这个观点可以得到证实，然而它并不包括在不言自明的真理的范畴之内。

《独立宣言》所宣示的普适性的平等语言成为一个分化明显的社会秩序的准则。它无法决定那种秩序的未来，而且它的语言永远无法被转化为具体的制度。它在社会改革家们的手中的作用只是一种道义激励的工具，一种自我评估的参照物。也许部分地出于这种原因，美国人似乎常常感到有必要用一种好像无法实现的抽象的道义准则来衡量自己。作为一种道义哲学，《独立宣言》并不是无懈可击的，然而它毕竟不是针对一个学术研讨班发布的。它是一个面向人类之公意的充满激情的政治宣言。它所包含的平等的普适性是唯一人人能够理解的。这是它传递给未来每一代人的一盏明灯。

第三章　新共和国对平等的表达 38

被剥夺了平等而产生的义愤是美国革命道义上的推动力。联邦宪法和《权利法案》将独立革命带到了一个最初从未预见到的结局，而独立革命后来成为将平等置于美利坚民族公众道义的中心的动力。然而愤愤不平的情绪并不总会产生清晰的思维。甚至殖民地人民中最健谈的人也很难找到适当的语言，以界定因为被剥夺了他们觉得作为英国的臣民应该享有的平等的尊重而产生的义愤的问题。而这正是他们抗议的核心问题。然而，其后果对于美国的政治来说并不明确。美国人当然不会为了未来根据牢不可破的革命理想相互间给予尊重，然而当男人们和女人们由于某种原因被剥夺了尊重的时候，他们最终就会诉诸一种因为植根于共和国的道义基础而与共和国难解难分的原则。

另一个原则，也就是法律面前的平等原则，较为容易界定和更明确地理解。它是欧洲启蒙运动的根本性理想之一。在 18 世纪初年就为殖民地所接受的英国的普通法，实际上并未包含英王的臣民间的完全的平等。根据神职人员不受普通法院审判的原则，任何人只要声称能够阅读和写字，就很可能在 39
犯有重罪时被减刑。这不能被视为平等的原则，尽管这个原则挽救了无数男人和女人，包括奴隶的生命。然而普通法曾经在一般性搜查令的案件中维护过英国人的权利，这一点殖民地居民非常熟悉。无论如何，殖民地居民们要求在与不列颠列岛上的居民平等的基础上得到普通法的保护。这些原则不会总是得到美国法律的尊重，然而它们将出现在辩论的语言之中。

平等与政治关系的语言

建立在这些原则之上的革命的全部意义需要一些时间去理解。然而从一开始就很明确的是，任何形式的美国政府的权威都不可能来自世袭权利，白人统治黑人、男人统治妇女的权利的历史背景是不言而喻的例外。英国人在维护他们在殖民地的权威的时候常常使用两种形式的语言。其中较为正式的一种语言是议会至高无上的权威。这在1766年的《公告令》中得到了最为明确的表达。这个公告没有声称要制定新的法律，而宣布议会具有为殖民地的“任何事务”立法的宪政权力。① 不太正式然而却更为普遍的语言是家长式作风。甚至美国人在议会的最著名的朋友之一威廉·皮特(查塔姆勋爵)在谈到汤森关税问题时也曾说道：“尤其是一切有关贸易和海运的法律，我们是母国，他们是孩子。他们必须遵守，我们必须为他们确立规矩。”②

查尔斯·汤森曾巧妙地利用过这个比喻。他把美国人描绘为“我们关照下得以立足的孩子，我们娇宠下养大的孩子……也受到了我们的军事保护。”
40 然而，英国人对政府政策的最为尖锐的批评表明，那种虚构的保护性姿态实际上只是自己产生的幻觉。“是你们的关照使他们得以立足吗?”艾萨克·巴尔反驳道，“不！是你们的压迫使他们在美洲得以立足……是你们的娇宠把他们养大的吗？他们长大了是因为你们对他们的疏忽……他们是由你们的武装来保护的吗？是他们勇敢地拿起武器来保护你们!”③在殖民地在费城宣布独立前的几个月，英国的长老会牧师、同时也是美国人的比查塔姆更为亲密的朋友、激进政治经济学家理查德·普赖斯博士在一篇从政治正义的角度分析英国与殖民地的冲突的文章中批评了这个幻觉。“我们是**母国**，”他引用别人的话谈到这种普遍的道义观点，“这些具有魔力的字眼迷住了我们，也误导了我们。”他接着指出，如果从字面上理解父母的类比，既然孩子自然会长大，那么英国本应该逐渐放松其管理。然而，这个概念本身就是错误的。“难怪他们突

---

① *Statutes of the Realm*, 6 Geo. III c. 12.

② Charles Ritcheson, *British Politics and the American Revolution* (Norman, Okla., 1954), 138. 事实上，这个观点与他对《印花税法》观点是一致的。不经他们同意从殖民地居民的兜里掏钱是议会唯一**不能**合法地进行的事情。对此殖民地居民不能容忍太长时间。I. R. Christie, *Crisis of Empire: Great Britain and the American Colonies, 1754—1783* (London, 1966), 62.

③ Christie, *Crisis of Empire*, 52—53.

然对我们发威，迫使我们承认他们不是孩子。”[1]

美国的托利党人也很自然地使用了同样的语言。我们已经注意到丹尼尔·伦纳德愿意接受“一定程度的屈从”，但承认这是“一个极为可耻的思想”。塞缪尔·西伯里牧师于1774年对纽约商人发表讲话时，提到了“我们母国与我们之间这场有悖常理的、不幸的斗争”。说它违反常情是因为孩子对他的父母忘恩负义。波士顿托利党人彼得·奥利弗比他在英国政府内部的同代人好不了多少。他说马萨诸塞殖民地“在他的幼儿期受到了最为细致入微的照顾和关注，这个最为鲁莽的孩子所能够提出的每一项要求都得到了满足，这把他惯坏了”。对他一味的宽容，一再免于对他进行毁灭性的处罚。它的反叛，就像一个忘恩负义的孩子一样，是“有悖常理的”。[2]

这种语言很显然与独立后的社会与政治关系的情形格格不入。在各州之 41
间的大陆会议以及新产生的各州议会的层面上，美国制度的权威建立在某种选举之上，而各个地方选出的委员会与议会相辅相成，在各个社区行使职权。家长式的关系可能在许多家庭生活中仍然十分普遍，尤其是在稍大一些的种植园上，然而没有充分的理由将这些关系的语言转移到公众生活和政治权力之中。

当美国人环顾四周观察他们自己及其家人的生活的时候，他们看到的是由复杂的家庭和社区网络构成的社会。然而当他们对于政府作理论上的说明的时候，他们的说法似乎与他们看到的情况完全不同：他们设想的政治社会是由怀有理性意图的独立的个体建立的；或者用流行的心理学理论的术语来说，

---

① “Observations on the Nature of Civil Liberty, the Principles of Government, and the Justice and Policy of the War with America,” in Bernard Peach, ed., *Richard Price and the Ethical Foundations of the American Revolution* (Durham, N. C., 1979), 84. Edwin G. Burrows and Michael Wallace, “The American Revolution: The Ideology and Psychology of National Liberation,” *Perspectives in American History* 6 (1972): 241, 248.

② 引自 Samuel Seabury, *The Congress Canvassed* (New York, 1774); “Peter Oliver's Origin and Progress of the American Rebellion: A Tory View,” in Morton and Penn Borden, eds., *The American Tory* (Englewood Cliffs, N. J., 1972), 16, 24—25。

政治社会是由理性能力和意志相结合的行为所建立的。这种解释政治社会起源的方式表现在弗吉尼亚和马萨诸塞通过的权利宣言中。在每一个地方，那些致力于公众事务的人都认为，个人组成政府是为了保护他们的权利。[①]

这种观点的哲学依据源自洛克的《政府论(下)》。尽管这在美国州宪和联邦宪法的辩论中都很少提及，然而它的思想已经融入了美国政治思想的结构之中。创建政府的自愿性的安排被界定为一种契约；一个在商业界为人熟知和得到充分尊重的成熟的法律原则被运用于政治。这不是一个临时性的做法。在19世纪初，当弗吉尼亚律师圣·乔治·塔克编辑出版美国版本的布莱克斯通《英国法律释论》的时候——这本书在独立革命前就已经在美国的市场
42 上成为畅销书——他用洛克的观点解释了美国政府的确立过程："这个世界自其居民有史以来，第一次出现了根据愿意统一在同一个社会纽带之下的个人的自由而深思熟虑的抉择达成的原创性的成文契约，这展现了以前的时代从未有过的一个政治现象。"[②]

尽管这些观点出处不凡，它们与任何能够观察到的事实并不相符。在创建新政府时，美国人竭尽全力尽可能保持与过去的制度的连续性，甚至在第一次举行选举时也是依据殖民地时期的选举法。重新回归"自然状态"的混乱正是他们极力避免的。新的政治社会不是产生于自然状态，而是形成于社会习俗和政治惯例。考虑到美国人社会与政治生活的现实，政治契约的理论之所以受到欢迎需要更为明确的解释，而不是仅仅说美国人只能找到或很方便地接受了这种理论。这种**必要性**出于两个在道义上有说服力的理由：首先，为新

---

① Samuel Eliot Morison, *Sources and Documents Illustrating the American Revolution, 1764—1788* (Oxford, 1923—1962), 149; J. R. Pole, ed., *The Revolution in America, 1754—1788* (London, 1970), 479; George Washington to the President of Congress, 17 Sept. 1787, in Winton U. Solberg, ed., *The Federal Convention and the Formation of the Union of the American States* (Indianapolis, 1958), 363—64. 关于当代心理学理论以及其对社会秩序的意义的论述，参见 Daniel W. Howe, "The Political Psychology of *The Federalist*," *William and Mary Quarterly* 64 (July 1987): 3。

② St. George Tucker, ed., *Blackstone's Commentaries* (Philadelphia, 1903), vol. 1, app. 4.

形式的政府的**合法性**确立一个新的基础是非常重要的，而没有任何基础比自由的个人的心甘情愿的同意更为稳固；其次（这一条在逻辑上与第一条相辅相成），正如我们所看到的，这些自由的个人的意志是，而且必须是**平等的**意志。新的政治需要一种新的政治语言，而这种语言必须扎根于人人能够理解的久经考验的道义传统。平等的语言是唯一能够取代被唾弃的维护神权君主制以及家长式的或是世袭性的权威的语言的合法语言。

过去的语言没有能够表达出男人们希望建立的新的政治秩序（一些妇女也希望参与这种建设）所必要的社会的、教育的和政治的结构综合体所需要说明的一切。在他们所继承的语言中，贵族政治和君主制的概念占据着一个模棱两可的位置：作为领导和权威的象征得到尊崇，同时因为它们的专横、傲慢、暴虐和缺乏民众认可给予的合法性而受到痛恨。说一个人或者某些人最坏的 43
话，就是说他们怀有觊觎君王之位的野心或者相信世袭原则。在1789年全国政府建立之后的早期联邦主义时代，这种指责经常被抛向约翰·亚当斯、亚历山大·汉密尔顿（这样做不是没有理由），甚至乔治·华盛顿以及所有联邦主义者。安德鲁·杰克逊的反对者们再次启用了这种语言。他们嘲弄地称杰克逊“安德鲁王一世”，还为他绘制了一副穿着皇帝的衣袍的画。[①] 然而依然有人，如约翰·亚当斯和亚历山大·汉密尔顿，怀疑一场革命是否可能彻底清除人们对君主制的偏好。

同时，在早期对共和主义语言的探索中，人们在启蒙运动大力推崇“自然”观念的背景中发现了贵族的良好特性。如果美利坚共和国能够开发利用它自己的“天然的贵族”——杰斐逊在殖民地时期曾称之为“具有美德和天才的贵族”——资源，它就能够发现它自己的真正的领导，从而使自己避免民主政治

---

① Noble E. Cunningham, *The Jeffersonian Republicans: The Formation of Party Organization, 1789—1801* (Chapel Hill, 1957), 45, 98—99; and idem, *The Jeffersonian Republicans in Power: Party Operations, 1801—1809* (Chapel Hill, 1963), 10; Lance Banning, *The Jeffersonian Persuasion: Evolution of a Party Ideology* (Ithaca, N. Y., 1978), 238—45; Marvin Meyers, *The Jacksonian Persuasion: Politics and Belief* (Stanford, 1957) 5; J. W. Ward, *Andrew Jackson, Symbol for an Age* (New York, 1955).

最恶劣的弊端。[1] 共和主义者们保持了贵族思想的活力，认为有人生而具备优于别人的品质，尽管这种品质是个人天生的，但还需要培养才能为公众服务。“顺应自然的自然经济学”，1778 年杰斐逊在致“天然的贵族”戴维·里滕豪斯的信中写道，“我们应该根据他们的等级和地位来对待和利用人们的天赋。”人们违背自然，因而错误地偏离了这一点。根据拥护宪政的小册子作家乔纳森·杰克逊的说法，美国唯一的贵族是“具有经验和理解力的人”。它在利用这个术语时补充说：“我的目标是挖掘出这种**天然的贵族**，如果必须这样称呼他们的话。”他之所以说“如果必须”，是因为约翰·亚当斯在新近出版的《为美利坚合众国政府的宪法辩护》中曾这样称呼过他们。这本书是作者衔命
44 使欧期间写成的，1786 年出版。其爱国主义的目的是为各州州宪辩护，反击法国某些共和主义者的批评。[2] 本杰明·拉什——杰斐逊在费城由社会名流构成的社交圈子中的一员——1777 年出版了一本小册子，赞同没有“将人人为地划分为贵族和平民”为“宾夕法尼亚社会等级的自然划分”开辟了道路的观点。这种自然的划分建立在“高度的勤劳和能力”的基础之上。拉什觉察到了新形式的财富必然扩大其政治影响的新危险。[3] 在 19 世纪，随着政客们和评论家们对民主的原则和语言越来越感到自然和满意，这种将语言传统运用于共和主义理想的魅力逐渐淡化。

利益政治与政治平等的肇始

《独立宣言》鼓励美国人信奉的政治正义的思想是，每个个人拥有某些独立于所有其他个人的权利；政府的存在是为了创造维护这些权利的最佳条件。

---

① Philip B. Kurland and Ralph Lerner, eds., *The Founders' Constitution* (Chicago, 1987)1:525.

② Ibid., 526—27, 543; Jonathan Jackson ["A Native of Boston"], *Thoughts on the Political Situation of the United States* (Worcester, 1788), 57.

③ Benjamin Rush, *Observations on the Present Government of Pennsylvania in Four Letters to the People of Pennsylvania* (Philadelphia, 1777), 57.

但这不等于人人拥有参与立法的平等权利。这取决于符合社会需要的资格。有影响的人物们普遍认为，社会的整体利益在财产所有者的手里是最安全的。这个政治特权的观点的推论是：有财产的人们应该致力于通过公正的法律保证有资格的个人有机会获得财产。一些新州在它们州宪开头的序言里将这些理论转化为正式的形式。1780 年马萨诸塞制宪大会与新州宪一起颁布的《致全州人民的公开信》为选举权的财产资格（这实际上比在英王统治下时还略高一些）进行了辩护。它解释说，那些被排斥在选民之外的人还有希望赚得足够的财产从而取得选民资格；只有那些懒惰和奢侈的人会被永远排斥在外。[1] 45
我们在这里看到了后来成为平等的机会的原则的微弱的闪光。这里假定经济机会是存在的；一个能充分利用他的机会的年轻人终将赢得他参与政治的权利。在《权利宣言》中——它似乎更为正式地表明了革命者们的意图——自愿联合的个人被直接称为“公民”，乍看好像可以与“居民”互换。然而，并非所有的居民都平等地享有公民身份之利益。根据共同的认可，公民与所有人口并非完全对应；在历史上，“公民”总是被界定为拥有某些特权的人。对于处于次等地位的居民如何希冀并获得享有公民身份的资格可能有着不同的意见，然而对于最初十三州的许多人来说，独立革命的承诺只能通过渐进地扩展公民身份的概念来实现。只能在这些限定条件下，才能说早期的制宪者们曾致力于某种政治平等的理论。

因此，这种理论视野非常有限。它只是一种政治基础而不是一种政治结构。从一开始在它中间就埋藏了对与政府的义务的不同信念，而且无法从中挖掘出任何有关政府的明确的原始意图。《致全州人民的公开信》和《权利宣言》的字里行间隐含着许多值得辩论的观点。不同的信念可能会造成不同的制度。然而推行个人政治平等的政治的最有效的步骤常常是出于实际的而不是理论的考虑。

---

① Pole, *Revolution in America*, 475. 塞缪尔·亚当斯起草的这个文件比《独立宣言》的形式主义的语言更具有集体性特点。例如，该文件宣布：“社会的利益为其所有的成员所共享。”（第 473 页）马萨诸塞的新教传统从未与个体主义的政治经济学完全和平共处，而塞缪尔·亚当斯却把它们很好地结合在一起。

考虑到平等的观念和情绪产生的巨大力量，也许似乎有些奇怪的是，为什么在殖民地的政治中未能产生有关个人政治平等的与众不同的理论。确实，殖民地议会在它们存在的最后阶段收到了许多代表权不足的县要求扩大代表权的陈情书，这些陈情书所指的方向是更为广泛的政治参与。然而即使在很快被激进主义者控制的宾夕法尼亚，这些陈情书中所提出的要求也总是依据
46 社区持有的财产的总量和纳税总额以及社区居民的人数。[1] 而且，平等常常被认为是市镇和法人团体的平等，而不是个人平等。即使这样界定"平等"，在殖民地的选举法中也很难找到任何平等的原则。实现政治正义需要建立在政治上平等的个人的多数实行统治的制度的观念在早期美国人有关共和政府因素的观念中并不是固有的，也不是美国人与英国的斗争所要争取的目标。多数统治的原则在独立革命期间几乎悄无声息地进入了美国的政治实践。其后果是深远的，然而这种结果在任何意义上说都并非出于辉格党理论家们的信念。如果他们曾这样打算过，他们在早些时候就会朝着这个方向积极努力。

正如所有的重大政治进步一样，新的原则的力量在于它服务于强大的现实利益。在任何强大的财产集中与巨大的人口集中相结合的地区——正如在 1775－1780 年间的马萨诸塞、不同时期的其他州以及在 1787 年建立的联邦政府这个更为广阔的竞技场——有产者的利益会从多数统治原则中获得丰厚的利益，因而并不害怕采用这一原则。[2] 如果说美国真正的辉格党人采用了多数统治只是一个原则问题，这与他们表现出来的政治现实主义的才能不符。[3] 一旦他们看到的政治现实促使他们抓住这根线并将它牢牢地编织

---

① J. R. Pole, *Political Representation in England and the Origins of the American Republic* (London, 1966; Berkeley, 1971), 260—65.

② Ibid., 169—249, 373—82, 538. 这些结论为后来的一些研究所证实，例如 Merrill Jensen, *The American Revolution within America* (New York, 1974), 66; Stephen E. Patterson, "The Roots of Massachusetts Federalism: Conservative Parties and Political Culture Before 1787," in Ronald Hoffman and Peter J. Albert, eds., *Sovereign States in an Age of Uncertainty* (Charlottesville, 1981)。

③ 这个观点参见：Gordon S. Wood, *The Creation of the American Republic* (Chapel Hill, 1969), 170—72。

进新的宪政结构中时，辉格党人理论中的自愿原则的形式主义因素就得到了加强，并扩大为美国政治思想中的一个突出的主题。① 美国人很快会轻易而自然地认为，多数统治是独立革命的一个原则。

美利坚合众国宪法暗示了但并未明确宣布政治个体平等的原则。这个原 47
则被转变为在大体平等的选区划分中一个男性(man)拥有一票，后来转变为一个人(person)拥有一票。除了某些明确列举的禁令以外，例如追溯既往的法律以及危害合同义务的法律，联邦宪法并未宣布其本身的根本原则，在它的框架中也没有这种必要。这部分分析的目的也不是坚持认为确立多数统治的原则是制定联邦宪法的一个目标。一些参加制宪大会的代表表达了他们对多数统治原则的担忧，而且联邦宪法复杂的内部结构的目的在很大程度上是遏制绝对多数的力量。在当时没有其他能为人接受的普遍原则。在民族主义的领袖们强烈表达出来的观点中，这是保证宪政机器运转的最低限度的统一原则。即使如此，每个州将保留控制州内的选举权问题的权利。至少那些行使政治权力(这种权力只能通过选举制度本身来行使)的阶级普遍认为，在人们拥有选举权之前，他们应该对建立在财产私有基础之上的社会的福利作出某种承诺。无论各个州的选举法有什么不同，政治辩论以及政治背景方面的证据表明，人们期望选区的人口大体上平等，尽管其中的人数有待确定。② 波士顿人乔纳森·杰克逊在 1788 年出版的评析美国政治的、论证有力的小册子中问道："还有什么比人数能更好地确定不同集团和社区的代表名额的规则?"如

---

① 有关这一点参见：Yehoshua Arieli, *Individualism and Nationalism in American Ideology* (Cambridge, Mass., 1964), 158—80。

② 麦迪逊和威尔逊都发言支持在新国会的两院实行"按人口比例的代表权"(proportional representation)，并利用这个词语反对各州在国会上院拥有平等的代表权。他们想要的是建立在人口比例基础之上的多数统治。在一个平等地作用于其个体公民的政府中，实现这一目标的唯一途径是通过人口大体相等的选区。这一点也许非常明确，并未阻碍宪法的通过。Max Farrand, ed., *The Records of the Federal Convention of 1787* (New Haven, 1911) I, 36—37, etc; (Wilson) I, 179, etc.

48 果弗吉尼亚不比特拉华或罗德岛拥有更大的政治发言权，那就荒谬至极。[1]在起草新的联邦宪法的同一年，根据人数确定代表权的道义逻辑已经十分清楚，因而成为主导伟大的《1787 年西北法令》确立的选举制度的一个原则。[2]华盛顿本人坚定地认为有必要密切代表与选民之间的联系。制宪大会最后达成一致：每三万居民中间只能选出一个代表；联邦宪法另外一项条款规定，每个州至少需要选出一名众议员。[3] 出于实际的目的，稍有变通是可以容许的，然而联邦宪法中没有包含一旦人们拥有了选举权、某些人的选票比另外一些人的选票更重要的内在理论基础。同样的制度也适用于选举团。它是为了选举美国的总统和副总统而设计的中间性机构。

个人政治平等的基本原则的一个例外在于每个州在参议院分别享有平等的代表权。鉴于各州在那时及后来在人口上极度不平等，这种对州权观念的让步必然限制了个人在联邦国会的代表权。然而不能据此断言，州在参议院的代表权制度为众议院建立在任何基础之上的代表权，或者是州制度中的下院的代表权提供了理论根据。实际上，参议院表现出来的严重的不平等为众议院通行的多数表决原则提供了更为充分的理由。各州按照定义属于政治实体，然而它们只能代表它们自己州内的公民。它们的存在并不是因为感到有必要代表任何具体的利益。各州作为在联邦制度中的政治因素而存在，但不可能在这个基础上据理力争其他形式的利益代表权，如州内地区性的、阶级的或是经济集团的代表权。参加制宪大会的主要国家主义者——除了麦迪逊之外，还有詹姆斯·威尔逊、鲁弗斯·金和古维诺尔·莫里斯——想确立政治个体的平等，因为他们想要在中央政府与它分散在各州的公民之间建立直接的联
49 系。而这时的共和主义原则已经开始提出，政治平等是实现政治正义的惟一可以接受的基础。一个社会毕竟只是所有被视为平等的个人组成的集合体。

实际上，新的联邦宪法完全超越了围绕各州的界线，直接作用于它治下的

---

① Jackson ["A Native of Boston"], *Thoughts*, 36, 33—34.

② *Journals of the Continental Congress* 32:334—43.

③ Farrand, *Convention of 1787*, II, 643—44; Constitution of the United States, Art. I, sec. 2.

每一个个体的臣民，这里指的是联邦边界之内的每一个个人。它之所以拥有这种权力是因为，它授权国会和总统制定和签署直接影响个人的法律，而不必顾及州的公民身份给予的保护。尽管联邦宪法没有明确界定公民身份的概念，然而其语言以及根本性运作使任何州的每个公民都同时成为合众国的公民。而且，联邦宪法也赋予了国会确立"统一的归化规则"的职责。①

每一个参与辩论设想建立的新的联邦政府的权限的人(无论他是支持还是反对)都很清楚，这个政府将直接作用于个人。他们同样清楚的是，联邦宪法将把这些个人视为平等的人。其条款明确禁止授予贵族头衔，②也显然不能被用于为其他形式的特权提供辩护。对于联邦宪法能够发挥这样的作用人们没有疑问。有关联邦政府权力的激烈辩论爆发的原因正是因为这些权力将破坏各州作为主权政治实体权力的完整性。联邦宪法的反对者们并未对它将直接作用于个人提出质疑，但却强烈反对是**因为**它在这个过程中会直接超过州的权力边界。③ 至此政治平等的观念已经在各州不同形式的共和政府的选举制度中取得了一些进步；在其中一些州的选举制度中，这种观念得到了明确的界定。④ 然而这种界定无论多么明确，州宪都是仅仅适用于它们自己州的边界以内。联邦宪法超越了任何其他文件，将政治平等界定为美国政府的一 50
个根本性原则。

奴隶制熔炉中的自然法

人们很容易就这样的看法达成一致：联邦宪法保障每个州确立的共和政

① Ibid.，Art. I，sec. 8.

② Ibid.，Art. I，sec. 9.

③ *The Federalist*，ed. Jacob E. Cooke (Middletown，1961)，nos. 15，16；*Debates in the House of Representatives of South Carolina on the Ratification of the Proposed Constitution of the United States* (Charleston，1789)，3—4；Cecelia M. Kenyon，ed.，*The Antifederalists* (Indianapolis，1966)，379；[William Findlay]，*Address from an Officer* (Philadelphia，1787)，v，3，6. 还有许多其他类似的评论可以引用。

④ 马萨诸塞和弗吉尼亚被作为突出的典型已经进行了分析。

府应该能够适应一个共和社会的需要，而不必去确定政府的具体形式，或是共和社会的具体需要。在美国的背景下，共和国与建立在世袭特权之上的规则难以相容得到了比任何事情更为明确和更为普遍的认识；任何形式的世袭利益被怀疑带有非美国原则的污点。* 共和国的纯洁的基础受到了一个新的、不容易察觉但强有力的腐败的威胁。

共和社会能够容忍平等主题的许多变种。然而独立革命第一次提出一个引起公众辩论的重大问题：共和社会能否容忍奴隶制对平等的绝对否定。杰斐逊利用委任他起草《独立宣言》之机表达了他有关奴隶贸易的观点（这比存在于各个殖民地的奴隶制来说是一个更为稳妥的靶子），他把奴隶贸易的责任完全地（尽管不太公平）推到了乔治三世的身上，由此使他的同胞免除了任何直接的道义罪愆。他最后谴责英国人鼓动黑人奴隶揭竿而起反对他们的美国主人，使奴隶主成为这个错综复杂的阴谋的双重受害者。尽管如此拐弯抹角和含糊其辞，他的语言对于大陆会议中的强大利益来说太富有挑拨性，于是整个这一段都被删除了。①

然而，独立革命时代的许多人——其中许多生活在蓄奴州——都受到了自由激情的鼓舞，并因此对他们自己社会中的奴隶制怪胎感到不安。殖民地
51 居民在反对英国对他们的自由的所谓威胁时经常使用**奴隶制**这个词语。他们感到他们理解这个词语的含义。他们谴责奴隶制与美国人当时要为他们自己确立的共和原则水火难容。南部卫理公会教徒弗朗西丝·阿斯伯里（成为美国第一个卫理公会主教）以及他的同道托马斯·科克（两人都生活在切萨皮克地区）在18世纪80年代初就在散发谴责奴隶制的陈情书。在1784年圣诞节召开的一次会议上，卫理公会的领袖们禁止奴隶主加入他们的教会。这些教会领袖都是废奴主义者。然而他们的紧迫感并未为南部的卫理公会所普

---

* 此处作者修订删去一句话（正是出于这种原因，从早期共和国一直到杰克逊时代银行和其他特许公司的反对者们总是抱怨，这些机构的威胁是创造新的贵族，并将其非法的收入传给下一代）。之所以删去，是因为与本章下一部分的表达重复。——译者

① Julian P. Boyd, ed., *The Papers of Thomas Jefferson* (Princeton, 1951), 1: 426—28.

遍认识到。其他一些人,如弗吉尼亚卫理公会牧师德弗洛克斯·贾勒特(他持有 24 名奴隶),认为这种立即废奴的立场很危险。他们提出的渐进废奴的途径不会触动他们自己的利益,也能避免根据道义的或是宗教的法则突然解放奴隶所造成的社会的或经济的后果威胁社会。[1]

奴隶们自身对于奴隶的解放作出了最为重大的贡献。他们的机会来自英国人鼓动他们逃离他们的主人,并许诺给予他们自由和保护。根据杰斐逊本人的计算,1780 年英国人入侵期间,弗吉尼亚至少有 30000 名奴隶逃跑了。在南卡罗来纳,逃奴的规模大体相当。这么大的逃奴数目,足以使美国人感到在独立革命的事业中他们的巨大的财产受到了威胁。[2]

从很早的时期,就有许多美国的奴隶主感到持有奴隶在良心上很难过去。切萨皮克诸州私人解放奴隶的巨大数目有助于说明独立战争之后的年代里自由黑人人口迅速增长的原因。马里兰的自由黑人人口从 1755 年的 1817 人增长至 1790 年的 8000 人,到 18 世纪末,达到近 20000 人;弗吉尼亚 1782 年的 52
人口统计显示该州有 1800 名自由黑人,1800 年为 13000 人,10 年后达到 20000 人。[3] 这些私人解放奴隶的规模足以打消人们总是受他们自己的物质利益所驱动的想法。紧随这些个人解放奴隶的是独立战争之后一系列废奴协会的建立。它们的建立以及它们的言辞受到了个人享有与生俱来的自由的共和主义信念以及《独立宣言》的启示。这些协会作用是,作为压力集团促成州议会通过有关逐步解放奴隶的立法。在这里发挥作用的道义力量主要源于这样的信念(通过这种信念,启蒙运动的原则强化了英国的法律):自由是人的自然状态;美利坚共和国本身建立的基础是对与生俱来的自由的追求。剥夺这种自由当然就是对平等权利的道义要求的剥夺,而这种剥夺可能会对共和国

---

① Gary B. Nash, *Race and Revolution* (Madison, 1990), 9—10, 12, 14—15, 18—19.

② Ibid., 60. 纳什将美国革命描绘为"美国历史上最大规模的奴隶起义",第 57 页。根据他的研究,许多逃奴加入了英国军队,或者组成了黑人民兵组织。他们因受伤、患病和营养不良而损失惨重。历经战争活下来的绝大多数人被英国人迁移到了佛罗里达、牙买加,或新斯科舍。

③ Ibid., 18.

本身的性质产生严重的影响。因此(举个例子)马里兰州的司法部长路德·马丁在1788年宣布,奴隶制“与共和主义的精神格格不入,其倾向是毁灭它所依赖的那些原则,它也削弱了人类权利平等的感觉,使我们习惯于暴虐和压迫”。① 黑人在陈情书中要求废除奴隶制以及要求在新近获得独立的美国社会中享有平等的待遇,表明这些陈情书的起草者们深刻地理解了作为他们的种族自由诉求的基础的普遍性原则。然而,没有证据表明有人尊重和倾听过他们的要求。②

这个时代的自愿解放奴隶的白人愿意接受在道义上必须给予他们的人类同伴自由,但不一定接受在他们自己社会中的实现平等,甚至将它付诸实践。自由的激情实际上暴露出美国社会使它自身符合平等的准则的能力的限度。解放奴隶的主要倡导者几乎无一例外地不愿意考虑赋予解放后的奴隶法律的或是社会的平等。他们的计划仍倾向于让受到削弱的奴隶制继续存在下去。甚至宾夕法尼亚州的解放奴隶法案也只是在理论上使奴隶的子女有可能在1848
53 年获得自由。弗吉尼亚的圣·乔治·塔克设想用100多年的时间解放该州的奴隶,并计划将获得自由的男奴和女奴迁移到其他地区,而从未考虑过让他们平等享有公民社会的利益。③

各州之间这些解放奴隶的计划不尽相同。然而即使在关乎人的自由这么一个根本性的问题上,它们普遍采用渐进的措施,具有重要的理论启示。因为,如果按照《独立宣言》的说法——美国集体公开宣布的思想——人们享有自由的权利(更不用说追求幸福的权利)是与生俱来的和不可剥夺的,那么按照这种界定,它也是不容协商的。然而,从白人提出的几乎所有的解放奴隶的方案来看,实现非洲裔美国人天赋权利实际上可以受到长期的耽搁和限制,而且将完全由白人人口以对他们自己有利的方式随意决定。圣·乔治·塔克深刻地认识到了其中的两难处境。为了消除这种困境他指出,绝对的权利不一

---

① Ibid., 19.

② 有关陈情书参见前引书,第167—201页。

③ Ibid., 34, 46. 塔克的解放奴隶计划作为他编的布莱克斯通的《英国法律释论》(Blackstone, *Commentaries on the Laws of England*)的附录发表。

定能平等地和普遍地分配。[1] 亚伯拉罕·林肯告诉后来的一代美国人,这个国家"孕育于自由,致力于人人生而平等的主张"。根据欧几里德(Euclid)(林肯研究过他)的说法,这种主张还有待展现出来。美国的建国历程表明,即使是它赖以存在的平等权利也要视历史的情势而定。在随后的200年里,它们也会得到很大程度的提炼和重新界定。

共和原则并未要求分配给所有的人同样的命运,然而它们的确对法院施加了强大的和普遍的影响。在法庭上,法律原则要求每一个个人得到平等公正的接待和对待。这不仅仅是一个正式的程序问题。共和情绪的力量表现在马里兰和弗吉尼亚的法院对奴隶要求获得解放的同情态度,他们的理由(常常只是根据传说)是母亲或者祖先是自由人。这些通过司法途径解放奴隶的举措在 54
18世纪末逐渐不复存在,这个时期对逐渐增加的自由黑人的自由的限制与日俱增。对奴隶制的质疑在下南部从未得到完全接受,那里的奴隶劳动队伍根深蒂固。许多更为雄心勃勃的种植园主正在向西南部逐渐扩张,在那里他们的财富之源还要依赖奴隶制。18世纪90年代,圣多明各的奴隶起义带来了大批难民。在种族问题上气候正日益恶化,而在其他方面,机会的观念正面临更为广阔的前景。[2]

主张平等的共和国的社会基础

共和政府很显然能够适应不同的经济类型、不同的社会形式,甚至可能适应冲突的道义原则。然而某些原则为人们共同坚持。在美国的背景下,正如我们所反复看到的,没有什么比共和原则与建立在世袭特权之上的统治格格

---

① Nash, *Race and Revolution*, 151—52.

② Duncan J. MacLeod, *Slavery, Race and the American Revolution* (Cambridge, 1974), 21, 59, 99, 182; Robert McColley, *Slavery and Jeffersonian Virginia* (Urbana, 1964); Ira Berlin, *Slaves Without Masters: The Free Negro in the Antebellum South* (New York, 1974); Nash, *Race and Revolution*, ch. 2.

不入得到更为明确的和普遍的理解。正是出于这种原因，从早期共和国一直到杰克逊时代银行和其他特许公司的反对者们总是抱怨，这些机构的威胁是创造新的贵族。无论是建立在与政治特权相结合的土地继承上的贵族身份、建立在能够贿买立法利益的商业继承上的贵族身份，还是更恶劣的、建立在非生产性的纸币的基础之上的贵族身份，都是不公平的、不平等的，实质上是非美国的。

平等，一直是一种社会抗议与政治抗议的语言，它从共和思想的源泉中汲取了额外的力量。人们攻击的最早的靶子之一是 1781 年根据罗伯特·莫里斯的建议在费城建立的北美银行。这个银行的部分目的是为大陆会议的财政运作提供资金。这是新共和国的第一个银行。它同时获得了宾夕法尼亚州以
55 及国会的特许状，由此引起了制定了 1776 年州宪的激进派或是宪政派的敌视。1786 年 3 月斗争再起，这是对激进派新近的胜利的反应。他们说服州议会吊销了州的特许状。由 624 名费城居民签名的陈情书指出，反银行法案通过的太过仓促，不合情理，而且一天之内议案宣读了两次。（公众现在能够看到议会会议记录的事实使他们可能在这里提到立法的过程，这是独立革命直接造成了政治的民主化的一个突出的例证。[①]）陈情者们指出，在后来的选举中一些议会议员的落败表明吊销北美银行的决定不受欢迎。

前一届议会在收到了一批反对银行的陈情书之后作出了吊销银行特许状的决定，并将陈情书转交给一个委员会，指示它“调查在费城建立的银行是否与公共安全以及应该一直存在于共和国的公民之间的平等不相称，并就此提出调查报告”。这个问题与能够找到的最根本性的理由结合在一起：公共安全以及共和国的道义原则。然而该委员会令激进分子失望的是，它提交的报告有利于银行。报告评论说，银行的支持者们包括了“我们中间最受尊敬的公民”。这种语言促使斯迈利（后来以反联邦党人的身份而出现）尖刻地评论道，

---

① 政治民主化发展的总体情况参见：J. R. Pole, *The Gift of Government: Political Responsibility from the English Restoration to American Independence* (Athens, Ga., 1983), ch. 5。

委员会“提出了一种贵族思想。作为上帝的最崇高的作品的一个诚实的人”，他断言，“以及像我们这样的民主政府，都不会承认有人高人一等。一个有德行的人，无论他的处境如何，都是值得尊敬的。如果我们要问报告中提到的可敬的品格指的是什么，我们很可能在财富中找到它。他们比他们的邻居有更多的钱，因此他们更受人尊敬。”[①]

当前的议会收到的一份反银行陈情书与对此前收到的陈情书所阐述的共和主题有着有趣而微妙的不同。它宣布：“银行的董事们有权给予某些生意人偏向，其手段是在最需要钱的时候把预付款给予他们最喜欢的客户。这破坏了应该在一个商业国家实行的平等。”[②]于是，宾夕法尼亚被反银行的一派视 56
为一个商业共和国，而正是出于这种原因，它更应该固守平等的基础，避免可能造成新贵族崛起的那些偏向性待遇。这种从道义的角度分析问题的语言特点很快会在反联邦党人对联邦宪法的抨击中再现，后来又出现在对汉密尔顿的银行和经济政策的反对中，再后来出现在杰克逊与第二合众国银行的斗争中。这是一种道义上的阐释，而不是社会的或是政治的分析。它立足的基础是共和国的道义象征，而不是对民众需求或是经济事件的经验主义的分析。与这种感情强烈但在经济上一无所获的反对方式相比，同样民主而平等的渠道实际上证明从 19 世纪初年就很受欢迎。金融设施通过银行的激增而扩大、直到银行成为地方发展的动力的过程，伴随着风险、经济波动，有时是沉重的损失。然而，这个过程为小农场主和工匠以及富商或者是土地投机商们提供了发展所需要的信贷。

1786 年银行的反对者在宾夕法尼亚州议会中占据多数。[③] 而支持“商业国家”的原则的陈情书暗示着立场的一个重大变化，因为“应该实行”的平等在

---

① Mathew Carey, ed., *Debates and Proceedings in the General Assembly of Pennsylvania on... the Charter of the Bank* (Philadelphia, 1786), 1—7, 17, 20—21.

② Ibid., 15.

③ 一个旨在废除吊销银行特许状的法案的议案未获通过，支持和反对票的比例是 28∶41。双方都有签名。“我们支持这一方”、“我值得敬重的朋友站在路的那一边”等说法说明宾夕法尼亚州议会的议员在议会下院（如平民院）阵线分明。Ibid., 132, 27.

这里指的是平等地参与国家的商业活动。在这里我们看到了对即将出现的"机会平等"的原则的再一次暗示。尽管"机会平等"这个短语尚未作为一个党派口号而出现,宾夕法尼亚州议会中支持银行的议员们已经理解了经济发展与个人机会存在联系的这个根本性问题。乔治·克莱默指出,欧洲的所有商业国家都鼓励银行的发展。他把共和主义等同于自由,认为一个国家越是共
57 和,其银行就越会成功;银行在普遍的繁荣中才会有利可图。北美银行的一个董事告诉宾夕法尼亚州议会,通过这个银行在国外达到360000美元的持股,它将资金引进这个国家。他否认特许状授予了它垄断权。罗伯特·莫里斯对北美银行的实绩进行了令人信服的辩护。他解释说,银行的运作是为了为有一整船的货物可以卸下而却没有现金的商人提供资金。而7.75%—8%的利润率也并不太高。至于对其影响力的担忧,他只能说,银行自1782年1月以来就有机会造成影响,然而又有谁看到或者感受到了它的影响?它在议会中没有任何影响。[①]

宾夕法尼亚州反对北美银行的人们很显然认为他们真正持有共和信念。他们在不同的州披着不同的伪装。然而无论在什么地方提出了不公正的特权造成了不应受的苦难或不利地位的问题的时候,他们总是坚持同样的原则。这种鲜明的对照在乡村的拓殖地更为突出,参加肯塔基州第一次制宪大会的拓殖者们对此十分清楚。他们在1785年初召开大会,希望阻止他们周围的肥沃土地被吞并。他们的决议指出:"授予任何人的土地超过了他以及他的家庭定居的实际需要令人不满,因为如果允许任何个人、任何公司或是任何人组成的团体拥有乡村的大块土地,将来会给予他们过大的影响,从而颠覆自由共和政府的根本性原则;而且,这开启了土地投机之门,由此会给不够殷实的居民造成无穷的恶果。因此将来在处理这个地区的土地时应该避免上述做法。"[②]

这是很好的、正确的和老式的共和信念,其源头可以追溯到远古时代。大

---

① Ibid., 28, 29—30, 32, 44—58.

② Pole, *Revolution in America*, 379—82.

约18个月以后，当麦迪逊在费城制宪大会上说这个国家还没有人提出“对土地的要求”时，他似乎忽视了这个他所在的州西面邻州的这个决议。然而他又很快补充说，“一种平等精神的迹象”已经使人注意到了“未来所面临的危险”。尽管他很可能主要指的是马萨诸塞州的谢斯反叛，可以看出他无疑对平等的 58
原则怀有复杂的感情：在思想上赞同它，同时又担心它的社会后果。[1] 对于麦迪逊来说，平等是正义的终极源泉。它的光芒四射，政治景观的不同特点在这种光芒中折射出不同的色彩。他也认为这个抽象的原则永远无法决定在特定的情势下采取的具体政策的正义性。麦迪逊随后建议创建议会的上院，其成员需要在“智慧和美德”方面卓尔不群，而且他认为应该任期九年。他无疑认为美德本身与优先重视财产的永久性利益是难解难分的。正义要求保护平等权利的行使，这在此只是意味着持有不平等的财产；而建立共和国的一个基本原因是保护财产权。到此为止，他把财产占有视为拥有美德的最为可靠的标志。

在一个按照多数统治原则统治的社会里如何保护少数人的利益（平等的个人的利益）这个一般性思想问题在独立战争以后的美国突然变得突出起来。在费城制宪大会之前，麦迪逊利用在弗吉尼亚州议会担任议员的尽管并不称心意的但却十分有利的条件，观察了多数统治原则在弗吉尼亚的运作。他还从其他州滥印纸币中对人的行为得出了不乐观的结论。1787年11月，当轮到他撰写他在《联邦党人文集》（这本书对于研究平等在美国政治思想中的作用非常重要）中的第一篇文章时，他利用明确但是有些抽象的语言对问题进行了解释。[2]

平等主要是间接地出现在这篇著名的文章中。“各种情况的不平等的财产分配”构成了党争最为常见和最为持久的根源，造成了国民的斗争，危及了个人的安全。然而，造成这些冲突本身的差别直接源于“不同的和不平等的获

① Farrand, *Convention of 1787* 1:422—23.

② Cooke, *Federalist* no. 10. 有关他“纸币的有害影响”的尖刻评论参见《联邦党人文集》第四十四篇。

取财产的能力”。这个不同寻常的论断表明麦迪逊所真正关注的问题。他用来表示强调的副词**直接**说明他假定没有**起中介作用**的社会因素。然而，麦迪
59 逊很清楚的是，任何现实主义的观察家都能在当时的诸州内，尤其是他自己所在的弗吉尼亚州所观察到的财产占有的巨大差别，是许多不同的原因造成的。在这些原因中，个人能力的差别肯定起到了一定的作用，然而他们的作用很难说超过了继承权等社会因素。继承权显然并未“直接”产生于能力的差别。它完全依赖法律而存在，而且能够通过法律改变它。一个例证是弗吉尼亚在麦迪逊的朋友托马斯·杰斐逊的鼓动下，最近废除了长子继承制和续嗣限定法。财产作为一种民事制度，没有法律的支持就无法存在，而这些法律在许多情况下需要去**调解**相互竞争的利益，它们中任何一方都同样可以声称被剥夺了天赋权利。

麦迪逊经历了一场思想的斗争之后将获取财产的**能力**和获取财产的**权利**结合在一起，并以获取财产权利的名义确立了对获取财产的能力的保护。早些时候他针对这个问题说过这样的话：权利本身源于“能力的差异”。没有人会质疑人的能力是有差别的。然而麦迪逊在能够立足的哲学意义上解释差异本身就是权利的**源泉**肯定是煞费了些苦心。问题中的权利在任何地方都是由能力各异的不同的人所拥有的共同权利。而很少有人会质疑人人对施展他不同的天赋能力拥有自然的权利的观点。正如麦迪逊所希望指出的，他们是否因此就对施展这些能力的一切“直接的”后果拥有自然的权利，正是这个分析提出的关键性问题。对于这个问题，麦迪逊希望用想当然的方式回答，而不想去调查研究。①

麦迪逊还利用这个机会限定了正在出现的政治平等原则的合法性，至少在毫无限制地行使这种平等的时候。共和国的目标是保护人的平等权利，而现在这种权利却受到了毫无限制的多数统治原则的威胁。对平等权利根本性

---

① 这一段写出来之后，我有幸参阅了詹尼弗·尼戴尔斯基杰出的专著《私人财产与美国宪政主义的限度：麦迪逊的思想框架以及它的遗产》(Jennifer Nedelsky, *Private Property and the Limits of American Constitutionalism: The Madisonian Framework and its Legacy*)(Chicago,1990) 的第一章和第二章中极为相似的分析。

的保护措施在于“代表权的确定方案”。麦迪逊压倒一切地关注的问题是，避
免纯粹的民主一直表现出来的特点——“动乱和纷争的景象”，这种情况是“让
人们享有完全平等的政治权利”造成的。他轻蔑地写道：“理论上的政客们”认 60
为在这种情况下，人将“在他们的财产、他们的观点以及他们的情感等方面会
完全地平等和趋同”。每一个主张在表达时都可以采用平等的语言，然而平等
逐渐成为伪装下的利益的同义语，而且平等似乎不再为利益间的冲突提供解
决方案。

麦迪逊对多数统治原则的担忧与反联邦主义者的观点配合得天衣无缝。他们的担心集中在政治贵族和经济特权的危险。一直是坚定的共和主义者的乔治·梅森反对“参议院拥有不适当的权力”，他认为这会“打破政府的平衡”。他担心政府一开始就会是“温和的贵族政体”，随后它就会蜕变为一个君主制，或是“一个腐败的、具有压迫性的贵族政体”。梅森提出这些反对意见是因为他看到了有效政治权力分配的完全不平等。这将导致其他类型的不平等的后果，而这一切都将破坏对于共和国来说至关重要的平等原则。在这里不平等被视为其他形式的不公正的直接根源。

其他反联邦党人在经济方面的忧虑更为明显。马萨诸塞州一位健谈的农民阿莫斯·辛格尔特里很清楚地看到律师、文人和有钱人将掌握政治权力并以有利于他们自己的利益的方式运作联邦宪法的危险。较为殷实的纽约州的商人梅兰克顿·史密斯雄辩地谈到“贫困阶级和中产阶级”的忧虑，阐明了他们深切感受到的、分裂雄心勃勃的共和国社会的社会差别。在谈到他所说的那些“伟人们”时，他解释说，他们自己觉得高于普通人，因而应该享有更多的尊重；他们不与普通人交往。他说：“他们习惯了铺张的生活，因而在花政府的钱时大手大脚。他们在纳税方面没有困难，因此感觉不到公众承受的沉重负担。另外，如果他们执政，他们还会得到政府的薪俸。”①反联邦主义者们确信，共和国的社会性质和结构与它的政治形式难解难分。

出于这些原因，他们担心和预见到的弊病具有颠覆整个共和国的基础的

---

① Kenyon, *Antifedralists*, 1, 384—85.

61 危险。联邦宪法远未能保护个人的权利、地方社区的权利以及像马萨诸塞的欠债农民一样的未能得到保护的利益，相反，反联邦主义者们认为他们能够从它确立的结构中看到特权阶级获得新的牢不可破的权力的机制。他们将操控政府，他们也将操控经济。在 1787－1788 年冬季和初夏，麦迪逊与亚历山大·汉密尔顿在撰写《联邦党人文集》时的合作天衣无缝，共用“普布利乌斯”这个著名的笔名。然而汉密尔顿在担任财政部长这个新的角色时推行的经济政策，培植起一个建立在金钱和制造业基础之上的新阶级，似乎证明了以前的反联邦党人的担忧。“普布利乌斯”中的麦迪逊走向一个不同的方向。平等突然成为为惊人的干预性的社会政策之建议辩护的一个积极原则。

1792 年麦迪逊在《国家报》(出版此报的目的是报道新的联邦政府的活动)上撰文指出，需要通过立法措施确立“人人享有的政治平等”。这一举动使他在制宪大会上和在《联邦党人文集》中希望予以限制的政治平等的原则，成为社会和经济政策的积极工具。他早些时候的立场已经表明他愿意将纯粹的平等原则运用于高远的社会目标，然而情况已经发生了相当大的变化。汉密尔顿的政策造成的新的形势推动对平等的目标进行重新审视。他接着写道，那些目标可能需要新的法律限制“少数人通过无度的尤其是不适当的积累财富、从而加剧不平等的不必要的机会”。而麦迪逊早在 1787 年就已经觉察到了某些平均主义思想倾向的迹象(尽管不是土地运动)，他现在倡导的法律的实际目标是悄无声息地“把过度财富降低到中等水平，使贫困者过上安逸的生活”。[①]

62 麦迪逊所建议的不是一种国家调控的经济。然而他按照与最古老的共和思想的原则完全一致的思路，采取了反对过度积累财富的立场，无论是在土地、商业还是在金钱方面，因为这会使有产阶级掌握过度的权力，创造一个危

---

① Gaillard Hunt, ed., *The Writings of James Madison* (New York, 1900－1910) 6:86, 87, 104－05, 106－23. 如果要协调麦迪逊 1787 年和 1792 年的观点，那么可以说，需要立法干预的理由与在危及社会的财富积累并非自由行使平等权利的结果的情况下保护人们发挥先天的能力不非相抵牾。麦迪逊和杰斐逊共和党的其他早期成员们所想像的立法干预旨在纠正以前立法干预的后果，而这正是随着汉密尔顿计划的推行出现的反对派的观点。然而，正如我们所指出的，以前的不平等也是法律决定或支持的。

及小土地所有者所珍视的独立的新贵族，从而最终危及国家的安定。同样，他的观点与自由放任经济学发展的方向是一致的。他提出的一个观点进入了20世纪之后还一直是一种正统观点。他说，政府不应支持一个利益反对另一个利益。

这些忧虑并非无足轻重，也并非毫无根据。个人的或者是公司的财富鸿沟将在联邦宪法的保护下拉大。公司的权力在未来将对政府的对外和国内政策发挥决定性的影响。尽管公司财富的积累常常得益于政府给予的各种形式的特权，如关税保护、免税、政府资助等等，人们总是依据麦迪逊在《联邦党人文集》第十篇中所阐释的平等的个人权利为此辩护。这实际上阐明了一种人们普遍持有的观点。在不到五年的时间里，麦迪逊转而提出了另一种激进的观点：平等的原则的基础主要是社会，而不是个人。他可能会回答说，如果这是一种批评的话，正需要这种新的观点维护受到新的富豪政治威胁的阶级的个体权利。因此，当平等被作为美国社会正义的标准时，麦迪逊的政治思想可以成为另外一种社会政策的思想源泉。①

联邦宪法中的平等化原则

历史将表明，联邦宪法的结构可能产生不同的实践和解释。然而，在某些方面，其结构本身明显地暗示出某些原则，这种暗示最为突出地表现在公民的选票拥有同等的分量的原则。围绕联邦宪法的政治思想都辐辏于这个原则。63
联邦宪法中的条文不能导向任何其他方向。在这种意义上，可以说联邦宪法包含着或者说体现着它试图传达的价值观。联邦宪法中的其他条文显然与表达出这些暗含着的价值观有关。

联邦宪法创造了一个新的、综合的合众国公民阶级，正如我们所看到的，他们作为公民拥有平等的权利。它通过通常被称为“礼让条款”的条款（这个

---

① Michael Les Benedict, "Laissez-Faire and Liberty: A Re-Evaluation of the Meaning and Origins of Laissez-Faire Constitutionalism," *Law and History Review* 3:2 (1985).

条款是对《邦联条例》中的一个类似条款的更新）强化了这一原则。这个条款规定："每一个州的公民应该享有各州公民的一切特权和豁免权。"[1]一个在南卡罗来纳州旅行的马萨诸塞州的公民可能不是南卡罗来纳州的公民，然而在那个州里，他却享有它自己的公民的一切特权和豁免权。这个条款不会还有其他的解释。在19世纪初南卡罗来纳州通过的、限制停靠在它的港口的北部州船只上的水手的自由的法律很显然是违宪的。[2] 问题中的水手当然是自由黑人。这个观点的核心问题是，以种族或是其他任何社会称号为由限制合众国或是其他州的公民的特权和豁免权的州的法律与联邦宪法的基本条文保护的平等权利是格格不入的，实际上不必等待制定联邦宪法第十四条修正案来解决这个问题。联邦最高法院总是屈从于州的感情，对"礼让条款"作出非常狭隘的解释。这个条款被认为仅仅意味着一个州不能偏袒它自己的公民而歧视他州的公民。将这一条款转化为在全国实行平等的工具的机会一直被极力地漠视。[3]

64 衍生于联邦宪法的条文的平等原则的另一个潜在源泉是保障条款(Guarantee Clause)，它保障每一个州确立"共和形式的政府"。[4] 不曾有人能

---

① U. S. Constitution, Art. IV, sec. 2.

② Charles S. Sydnor, *The Development of Southern Sectionalism, 1819—1848* (Baton Rouge, 1948), 223.

③ 一个公民在访问任何州时都享有他在自己所在州内的一切权利的观念被以下案例否定了：底特律诉奥斯本案（*Detroit v. Osborne*, 135 U. S. 492 (1890)）；德雷德·斯科特诉桑福德案（*Dred Scott v. Sanford*, 19 Howard 393 (1857)）；"麦凯恩诉德斯顿案"（*McKane v. Durston*, 153 U. S. 684 (1894)）。有关分析参见 *The Constitution of the United States of America, Analysis and Interpretation*, Library of Congress, Legislative Reference Service (Washington, D. C., 1952), 686—92。《邦联条例》曾试图通过冗长的语言达到"礼让条款"的目标。有趣的是，1785年马萨诸塞州参议院曾要求该州最高司法法院对这一条款的含义进行解释。最高司法法院的裁定与上述联邦宪法中有关条款的含义十分一致："我们因此认为，邦联中任何州归化和将要归化的公民，无论是异国的任何阶级还是教派，依据《邦联条例》，都被视为应该享有各州的自由公民的一切特权和豁免权。当然，任何时候他们来本州（马萨诸塞）定居，他们就应享有该州自由公民的一切特权和豁免权。"Francis Dana Papers, Massachusetts Historical Society, vol. 39: General and Supreme Judicial Court, 1785—1791.

④ Constitution, Art. IV, sec. 4.

够肯定这个短语的含义和意图。约翰·亚当斯曾经说,他从未理解这个条款的含义,并指出“我认为没有人会理解”。① 联邦最高法院极不情愿利用这一条款赋予的权力介入各州及其公民之间的关系,而且这个条款证明在影响宪政政策中是一个效率不高的工具。在内战之后的权力危机中,查尔斯·萨姆纳在参议院发表演说指出,这个条款“就像一个沉睡的巨人……没有任何其他条款授予了国会对州的如此至高的权力”。萨姆纳想利用它保障前南部同盟诸州黑人的政治权利和公民权利,而威廉·皮特·费森登认为如果将这一条款适用于南部州,就应该同样适用于北部。而对北部,萨姆纳本人满足于依赖消除了奴隶制及其痕迹的《联邦宪法第十三条修正案》的较弱的影响。1875年当一位妇女提起诉讼要求登记为选民的权利时,联邦最高法院根据《联邦宪法第十四条修正案》驳回了她的要求,而根据“保障条款”受理了她的诉讼要求,尽管这个过程仅仅给联邦最高法院提供了一个避免讨论这个问题的机会,它认为现在根据这些理由考虑这个问题为时已经太晚(应该说太早)。1867年以来,激进共和党人暂时唤醒它并将它付诸实践,然而只是搅乱了“保障条款”的睡眠而并未叫醒它。②

反联邦党人的忧虑,在批准联邦宪法的争论中登峰造极,而在依据新的联 65
邦宪法产生的第一届国会通过《权利法案》之后得到了很大程度的平息。詹姆斯·麦迪逊(后世美国人给予他“联邦宪法之父”的荣誉)对于联邦宪法的一些重要方面感到失望,对通过一个《权利法案》的方案也怀有令人不快的复杂感情。尽管他信仰自由的原则,也认识到在政治上必须回应民意,尤其是在弗吉尼亚(在这个州,联邦宪法以非常微弱的多数得到通过),然而他对将把他卷入

① William M. Wiecek, *The Guarantee Clause of the United States Constitution* (Ithaca, N. Y., 1972), 13—17.

② Charles O. Lerche, Jr., “Constitutional Interpretations of the Guarantee Clause of a Republican Form of Government during Reconstruction,” *Journal of Southern History* 15 (1944); Arthur E. Bonfield, “The Guarantee Clause of Article IV: A Study in Constitutional Disuetude,” *Minnesota Law Review* 36 (1962): 546—47; *Congressional Globe*, 39th Cong., 1st sess. (1866), 702—08; *Minor v. Heppersett*, 21 Wall. 262; Wiececk, *Guarantee Clause*, 292.

其中的政治争论感到十分反感,并且对这种争论能否达到它的目标持怀疑态度。他目睹了弗吉尼亚州议会粗暴地对待该州自己的《权利法案》,而在国会对这种对立法权力的限制的作用缺乏信心。然而当时存在着通过《权利法案》的有力政治理由,尤其是消除反联邦党人要求召开另外一次制宪大会修订1787年通过的联邦宪法的压力。①

这些修正案——麦迪逊最初打算对联邦宪法现有的措辞进行修订,而不是增加后来的联邦宪法修正案——的主要目标是避免政府权力被滥用。这些联邦宪法修正案规定保护公民免受无理的搜查和没收等滥用权力的行为(这直接源于卡姆登在一般性搜查令案件中的裁决)、任何人不得在任何刑事案件中被迫自证其罪,以及最为重要的是规定不经正当法律程序不能剥夺公民的生命、自由或财产权。这些修正案在强化美国公民在法律面前的平等地位方面的作用是显而易见的。在这些寻求保护的要求之中没有任何新的重要原则,绝大多数最终来源于《大宪章》本身。(和平集会的权利、新闻自由以及政教分离中确实体现了一些较新的原则。)然而,有理由相信,联邦宪法前十条修
66 正案的的绝大多数,具体来说从第二条到第八条,都意在适用于各州以及联邦政府。只是在1833年联邦最高法院裁决这些修正案不适用于各州。这个裁决认为这些修正案的语言暗含着将对联邦政府权力无足轻重的一切事务的处理权作为各州的特权。② 当然,对于这些问题曾经存在着严重的原则性分歧,

---

① Leonard Levy, *Constitutional Opinions* (New York, 1986), ch. 5;麦迪逊在为他在后来的几年里致力于《权利法案》辩护时解释说,他遵从了他的选民显而易见的愿望,支持在宪法草案中增加一个《权利法案》。Drew R. McCoy, *The Last of the Fathers: James Madison and the Republican Legacy* (Cambirdge, 1989), 89.

② 只有宪法第一条修正案在开头明确限制国会权力:"国会不得制定有关确立国教的法律。"其余的修正案一般采用否定性的措辞,例如"任何人不应被……"显然意味着任何政府,无论是联邦政府还是州政府,都不能做禁止的事情。有关这一观点的更为深入的论述,参见 W. W. Crosskey, *Politics and the Constitution*, 2 vols. (Chicago, 1953) 2: 1070; J. R. Pole, "The Individualist Foundations of American Constitutionalism," in Herman Blez, Ronald Hoffman, and Peter J. Albert, eds., *To Form a More Perfect Union: The Critical Ideas of the Constitution* (Charlottesville, 1992); *Barron v. The Mayor and City Council of Baltimore*, 7 Pet. 243, 8 L. Ed. 672 (1833)。

然而这些联邦宪法修正案的语言使这些让步显得毫无必要。

联邦宪法是为一个多元社会设计的，或者更具体地说是为拥有多种形式的政府的多元社会而设计的。然而，联邦宪法保障现有以及未来所有州的共和性质决定了将某些基本性的平等奉为神明：美国的公民在法律面前是平等的；从总体上说（也存在一些例外情况），他们在他们的选票的分量方面是平等的；联邦宪法第一条修正案使联邦政府在各教派中间保持中立。联邦宪法中的任何条款不能被解释为否定或是贬低了这些原则。然而这些平等没有能力决定经济发展或是社会演进的进程，这种进程可以通过援引其他方面的平等而得以推进。“平等的机会”躁动不安的力量将检验并探究其道义上和思想上的“姐妹们”的弹性与合理性。许多事情取决于美国在将来能否将这些争论限制在“平等的家族”范围之内。

67

第四章　多样化的教派

早在欧洲启蒙运动的思想家们提出政教分离的原则之前，罗杰·威廉斯就已经谈到上帝安置的墙将他的“教会的花园”与世界荒野的污秽隔离开来。[①] 不管受到如此保护的教会是否能够拯救世人的灵魂，经验告诉威廉斯永远不能信赖政府会服务于宗教的真正的利益；任何形式的国家权力结构，无论其意图如何，都很可能成为压迫性的。因此，真正的政策是使宗教免受任何政治干预的危险。

这种政教分离思想的宗教来源与欧洲启蒙运动提出的政教分离思想几乎完全对立，因为后者思想的激发因素是世俗的，而且其主要目标是避免教会干预政权。在英国，这种矛盾被认为通过君主自己兼任教会和国家的元首的权力结构得到了解决。持宗教异见者以及罗马天主教徒们发现自己被排斥在教会之外，但仍包容在国家之内。然而，在这种国家中，他们时常被剥夺政治特权和公民保护。而在“光荣革命”之后，一种兼有迁就态度的宗教宽容政策钝
68 锉了政教合一原则的分裂性锋芒。在美洲的一些英属殖民地，英国国教是官方确立的教会。然而由于在美洲没有一个象征性的或是管理性的主教的影响，加上它日益适应地方性的情况，它比英国国内的国教在教义上变得更为松弛，在教规上更为温和。具有压迫性的、教义严苛的最可怕的典型是在欧洲的广大地区建立的罗马天主教会，以及西班牙、法国和葡萄牙在美洲殖民地确立的天主教政权。尤其在法国，正是这种政权引发了反教权主义运动，这个运动

---

① Mark De Wolfe Howe, *The Garden and the Wilderness: Religion and Government in American Constitutional History* (Chicago, 1965), 6—7.

与法国启蒙运动联系密切，显然得到了托马斯·杰斐逊的的支持。[①]

杰斐逊以及他在美国启蒙运动中的同代人痛恨宗教迫害，认为它是残忍的、不虔敬的和不理智的。杰斐逊认为人们的自由是上帝的恩赐；人们必须知道和相信这一点，这样他们的自由才能得到保障。[②] 不是因为敌视宗教，而是出于对国家滥用宗教权力的观察促使杰斐逊产生了这样的信念。1803 年他在担任美国总统的期间公开宣布了这些信念。他（在致康涅狄格州丹伯里的浸礼会的信中说）“以至高的敬意”想到，“整个美国人民通过的、宣布他们的议会不应制定‘确立国教或者禁止信教自由的任何法律’的法案，在教会和国家之间建立起一道隔离墙。”[③]

杰斐逊后来在弗吉尼亚大学建立著名的蛇形墙时获得了更多的造墙的经验，然而他似乎并未意识到他的有力但是误导人的比喻是模棱两可的。近 150 年以后，联邦最高法院在一个州为在一个天主教教区学校上学的学生们的公共汽车付车费时引发的案件中采用这个比喻时也未意识到它的模棱两可。在这个案例中，法官们引用杰斐逊的话是为了解释联邦宪法第一条修正案中有关规定的含义。法官费利克斯·法兰克福特先生指出：“至少在教会和 69
国家的关系上，竖起好篱笆会产生好邻居。”这强化了隔墙的作用是保护政府免受宗教的影响，也同样肯定的是保护宗教免受政治的迫害的信念。[④]

杰斐逊的比喻后来在有关宗教的论述中发挥了突出的作用，但是它似乎是通过观察而不是分析思考的结果。联邦宪法第一条修正案包括两条，首先

---

① Norman Hampson, "The Enlightenment in France," in Roy Porter and Mikulas Teich, eds., *The Enlightenment in National Context* (Cambridge, 1981), 46—48.

② Thomas Jefferson, *Notes on the State of Virginia*, ed. William Peden (Chapel Hill, 1954), 163.

③ *Complete Works of Thomas Jefferson*, ed., H. A. Washington (Washington, 1854), VIII, 113.

④ Anson Phelps Stokes, *Church and State in the United States*, 3 vols. (New York, 1950) 2:520. 法兰克福特的话出现在一个密切相关的有关“豁免时间”(released-time——准许公立学校学生不在学校上课而去参加宗教活动的时间。——译者) 的案例中。这个案件是麦科洛姆诉教育委员会案 (*McCollum v. Board of Education*, 333 U.S. 203 (1948))。

提及禁止“确立”国教，然后提及“自由信教”。自从 1947 年州援助教区学校受到挑战以后，宗教史发展的路线一直是这两个条款之间的暗地里的冲突。值得怀疑的是，是否一个比喻就能恰好适合于两个方面。而且这个比喻在那个案件中被想起来之前并未在有关联邦宪法第一条修正案的裁决中发挥任何决定性的作用，而且它并不适用于整个美国历史上宗教和国家之间的任何关系。①

与联邦宪法第一条修正案紧密联系的作出裁定的宪政义务，必然涉及法院。而法院是国家的臂膀，由它来确定什么信仰属于或者不属于真正的宗教范畴。然而既然教派或者宗教组织是由个人组成的，那么法院的裁决还要决定适用于教派的原则是否同样适用于个人。带着这些问题在完成这个任务时，法院感到必须给予信教的人比不信教的人更高水平的保护。最后，在这些讨论中出现的一个困扰人的问题是，持不可知论的人或是不信宗教的人是否应该受到与信教的人同等的考虑。②

70 18 世纪的政客以及宗派主义者们极力从他们自己的纷繁复杂的时代中萃取某种一致的观点，因而并未意识到这些神秘的但不可避免的复杂问题。可以通过三个阶段理解这个问题。第一阶段可以追溯到 17 世纪 30 年代马萨诸塞湾早期的有关唯信论的争论，这造成安妮·哈钦森被赶出了殖民地以及罗杰·威廉斯迁移到了罗德岛。然而其至关重要的原则及其政治影响在一个多世纪之后 18 世纪 40 年代的宗教复兴(后来被称为“大觉醒运动”)中具备了永久性的形式。这个阶段以联邦宪法第一条修正案的通过为终点，留给未来

---

① 可以看到这些观点与 J. R. 波尔《美国平等的历程》(伯克利和洛杉矶，1978)中第 60 页的观点正相反。在那里的表述方法是：隔墙并未坍塌；它从未存在过。

② 因为联邦宪法第一条修正案的禁止指向国会，而不是司法机关，当法院在就这些问题作出裁决的时候并未越权。因此，在某种意义上说，“政教分离”在美国的情形下是一个不恰当的说法。法院所要做的事情是确定立法机关是否越权了。在考虑立法是否符合宪法的问题上，行政部门可能也有权介入同样的问题。这些问题之所以产生，是因为国会和各州之间在宗教问题上经常发生关系，这似乎是联邦宪法第一条修正案公开要避免的。正如本书第五章将说明的，美国法官发展了普通法中的渎神原则强烈地表明政府政策与宗教之间持续的互动关系。在这些案例中，法官们似乎在进行禁止国会在这方面的立法。

政教分离的宪政原则和对美国宗教多元主义的社会特征的接受。在第一和第二阶段中，教义冲突及其最终解决都是在从总体上说不容置疑的新教的控制之下进行的。而第二阶段的特点是，出现了一种完全未能预料到的发展：19世纪的第二个四分之一世纪激进的罗马天主教会对这种控制的正面挑战，因此也是对宗教多元的程度的正面挑战。这些问题不时地出现，并与第三阶段交汇在一起。可以看出第三阶段出现在第二次世界大战期间，那时国家开始失去了探究宗教信仰的合法性的权力，并最终被剥夺了区分信教和不信教人的道德信仰的权力。国家对宗教保持中立的真正含义受到了深刻的再考察，尤其是在越战所造成的道义危机期间。

宗教信仰平等的原则在数个世纪里，一直是官方认可的教会与持异见的教会之间的要解决的问题，而后者中间也存在着教派的冲突。换句话说，这可以视为群体平等而不是个体平等的问题。然而，实质上，总是存在着个人的宗教选择问题：官方认可的教会力图预先决定个体的选择，而不同教派极力作出自己的选择。必须在这种剧烈的教派竞争的过程及后果中探求平等原则的历 71
史。这种教派竞争构成了个人证明自己是拥有平等的意志和平等的良心的活动的背景。

教派争取宗教自由的斗争

很难将政教分离的这个老生常谈的语言运用于早期新教徒们的宗教政体。他们从英国迁移而来是为了摆脱一个压迫性的国家，在某些重要的方面，他们虔诚地信仰政教分离。在新英格兰，加尔文教的神职人员并不行使英国广泛的教会等级制度的每一层神职人员理所当然地承担的民事的和管束信众的权力。地方行政官员与牧师们行使不同的职权，而神职人员也并不争取当选政府职务。然而，国家的目标是创造条件以使教会能够发挥其作用，而这个目标与国家征税奉养神职人员是一致的。只有教会成员拥有选举权。在康涅狄格，早期的殖民地居民仰赖神职人员对民事事务提供咨询，引起了约翰·温斯罗普的不满。罗杰·威廉斯为了民众间的和平倡导宗教宽容。他的思想最后走向了一个极端的观点：自从教皇兴起以来就没有建立过真正的教会。因此，国家就不能给予人所建立的不纯正的或是不完善的教会以适当的保护。一切必须等待基督的再次降临，以实现所有基督徒相信的预言。①

在大约两代人的时间里，新英格兰绝大部分牧师不得不迁就人口中间宗教热情的衰退。并不是信教的人放弃了宗教信仰，而是在日益增长的人口中，越来越多的人不信教，或是信教的程度降低。尽管教会成员是享有政治特权的必要条件，居民中感到有必要加入教会的人口的比例急剧下降。因为非教会成员的子女们由于明显的原因不太可能被引导入会或是自己入会，随着人
72 口的迅速增长问题越来越严重。为了应对这个较早出现的危机并为孩子们提供得救的希望，“半路规约”被设计出来，并在 1662 年首次获得通过。根据半路规约，不是基督徒的父母也可以带着他们的孩子去接受洗礼。并非这个宗教的妥协而是 1675 年的菲利普王之战激起了人们的恐惧和对宗教安慰的寻求。于是他们再次涌进教堂。而神职人员只有承认原始的天恩圣约中的妥协，并且承认尚未悔过自新的人具备以前被否认的获得新生的能力，才能在教会和社会之间重新架设起桥梁。他们在严格地说不属于教会的权力范围的那些事务之中一直普遍保持了一种在总体上较为世俗的心态，这种心态界定了教会的权力范围。②

马萨诸塞以及其他相关的特许状被取消以后，英王在 1686 年建立起巩固的“新英格兰领地”，这粉碎了新教的神职人员在历史上形成的通过政府对社区的控制。其结果之一是教会被迫深入社区，而在以前它们不愿这样做。在这个过程中，他们愿意牺牲一些他们教义的纯洁性，而这似乎推动了教众会采用半路规约。③ 另一个结果是确立官方宗教的思想被削弱。新英格兰领地本

---

① Edmund Morgan, ed., *Puritan Political Ideas, 1558—1794* (Indianapolis, 1965), xxv-xxxv, 222—23.

② Robert G. Pope, "New England versus the New England Mind: The Myth of Declension," *Journal of Social History* 3:2 (Winter 1969—70).

③ Idem, *The Half-Way Covenant: Church Membership in Puritan New England* (Princeton, 1969), 274—76.

身随着英国光荣革命解体。1691 年英王给马萨诸塞颁布的新特许状给予了
除罗马天主教徒以外的所有人信教的自由，但并未提及教会组成的形式。马
萨诸塞议会在其第一届会议期间通过的一个旨在重新制定教会规范大纲的法
律被英王否决。大约 30 年后，马萨诸塞议会召集一次宗教会议的动议被英王
的一纸训令阻止。① 从总体上说，在个人水平上的宗教平等的观念比在最初 73
的特许状下的情形有了较大的进步。当然，这种进步是那些把英国发生革命
的消息视为恢复他们以前的权力的信号的人们所始料未及的。

人们恢复对宗教的关注证明与神职人员在政界的影响的降低是一脉相承的。这种趋势在 18 世纪初得到了马萨诸塞公理会许多神职人员的支持甚至鼓励。然而在康涅狄格，1708 年通过的《塞布鲁克教纲》是通过议会的权力贯彻执行的。这个纲领使康涅狄格在宗教上趋近于中部殖民地的长老会教会，标志着康涅狄格的教会和马萨诸塞的教会所谓的“分道扬镳”。② 康涅狄格不是王室殖民地，它的旧的特许状历经混乱保存了下来。从那时起，它在明确的立法权力之下建立起一个更协调的宗教制度。马萨诸塞一直保持高度的联合特征。它拥有一个由独立的教众会构成的体系，每一个教众会被允许征税，以维持其地方机构。正是在马萨诸塞，阿米尼乌斯教派的倾向似乎在公民社会取得了最为令人满意的发展。这种趋势不仅仅意味着对宗教多元化的普遍的宽容态度，而且意味着正面抛弃了加尔文教有关人类堕落的严格的教义。为了抵制这种教义，北安普敦的牧师乔纳森·爱德华兹 1734 年在他的布道坛上做了五次布道，坚持得享天恩的见证的原则本身足以让人得救。爱德华兹觉察到公理会神职人员越来越愿意容忍的人有能力处理精神世界的问题的观点中所包含的异端思想。大量的经文宣扬的是一切依靠上帝的意志和恩赐的教

---

① Thomas Hutchinson, *The History of the Province of Massachusetts-Bay* (London, 1768), ed., L. S. Mayo (Cambridge, Mass., 1936) 2:8—9. Richard R. Johnson, *Adjustment to Empire: The New England Colonies, 1676—1715* (Leicester, 1981), ch. 3, 209—41.

② C. C. Goen, *Revivalism and Separatism in New England, 1740—1800* (New Haven, 1962), 3.

义，使想当然的强调人的影响成为一种异端性的狂妄自大。

爱德华兹的卓尔不群的布道能力及力量震撼着他的听众的心。然而，这个过程是间接的，而且几乎是悄无声息的。1736 年一场非同寻常的宗教复兴运动震动了北安普敦以及临近的城镇。根据爱德华兹自己的描述，运动波及了“各色人等：克己的和邪恶的，高贵的和卑微的，富裕的和贫贱的，睿智的和
74 愚钝的。它至少在表面上波及了相当多的家庭和个人”。[①] 几年后，在 1740—1742 年间，英国的拓殖地受到了它们历史上最大的精神剧变的震动。

当加尔文教的神职人员将他们的目光转向世俗事务的时候，他们总是反对积累财富，而将人们的思想拉回人人平等的原始法则和状态。然而，“公正法则”(Rule of Equity)禁止觊觎邻居的财物或财富，也显然要求人们接受这个世界的财物在公民社会偶然的分配方式。加尔文教徒并不关心任何的社会行动计划，或是任何指令性的社会决定。爱德华兹本人把世俗财物的分配视为满足个人需要的问题。[②] 加尔文教无法满足那些憎恨尘世间比他们优越的人的社会地位的人的需要。它的神学体系宣布一些人是“选民”，其余的则是“弃民”，但认为无法确切地对他们进行区分。而神职人员可以安慰自己，相信作为这种教义的宣扬者他们不可能落入弃民的命运。同时，他们认为精神世界和世俗世界是相互联系的。加尔文教教义的含义从一开始与和社会秩序的等级制度相应的思想观念并不矛盾。正如约翰·温斯罗普在一个著名的布道词中所说的：“什么时候都有人富有人穷，有人权高身贵，有人卑贱而受制于人。”[③]显然体现更为宽容的心态的半路规约尤其不利于个人平等的观念的成长。它赋予那些曾经受洗的孩子们最高而优越的精神地位。1678 年英克里
75 斯·马瑟的话最为清楚地说明了这一点：“上帝认为应该主要以虔信上帝的父

① Jonathan Edwards, “A Narrative of Surprising Conversions” (1736) in *Select Works of Jonathan Edwards* (London, 1965) 1:19.

② Alan Heimert, *Religion and the American Mind from the Great Awakening to the Revolution* (Cambridge, Mass., 1966), 304—08.

③ John Winthrop, “Modell of Christian Charity,” *Winthrop Papers*, ed., A. B. Forbes, 5 vols. (Boston, 1929—47) 2:282.

母为界来划分选民和弃民(尽管并不完全如此)。”①获得拯救的途径成为一种继承的特权。

当乔纳森·爱德华兹作为他那一代人中最有影响的牧师最先对半路规约展开批评、坚持直接接受上帝的恩典时,半路规约的神学倾向以及它的反对者们的观点表明宗教选择的平等尚未成为一个突出的问题。然而,在某种重要的意义上,爱德华兹始料未及地打破了原有的平衡。无论是在情感上还是在思想上,他都对提高个人的重要感作出了巨大而持久的贡献。其他的牧师也持有和传播了同样的信息。乔治·怀特菲尔德比他的同代人更加强调上帝的仁慈和恩典。他游历广泛,因为在许多殖民地担负同样的传教任务而闻名遐迩,因而曾被描绘为美国第一个“全国性的”人物——当然这个绰号是假定已经有了国家。② 这些教义的平等含义依靠个体的布道者的推动。爱德华兹与他的同事们将满腔的热情主要用于拯救灵魂。这一方面意味着教义的社会的或是政治的影响如何,对于布道者们来说都是次要的;另一方面,它意味着布道吸引的男人和女人们被视为有能力为他们自己的生命负责的人,甚至如许多人所认为的,被视为有能力自我拯救的人。爱德华兹也许不愿揭示他的神学信息中所包含的社会含义,然而他无法阻止其他的人径直走到这一步,他甚至也无法阻止他的听众自己去揭示。

“新光”到处照耀,并不考虑人的社会地位。对人的自己的灵魂的强烈关注可能令信教者知道,人人在上帝眼里是平等的,人人也拥有堕落的可怕平等。然而,这并不要求人们去质疑或是改革社会制度。“新光”派让它的受益者与以前的、未能受到“新光”照耀的神职人员及其教众划清界限,并号召接受“新光”的人组成“分离的”教会。然而分离派从不仅仅是一个被剥夺了特权的人的教派。在大觉醒运动中,正如爱德华兹在其早期阶段所指出的,有证据表 76
明运动涉及了极具代表性的部分人群。③ 参加者既有贫困和卑微的信徒,也

---

① *Pray for the Rising Generation*, quoted by Edmund S. Morgan, *The Puritan Family* (NewYork, 1966), 182—83.

② H. Richard Niebuhr, *The Kingdom of God in America* (New York, 1956), 126.

③ Goen, *Revivalism*, 188—91.

有地方名门望族的家庭成员，二者的比例似乎与社区的正常构成有关。

然而，似乎没有任何证据表明这些宗教信仰会令豪门望族的家庭成员支持任何类型的社会改革运动。波士顿的富裕阶级为怀特菲尔德有关上帝恩赐的布道所鼓舞，但是当詹姆斯·达文波特抨击他们的特权以及正式任命的神职人员的腐败时，他们却并不赞同这种做法。尽管达文波特煽动性的布道将波士顿衣衫褴褛的穷人鼓动起来，并令市镇居民和地方官员(这个地方官员让人宣布他神经失常)因此惊慌失措了一阵子，但是追随该市的神职人员的皈依者没有明显的下降，而且似乎没有人声称这些揭露影响到了社会的结构或是政府的政策。①

分离派信仰的性质对现存的宗教权威提出了质疑。没有什么能比吉尔伯特·坦南特1740年的布道词《未皈依的神职人员的危险》的标题更能说明问题。② 坦南特没有颠覆社会的意图，但是他的思想不乏影响社会的内容。对俗人进行宗教教育的思想有力地融入了早期新教的思想中。然而，宗教教育也有其隐藏着的等级制度。对这些新特权的堡垒展开攻击的任务落到了那些
77 自封的"新光"派神职人员身上。他们断言，教育、高等教育、希伯来文、希腊文和拉丁文以及宗教权威的既定地位与所受的社会尊重密切相关。然而，它们只是正式的学校教育的产物，这些东西中没有一样能够给人带来"新光"本身能够带来的知识。受过教育的牧师无权依据他们所受的教育布道。分离派想要建立他们自己的教会，自然想要供养他们自己的牧师，而不愿纳税用于供养他们已经与之断绝了关系的牧师。这些思想全都源于他们的宗教信仰，而不是出于任何对政治秩序的有意批评。而且他们不需要像哈佛和耶鲁这样的大

① Gary B. Nash, *The Urban Crucible: Social Change, Political Consciousness and the Origins of the American Revolution* (Cambridge, 1979), 208—12. 重要的是，纳什(自己认为)比多数历史学者更为重视达文波特(Davenport)。他指出，波士顿的神职人员应者如云。纳什多次指出"遵从权威"的崩溃，但他未能看到它复兴的趋势。他正确地让人注意到通货危机的背景，然而并未指明这些动荡以及达文波特的激昂的介入的长期的社会后果。达文波特的辉煌生涯如昙花一现。

② 收入 Richard L. Bushman, ed., *The Great Awakening: Documents on the Revival of Religion, 1740—1745* (New York, 1970), 87—93。

学，也不看重那些学校授予的荣誉。另外，宗教信仰可能扰乱社会治安，因为那些皈依了的人感到有必要将福音广泛传播给其他的邻居。许多新皈依的牧师感到巡回布道是他们皈依后的职责。不难看出，不仅如此，巡回布道也很可能是在新英格兰宁静的社区表达某种不安感的途径。然而，巡回牧师危及了现有教众的安宁——我们学会了将其与“侵犯领地”联系起来——因而遭遇到了顽强的抵抗。巡回布道的福音派牧师自然动摇了当地神职人员的地位。他们违逆现有牧师的意志成功地吸引了众多听众，而且不能指望这个牧师欢迎一个声称偏得上帝的恩典的不速之客的友好协助。尽管有这些入侵，支持现有牧师的社会秩序仍能存在下去，但在其内部的关系中必然进行一些有意识的调整。即使在旧的秩序内，继续信仰清教也需要个人作出某种抉择，而不是单纯维持个人的习惯。

分离派坚持俗人可以被任命为牧师最能有力地说明他们对现有宗教的排斥。他们认为，一个体验了神的真理的人在宗教知识方面甚至超过了从未经历真正的皈依的博学的牧师。这个事实必然造成对现有牧师的拒斥。这种观点同样适用于妇女。如果说“新光”派不看重人的地位的话，很快清楚的是，它也没有性别偏向。适用于男人的也同样适用于女人。尽管妇女们还要经过两个多世纪才有资格担任牧师，他们在分离派的教众会的活动中发挥着较为突出的和有影响的作用。[①] 爱德华兹自己最早观察到虔诚的或者洗心革面的年 78
轻妇女对于她们所在的社区的道德行为的影响。

分离派的教会由接受“新光”的教众组成，他们不再同意奉养正统的牧师。然而法律依然征税奉养官方教会的牧师，以至于在第二个特许状下的马萨诸塞以及康涅狄格的官方教会一直存在了下去。根据1728—1729年间的法律，教友会和浸礼会（又称再洗礼派）正式免于这种纳税。最早的加入浸礼会的分离派运动似乎是逃避为正统牧师以及他们自己的牧师“双重纳税”的手段。然而，依其本身的性质来看，浸礼派的观点的力量在于其内在逻辑的一致性：如

① 1637年被驱逐出马萨诸塞的安妮·哈钦森（Anne Hutchinson）以直接受到上帝的启示为由擅自进行布道，在这个情势下，可以被视为可以说明通例的一个突出的例外。

果说皈依依赖接受“新光”是事实，而且只有经过了真正皈依的人才能适当受洗，那么，没有经过皈依的洗礼是一种毫无意义的仪式。因而，婴儿受洗是一种无用的、渎神的做法。1751 年 8 月，马萨诸塞蒂西克镇年轻的“新光”牧师艾萨克·巴克斯（他后来成为美国最强有力的浸礼会发言人）最终消除了对这些棘手问题的长达三年的疑虑，允许自己受洗。[①] 这是对他所受的正统教育的背离（乔纳森·爱德华兹从未能受到过这种教育）。

同时，“新光”派在本质上或因为上帝的恩宠是一个封闭的和有选择性的群体。“新光”派取得了超过博学的牧师的道义优越地位以后，似乎并未根据上帝恩宠的指引走向高度的谦逊，或是对他们人的或是精神的价值产生较为平等的看法。1745 年曼斯菲尔德的分离派的信仰声明宣布：“我们认为，我们是上帝选出来的获得永生的少数人。基督确实在地球上生活过，他尤其是为了我们而献出了生命，然后又再生。”[②]在他们中间，他们是完全民主的和平等的，然而他们的观点也能造成一种类似旧的加尔文教一样的新的道义等级制。

然而，宗教复兴在某种重要的意义上震动了旧的教众会，直到它们在许多
79 情形下分离成为独立的教会，因此确实影响了“旧光”派和“新光”派。无论新光传播到哪里，它都迫使普通人对他们习惯了遵从的权威提出质疑。无论其后果如何，这个过程要求人们作出自己的抉择。虔信派挑战的性质削弱了旧有的神职人员仅仅依据权威要求遵从的权力。但是，如果听之任之，这些影响在几年之后就会消退。当牧师在市镇官员的支持下努力（有时诉诸暴力）赶走巡回牧师时，以及当他们诉诸法律强行征税时，这场争端就开始带上了政治色彩。在牧师们的背后，大议会仍然维护着宗教权力与政治权力之间关系的旧的界限。

大觉醒运动，就像所有巨大的宗教运动一样，对社会秩序产生了搅乱性的

---

① William G. McLoughlin, *Isaac Backus and the American Priestic Tradition* (Boston, 1967), 58; William G. McLoughlin, ed., *Isaac Backus on Church, State and Calvinism: Pamphlets, 1754—1789* (Cambridge, Mass., 1968), 29.

② 引自 Goen, *Revivalism*, 151。

影响。然而,与其他的宗教复兴运动同样的是,大觉醒运动的精神作用的形式就像一个衰退的潮汐:海滩海浪的侵袭留下痕迹而且不断更新,而经过两年的汹涌的海浪的冲刷以后,大部分努力都不复存在。到 1744 年,满怀沮丧的神职人员们没有可以公布的新闻了。[①] 后来也发生过许多次宗教复兴,然而许多教派忠心耿耿、孜孜不倦的巡回牧师非常了解人的本性,并不指望他们的努力的影响在没有反复的造访和一次又一次的说教的情况下会保存下去。

在本质上,大觉醒运动标志着 16 世纪初在北欧和中欧造就新教宗教改革运动的精神冲动的复兴和再生。然而一场目标是精神的而不是社会的,更不是政治的运动,其主要的动力在第一次大陆会议之前约 30 年左右就已经消退了,似乎不能入选导致美国革命的社会的或是政治的因素的“强有力的候选人”。虔敬派的教义与拯救灵魂有关,它不是一种政治理论。虔敬派通过宣扬每一个个人应该与上帝建立一种个人的联系,而且认为这种联系与任何世俗世界的联系相比无法比拟地重要,提高了其信徒的自尊,并为他们中间最为卑微的人提供了一种摆脱他们在世间所遭受的一切困难或压迫的精神的“救生索”。在其信徒中间,宗教复兴促进了一种新的强烈的精神上的亲密感,相形 80
之下等级差序变得完全不重要。然而,这种亲密性并未波及“新光”派的光芒之外。尽管一些虔敬派牧师公然蔑视世俗的权威,扰乱了社会治安,虔敬派的教义中并未包含要求它的新入教的人蔑视法院、议会或是财产法等制度的神学信息。如果正如许多历史学者所认为的在宗教复兴与美国社会的民主化以及革命的民族意识的形成之间存在着直接的联系是真的话,那么有必要对那些宗教复兴对于那些无动于衷、甚至深怀敌意的相当大的一部分美国人的影响作出解释。如果这样表述这个问题,很难说对虔敬派神学的社会影响的研究建立起了这种联系。[②] 这种观点还遗留了很多问题没有解释清楚。如果说

---

① Nathan O. Hatch, “The Origins of Civil Millennialism in America,” *William and Mary Quarterly* 31:3 (July 1974), 414.

② 有关这个问题更为详尽的论述参见我的《美国平等的历程》(1978 年版),第 68—69 页,注释 18。

同情新教派的人占总人口的一半(这只是猜测),那么同样多的人坚持旧的信仰,或是什么也不信。并非浸礼会更不是教友会领导人们走向抵制英国政策之路。相反,正是那些正统的或是“自由的”的神职人员劝说他们的教众起来维护美国的自由。在后来的几年里,思想影响的主要中心波士顿转向唯一神教和普世派。这两个教派都有正当的理由声称影响了美国人的情绪。虔敬派对现存在政治秩序提出了挑战,有时甚至违背了法律,不是因为虔敬派的教义是一种社会的或是政治的理论,而是因为法律支持了极力压制他们的社会秩序。禁止巡回布道的法律直接挡住了他们的去路。在他们对法律的蔑视中,分离派很可能将一些怀有个人不满的人拉到他们一边。“旧光”派肯定感到了普遍的反叛情绪的威胁,而教区有限的警力可能发现难以控制这种情绪。[①]

这并不是说在神学与较为平等的社会观点的出现之间没有联系。然而皈
81 依宗教的经历在不同的社会有着不同的意义。北美的教友会的存在表明了这种联系的令人费解的矛盾。在他们的神学中以及他们相互间的内部关系中,教友会是最为有意识地实行平等的教派之一。然而他们没有改革处于他们自己的政治控制之下的社会关系的使命。他们后来的几代人中较为殷实的成员几乎难以觉察地融入了费城的商人绅士之中,或是像佩恩家族一样,皈依了安立甘教。然而,正是富裕的和贫穷的教友会教徒对奴隶制展开了国际性的、最强有力和最持久的抨击。[②]

事实上,不同殖民地社会的宗教和宗教政策之间存在着很大的差异,对虔敬派的兴起相应的反应也各不相同。宾夕法尼亚对出现的宗教日益多样化的情况没有进行抵制,而掌握政权的教友会逐步失去了它的政治控制。重要的是,历史学者们并未普遍地将宾夕法尼亚平等思想或是民主情绪的兴起归结于大觉醒运动的社会影响。他们的结论是否定的,但这有助于解释大觉醒在

---

① Richard L. Bushman, *From Puritan to Yankee: Character and Social Order in Connecticut, 1690—1765* (Cambridge, Mass., 1967), 235—37.

② David Brion Davis, *The Problem of Slavery in Western Culture* (Ithaca, 1966), ch. 10, 483—93; Alan Tully, *William Penn's Legacy: Politics and Social Structure in Provincial Pennsylvania, 1726—1755* (Baltimore, 1977), 73—78.

新英格兰以及在较小的程度上在南部的积极性影响。通过多年来屡次的扣押财产、监禁以及烦扰人的迫害等实施的政治压迫，迫使历经大觉醒运动的人诉诸政治，促使他们意识到宗教的平等必须作为一个政治事业来争取，通过法律和良心来维护。

浸礼会倡导的政教分离原则的发展

宗教不宽容在新英格兰并不新鲜。那里的官方政策与英国《宗教宽容法》的意图格格不入。马萨诸塞的公理会教会从未对正式豁免教友会和浸礼会纳税的妥协表现出多少兴趣。除了罗德岛，新英格兰诸殖民地的统治者们不愿追随英国，接受与竞争性的宗教共存，反对宗教迫害。大觉醒运动衰退以后，82
分离派运动很快（尽管并未完全）衰落，一方面是因为教派内部对于婴儿受洗的理论令人痛心的分歧；另一方面是因为殖民地采取的强制性措施非常有效。拒绝缴纳为官方的神职人员估算的税款的分离派教徒的家被闯入，他们的财物被没收拍卖，而他们自己则常常锒铛入狱。1753 年在康涅狄格的温汉姆镇监狱从来没有过的事情是，腾出地方接纳新囚犯。[①] 在马萨诸塞，大议会为免征浸礼会教徒的税设置了新的障碍。根据 1753 年通过的一个法律，浸礼会教徒获得他的教会归属的认定证书（这是获得免税资格所必需的）的程序常常费尽周折，充满羞辱，而且经常不可能得到。尽管受到了强烈的抗议，这个法案在 1757 年续订，并一直实行到 1770 年。在康涅狄格，法律上的种种限制更为严酷。[②]

正是这些压迫迫使浸礼会教徒们将他们的注意力转向政治，促使艾萨克·巴克斯严肃地思考将管理信教的人的一切权力交到国家手里可能造成的后果。马萨诸塞州浸礼会教徒对于 1753 年法案的反应是，在随后一年起草了《陈情与抗议书》，并通过一个“代表被称为浸礼会教徒的人们组成的几个协

---

① Goen, *Revivalism*, 195.

② Ibid., 269.

会”的委员会提交给了大议会。这个小册子表明浸礼会在阐明它们对教会与国家以及教会之间的关系问题的态度上迈出了重要的一步。它警告大议会说，1753年通过的法案违背了英国的法律。这在马萨诸塞是一个严重的问题，那里立法机关的独立行动一直受到极度的妒忌。浸礼会的委员会不仅暗示他们偏爱英国的广泛的宽容，而且暗示受到压迫的殖民地少数群体可能寻求英国议会或是英王的保护。他们接着宣布他们拥有像其他教派同样免于迫害的权利，这个要求至少在名义上是依据英国的《宗教宽容法》提出的。

由此开始的是一场有关平等的政治辩论，而不是神学辩论。然而人们常说浸礼会的平等的做法对美国社会特点的形成作出了贡献，但这并非美国从
83 基督教教义中汲取的唯一的东西。加尔文教自由主义的牧师乔纳森·梅休（很快成为巴克斯的政治对手）在1754年的一次布道中解释了另一个观点。他引用《新约全书·路加福音》第12章第48节的话说：“上帝的平等政府的受到确认的箴言是：‘多给谁，就向谁多取。’”[①]这里平等成为一个服务的原则，但它并未声称人人的天赋是平等的，也未对不容置疑的财富的分配提出异议。从这种解释中看，平等与公正的观念难以区分。

面对某些乡村小镇无情地推行税法、进行迫害，1767年20个浸礼会教会克服了组建更大规模的组织的顾虑，派代表到马萨诸塞的沃伦镇，在那里建立了带有“沃伦”字样的协会。需要办理信教证才能得享免税的要求造成的问题在新近开拓的阿什菲尔德镇表现得较为突出。在这个镇，议会的一个法案将征税权交给了业主们，而不是该镇的居民。在该镇的浸礼会教徒拒绝缴纳宗教税以后，业主们利用其权力，以19.3英镑的价格拍卖了这些浸礼会教徒所持有的价值363.13英镑的398英亩地产。在问题在殖民地得不到解决的情况下，不满申诉委员会决定将整个问题提交伦敦的贸易大臣。他们似乎受到了总督哈钦森的某些间接支持。哈钦森不喜欢浸礼会，然而他更愿意看到大议会的权威受到质疑。结果在1771年7月，英王表示不承认不满申诉委员会

---

① A. W. Plumstead, ed., *The Wall and the Garden: Selected Massachusetts Election Sermons, 1670—1775* (Minneapolis, 1968), 298.

所反对的法律。解脱了浸礼会的苦难的不是代表他们的大议会,而是主宰整个帝国的英王。[①] 浸礼会争取宗教自由的斗争一直持续到马萨诸塞大议会陷入与英国的争端时期。然而,当美国的自由被置于公理会多数派的保护之下的时候,这种冲突的发展使浸礼会没有理由感到心安。似乎很难说如果马萨 84
诸塞成为一个独立的国家,浸礼会或是其他宗教少数群体(现在真可以被归类为"持异见者")的宗教权利能否受到保护。

浸礼会教徒们显然冒着很大风险。对深受欢迎的美国自由的观念最缺乏热情,对同情英国最乏猜忌,使他们被深深地怀疑在与英王和议会的升温的斗争中背叛了美国的事业。殖民地议会执意重订税法,使浸礼会除了一如既往地进行抵制之外别无选择。一个具有讽刺意味的巧合没有逃过巴克斯的眼睛:地方货币四便士的或是三便士英镑的税收额与激怒波士顿茶党的茶税完全一致![②] 1773 年,在问题没有得到解决的情况下,不满申诉委员会建议个体的浸礼会教徒拒绝纳税,实际上成为一场公民不服从运动。尽管许多教会并未将这个计划转化为行动,在忠诚的问题变得日益紧迫的情况下,立法者们不得不考虑这么一个重要的教派的不满。

巴克斯的观点直接指向政教分离的原则。他在一个为推动公民不服从运动而出版的题为《呼吁公众支持宗教自由》的重要小册子中解释道,上帝任命了两种政府:一种是教会政府,一种是公民政府。他强调说:"二者不能混为一谈。"这显然暗示着自由信教将从宗教与政府分开中受益。在征税和代表权问题上,他小心地评论道,浸礼会同意他们的立法者们的做法。但他们提出的是另外一个问题:是否他们的立法者有权自命为他们在宗教事务上的代表。巴克斯在一个意味深长的评论中说道:"他们(我们的反对者们)经常谈到这些事务的平等,然而这表现在什么地方呢?"[③]然而,浸礼会争取宗教平等的力量不

---

① Isaac Backus, *Church History of New England from 1620 to 1804* (Philadelphia, 1804), 192—93; McLoughlin, *Backus on Church State, and Calvinism*, 11—12; idem, *New England Dissent, 1630—1833*, 2 vols. (Cambridge, Mass., 1971) 1: ch. 29, 531—46.

② Backus, Church History, 192.

③ Ibid.

是源于盎格鲁-美利坚共同体的传统，也不是基于天赋权利。巴克斯满足于特许状中所规定的内容。这种区分有着相当重要的哲学意义。巴克斯可能感到
85 难以维护一个自从人类堕落以来在道德本质上堕落的人的天赋权利。他谴责公理会牧师利用平等一词作为向浸礼会征税奉养公理会牧师的借口。然而天赋权利通过一个不同的路线进入了他的观点，得出了一个与他的辉格党对手惊人地类似的结论。他把“信仰自由的平等”描绘为“所有权利中最为珍贵的”，是上帝赋予的一种权利。[1] 另一方面，巴克斯不会同情那些谈论自然法的方式让人感到似乎上帝自己也要受它的支配、似乎他实际上是“自然法的上帝”的哲学家们。从人们被赋予了平等的权利，因而对宗教压迫施加了道义上的限制的观点来看，他的论述与政治上的辉格党人或是自由主义的神职人员殊途同归。巴克斯利用他们自己的语言得出了一个更为有力的结论。

1774 年 9 月大陆会议的召开为马萨诸塞浸礼会提供了一个全新的以及更为壮观的舞台。巴克斯与两个同道携带浸礼会大约 20 个教会的陈情书来到了费城，这个陈情书概述了他们在征税法之下所遭受的种种压迫。[2] 10 月 14 日晚上，他们将陈情书提交给一个有马萨诸塞代表参加的会议。在这次会议上，约翰·亚当斯发言作出答复，谈到马萨诸塞对宗教团体的管理是温和的。然而这次会议似乎不是秘密召开的。一位年高德劭的费城教友会教徒伊斯雷尔·彭伯顿介入了这个事情，坦率地发表了一个有关马萨诸塞宗教迫害问题的演说。亚当斯认为这个演说“十分粗暴无礼”。亚当斯告诉他，马萨诸塞人民像宾夕法尼亚的人民一样虔信宗教，诚心诚意。他们的良心告诉他们，他们有责任支持现有的法律。这种说法在浸礼会看来一定有点像避重就轻的诡辩。马萨诸塞代表团的另一位代表塞缪尔·亚当斯在浸礼会所抱怨的特殊问题在殖民地议会辩论时担任议员。他在会议陈述了事情的原委，令他
86 的同事们满意地感到，根本没有发生什么压迫。然而约翰·亚当斯由此产生

[1] Ibid.，338. 在天赋权利与人的堕落状态的关系问题上似乎很难看出浸礼会教徒与正统的加尔文神职人员的原则差别。也许这主要是他们偏爱强调哪一方面的问题。

[2] McLoughlin, *New England Dissent* 1:558—60.

一个强烈的怀疑，认为他们正在卷入一个教友会旨在在美国的事业中制造分裂的阴谋，而马萨诸塞的浸礼会支持了这个阴谋。波士顿的律师罗伯特·特里特·佩因冲着巴克斯咆哮道：他们反对的仅仅是缴纳一点小钱，他们争执的不是宗教信仰的问题。这位浸礼会牧师对此的答复申明了他的另外一个信念："这对于我来说绝对是一个信仰的问题，"他说，"因为我一旦提交了他们要求的证书，就必然暗示着我认可把我认为应该属于上帝的权力给予人。"这个宣言，也许加上存在着明显的分裂的危险，似乎发挥了作用。会议结束时马萨诸塞代表团保证将考虑解除浸礼会困境的措施。① 巴克斯后来宣布，被大议会列为叛国者禁止返回马萨诸塞的311个人中没有一位是浸礼会教徒。然而，尽管有费城会议上的保证，美国的独立并未缓解浸礼会教徒们的忧虑。1777年，马萨诸塞州议会通过了一个进一步免税的法律，仍然要求浸礼会教徒付费购买将由村镇职员颁发的免税证书。②

1778年当州议会向各村镇提交一个新的州宪的时候，巴克斯恢复了对州议会的抨击。他有力地指出，公民政府的统治者们不能在宗教事务中代表浸礼会。在免税证书需要付费购买的问题上，他模仿了殖民地反对英国议会征税的口吻："令我们震惊的不是**钱**而是**权**。"巴克斯从自由主义的公理会牧师查尔斯·昌西的手里夺取了这个论点中所包含的最为锐利的策略性武器。10年前昌西铸造了这个武器用以反对美国的一个安立甘教主教。在那次争端中，昌西宣布："我们在原则上反对一切宗教中的非宗教的权势集团。"他的结论是："根据福音宪章，一切基督徒都被赋予了完全同等的权利。"巴克斯只需引用这些话来证明他的对手们背离了他们自己的原则。③

这些斗争表明艾萨克·巴克斯与他同时代主张以公民为本的辉格—共和 87
党人在有关政府的起源与存在的必要性问题上有着重大的原则差别。后者在

---

① L. H. Butterfield, ed., *Dairy and Autobiography of John Adams* (Cambridge, Mass., 1961) 2:152—54; Backus, *Church History*, 192—93; McLoughlin, *New England Dissent* 1:558—61.

② Backus, *Church History*, 196.

③ McLoughlin, *Backus on Church, State and Calvinism*, 350—65.

不同的程度上都把政府视为一个不好的现象，尽管不是所有的人都会像托马斯·潘恩一样极端地宣称政府是“人们失去纯真的标志”。然而，这种纯真的观念是极为重要的，因为美国辉格党人已经接受了在自然状态下权利就已经存在的观点，并把财产包括在那些权利之内作为一个政治信条。这些观点以及认为它们具有根本性的意义与虔敬派的思想相去甚远。对于他们来说，当人们忘记或是否定原罪，就是一种异端邪说。巴克斯对任何假设的自然状态都持有不太乐观的态度。他清楚地认识到，如果没有政府就不会有值得拥有的自由；公民政府之外的唯一选择就是暴政和荒淫无度。这些旷日持久的争论证明，极为必要的是不仅要打破宗教的垄断，也要消除一切宗教特权的残余。

巴克斯以及浸礼会教徒们争取的宗教信仰的平等就是基督徒之间的平等。这些观点绝不是主张公民自由，他们的动机也不是出于宗教宽容的考虑。他们的观点并不包含着在根本上不同的宗教（天主教就是一个“在根本上”不同的宗教）之间的平等，或是信教者与不信教者的平等。这些观点的作用是在不同的情势下以及不同的时代，恢复对确立官方宗教观念的抨击。在马萨诸塞殖民地早期，罗杰·威廉斯从他自己激进的立场开始了这种抨击，而威廉·佩恩在大约 50 年以后将这种观点融入了他的有关宾夕法尼亚殖民地计划的基本原则。1774 年巴克斯带到费城会议的陈情书是美国解决国家对宗教完全中立问题的较早的举措。而联邦宪法第一条修正案名义上暗示了联邦政府的中立政策。

宗教平等的原则是这些争论的偶然的而不是有意的结果。尽管 18 世纪 90 年代政党之间产生了激烈的冲突（很可能在某种程度上是因为这种冲突），许多新的神职人员日益感到有必要利用宗教的语言界定共和国的性质和目标。基督教被视为一个自由的共和国的宗教，而共和政府被视为与基督教的
88 真正原则相称的唯一政府形式。巴克斯的同道约翰·利兰（他主要在弗吉尼亚传教）持有这种观点，从支持政治的角度表达了他的宗教观点。他在 1804 年的一次布道中说道：“鉴于地球上的教会政府是基督的政府，它是充满民主精神的政府。”它的政府形式是教众会。统治基督王国的臣民的精神“与共和

国的精神极为相似，与君主制的不平等和傲慢之气格格不入”。[1]

这场取得了部分成功的斗争的重要性在于它澄清了一些问题。艾萨克·巴克斯以及他的同道们迫使他们的同代人对教会与政府关系的目标和条件进行了界定，并进一步说明以任何形式将任何宗教确立为官方宗教与其他教派的平等是格格不入的。同样重要的是，巴克斯界定了要求信仰平等的道义基础，因为那种要求并不完全建立在辉格党人的社会契约观念之上。宗教的权利先于社会的权利。（当然以公民为本的人文主义的传统中的财产的权利也先于社会的权利，但是二者还是有区别的。）

这种区分在同一时期出现在弗吉尼亚。18 世纪 60 年代末，分离派浸礼会打破了弗吉尼亚河谷的精神宁静。这些入侵震惊了小而稳定的浸礼会社区。而安立甘教的信徒们经常因此被激怒。尽管浸礼会教徒声称要拯救其他民族的灵魂，而且要求他们自身得到承认，但是他们对控制政治制度没有任何兴趣。他们在弗吉尼亚和在新英格兰一样，并不寻求建立一个新的政治秩序，或是重新分配世间财物。在这个意义上说，他们对于平等观念传播的贡献小于有时对他们的评价；他们无论如何也不会希望得到对传播平等观念作出过贡献的荣誉。然而尽管有这些保留性的看法，分离派以及更为激进的浸礼会确实对社会秩序提出了挑战。他们在他们自己的社会圈子中相互关系的平等 89
以及装束和举止的简朴，与趾高气扬的弗吉尼亚的贵族们对等级、礼节、风度以及排场的关注，形成了鲜明的对照。[2]

---

① Edwin Scott Gaustad, “The Backus-Leland Tradition,” in W. S. Hudson, ed., *Baptist Concepts of the Church* (Philadelphia, 1959), 123. Nathan O. Hath, *The Sacred Cause of Liberty: Republican Thought and the Millennium in Revolutionary New England* (New Haven, 1977), 145, 146—59. 早在 1779 年詹姆斯·达纳(Rev. James Dana)牧师就把希伯来人的古代政府描绘为“耶和华为首的邦联共和国”。他接着说：“对地位的平等作出了规定，对腐败的方式进行了防范。”(第 159 页)这预示了阿列克西·德·托克维尔的话。在这种共和国的幻想中平等的重要性并不亚于公民人文主义传统中的平等。

② Rhys Isaac, *The Transformation of Virginia, 1740—1790* (Chapel Hill, 1982), 163—72.

安立甘教会的正式拥有的特权是广泛的，然而这种特权很少得到严格和坚定的行使。限制新的入侵者们的过度行为的主要便捷工具是，要求布道者们先取得一个仅在指定地区布道的许可证。巡回布道公然蔑视这条规定，即使在布道者们本来能够遵守有关规定的地区也是如此。分离派制造的喧闹之声似乎与他们的人数（这很难确定）不相称。其发展的速度比其实际的会员数目更令绅士们震惊。1769 年 7 个分离派浸礼会教会载入史册，到 1774 年年底已经达到了 54 个。[①] 然而他们的政治影响与人数的集中有关，并通过他们赢得的村镇会议的庇护而发挥特别的作用。

宗教宽容的原则与政治：启蒙运动的实践

托马斯·杰斐逊以及詹姆斯·麦迪逊的思想遗产与他们在弗吉尼亚州议会接受申诉的浸礼会的遗产完全不同。他们对思想自由以及宗教自由的信仰像浸礼会对拯救灵魂的信念一样强烈。尽管杰斐逊和麦迪逊都承认造物主的存在，麦迪逊在新泽西学院（普林斯顿）所受的教育中神学占了很大的部分，尽管二人都看到在宗教信仰的原因与信仰自由的原因之间存在着最终的联系，
90 他们并不相信个人会得到拯救。这种矛盾的存在在思想上是可能的。二人都从洛克的《论宗教宽容的信札》中受益匪浅，然而对他们来说，宽容还远远不够。他们喜欢有一个更为有力的宗教自由的观念。他们那个时代的理性主义的思想吸收了 17 世纪的相当多的遗产，这种理性主义思想后来产生的巨大活力主要源于牛顿所展现的机械的以及可以通过理性解释的规律协调着整个宇宙的理论。欧洲哲学家们的著作与许多美国领袖们的皈依安立甘教并不矛盾，尤其是来自南部殖民地以及纽约殖民地的领袖们，他们的观点常常带有世俗性的色彩，这时常导向自然神论。在美国和英国，这些人（杰斐逊在这方面

---

① Ibid., 12—13; 173. Also idem, "Evangelical Revolt: The Nature of the Baptists' Challenge to the Traditional Order in Virginia, 1765—1775," *William and Mary Quarterly* 31:3 (July, 1974), 346 n. 2; Wesley M. Gewehr, *The Great Awakening in Virginia, 1740—1790* (Durham, N.C., 1930), passim.

有些例外）很少表现出法国知识分子那样激烈的反神权主义，尽管两国拥有相似的哲学源泉。（法国人的经历和哲学助长了他们对神权的义愤。）美国的安立甘教徒的观点常常受到英国的安立甘教态度的影响，他们并不惧怕他们自己的官方教会的权力。

杰斐逊的思想与禀性与他的思想产生的背景并不矛盾。他绝不是反对宗教。如果否定对世界的宗教解释，他最深厚的道义信仰将支离破碎。而他的自然神论表明他认真地摒弃了教条。残酷而绝对荒唐的宗教迫害令他感到震惊。他把这种迫害归咎于神职人员。由于宗教迫害，他对新英格兰充满怀疑。他笃信的抽象概念——“真理”不能通过强制被发现，也不能通过强制引导人们去认识它。他在他著名的一段话中宣布：“政府的合法权力应该只是禁止危害他人的行为，而我的邻居说有 20 个上帝或是没有上帝并不会对我构成伤害。这不会掏我的腰包，也不会打断我的腿。”寻求真理的唯一途径、令他人信服的唯一途径是理性和说服。“而要为理性和说服开辟道路，必须允许自由的探究。”①

尽管人们普遍认为确立某种形式的宗教或至少是官方认可的宗教对于维持社会秩序是必不可少的，这并不等于承认道义强制有什么好处，对此许多人像杰斐逊一样心存疑虑。一个人不必首先成为一个宗教复兴主义者才能看到强制的无效。本着这种观点，《弗吉尼亚权利宣言》的草案开宗明义 91
地宣布了得到普遍认同的宗教自由的宽容原则：“宗教或是我们对我们的造物主所拥有的义务，以及履行这种义务的方式，只能由理性和信仰来指导，而不是强制或是暴力。因此，人人平等地享有依据他们心灵的要求自由信教的权利。所有人应尽的义务是在相互间实践基督教的宽容、友爱和仁慈。”②

然而，这种语言可以容许确立不止一种官方宗教。但是，一个指导性的条

---

① Peden, ed., *Notes on the State of Virginia*, 159—60.

② J. R. Pole, ed., *The Revolution in America: Documents on the Internal Development America in the Revolutionary Era, 1754—1788* (London, 1970), 521.

件是这种宗教必须属于基督教。弗吉尼亚就像新的美利坚共和国的几乎所有州一样，希望基督教以及新教各派成为州促进或认可的普遍信奉的教派。而地方政府和殖民地政府长期以来一直掌握在那些把确立的官方宗教视为他们自己优势地位的象征的人的手里。因此，杰斐逊推翻圣公会（英国国教的新名称）的官方宗教地位的运动遭遇到了根深蒂固而普遍的反抗。控制议会的温和的但坚定的安立甘教徒在埃德蒙·彭德尔顿的领导和号召下而发起的抵制活动，令杰斐逊在后来回顾这一事件时说，运动“引发了我曾经历的最为严重的斗争”。[1]

1779 年在杰斐逊当选弗吉尼亚州州长之后，推动通过他的有关宗教自由的议案的事情就交到了较为年轻的麦迪逊的手上。直到那时，杰斐逊对他个人了解还不多。斗争持续了多年。如果通过一个普遍的法案要求纳税支持教会，而允许个人自己决定支持哪一个教派，那会符合许多教派的利益。1784 年帕特里克·亨利协助推动了两条立法措施：一条是确认圣公会的法人地位；另一条是估计和征缴税收用于不加歧视地支持所有教派。此时杰斐逊正任美
92 国驻法公使，麦迪逊承担起在议会和公众面前反对这两条立法的任务。确认圣公会法人地位的议案在 1784 年 12 月通过，授予了圣公会神职人员控制教会财产的权力。然而从反对确立官方宗教的观点来看，更为重要的是挫败估税议案。这个议案从总体上说支持宗教，但可能意味着只是支持新教的各个教派。对于估税议案的反对极为普遍（较早的一份陈情书载有 10000 个签名），然而反对的源头也是各种各样，而且并不能都善始善终。反对者们包括一大批浸礼会教徒，他们的思想与罗杰·威廉斯使教会免于政治玷污的愿望一脉相承。反对者中还包括众多长老会教徒。他们尽管不太反对教会与政治建立某种联系，但也逐步采取了主张政教分离的立场。在这些各种巨大的社会力量之中，麦迪逊持有的启蒙运动的理性主义相对来说只是少数人的立场。在反对估税议案的所有签名者中，实际上只有五分之一的人在他自己撰写的

---

① *Autobiography*, quoted in Bernard Mayo, *Jefferson Himself* (Charlottesville, 1942), 79.

在历史上著名的《陈情与抗议书》上签了名。[1] 然而，此举的成功归功于麦迪逊作为一个议会战略家的手段，尤其考虑到他在辩才方面不如演说家帕特里克·亨利。当议案提出来的时候，反对通过国家支持的任何形式的估税议案的人们的力量、激情和地域分布给议员们留下了深刻的印象。挫败估税议案之后，麦迪逊得以重新提出杰斐逊的《有关确立宗教自由的议案》。这个议案在1786年1月获得通过，成为法律。当时周旋于法国的沙龙和宫廷的杰斐逊有理由吹嘘这一成就；这是他让人在他的墓碑上镌刻的他所成就的三件事情之一。[2]

1785年麦迪逊写成的《陈情与抗议书》常常被视为反对教会估税议案的运动中的核心文献。然而，麦迪逊的大多数同胞并不是被启蒙运动的合理性而触动，而是被他们自己的寻求宗教独立的愿望而驱使。麦迪逊的小册子具有历史性的意义：它的论断历经那时的激情而保存了下来。必须对它进行详 93
尽的分析，因为它不需修正就能适应20世纪中期的形势。尽管它仅在弗吉尼亚50余个县中的13个得到了批准，还不能说它的有说服力的论证没有得到同代人的支持。有理由相信，如果没有各个教派的持异见者们大规模的运动，它不会取得成功。麦迪逊的任务是指挥这次抵制运动，而不是发动运动。

《陈情与抗议书》是麦迪逊将哲学的与政治的思考巧妙地结合在一起的一个突出例证。他的这种技巧不久将在他参与撰写的《联邦党人文集》中达到超凡绝伦的程度。《陈情与抗议书》就像《联邦党人文集》一样，能够抓住某些根本性的原则，对宗教自由的意义进行了总体性的阐释。这本措辞谨慎的小册子的大部分能为浸礼会教徒们所接受，他们在争取教派独立的斗争中发挥了重要的作用，而且可能是麦迪逊自身在奥伦治县的选民中具有决定性意义的

① Thomas E. Buckley, *Church and State in Revolutionary Virginia*, *1776—1787* (Charlottesville, 1977), 25—26, 175, 176, 177. Merrill D. Petersen and Robert C. Vaughan, *The Virginia Statute for Religious Freedom*: *Its Evolution and Consequences in American History* (Cambridge, 1988) 中有有关这些问题的评论。

② 这块墓碑现在矗立在蒙蒂塞罗(Monticello)，在这里被视为原始文献。Elwyn A. Smith, *Religious Liberty in the United States*: *The Development of Church-State Thought Since the Revolutionary Era* (Philadelphia, 1972), 11—13.

组成部分。麦迪逊在普林斯顿学习期间所沉浸于其中的神学学习强化了他的宗教信仰,促使他将人对上帝的职责先于他对国家的职责的准则上升为一种政治原则。任何公民政府都应从属于上帝的政府,这就是为什么公民政府的建立不能剥夺任何人信教的权利。麦迪逊在《陈情与抗议书》中所发展的立场明显倾向于浸礼会教徒的理性主义观点。他们认为个人与他的心灵之间不能介入任何政府,因为心灵活动所需要的那种知识是上帝赋予的,因而无需对人的政府负责。麦迪逊的观点与这相近,他说人首先要对上帝负责。然而他的有关人的判断力的观念主要来自理性独立的观点。坚持自己的宗教信仰的权利是不可剥夺的,"因为人的观点仅仅取决于他们自己的头脑中思考的神的启示,因而不能服从其他人的命令。"这是对神的启示在观点的形成中的作用的一种理性主义的看法,关键是依赖理性的个人判断而不是非理性的信念。随后麦迪逊顺理成章地提到了人对他的造物主的责任。接着,麦迪逊简单明了地阐释了启蒙运动基本的人本主义的理性观:"在我们宣布我们自己拥有信
94 仰、承认和奉行我们相信源于神的宗教的同时,我们不能剥夺还未能理解令我们深信的神的启示的那些人的平等的自由。如果这种自由被践踏了,那就是对上帝而不是对人的犯罪。"麦迪逊相信基督教源于神,然而他这种信念的基础是神的启示。他深知,神的启示不一定会让其他的有理性的人同样信教。神和人的因素被完美地平衡在一起,很难说哪一方面导致了这种结论。麦迪逊也许不认为这其中有什么矛盾:缺了一方面,单有另一方面就不完备。难以置信他只是想通过那些思想得出纯粹世俗的结论。然而他指出的路线在20世纪中期的思想和社会气候下将会比他预见的走得更远。

《陈情与抗议书》得到了弗吉尼亚选民的支持还有更多其他的政治原因。麦迪逊问道:"有谁看不到,确立基督教的官方宗教地位、排斥其他宗教的权力,同样可以轻易地确立任何一种特定的基督教教派的官方宗教地位而排斥其他的教派?"估税议案违背了"应该成为一切法律的基础的平等"。仅仅引用《弗吉尼亚权利法案》就足以证明这种批评。麦迪逊的分析和语言与杰斐逊《独立宣言》中的分析和语言对于民意同样富有感染力。宗教的平等"像我们所有其他权利一样享有同样的地位。如果我们追溯它的源头,它同样是自然

的馈赠”。作为这种宗教自由的要求的基础的“平等”从本质上说是一种个人的平等，因为个人对于他或她的自己的心灵的义务优先于对于教派组织的任何义务。即便如此，弗吉尼亚的立法者们并非像有时人们认为的那样努力争取完全从宗教事务中脱身。他们规定礼拜日为休息日，对违背安息日规定了严厉的处罚措施。他们像福音新教以及更为传统的教派一样认为，与基督教新教有关的社会准则和价值观在未来的时代将普及全州。[①]

麦迪逊很高兴地意识到，宗教自由立足的基础除了精心编织的理性的论 95
据以外，还有其他更为坚实的基础。个体的州可以保留他们确立的官方宗教，然而没有一个州的官方宗教能够主宰整个国家。美国联邦发展起一种奇怪的混和而中立的宗教多元主义。各州的宗教政策存在着很大的不同。康涅狄格的公理会官方宗教制度一直保持到1818年。而马萨诸塞州在1833年最终清除了支持公理会教会的残余的时候，这不是反对确立官方宗教的结果，而是因为唯一神教的传播夺取了公理会教会的主宰地位。[②] 这两个州废止确立官方宗教制度的动力都不是直接来自独立革命。然而，麦迪逊已经看到，美国宗教归属的多样化有助于避免确立欧洲那样的国教。1788年6月他在弗吉尼亚批准联邦宪法大会上就这一主题发表演说时解释说：“这种自由源于美国普遍存在的多样化的教派。这是任何国家保障宗教自由最好的也是唯一的途径。”[③]这衍生于他在《联邦党人文集》第五十一篇中解释的主题，也是对《联邦党人文集》第十篇中的观点的扩展。这种观点认为政治自由通过在同一个政治制度中运作的各种独立的利益的存在才能得到保障。他写道：“在一个自由政府中，在保障民权的同时也要保障宗教权利。前一种情况包括各种各样的利益，而后一种情况包括各种各样的教派。两种权利的保障程度将取决于利益和教派的多少。而利益和教派的多少则取决于国家的幅员以及同一政府下所

---

① Buckley, *Church and State*, 181—82.

② Howe, *Garden and Wilderness*, 36; Stokes, *Church and State* 3:376—80.

③ Saul K. Padover, ed., *The Complete Madison: His Basic Writings* (New York, 1953), 306.

包括的人数。”[1]

许多要求保障宗教自由免受国家侵害(因为对国家的控制权可能落到对宗教不友好的人的手里)的人仍然愿意支持允许政府援助宗教组织的规定，只要这种援助能够得到公平的分配。这些分歧在起草联邦宪法第一条修正案的
96 过程中引起了持久的争论。现在担任国会众议院的议员并且是负责起草《权利法案》的委员会中的主要成员的麦迪逊，想要为信仰自由提供具体的保障。这种个人道义的自主权是他共和原则思想的一个基本组成部分。然而主要的困难在于所撰写的声明既要使政府在宗教事务中完全保持中立，又要使它看起来不是敌视宗教情绪，更重要的是要尊重国会大多数议员以及他们所代表的人民的感情。这可以解释美国政教分离的正式原则为什么模棱两可。美国民众的代言人们从心底希望确立一种中立但对宗教友好的制度，而不是一种中立但是对宗教绝对不友好的制度。然而即使希望政府对宗教友好这样一个温和的观念也可能将不信宗教的人置于一种不平等的基点之上。对这种困境从来没有提出完全令人满意的解决方案。联邦宪法第一条修正案中有关宗教问题的部分文字简短，但也并非简单得无需解释：“国会不得制定有关确立国教或是禁止信教自由的法律。”这里并没有提及“心灵”，这无疑令麦迪逊很失望。[2] 这种语言完全禁止联邦政府干预宗教活动。对于这句话的解释将令以后几个世纪中的律师和法官们费尽心机。

作为合众国的总统，杰斐逊和麦迪逊两人都认为自己有责任严格执行联邦宪法第一条修正案。杰斐逊拒绝宣布全国举行斋戒，庆祝感恩节。麦迪逊否决了在联邦领地授予组建新教圣公会的公司特许状以及在密西西比领地留出一块土地供浸礼会使用的两个议案。[3] 他谴责两项举措都将联邦政府卷入了宗教团体的活动，这是为联邦宪法所禁止的。其中体现出来的原则一目了

---

① Jacob E. Cooke, ed., *The Federalist* (Middletown, Conn., 1961), 351—52. 在最后一句话中，麦迪逊回答了孟德斯鸠提出的问题：共和自由只能在地域狭小的政府中得到维护。

② Smith, *Religious Liberty*, 45—47.

③ Padover, ed., *Complete Madison*, 307—08.

然:真正的宗教自由必须同时意味着宗教自给自足;以任何方式援助教会的国家干预都是对教会的自给自足的剥夺,也违背了中立的基本原则。这种中立不仅仅是国家对教会的中立(这是麦迪逊作为总统所关心的事情),而且也包括教会对国家的中立。然而,在大多数情况下,美国人发现很难协调这种宪政 97
的纯洁与他们真正广泛的宗教信仰的关系。有关政教分离的宪政史不仅是漫长的,而且也是极为复杂的。联邦宪法第一条修正案中的语言为对有关问题的裁定提供了依据。杰斐逊并未参与起草这条修正案。然而他在树立将教会和国家分开的看不见的隔离墙时,并未承认可以从任何一面爬越这堵墙,这为宪政争论的语言增添了更多的神秘色彩。

98 # 第五章　宗教与个人心灵

没有一个人的心灵是孤立的。在一个人独身一人的时候，也常有宗教的遗产、家人、教师以及过去和现在他所熟悉的声音相伴。而对于许多人来说，最贴近自己的，莫过于上帝的存在。宗教的牧师、家庭的成员以及友人总是能够与个人的心灵交流，增加了心灵所能够听到的声音。然而，美国的杰斐逊、麦迪逊以及他们的同代人指出，启蒙运动的重要主题只是个人的心灵不能受到教会或是国家的强制。任何政府不应告诉其公民什么是真的、什么是假的，尤其是在有关上帝的问题上；任何教会不能通过国家的法律来贯彻自己的教义。然而这个信念的全部含义令人费解，尤其是对于那些信教的人来说，他们想当然地认为上帝总是在人类的事务中发挥着核心作用。

在联邦宪法第一条修正案起草和通过以后，多数有关的人很可能有理由对三方面的事情感到满意：第一，有关宗教的部分有些简略的语言尽可能地避免新建立的联邦政府制定任何类型的宗教政策；第二，各州可以按照它们的居民认为适当的方式随意处理有关问题；第三，在实现这些目标的同
99 时，尽可能不侵犯任何宗教派别完全的自由信教的权利。麦迪逊在担任总统期间否决了为一个教会颁发特许状的议案以及另一个在联邦领地拨出土地建立教会的议案，这些事实表明国会的议员们对联邦宪法第一条修正案的明确含义的关心并不为过。然而，在这条修正案草拟之时以及通过之后很长的一段时间之内，都完全未能预见到将这种语言运用于不同的宗教之间以及州和个人之间的具体（时常是严重的）冲突的案例时将面临的极为复杂的问题。

产生于18世纪的冲突之中的原则是，政府对竞争着的教派的保持中立。这在个人的层面上，也需要对那些教派的个体成员保持中立。由于在近两个

世纪中都未能充分揭示出来的原因,这终将需要政府的某个部门(是法院,如果不是立法机关)来裁定每一个个体的人——无论是信教的还是不信教的,是否都在联邦宪法之下享有了平等的待遇。在这开始发生之前很长的时间里,联邦宪法第一条修正案出现时的场景在宗教平等发展的第二个阶段发生了转换。[①] 激进的罗马天主教会的兴起所造成的教派冲突的形式和规模没有人曾经预见到,也没有人有所准备。而这仅仅为粉碎了美国是一个新教国家的陈旧而单调的观点的宗教多元化的出现铺平了道路。

对新教主导地位的挑战

乔治·华盛顿的告别演说通常不被视为一个有关宗教的声明,这使他仅在一处提及宗教显得更具启发意义。在祝贺他的同胞们所拥有的优势之后,他告诉他们:"尽管具有细微的差别,但是你们拥有共同的宗教、风俗、习惯和政治原则。"[②]这种想当然的观点认为,宗教信仰的相似性会促使人们在影响他们的更为物质性的利益的事务上达成一致。幸运地没有经常使欧洲的各个民族陷入国内战争和宗教战争的着魔似的奇怪念头,不同的州的人民能够在他们现有的制度之内和平地解决这种分歧。 100

华盛顿自己所在的弗吉尼亚州在1785年废除了对罗马天主教的限制性法律。[③] 然而他那一代人传递给后来数代人的根本性的信念是,美国人民信仰新教。他们的辽阔的土地以及得天独厚的条件为少数群体提供了活动的空间,当然其中暗含的条件是只要他们的做法不会危及联邦的共和性质。然而,这种被宣布为联邦宪法本身的一个特性的共和性质充满了新教有关历史和社会的观念。可以毫不夸张地说,包括杰斐逊和华盛顿自己在内的那一代最为

---

① 正如在本书第四章的开头处所概括的。

② James Richardson, comp., *Messages and Papers of the Presidents, 1789—1897* (Washington, D. C., 1896) 1:213—24.

③ W. W. Hening, *The Statutes at Large of Virginia, 1619—1792* (Richmond, 1809—1823) 12:120.

杰出的美国人中，有许多人作为基督徒在他们的政治活动中的表现超过了他们在宗教生活中的表现。

华盛顿所提及的举足轻重的基督新教（他的那一代人并不认为新教与天主教之间的差别只是“细微的差别”）不仅仅是一种休眠的力量：它影响到了法律的解释，而且美国从英国那里继承来的普通法有几次涉及了这个问题。国家早期的一些报告包含了大量的有关例证。1811 年，纽约州的首席大法官詹姆斯·肯特惩处了一名无神论者，其罪名是亵渎基督教。他裁定说：“本案认为，我们是一个信仰基督教的民族；整个国家的道德都深深地根植于基督教，而不是基于这些骗子们的教条和对他们的崇拜。”他指的骗子是穆罕默德（Mahomet）和达赖喇嘛（the Grand Lama），本案的裁定不知如何会涉及他们。新教受到普通法承认，这在 1844 年得到了联邦最高法院的确认，美国又一次被称为“一个基督教国家”。美国人民基本宗教特点一直充斥着联邦最高法院的裁决，尽管这些裁定并未明确提及基督教。1892 年联邦最高法院裁决指出，涉及合同移民劳工的法律不能禁止从国外召集的宗教牧师入境。联邦最高法院宣布：“任何立法不能带有反对宗教的目的或行动，因为这是一个信教
101 的民族。这在历史上一直是事实。从这个大陆的发现一直到目前的时刻，一直有一个声音这样说。”[①]19 世纪 30 年代的阿列克西·德·托克维尔以及大约半个世纪之后的詹姆斯·布赖斯等不同的观察家都把基督教视为一个全国性的信仰，尽管它不是官方确立的宗教。[②]

这种观点的普遍存在限制了对联邦宪法第一条修正案的解释。如果联邦

① Mark De Wolfe Howe, *The Garden and the Wilderness*: *Religion and Government in American Constitutional History* (Chicago, 1965), 28—29; Nathan O. Hatch, *The Sacred Cause of Liberty*: *Republican Thought and Millennium in Revolutionary New England* (New Haven, 1977), passim, esp. ch. 4; *Church of the Holy Trinity v. United States*, 143 U. S. 457 (1892). “这是一个基督教国家”参见第 471 页。法官们大概不会听到托马斯·潘恩的声音了。

② Alexis de Tocqueville, *De la Démocratie en Amérique* (1840), ed. J.-P. Mayer (Paris, 1961) 2:308—15; James Bryce, *The American Commonwealth*, 2 vols. (London and New York, 1891) 2:560, 570—99.

宪法第一条修正案在全国影响到的都是世俗性的事务，那么这就会对那些想保护而不是限制宗教利益的人赋予它的原则大打折扣。“自由信教”条款可以随意地侵犯“确立国教”条款的领地。[①] 而且大约一直到 19 世纪中期，美国宗教的核心一直是新教。其蓄积的力量和数量之巨大，似乎没有竞争对手能够挑战新教神学的地位，或是在联邦宪法的保护下发展起来的繁荣、多元的教派的新教特征。

与这种基本的新教一起发展起来的全国性的信念是自由放任的资本主义。当福音新教的布道者们仍然时常哀叹国民对物质利益的迷恋的时候，大众化的宗教学说毫不费力地将“山上宝训”* 与《国富论》结合在一起。在自治和民主这种特别有利的条件下，个人在经济上的开拓精神，受到了宗教牧师们以及国庆节日演说家们的大肆宣扬，认为它使美国成为落后国家的灯塔。莱曼·比彻也许是杰克逊时代布道者中最为出色的。他极力宣扬的精神是：在教育的帮助下，美国就能够对世界履行将新教和自治一起推广开来的使命。102
这种利用自由的语言复兴新教的做法不仅仅是为了说教，它受到了在美利坚共和国出现的天主教滚滚浪潮的推动。公民自由和宗教自由一起被视为新教的优点，也是比彻坚信即将从美国开始的“至福千年”到来的必不可少的条件。美国人有责任使他们的国家做好迎接“至福千年”的准备。然而新教和天主教的冲突已经开始对与宗教平等有关的价值观施加新的压力，而且也许甚至威胁着要对其重新估价。比彻并不否认天主教徒享有一切宗教派别享有的平等权利，然而他坚持他们的孩子们应该服从美国的公立学校以及共和制度的同化力量。罗马天主教会必须收回其干预其他国家的自由制度的声明，而天主教徒必须认可宗教自由和自由探究的权利这种根本性的共和原则。[②] 这些基

---

① 为了方便起见，这里提醒读者这一条款的措辞：“国会不得制定有关确立国教的法律，也不得禁止自由信教。”

* （Sermon on the Mount，指耶稣在山上对其门徒的训示，内容系基督教的基本教义。这里代指基督教。——译者）

② Lyman Beecher, “A Plea for the West,” in Daniel Walker Howe, ed., *The American Whigs: An Anthology* (New York, 1973), 133—47; Hatch, *Sacred Cause*, 170—71. 这是较早地使用同化概念。

本上属于个体主义的观点，最终起源于欧洲宗教改革的原则，而更直接地源于欧洲启蒙运动的准则。它们的立足的基础是自由的个人享有平等信仰宗教的权利。

神职人员对于人类堕落的忧虑与他们对美国将自由、繁荣和新教结合在一起的明显的满足感似乎被很好地平衡在一起。1835 年一位年轻人霍勒斯·布什内尔在一次布道中解释说，纯粹的宗教只能在一个新世界开拓之初确立，并“围绕着它建立起适当的机构。以其至高的智慧合理安排了不同时代的一切事件的上帝为我们保留了这样一个未知的世界……一个布满森林的仍然处于荒凉的自然状态的广阔大陆……正是从新教中产生了政府的共和主义”。①

发展中的共和国的所有主要的新教神学的分支都特别强调个人的价值。
103 在普世派和唯一神教中，一种对人类成就的乐观而积极的态度取代了日益不能为人接受的加尔文教对人类堕落的强调。当苛严的加尔文教士们似乎仍然剥夺他们的信众通过他们自己的努力得救的希望的时候，新的更为人性化的信仰使他们有理由相信他们能够在他们自己的得救中有所作为。加尔文教不仅在像波士顿和纽约这样的城市环境中衰落，而且在中西部的边疆地区也是如此。在中西部边疆，勤劳的男人和女人们决定信仰能够给他们带来更多希望的教义。②

这些态度中并不包含对私人财富增长进行道义抵制的内容。美墨战争和“1850 年妥协”之后，北部的牧师们以越来越高的热情投入到反对奴隶制的道义斗争之中。斗争一旦开始，任何珍视个体价值的信念都会发挥积极作用。废奴运动的兴起中唯一令人惊奇的事情或者似乎需要解释的，不是它为什么会发生，而是北部的教会为什么犹豫那么长的时间之后才终于开火。还出现

① Horace Bushnell, *Crisis of the Church* (Hartford, 1835), quoted in Elwyn A. Smith, *Religious Liberty in the United States: The Development of Church-State Thought Since the Revolutionary Era* (Philadelphia, 1972), 11—13.

② W. W. Sweet, *Religion in the Development of American Culture, 1765—1840* (New York, 1952), 234—35, 210.

了少数类似的声音,反对对攫取性的企业精神的过分迷恋的社会准则及其影响。[①] 然而,对个人价值的关注反映了教会在一定程度上退出了以前它们时常介入的公共政策领域。在独立革命期间以及之后的一代人的时间里,神职人员普遍抱怨的是,生活简朴以及献身宗教的美德迷失在对私人利益的沉迷之中。然而直到 19 世纪后期,当有钱人的社会责任的问题再次被提出来的时候,新教教会才对经济制度的道义影响表现出明显的关注。随着大公司的崛起和巨大的财富积累的出现,新教调整了它在重商主义时代初期形成的角色,成为一种企业家们的经营手段和良心的道义监护人。[②] 然而,与这种精神格格不入的是,亨利·沃德·比彻——也许是他那个时代最为 104
杰出的牧师——在 1789 年宣布:"上帝注定了伟人的伟大和卑微之人的卑微。"[③]

不同的新教教派之间的分歧很深,而且常常很激烈。然而,它们都承认在新教和联邦宪法的共和理想之间存在着一种密切关系。康涅狄格一些出生在 18 世纪的神学家,力图使政府权力神授的信念适应人民主权的情况。其中最年长的是耶鲁学院的院长蒂莫西·德怀特。他在独立革命时期已经步入成年。他的学生莱曼·比彻(1775—1863)践行的信念是,基督徒应该努力影响事件的发展。纳撒尼尔·W. 泰勒出生在独立革命之后(但他的寿命没有比彻长),成为耶鲁大学的神学教授。在那里,他形成的一个观点是:人造成了他自己的罪孽,因而应对他自己的拯救负责。这个学说否定了天恩盟约的作用,

---

① 最著名的是爱默生,尤其是他的《论自立》一文。参见 *Emerson's Complete Works: Essays* (Boston, 1883—93) 1:85—86。牧师的声音是长老会神学家和铸铁专家 Stepen Colwell 的 *New Themes for the Protestant Clergy* (Philadelphia, 1851)。

② Sidney E. Mead, *The Lively Experiment: The Shaping of Christianity in America* (New York, 1963), 138—42.

③ David H. Montgomery, *Beyond Equality: Labor and the Radical Republicans, 1862—1872* (New York, 1967), 230—31. 1879 年达尔文的《人类的由来》(*Descent of Man*)一书出版,这是他的科学著作的大众读本。如果将这本书中的"进化"换成"上帝"效果也完全一样。

强调善行的力量。这按照早期的标准衡量一定属于异端邪说。[1] 然而，这种自觉的认同决不仅仅是民族精神的活力的体现。英国和美国几个世纪的历史教新教徒们将罗马天主教会视为不共戴天的仇敌。独立革命时期许多州的州宪在规定政治任职资格时都指明任职者必须属于基督教新教的某个分支。而在马萨诸塞，在列举的州长的任职资格中因为缺乏这一规定，所招致来自村镇的反对超过了对 1780 年州宪其他方面的反对。[2]

当来自爱尔兰和德国的天主教移民在 19 世纪初建立起引人注目的和不
105 断发展的立足点的时候，几乎各个地方的新教徒都认为他们无法理解美利坚共和国的政治理想。如果考察一下这种信念的来源，这种看法不仅仅是宗教偏执的产物。当教皇格列高利十六世在 1832 年发布通谕，谴责信仰自由是一种源于“被污染了的冷漠的喷泉”的“荒谬的和错误的思想”时，他使美国的天主教徒们很难解释说他们既能接受共和国原则，同时又能坚持罗马天主教的信念。费城的牧师 J. F. 伯格宣布：“教皇显然要反对美国自由的首要原则，并把这些原则视为彻头彻尾的令人深恶痛绝的东西。”[3]这种极具代表性的观点有助于解释本土主义以及反对天主教的无所知运动在 19 世纪 50 年代兴起时的情绪。

美国天主教徒公民的人数的巨大增长对政教分离的原则提出了一些以前未能提出的问题。华盛顿对美国宗教的同质性的不太显眼的确信反映了一个在很大程度上不容置疑的观点：政治的稳定确实建立在某种宗教的基础之上。而这种宗教基础是共和美德的重要来源。政教分离的观点是欧洲启蒙运动提出的一个有价值的原则，它在 1791 年要比在后来的历史中看来更为大胆。没

---

① Nathaniel W. Taylor, *Concio and Clerum, A Sermon Delivered in the Chapel of Yale College* (New Haven, 1828); idem, *Lectures on the Moral Government of God*, 2 vols. (New York, 1859), 1:258—59, 2:162; Sweet, *Religion*, 199—200; Smith, *Religious Liberty*, 70—90; Hatch, *Sacred Cause*, 156.

② 作为这一论断的基础的村镇会议的档案收藏在位于波士顿的马萨诸塞州档案馆第 276 和 277 卷。奥斯卡·汉德林和玛丽·汉德林将这些档案汇编成为《政治权威的民众源泉》(*The Popular Sources of Political Authority*) (Cambridge, Mass., 1966)。

③ Smith, *Religious Liberty*, 103—04.

有人能够真正肯定地说，如果没有一个官方认可的宗教体系的支持，一个世俗的政治制度能否具备存在下去的道义资源。[①] 甚至那些比多数人更为系统和更为教条地相信政教分离原则的人——如杰斐逊和麦迪逊——对这个问题进行了深入的思考，仍然期望新教情绪占据压倒性的主导地位成为美国生活的一个现实。因为其重要作用是，占据缺乏全国性的政治经历所留下的空地。

美国的宗教经历，也许仅仅是因为它不可抗拒的多元化，随着时间的推移越来越强调维护个人心灵最终实现自主的思想基础。这种发展对于在现代国家的构想基础中的个人平等的原则极为重要，因为这些自主的个人心灵必须 106
理所当然地被视为平等的心灵——他们不仅在独立作出判断的能力和权利上是平等的。

这种结果在很久以前的英格兰就已经被预见到了。英国内战期间的教派分化造成了对时常被称为"脆弱的心灵"的公开尊重。在一个世纪之前的欧洲历史上，新教徒与天主教徒之间一度达成过和解(1555 年签订的《奥格斯堡和约》)，其基础是人民的宗教信仰追随他们的君主的宗教信仰。然而，新教不可能停滞不前。当《圣经》的含义受到质疑、人们可以自由地提出疑问的时候，个体主义的道德准则就与平等的原则难解难分地纠缠在一起。

从总体上说，教会和国家都不特别希望鼓励这些发展趋势。然而，当国家不能确立官方宗教，也不能强制人们信教的时候，宗教多元化就会成为宗教宽容之母。这种观点对于真正的虔敬派教徒来说，不像曾经对于清教徒那样具有吸引力。它充其量不过是宗教政治现状所造成的一个令人厌恶的、在宗教上令人怀疑的后果。教会圣约的成员通过一种极其强大的精神纽带维系在一起，这有效地限制了个人的独立性。然而个人抉择的自由成为政治生活，并且日益成为新教宗教生活的一个事实。另一方面，罗马天主教会不能接受深深地植根于新教历史的一些重要观念。人们毕竟曾经选择了做新教徒，而天主教徒也只是继续做天主教徒。对天主教徒进行教育和宗教思想的灌输是在家

---

① Sidney Mead 在 *Lively Experiment* 中令人信服地证明了这一点。

庭和学校推行的一个完整计划的一部分。对于天主教神父们来说，世俗教育的思想在概念上是矛盾的：任何教育都不能不进行宗教真理的教育。然而美国的教育的很大一部分经费由公众提供，而且其基础是认为国家应该在宗教问题上保持中立。国家可以为教会拨出土地，甚至也可以免除教会的税收，然而它一旦介入教育的过程就必然会支持宗教。尽管这可以通过不偏袒任何一种宗教来实现，然而如果不采取禁止"有关确立官方宗教"的政治行动几乎无法完成这些事情。

在这方面，新教徒和天主教徒都面临着棘手的问题。美国从未严格地奉
107 行完全不干预宗教事务的政策。处在新教主导地位的保护之下的美国人从未感到有必要细想他们自己的正式立场的自然后果。在19世纪初叶，俄亥俄河谷根据《1787年西北法令》得到拓殖。这项法令明确地将"宗教、道德和知识"联系在一起，在有关"学校和教育手段"的规定中认为这"对于建立良好政府和人类的幸福是必要的"。这当然是在联邦宪法第一条修正案通过之前通过的法案，但由第一届国会重新制定成为法律。似乎没有人认为这与联邦宪法的意图相抵触。[①] 美国的政策时常保护宗教的利益，有时鼓励宗教利益。无论如何联邦宪法在宗教事务上限制的只是联邦政府而不是各州。道德箴言通常具有宗教的基础；而学校教育常常包括阅读《圣经》——这是新教固有的做法。

鉴于宗教原则在罗马天主教教育中的极端重要性，"政教分离"的原则在有关教育问题的有时激烈的争论中受到了最为持久的审查便不足为怪。当施加于联邦政府的政教分离的原则被认为通过内战之后通过的《联邦宪法第十四条修正案》的实施同样适用于各州时，这种争论变得更加激烈。这种被称为"并入原则"的含义的扩展的逻辑，直到20世纪40年代才展现出来，而且是逐步展现的。而到1947年，法官杰克逊先生可以毫不夸张地说：天主教徒和非天主教徒之间在整个历史上在世俗政策上的冲突的焦点集中于他们各自的学

① 《西北法令》能够在多种资料集中找到，其中包括 J. R. Pole, ed., *The Revolution in America: Documents on the Internal Development of America in the Revolutionary Era, 1754—1788* (Stanford, 1970), 382—88。

校政策。[①]

当居住在东部城市的新教徒在19世纪30年代开始认识到天主教徒将永久地在这里定居而且人数会不断增加时，他们对天主教社区的敌意有时使公立学校成为天主教徒的孩子们讨厌的地方。天主教徒建立教会学校的正常愿望受到了各色人等混居的社区居民的普遍支持。1840年当罗马天主教纽约教区的主教约翰·休斯申请分享公共教育经费时，问题发展到了不容回避的 108
程度。这个问题从本质上来说是政治性的。当自由主义的新教徒发现他们传统上尊崇的对信教选择的自由制度**在原则上**受到了天主教徒们的反对的时候，他们发现很难给予天主教徒信仰自由制度的荣誉——这一发现只是证明了他们以前的怀疑。然而天主教的主教团并不认为宗教信仰可以通过自由的个体的抉择而获得。他们相信他们需要创办教会学校来维护他们的信仰体系。对他们来说官方的观点看起来实际上充满敌意。据此他们能够与新教徒们交锋，并令他们吃惊地指责：政教分离的做法中的政府根本不是中立的，而是支持占据主导地位的新教徒多数集团。

经过一些争执之后，纽约州通过强行严格推行教育制度的世俗化来解决了休斯主教提出的问题。1842年一个州委员会在报告中指出，纽约市的人口"绝不是同质的"；企图确立一个同质的制度的人认为他们的目标是一致的，而各个社区实际上并不认同这个目标。[②] 解决的办法是禁止接受公共资助的学校进行任何宗教教育。这个结果并不能令休斯满意。它只是迫使州重新界定其宗教中立政策，并承认其人口在宗教上永远不再可能同质的事实。[③] 纽约州同时非常缓慢地走向的一个法律立场是，赋予了天主教主教团令其满意的对教会财产的保有权。1813年的一个法案赋予了社区俗人担任教会董事的权利。这个举措显示出那个时代的发展趋势的特征，然而对于一个结构是等

---

① *Everson v. Board of Education*, 330 U.S. 1 (1947).

② Smith, *Religious Liberty*, 111—16.

③ 17和18世纪的纽约，拥有荷兰、英国和法国新教因素。除了在其居民主要是新教徒的意义上以外，也不能被称为同质的。随着18世纪商业世界的发展，这些居民之间不再那么充满敌意了。犹太人似乎是另一个从一个日益相互容忍的气氛中受益的少数群体。

级性的而不是分散权力的宗教派别来说是极为令人反感的。直到1863年纽约州才划出了整个美国社会能够接受其宗教异质性的路线。这一年通过的法律允许每一个教会及其教众组成一个法人团体。根据这些被称为“法人集合体”计划的规定，教区的大主教、主教、教区主牧师和牧师将签署一个标明法人
109 名称的证书。这使教会的高级神职人员可能有效地掌握其法律上的控制权。[1]

然而，许多州对罗马天主教会并非像纽约州那么友好。它们继续在教会集中权力上设置法律障碍。[2] 美国人口中一个永久性的而且显然与日俱增的天主教因素的出现增强了，而不是减弱了新教徒多数派将正式的宗教教育排斥在公共教育领域之外的决心。1875年尤利塞斯·S. 格兰特总统在他的第七个年度国情咨文中，建议国会制定一项有关公立教育的联邦宪法修正案，规定禁止公立学校教授任何“宗教的、无神论的或是异教的信条”，并不给予任何宗教派别任何直接的、间接的援助或免税。[3] 如果这项修正案获得通过，它将平等地作用于所有宗教。格兰特的意图可能是避免学校成为新一轮公众争论的场所。然而其结果可能是剥夺了天主教徒的教育体系获得政府支持的任何希望。这当然是国家的中立。它对新教徒和天主教徒一视同仁。然而那些中立形式并未妨碍新教在过去的繁荣。尽管格兰特的建议未被采纳，许多州在州宪中加入了它们自己的规定，其中绝大部分禁止政府为不同教派的学校拨款和禁止教派学校使用州的财产。[4]

美国的天主教徒不得不在他们对美国和对罗马的忠诚之间维持一种微妙的平衡，这种平衡因为梵蒂冈长期难以理解一个共和国家的宗教中立观念而周期性地被打破。欧洲可资利用的丰富的经验令它相信：国家不可能保持中
110 立；一个对宗教不友好的国家必然对宗教充满敌意。从1791年联邦宪法第

---

① Stokes, *Church and State* 3:406—10.

② Smith, *Religious Liberty* 在118—119页有一个表格。

③ Richardson, *Messages and Papers* 7:334—35. 格兰特还建议对教会财产征税，指出随着财产税的增加，人们会对宗教团体免税失去耐心。他的话带有反教权主义的色彩。

④ Smith, *Religious Liberty*, 117—19.

一条修正案通过开始的美国宗教政策阶段的基础是，认为宗教多元化不会危及美利坚共和国的安全，因为它并未危及美国新教的安全。这个阶段的逐步结束与其说是因为新教多数派的消失，不如说是其不可挑战的优势地位的丧失。

罗马天主教会在美国的崛起提出的问题是，宗教的多元和竞争是否可能最终摧毁新教胸有成竹的优势地位。在这种优势地位下，新教容忍了其他教派或信仰的自由。天主教的领袖们，如休斯主教，把政教分离的原则视为官方敌视宗教的伪装形式，并在为天主教赢得政府保护之下的立足点的斗争中对此展开抨击。这种尝试失败了，而这种失败标志着天主教与美国宪政原则达成的一种妥协的限度。还要经历很长的时间（几乎是一个人终其一生的时间），天主教会才在20世纪认识到美国政教分离的原则的种种好处。在受到严格解释和执行的情况下，政教分离至少可以保护教会免受充满敌意的多数集团的侵害，也使孩子们免除了要在学校集会上听人朗读詹姆斯王钦定英译本《圣经》而受到的宗教灌输。然而到20世纪中期的时候，当州政府开始为它们的学校开支计划的接受者提供资助（这不是一种对宗教暗地的援助形式，而是作为政府援助教育的一部分）的时候，天主教徒作为公民，而不是天主教徒也可以希望分享这些利益。这种微妙的变化使他们对这时受到激烈争论的政教分离蜿蜒曲折的隔离墙走过的路线产生了较为友好的看法。

国家的中立是否意味着国家的无知？

这些棘手的问题暴露了美国社会不同部分之间的较深的敌意，而政教分离的原则也提出了需要司法机关解决的问题。宗教团体的一个不好的名声是容易在对教义的理解上发生争执，有时甚至为了它们自己的利益或是社会的更大利益处死对方教派的成员。当教义冲突或甚至是情绪的广泛变化导致一个教派或是会众内部的分裂的时候，美国信仰的激情就会很快被转化为对教会财 111
产控制权的要求，而不是处死持异见者。这种控制包括任命牧师的权力。

这种问题为在宗教上保持中立的国家提出了其所受的正式的训练毫无准

备的道义的和法律的问题。在理想上,国家的中立可能被设想为一种崇高的无知状态。国家是确立起来的一种政府机制;即使其所有的成员都信教,也不能认为他们会将他们的宗教信仰带入政府的运作,也不能认为政府会按照他们的宗教信仰来运作。问题的关键是,联邦宪法并未赋予通过其各个部门运作的政府任何有关宗教的正式知识,对其公民的宗教信仰也没有任何的偏袒,正如它并未正式承认种族的差别。①

如果严格地遵循欧洲启蒙运动的原则可能达到这种理想的状态。然而我们已经看到,法院宁愿立足于一种完全不同的观点,认为美国政府运作的整个复杂的机制在某种程度上充满了基督教信仰,并由它来支撑。② 这种观点的宪政依据可以这样来表达:联邦宪法是为美国人民而不是其他人设计的;美国人民从其整个传统上来说是一个信仰基督教的民族;由他们设计和为他们设计的联邦宪法在其性质上体现了基督教准则和观念。这种解释支撑着我们听到的法官的裁决。

当教会成员之间在神学观点上的争论演变为争夺教会代表权,并由此演变为争夺教会财产的控制权时,就需要法院干预所争论的这些神学问题。需要进行认真的司法审查的这种类型的第一个案例出现在1820年。其起因是马萨诸塞州德汉姆的教区居民绝大多数慢慢地转向信仰新流行的唯一神教,而当地教会的实际成员绝大多数仍然坚持他们原有的公理会信仰。马萨诸塞
112 州最高法院回避了神学问题,并尽力抓住世俗性问题。它的裁决是,一个教会除非与“某种稳定地确立的社会”相联系便不具备法律的存在;整个教区是其会堂与其他财产的合法拥有者。③ 当然,这种裁决也需要法院确定什么是、什么不是教会。

50年以后,在一场以道义为由进行的内战之后,宗教教义问题与地域的

---

① 与约翰·罗尔斯(John Rawls)提出的作为分配商品的前提条件的“无知的帷幕”(veil of ignorance)(*A Theory of Justice*, [Cambridge, Mass., 1971])进行类比并不过分,当然当自知产生的时候,罗尔斯的帷幕会被扯去。

② See nn. 4, 5.

③ Howe, *Garden and Wilderness*, 32—60; Stokes, *Church and State* 3:376—78.

忠诚纠缠在一起。长老会总会宣布支持联邦宪法和联邦，而与其形成对立的该教会的南方成员声称根据他们信奉的《威斯敏斯特信纲》，长老会总会不应在政治问题上表明立场。然而，该会的绝大多数会员不仅在政治分裂问题上表明了立场，而且他们认为奴隶制是不虔诚的表现，并要求想被任命为牧师的人首先谴责奴隶制。联邦最高法院在“沃森诉琼斯案”中对这一问题作出裁决时小心谨慎地避免关注教义问题，明确宣布美国奉行政教分离的原则。与那时英国的大法官埃尔登勋爵在审理一个案子时涉及神学教义的裁决形成鲜明对照的是，法官塞缪尔·F. 米勒先生宣布：“在这个国家，每个人享有充分而自由地持有任何宗教信仰、实践任何宗教原则、宣讲任何不违背道德和财产法则以及不侵犯个人权利的宗教教义的权利。法律不知道异教、不承诺支持任何教条，或是确立任何官方教派。”案件作出了有利于长老会总会的裁定，依据的是长老会的结构，而不是其教义。因此，南部教会对长老会总会有关卷入政治纷争的指责并不重要。“如果地方性教众会（本案中指的是肯塔基州路易斯维尔倾向于南部的教会）属于一个更大和更为重要的宗教组织的成员，处于其管理和控制之下，并受其命令和裁决的约束，那么后者的决定便是最终的决定，对法庭也具有约束力。”法院推理的前提是：法院对教会没有管辖权，因而不能修订或质疑教会的管理性措施；司法机关只有权裁定本案双方因争取教 113
会财产的控制权及其利用权而引发的冲突。[①]

然而，法官米勒先生提到的例外情况可能证明比他的语言所暗示的范围更为广泛，因为“道德和财产法则”正是基督教道德和资本主义财产的法则。当一个宗教派别声称忠诚于在美国的领地内确立的一套不同的宗教的、道德的和经济的原则的时候，这个界定必然受到最严厉的检验。摩门教徒们认为一夫多妻制是一种宗教责任，而美国指控他们的成员实行多妻制是一种刑事犯罪。在由此产生的1878年“雷诺兹诉合众国案”中，法官们并不理会自由信教的观念使被告可以要求免于刑法的处罚的辩护。正是在这个案子中，首席大法官莫里森·韦特首次将杰斐逊“隔离墙”的比喻引入了法官的语言，这显

---

① *Watson v. Jones*, 13 Wallace 679—738 (1871).

然意在禁止在超越公民行为合法界线之外的信教自由。[①]

无论这个案子在确立统一的婚姻法方面有多少价值，政府并不打算对摩门教听之任之(也许值得提及的是，负责提出反对摩门教习俗的立法的两位参议员波伦和埃德蒙兹，在南方重建时代也是公民权利的有力倡导者)。一系列加强领地内联邦权威的立法的高潮是 1887 年通过的《塔克-埃德蒙兹法》。这项法律并不仅仅限于多妻制的合法性问题。这一措施未经克利夫兰总统签署而获得通过成为法律，对摩门教徒穷追不舍，几乎摧毁了他们的制度。耶稣基督后期圣徒教会公司被解散，其一切财产被宣布没收，(犹他领地确立的)妇女选举权被废除，多妻制产生的子女们也被剥夺了继承权。摩门教徒们的罪行比违背道德和财产的法则还要严重，因为在他们建立的社会中，教会成为其政
114 治和经济生活的核心机构。解散这个公司意味着摧毁了美国人建立一个集体经济的最为雄心勃勃和最为成功的努力。犹他的人民被专横地恢复到私有企业的道德规范。1890 年联邦最高法院支持了这些措施，尽管首席大法官梅尔维尔·富勒、法官斯蒂芬·菲尔德以及 L. Q. C. 拉马尔对此持反对意见。[②]

一旦摩门教徒同意遵从美国道德准则的多数派观点，他们受到了还算可以的宽大待遇。1896 年犹他作为一个州被接纳加入联邦。然而摧毁了他们的经济秩序的基础的立法，远远超越了确立统一的道德准则的考虑；它同时维护了对个人的平等的尊重，无论那种道德准则是否为宗教信仰的结果。在那些不太触及多数派道德的核心神经的案子里，司法部门继续遵循的原则是，其管辖权只是涉及与教会组织有关的问题，而不是教义问题。这意味着涉及宗教的案件根据世俗的而不是神学的观点得到裁决；法律原则不能通过神学的透镜进行解释。然而，之间的界限并非泾渭分明。在 1929 年裁定的冈萨雷斯诉马尼拉罗马天主教大主教的奇特案子中，联邦最高法院不得不对一个孩子要求继承一个小教堂牧师的合理性作出裁定。这个小教堂建立时规定只能由

---

① *Reynolds v. United States*, 98 U. S. 145 (1878).

② *The Late Corporation of the Church of Christ of Latter-Day Saints v. United States*, 136 U. S. (1890); Leonard J. Arrington, *Great Basin Kingdom: An Economic History of the Latter-Day Saints, 1830—1960* (Cambridge, Mass., 1958), 353—75.

教堂所有者的家人继承牧师职位。马尼拉天主教大主教表示反对，他提出受托管的财产建立时，教堂的法规尚未制定。联邦最高法院坚持中立原则，拒绝按照教堂法规作出令大主教满意的裁决，而依据世俗的理由作出的裁决是，他只有权根据设置教堂牧师的遗嘱来确定候选人的资格。[1]

冷战开始后，一个充满更多的政治意味的案例提交到联邦最高法院。纽约市的俄国东正教圣尼古拉大教堂根据1925年纽约州通过的一项法案组成公司，并像罗马天主教会一样继续承认在国外的一个精神领袖。而在本案中，
精神领袖住在莫斯科。自从“二战”期间苏联政府与俄国东正教之间达成和解 115
以来，一些美国信徒不愿意承认莫斯科是第三个罗马，说服纽约州将该教会的财产转判给他们。然而联邦最高法院认为纽约州对本案涉及的任何问题都没有合法的决定权。法官斯坦利·里德先生裁定说：“没有任何牧师指控该教会具有颠覆性，或者采取过敌对行动，本案涉及的是通过立法对教会控制权的转移。这违背了我们政教分离的原则。”他引用“沃森诉琼斯案”的判词指出，“法律不承认异教”，并指出，档案表明在美国的俄国东正教会与俄罗斯东正教会之间并未发生信仰分裂。

然而在法官杰克逊的反对意见中，争论的原则显然指向了另一个方向。他指出，纽约州并未干预信教的自由；受到挑战的法律涉及财产，而不是自由。[2] 它当然涉及财产，但其目标是影响宗教信仰，因为东正教的忠诚信徒可能被迫另找地方进行礼拜——这使人很难不同意联邦最高法院多数派认为州侵犯了自由信教的权利的观点。如果确实发生了宗教分裂，一切先例将要求法院依据非宗教的理由对分歧作出裁决，这几乎必然意味着作出对俄国大主教有利的判决；而联邦宪法的其他条款可能被用以阻止州根据自己的好恶将财产从其合法持有者的手里转移。这些考虑也会得到如下原则的支持：在出于政治的原因通过法律影响宗教信仰的州，联邦宪法将要求对宗教自由进行保护。联邦最高法院的判决显然在剧烈的政治对立的时刻维护了宗教的自主权。

---

① *Gonzalez v. Roman Catholic Archbishop of Manila*, 280 U.S. 10 (1929).

② *Kedroff v. St. Nicholas Cathedral*, 344 U. S. 94 (1952).

在这样一个时刻到来的裁决维持了一种实际可行的美国传统。当法院拒绝在宗教冲突中沿着争论者们自身画定的路线表明立场时，当它拒绝允许州的机构干预宗教活动（除非这种活动触犯了刑法）时，在个人层面上的宗教中
116 立得到了也会继续得到维持。我们说这种政策维护了个人自由的理由看起来有些抽象，然而从已经详细论述的观点的本质中可以清楚地看到：正是通过这种途径，联邦最高法院可以声称它缺乏有关个人的宗教信仰的宪政知识，因此不能介入其中支持或反对它。这是一个合理的和始终如一的立场，它符合司法机关的职责。然而不能说它与认为美国人是一个信仰基督教的民族是一种根本性的信条的思想一致。宣称基督教是一个人合法信仰的一种因素，并不等于在发生争执的基督徒中间表明立场，然而这至少等于说允许司法机关利用美国人作为个人指望看到宗教得到维护的这种“知识”，这表明自由信教原则可能压倒禁止确立国教原则。这也表明信教的人与不信教的人相对而言得到了偏爱。在“二战”以后的岁月里复杂的矛盾斗争中，这两个条款的固有的紧张关系将变得更为严重。

同质性的崩溃最先在政治的层面上提出了现在法院开始面临的某些问题。这些发展的主要源泉在于“新政”时代各州的政策。这些政策激发起新一轮的州的活动，其目标是通过干预性的措施为当地的人民提供生活的安逸，而且在某些情况下是为了保证人们遵守社会准则。当州的政策与个人的心灵之间的关系变得日益复杂的时候，摆在法院面前需要作出解释的问题也日益繁重，结果似乎不再可能得出完全令人满意的一致结论。

在分离与纠缠之间：国家与个人信仰

在美国的历史上，很少有比摧毁最初的摩门教会令这个国家（这个国家常常被认为与欧洲相比较有着明显的弱点）更显得专断的时期。在正当的行为规
117 范的伪装之下，表现出来的是道德强制的倾向。这种倾向在20世纪的不同时期和不同的地方以不同的借口反复出现。联邦最高法院发现自己不仅需要保护社会的道义秩序免受宗教的侵犯，而且要找出“宗教信仰自由”的边界线，并保卫之。

1925 年这条边界线得到了较为明确的界定。在那一年，俄勒冈州试图废止教会或者教派学校，将一切中等教育置于州的直接监督之下。这个问题受到检验的著名案例“皮尔斯诉姐妹协会案”的结果是，宣布孩子不“仅仅是受州支配的人”。那些养育他并引导他的命运的人有高度的责任让他做好履行额外义务的准备。法院突出强调的是它认为构成了美国制度的核心的那种平等的类型和价值，其重要性远远超过了本案本身提出的宗教自由问题。那种平等包含着对被确认为宪政问题的人的个性的根本性尊重——平等的尊重。联邦的所有州赖以立足的自由的理论否认任何州有权“对其孩子们实行标准化”。[1] 在这里平等又一次指的是具有根本性意义的个体主义。

这种对教育选择的多样性的权利的认可、对不同宗教团体为了它们自身的生存而在教育中贯穿宗教仪式的相应的权利的确认，将在激烈争论的向教会学校让步的问题上以更为强烈的形式再现。其中涉及的原则像信教的人的宗教义务与政府机关所要求的仪式发生冲突时所产生的问题一样复杂。这些仪式，尽管属于民事行为，因为涉及美国的国旗从而具备了宗教特性。1940 年联邦最高法院支持西弗吉尼亚州迫使上学的孩子们向国旗致敬，宣誓忠诚于国家。法官法兰克福特先生的裁定意见强调，如果认可了某些学生的反对意见，那就可能伤害其他人的信念。[2] 这种评论表明，联邦最高法院要求个人信仰服从于州的社会目标。这似乎与“皮尔斯诉姐妹协会案”奉行的原则形成 118
鲜明对照，同时提出的一个严肃问题是，个人信仰在多大程度上可以仰赖联邦宪法的保护。三年后，在同一个州的“巴尼特案”中，联邦最高法院转而要求州的社会目标服从个人心灵。像前面的案子一样，反对向国旗敬礼的人是耶和华见证会的成员，他们相信《圣经》中禁止对雕刻的偶像进行崇拜的教义。

至此，政府强制广泛进行的忠诚宣誓的影响可能已经给法官们留下了不好的印象。1943 年，四个地方性团体反对向国旗敬礼规定的理由是这像希特勒的仪式。本案引人注目的是法官杰克逊先生的裁定意见，其风格在某些方

---

① *Pierce v. Society of Sisters*, 268 U. S. 571 (1925), at 573.

② *Minersville School District v. Gobitis*, 310 U. S. 1011 (1940), at 1015.

面让人想起了约翰·马歇尔。他说:“不清楚有关的规定是否要让学生们放弃他们自己的任何对立的信念,而不情愿地转向支持规定的仪式,也不清楚如果他们通过言不由衷的话或是毫无意义的姿态假装同意,能不能被接受。现在一个不容置疑的事实是,只有表达意见构成国家有权阻止和惩罚的明显的和现实的危险行动的时候,表达意见才能受到审查或压制。只有有比沉默更为直接和紧急的理由的时候才能强制要求表达意见。”他后来补充说,“无论是地头蛇还是村霸,任何人依法行事都不会超越联邦宪法的范畴。”[1]强制的后果比允许不同意见的后果更为严重得多。“那些开始强行消除不同意见的人很快发现他们自己正在消灭持不同意见者。强制性的统一意见得到的只是统一的坟墓。”杰克逊接着补充的一个观点独树一帜地回应了麦迪逊的警告:“我们的自由最初的实验应该小心从事。”杰克逊直接转向联邦宪法第一条修正案,指出“它旨在通过避免这些开端来避免这些结果。在美国的国家观念或是其
119 权力的性质或来源方面没有什么神秘性。我们通过被统治者的同意建立起政府,而《权利法案》否认那些当权者有任何合法的机会强制人民同意。在这里权力为公众舆论所左右,而不是权力控制着公众舆论”。[2]

---

① 这里提到的是托马斯·格雷(Thomas Grey)的诗《乡村教堂墓地的挽歌》(“*Elegy in a Country Churchyard*”)。这首诗在今天也许没有在杰克逊法官上学时得到广泛的阅读。诗中写道:“这里埋葬着乡村的某个汉普顿,他拥有着勇猛无畏的胸怀/ 在他的土地里还埋着那个‘小霸王’/ 某个默不作声淹没无闻的弥尔顿可能也安息在这里/ 还有犯屠戮国民的罪愆的某个克伦威尔。”

② *W. Virginia State Board of Education v. Barnette*, 319 U.S. 624 (1943). 法兰克福特在有力的反对意见中指出,向国旗致敬的仪式完全处于州的合法权力范围之内。他说:“宪法对宗教自由的保护禁止对宗教自由施加任何限制。它并未创造新的特权。它赋予了宗教的平等,而不是公民的豁免权。其实质是不必信仰同一个宗教教条,而不是可以因为宗教教条的原因不去遵从法律……否则,每一个个人都能够按照自己的标准不遵守那些立法者们真正认为有利于公共利益的法律。”(引文同上)他正确地预见到了在课本、学校午餐和在私立学校上学的学生的交通等方面将出现的复杂问题。在他的裁定意见中他提及了占据他的司法生活的很大部分的一个观点:“我们一直关注立法的合法性而不是其智慧,倾向于使美国人的思想关注一个没有价值的事情。”这无疑是一个睿智的考虑,因为当法兰克福特提及“美国人的思想”时,他考虑的是国家的整体政策。当然,立法的合法性正是联邦最高法院的权力范围。注意他在提及他不喜欢的宗教信仰时使用的具有贬义的词**教条**。第 646—671 页。

现代国家在履行其职责的过程中为其公民提供了多种形式的保护和利益，包括警察保护、街道照明、图书馆、学校和公共交通。这些服务的受益者属于各种教派和无教派。他们的信仰与他们作为平等的公民平等地享有国家的服务的权利没有任何关系。然而，当个体的州对其人口的变动以及相应的选举权力的变化开始作出反应、将宗教机构包括在它们施惠的对象之中时，它们在美国的政治实践中开启了一个新的方向。早在1930年，路易斯安那州所面临的挑战是，为向在天主教教会学校上学的学生们免费提供教材提供正当理由。这个政策在表面上看来在美国的那个地区和在弗吉尼亚有关詹姆斯王钦定《圣经》的规定一样是“中立的”。联邦最高法院认识到这些人口的现实对联邦宪法保护的权利提出了要求，按照公民身份而不是宗教的思路作出了裁决，从而解决了联邦宪法“禁止确立国教”条款提出的棘手问题。问题被界定为令“学生受益”的问题。从教育中受益的不是学校而是学生们，到时候州也会受益。[1] 然而在第二次世界大战结束后不久，在新泽西出现了一个分歧更大的案例。该州的法律授权地方学区安排学生交通。一个城镇允许发还父母花在 120
他们孩子们上学交通上的钱。其中一部分钱用于补偿在天主教会学校上学的孩子们的父母花在孩子身上的交通费。一位地方纳税者对这一举措表示反对，提出诉讼，并将案子打到了联邦最高法院。

正是在发表联邦最高法院对本案的裁决的时候，法官布莱克先生重新发现了杰斐逊的“隔离墙”。他把它视为“考古标本”，暗自高兴它完好无损地保存了下来。这个裁决的基本要点是：这个津贴的天主教徒受益者们是作为公民而不是作为天主教徒得到的；在这里平等的原则的重要意义在于，人人有权平等地享有公共福利。法院发现没有任何理由阻止有关部门发给用于教派的个人津贴，只要他们是作为个人而不是教派受惠于这些这些津贴的。[2]

尽管布莱克的裁决包含着对“禁止确立国教”条款的有力确认，这个裁决标志着向迁就宗教利益、偏离对那一条款的严格解释迈出了决定性的一步。

---

① *Cochran v. Board of Education*, 281 U. S. 370 (1930).

② *Everson v. Board of Education*, 330 U. S. 1 (1947).

它认可了两个原则：美国人是一个同情宗教的民族；在他们这个民族中间，宗教多元化根深蒂固。考虑到这些情况，可以为这个裁决辩护的理由是，在迁就那些宗教时常识优先于宪政逻辑。然而这个 5∶4 票通过的裁决引起了一连串有力的反对意见。法官杰克逊先生因此名声大振。他评论道，联邦宪法第一条修正案"的目的不仅是避免国家插手宗教，而且是避免宗教插手政治。最为重要的是，通过否定任何教派可以在控制政府政策或政府财政中占据优势，来避免政治生活中发生激烈的宗教争论。我不能不认为今天的裁决不可估量地损害了这些伟大的目标"。[①] 其他持不同意见的法官采取的从历史上看有意思的步骤是，将麦迪逊的 1785 年写成的《陈情与抗议书》的全文附在他们的
121 意见之后。没有什么比这更为明确地宣布了政教分离的基本原则，没有什么比这更为清楚地表明，联邦最高法院的裁决是对这些原则的严重违背。

长期以来，美国的各级政府对宗教有着友好的记录，而不是按照联邦宪法第一条修正案中有关"禁止确立官方宗教"条款的语言所要求的保持严格的中立。对 1864 年最先出现在铸币上的"我们信仰上帝"的话进行争论[②]、反对在庄严的场合使用"上帝帮助我吧"这种话，以及（很快会被指出的）在联邦最高法院每天开庭时宣布"上帝拯救美国和这个尊贵的法庭"中寻找"确立官方宗教"的做法似乎是迂腐的。随着不同派别的宗教表现出它们的持久性及其投票的力量，接受它们的存在——就像当初毫无置疑地接受新教的主导地位一样，似乎比坚持联邦宪法的逻辑更为容易。信奉宗教的普遍做法同样一定使对宗教友好的观念容易出现。1952 年法官道格拉斯先生代表联邦最高法院发言时宣布："我们是一个信仰宗教的民族，它的制度预先假定上帝的存在。"他认为学生们利用上学的时间去别处参加宗教活动是合法的做法。[③] 这种似乎在思想宽松的时刻作出的评论，反映了人们更容易接受古代的社会思想习惯，而不愿费心进行认真的分析。

---

① Ibid.，26—27.

② Stokes，*Church and State* 3∶602.

③ *Zorach v. Clauson*，343 U. S. 306 (1952)，at 313.

道格拉斯辩护的弱点恰恰有助于澄清有关思想的不同点。确实，美国制度的道义基础在很大程度上在于天赋权利的理论，而那种天赋权利的力量源于18世纪的神的观念，尽管这种观念比较模糊。然而辉格党人为政府提供理论依据的思想并不一定要求追溯这种信念的神学根源。实际上，没有这样做它们也很好地存在了下来。美国宪法的实际力量源于得到实际的政治认可的信念。鉴于此，道格拉斯的意见并不重要。其美国人是"一个信仰宗教的民族"的评论并非宪政关注的问题。

当冷战使美国政治生活中的人在面对无神论共产主义这个国家公敌的时 122
候显然急于宣称他们信仰上帝时，美国内部的教派问题变得日益激烈。新教徒们日益强烈地反对政府资助教会学校，而其他教派的许多信徒以及不信仰宗教的人反对国家发起的任何形式的宗教活动，尤其是在学校，问题层出不穷。纽约州试图找到一种在公立学校上学的各种信仰的人都能接受的非教派的祈祷形式，然而，当这种方法在1962年的"恩格尔诉瓦伊塔尔案"中受到挑战的时候，它被"禁止确立官方宗教"条款的斧头砍倒。联邦最高法院宣布："当政府以其权力、信誉和财政支持一个特定的宗教信仰的时候，显然是要通过间接的强制性压力迫使宗教少数集团遵从官方认可的主导性宗教。"在本案中，道格拉斯清算了"埃弗斯案"，认为该案的裁定"回过头看来……背离了联邦宪法第一条修正案"。[①] 然而奇怪的是，尽管这些裁定意见涉及学生们的感受问题，但是它们忽视了安排不遵从主导性宗教或是不信教的老师领导学生祈祷时可能面临的问题。

宾夕法尼亚州试图通过允许持不同意见的学生免于参加祈祷来解决这个问题。一个信仰唯一神教的家庭对这个做法进行了考虑后认定，这样做不太合适，因为这会令老师和同学们对他们的孩子产生偏见。联邦最高法院同意这一看法："在人与宗教的关系中，国家坚定地坚持中立的立场。"法官威廉·布伦南先生评论道，一旦发现祈祷活动从本质上来说是宗教性的，一些人可以免于参加与确立官方宗教问题无关。然而，如果我们依照自由信教的原则，当

---

① *Engel v. Vitale*, 370 U. S. 421 (1962), at 608, 615.

局不能要求人们承认自己不信教，而学生们可能也不愿意被戴上无神论或是不遵从主流宗教的恶名。[①] 在这些年中，吸引一些法官在这些时常有分歧的裁决中引用麦迪逊的《陈情与抗议书》的不是迂腐或是对复兴古代思想的热衷。一种势不可挡的逻辑驱使他们诉诸国家中立的原则，没有这种逻辑，政教分离的概念将很快失去其意义。

123 从另一方面来说，相当多的历史证据证明宗教是社会用以界定和确认其道义品质的媒介，然而这样做（如果受到挑战的话）必然违背禁止确立官方宗教的条款。即使在里根时代保守派的压力下，联邦最高法院依然保护了少数群体在教育制度中平等的情感；它裁定州认可的一切宗教活动都违背了禁止确立官方宗教条款。[②] 在教育制度之外，当非基督徒反对城市公司在公共场所设置耶稣诞生纪念场景这样的传统的圣诞节庆祝活动时，联邦最高法院就会摆向社会习俗一边，裁定这只是一种确认社区的价值观的历史习俗，来证明这一立场的正确性。从确认传统社会价值观的角度作出裁定要比从宗教的角度作出裁定要容易一些。个人心灵的平等原则尤其是少数群体的心灵问题，似乎在这些裁决中未能得到重视。这个结论可以进一步证明联邦最高法院体现出来的社会责任感，而不是它的清正廉明。[③]

个人心灵平等的问题及其对他或她自己的个人经历的意义，以及州是否有权解释这种经历，一直在杰斐逊和麦迪逊的思想中占据首要地位。然而，他们并未能预见到它可能出现的形式。当一个称自己为“我是”运动的自封的宗教集团声称在圣杰曼的介入下能够给人治病的时候，康涅狄格州逮捕了他们，

---

① *School District of Abington Township v. Schempp*, 374 U. S. 844 (1963), at 862—905.

② “Development in the Law: Religion and the State,” *Harvard Law Review* 100 (1987), 1609—1781, at 1659. 在 *Wallace v. Jaffee*, 472 U. S. 38 (1985)一案中，联邦最高法院推翻了要求在祈祷时静默一会儿的法令。

③ 《哈佛法学评论》(*Harvard Law Review*)的作者们在《宗教与国家》(Religion and the State)一文中指出，在 *Lynch v. Donnelly* 案（涉及波塔基特(Pawtuket)的耶稣诞生纪念碑），465 U. S. 668 (1984)和 *Marsh v. Chambers* 案（涉及州议会任命牧师问题。在本案中联邦最高法院提及大陆会议使用牧师问题。大陆会议的 17 名代表又参加了联邦制宪大会），463 U. S. 783 (1983) 中，联邦最高法院的裁决背离了宪法中的宗教条款保护不受欢迎的少数群体的原则。

指控他们诈骗。而联邦最高法院推翻了对他们的定罪，其理由从根本上说来自“沃森诉琼斯案”：“法律不知道异教，不承诺支持任何教条。”以前的一些案例表明，联邦宪法第一条修正案禁止州强制信奉任何教条，保障自由信仰选择的任何形式的宗教。[①] 法官对于这个案件分歧很大。首席大法官斯通在一个 124
以利用常识来推理为特点的反对意见中评论道：“对一个人的思想状态，就像一个人的生理状况或是身体健康状况一样，可能作出欺骗性的错误描述。”然而杰克逊回答说，无法确定宗教信仰的对与错；参与审判该案的法官的错误是，让陪审团来确定人们持有的信仰是否是诚实的。[②]

这些案子以及后来各种类似的案例中包含着的两个问题对阐释平等的宪政基础极为重要。[③] 一个问题是，正如我们所看到的，《权利法案》为联邦政府确立的禁区也平等地作用于各州。这个原则反过来意味着通过联邦的《权利法案》为媒介，公民平等在整个联邦不可阻挡地确立了起来。从本质上说，这个原则中没有什么新奇的东西。它与“礼让条款”完全一致。这个条款保护公民在他自己以外的其他州的权利。在更深一层的意义上说，它与有关公民身份的整个宪政观念一致，而不仅仅是相协调。它也是对美国人忠诚于历经长时间之后确立起来的州权观念的颂扬。

另一个原则是，这些美国公民中信教的人是平等的。然而，如果政府没有

---

① *Cantwell v. Connecticut*, 310 U. S. 296 (1940).

② *U. S. v. Ballard*, 322 U. S. 78 (1944), 90, 92—95.

③ 对“并入原则”(incorporation doctrine)进行辩论的相关案例有：*Palko v. Connecticut*, 302 U. S. 319 (1937)一案，这个杀人案涉及宪法第五条修正案禁止的双重危害的问题。在 *Adamson v. California*, 332 U. S. 46 (1947)一案中，法官雨果·布莱克先生的大意是《权利法案》中的具体保障被原封不动地写入了宪法第十四条修正案第一款的反对意见被载入案卷。在 *Gideon v. Wainwright*, 372 U. S. 335 (1963)一案中，宪法第六条修正案中保障受到指控者享有律师的辩护的权利被认定为州应履行的义务。*Pointer v. Texas*, 380 U. S. 400 (1965)一案贯彻了宪法第六条修正案中受指控的人与原告证人对质的权利。*Griswold v. Connecticut*, 381 U. S. (1965)一案扩大了婚姻关系中基本的隐私中固有的宪政权利的“范围”，通过宪法第十四条修正案中的“正当程序条款”将其确定为州的义务。这些案件的裁定并不完全一致。联邦最高法院花费了几年的时间完全接受了这一原则。然而宪法第十四条修正案的应用最终扩大了《权利法案》的应用。

权利或权力确立或支持一种或另一种官方宗教信仰，那自然它没有权利或权
125 力来确定一个特定的人是否信教或不信教，因为它一旦介入确定的过程就必然触及“确立官方宗教”的问题。而实际上联邦最高法院的法官们自身就是美国公民，同样具有一些他们的偏见和许多他们的偏好。这些偏好使联邦最高法院对界定模糊的禁止确立官方宗教的观念转向一种通融的态度。而仍然存在的一个问题是：是否国家宗教中立政策之中似乎固有的逻辑会允许一种新的通融——给予不信教的人以平等的地位。

宗教保护受到挑战

新教主导地位的一个遗产是一个界定非常明确的宗教观念。在 1890 年当这个观念最终需要界定的时候，联邦最高法院宣布，宗教指的是信仰和崇拜神。[①] 如果立法法令要涉及宗教问题，宗教的含义以及出于宗教的动机要求采取行动的合法性所提出的问题终有一天要得到回答——正是出于这种原因，确立官方宗教条款似乎自然要防止任何提出这一问题的法令的通过。而几代人的先例引导联邦最高法院最终承认宗教是国家生活的一个因素，它与其社会制度不可逆转地纠结在一起，并通过社会制度与政治难解难分地结合在一起。

这种结合表现在美国的立法机关明显不愿平等地重视不信教的人，或是把世俗的心灵而不是宗教作为履行职责的决定因素的人基于道德原则的信仰。这种立法倾向似乎需要司法机关的说教性的干预。可以预料，它对禁止确立官方宗教条款的解释要比立法者们更为细致，更为严格。如果说联邦最高法院倾向于保护不信宗教的人，作出的裁决倾向于保护他们，然而，其裁定总是含糊其辞，从不明确表态。例如，马里兰的《权利宣言》要求一切政府官员宣布信仰上帝似乎违背了美国的《权利法案》。当这一做法在 20 世纪 60 年代初期
126 受到挑战的时候，联邦最高法院（通过法官布莱克先生）指出，州和联邦政府都

---

① *Davis v. Beason*, 133 U. S. 333 (1890).

不允许支持那些依靠信仰上帝的存在和那些不依靠信仰上帝存在的宗教。[①]这个裁决是对 1890 年准则的偏离，然而实际上它并未推翻担任公职的宗教资格要求，听任州自行决定是否要求某种宗教资格。

战争时常对道义原则构成严峻的考验。《选择性兵役法》第六条第七款规定信教的人可以免除服兵役。[②] 一个进行征兵登记的人可以以宗教禁止他参与任何战争为由拒绝服兵役，但不允许登记人以政治原则为由或他们自己划定的正义战争和非正义战争为由拒绝服兵役。只有政府可以为他们确定战争是否正义。这种区别对待在第二次世界大战期间未能造成多大的问题，然而在 20 世纪 60 年代，越来越多的公民认为美国卷入越南的战争是不道德的和非正义的。

那个法案的语言对不同的情况作了精确的划分。如果说一个征兵登记的人对一切战争的在良心上的反对是出于免于服兵役条款中规定的“宗教的”原因，那么这种反对必须源于“传统的宗教信仰的力量支持的”道义的、伦理的或宗教的信念。这令埃利奥特·阿什顿·韦尔什较为满意。他坚定地拒绝以宗教为由要求免于服兵役，而其人道主义的理由是基督教“十诫”中的第六条戒律，这就像那些坚持原教旨主义立场的人(这样的人终属少数)一样确定无疑。韦尔什的请求得到了满足。然而他的同代人盖伊·吉勒特却没有那么幸运。他出于道义的理由反对在越南的战争，同时他非常坦率地宣布他愿意参加保卫美国的战斗，或是联合国批准的战争。吉勒特的真诚不容置疑，然而他要求登记为“出于宗教信仰的反战者”的请求被拒绝，理由是他实际上并不反对一切战争。法官道格拉斯先生在本案中提出了强烈的反对意见。他的裁定围绕信仰的权利，断言联邦宪法第一条修正案所暗示的信仰的权利至少应该像联邦最高法院支持的结社权一样处于同样高的地位。征兵法案所作出的反对一切战争和反对特定战争的划分对于道格拉斯来说是错误的。他补充说：“根据 127
我们联邦宪法第一条修正案的标准，建立在‘宗教’基础上的‘良心’和建立在

---

① *Torcaso v. Watkins*, 367 U. S. 488 (1961), 495.

② “Developments in the Law,” *Harvard Law Review*, 1717.

更为抽象的哲学基础之上的‘良心’的分类同样是令人反感的。”①这个评论具有广泛的意义。②

联邦最高法院一直否认偏袒信教的人。证明这个观点的一个案例涉及的是一个钢铁工人反对被调到工厂内一个生产弹药的车间。在本案中，联邦最高法院推翻了下级法院的判决，支持“个人深思熟虑的抉择”。而下级法院拒绝接受这一点。③ 这个裁决也许可以被视为完成了近两个世纪以前詹姆斯·麦迪逊在赢得弗吉尼亚宗教自由的《陈情与抗议书》中开始的论证的一个周期。

如果有一个涉及出于哲学的而不是宗教的原因免于服兵役重大考验的类似案件打到联邦最高法院，那么这个原则就更容易得到清楚的理解。普通法
128 的原则可能提示，应该遵循弹药制造工人案的先例。然而先例对于联邦最高法院裁定涉及确立官方宗教和自由信教的案件，一直是极不稳定的指导。通融解决问题的方法的关键是它的合理性。直到 20 世纪 60 年代初，联邦最高法院一直坚定地认为，联邦宪法对自由信教的保护涉及宗教信仰(可能也包含礼拜活动)，但是不能保护宗教促成的而社会禁止的行为。这一点在“摩门教案”中得到了较为残酷的确认。然而在 1963 年这个思路发生了改变。一个基督复临派教徒以宗教为由拒绝在周六工作，而被停止了就业救济。她把官司

---

① *U. S. v. Welsh*, 398 U. S. 333 (1971); *Gillette v. U. S.*, 401 U. S. 437 (28 L. Ed., 190—92).

② 这个问题涉及平等的问题，然而很难说，在个人平等的基础上考虑的个人信仰的原则必然决定这种案例。一个个人可能对事实有错误的理解。他或她可能对事实的意义作出错误的判断。这种错误可能由个人的忧虑造成。一个社会的运作完全屈从于这一原则可能会冒停止作为一个社会而存在的危险。不清楚平等本身在造成的被征服或混乱的状态中是否还能存在。这个问题具有一些理论意义，因为它表明，确定无疑地涉及平等问题的案例可以依据其他的理由作出裁决。对于这些评论我要感谢埃里克·巴伦德(Eric Barendt)。

③ *Thomas v. Review Board*, 450 U. S. 707 (1981). 在 *U. S. v. Sisson* 一案，399 U. S. 267 (1970)，联邦地区法院准许免于服兵役的理由是，1967 年通过的《选择性兵役法》的第六条第七款违背了联邦宪法禁止确立官方宗教的条款，因为它“违宪地歧视无神论者、不可知论者以及像西森(Sisson)一样的人，他们无论是否信教，他们反对征兵的动机是深刻的道义信念，这构成他们的存在的核心信念”。(第 278 页)西森曾经很具体地反对在越南服兵役。他的案子最后打到联邦最高法院。联邦最高法院发现它对本案没有裁决权，其技术性的理由是，审判官的裁决无异于宣判无罪的命令。因此，迄今联邦最高法院还没有对这个问题作出权威性的裁决。这里不是要说上面提到的任何观点都是结论性的。正如上一个注所指出的，对有选择性的出于宗教信仰的反战存在着强大的反对意见。它很容易被滥用。

打到联邦最高法院，而且打赢了。法官布伦南先生在作出裁决时将证明宪政权利的义务从因为宗教信仰的反对者转移给了国家。① 这在表面看来保障了个人信仰的平等。大约10年以后一个有关个人信仰，也许具有更为广泛的意义的案例涉及的是门诺会严紧派教徒。威斯康辛州对拒绝送孩子上学的严紧派父母处以刑事处罚。联邦最高法院推翻了该州的这一做法。作出这个带有一些人情味的裁决的是首席大法官沃伦·伯格。与赞同个人宗教自由的核心原则相比较，他似乎更为强烈地支持严紧派的道德准则。② 然而二者之间的界限并不分明。当联邦最高法院不为这种保护性的认识所动的时候，州就会得到支持，个人就会被剥夺保护。这一点表现在涉及印第安或本土美国人父母的一个案子里。他们担心政府强制给予的社会保障编号会摄走他们的孩子的灵魂——当然这在任何宗教背景下都是一个严重的损失。③ 尽可能广泛地迎合自由信教的各种可能，似乎是对宗教多元的人民的各种需要非常民主的回应。然而，联邦最高法院的解释很明显地倾向于迎合各种多数集团的利益。而在对像基督复临会一样的小的少数集团给予保护性的宽容的时候，它仍然 129
倾向于严重侵犯禁止确立一切或任何官方宗教的原则。在这种氛围之下，如果说不信教的人没有被忽视，也是处于不利的地位。而禁止确立官方宗教的条款如果能够得到严格的解释，就可以用来保障所有人的平等。

在处理了一系列特别需要细致的区分的案子以后——其中几个产生于对公立教育的怒气冲冲的争论——1971年联邦最高法院通过根据其中主要的案件命名为"莱蒙案"的一系列检验案件，试图解决这些棘手的问题。④ 联邦

---

① *Sherbert v. Verner*, 374 U. S. 398 (1963), 402—10.

② *Wisconsin v. Yoder*, 406 U. S. 205 (1972).

③ *Bowen v. Roy*, 106 S. C. 2147 (1986). 州无疑会说，社会保障编号会比精神上的信仰给孩子带来更多具体的利益。而对于赢得整个世界和失去自己的灵魂的相对利益的问题需要一个基督教权威来判断。这个问题似乎没有难住联邦最高法院。

④ *Lemon v. Kurtzman*, 403 U. S. 602 (1971)；另参见 *Robinson v. Di Censo*, 403 U. S. 672 (1971)；*Tilton v. Richardson*, 403 U. S. 672 (1971)；Donald A. Giannella, "Lemon and Tilton: The Bitter and the Sweet of Church-State Entanglement," *Supreme Court Review* (1971), 146 — 200；"Religion and the State," *Harvard Law Review*, 1633—34, 1644—46。

最高法院指出，要符合禁止确立官方宗教的规定，任何政府影响宗教的行为必须：(1)带有世俗的目的；(2)必须在主要影响上不能促进或抑制宗教；(3)必须不能造成“政府过度卷入宗教”。“过度”一词很显然在将来可能造成很大的麻烦。

从整体上说，其结果是使禁止确立官方宗教的条款处于守势。然而还没有出现清晰的解释思路，联邦最高法院还没有确立公平的中立规则。有人正确地评论道，一个案子的结果可能取决于它是根据禁止确立官方宗教条款，还是自由信教条款作出裁定。[①] 当我们看到联邦宪法以其权力和威严裁定可以用公款为私立学校购买课本，但不能用公款为私立学校购买其他形式的教学设备的时候，我们不得不在某种程度上支持“莱蒙案”以来的裁决不仅是前后
130 矛盾的，而且缺乏连续性的观点。[②] 作为分析者并不喜欢缺乏连续性。然而这是妥协要付出的代价，而不会考虑阐明观点或道义力量的需要。

妥协当然有其好处，尤其是对于律师们自己来说。任何一个特定的案例的结果总是非常难以预料。然而这种困惑是需要联邦最高法院解释的语言所固有的，这种职责的履行常常着眼于对某种宗教平等原则的基本承诺。当宗教利益感受到表面上中立的立法的压力的时候，那么联邦最高法院就有职责给予允许自由信教的保护。然而这种保护常常必然造成以不平等地对待其他的宗教为代价、给予某种宗教特殊考虑和待遇的危险。对宗教既定的迎合政策或是特殊的感情必然意味着以此对待宗教教派的个体成员。这包含着给予这些个体成员更多关注的内在的趋势。通过不明确但却普遍的方式，这种政

---

① “Religion and the State,” *Harvard Law Review*, 1634.

② Ibid., 1676—81. 这篇文章对解决这个问题的各种建议进行了有用的归纳。读者可以参考，以便受到进一步的启发。我自己这里的目的仅限于分析这个问题与界定和支持对平等的承诺的基本问题的关系。本书的第一版(第 111 页)采纳了菲利普·柯兰德(Philip Kurland) 有关通过如下宪法修正案的建议：“国家不能把宗教作为对政府行动的目的进行分类的基础，无论这种行为是授予权利或特权，或是施加责任或义务。”Philip B. Kurland, *Religion and the Law of Church and State in the United States* (Chicago, 1962), 18. 这种思维严密的界定能澄清整个问题，但是会损害通融。这将在政治上看起来是不能接受的，甚至可能无法实现。

策倾向于给予宗教有利的地位以及正式的保护。在转化为政策的时候，这很难与在所有影响宗教的事务中保持严格的中立以及平等地对待联邦宪法保护之下的制度中的其他个人相协调。然而，正如我们所指出的，它是一种为了个人而确立的制度。在揭示平等这个主导性原则的应用中的前后矛盾的同时，以上的分析确实揭示出另一个裁决的语言中隐藏的根本性真理：在作出这些裁定时，平等实际上并非唯一的考虑。

《权利法案》并未对不同宗教的观点或优劣作出评论。实际上，它只是把它们界定为在政府的眼里享有平等的地位。自然不可能把这种说法与持有宗教信仰的个人的平等分离开来。这个原则与其他的平等类型——法律面前的平等以及政治权利的平等——完美和谐地结合在一起。这些平等类型依靠政 131
府对其公民的平等的尊重来维系，并与其融合在一起。他或她的个人信仰可以不受干预，成为自主的道义存在的最高主宰者。然而分析和经验将平等的观念划分为多种构成因素，这些因素之间的关系证明并非一直是和谐的。宗教平等的观念——远非一个例外——造成了对它的进一步的界定和各种无法解脱的纠缠不休的问题。没有必要从这种对宗教史的分析中得出结论：对问题的某种形式的分解在思想上是不可思议的。自由信教的权利可以被吸收到像结社自由、出版自由等其他已经得到确认的权利之中，而让禁止确立官方宗教的条款占据余下的领地。这也许取决于人们是希望让逻辑还是经验主宰法律生活。

132

第六章 平等的权利、不平等的地位与机会平等的出现

领导演变为美国革命的殖民地抗议斗争的人们没有想到，他们开启了一场思想的剧变。然而，当其主要的成就已经确立起来的时候——这个时间可以合情合理地被确定在18世纪90年代初——那些经历过这场革命或是新崛起的声称要对政治政策承担起责任的人能够清楚地看到，他们所经历的不仅仅是一场深刻的社会的和政治的转变，而且也是一个对他们原来就似乎很熟悉和很简单的观点的含义和后果进行极其集中的思考的时期。为了维护殖民地权利免于英国的侵犯所开始的保守的、重法律的、绝对统一的语言，被新产生的以及在某些情况下冲突的利益诉求弄得四分五裂，多种多样。异口同声地利用平等的语言总是要比出于同样的目标界定平等要容易得多。随着目标的大量增加，对平等的不同界定也随之迅速增加。然而，平等无论在社会争论中如何被利用，它都作为一种在道义上必须践行的事情保持着一种突出的核心位置，成为美国人的思想围绕的中心。考虑到社会制度的不同，其地位就像在法国一样——其大革命致力于三个价值观之一——平等；其在美国的地位甚至超过英国——是它赋予了美国法律面前平等的第一原则。除了建立在男人和妇女能够进行角色互换的观点基础之上性别平等的范畴之外，有关平等
133 的更为重要的分析范畴作为独立革命的后果已经出现，或是已经开始出现。

原初的平等与角色互换的观念

数代以来的共和主义思想都包含了一种久远的道德原始性。以前曾经有过一段时间，或是应该有过一段时间，不可或缺的财产根据非常简单的需要平

等地进行分配和安排。这种原则无需解释，因为它是与神的、自然的法则是一致的，正是对后者的偏离需要解释和辩护。而且，这种原则在作为西方社会的政治和道德思想的源泉的传统中占有一席之地，它比私有财产的特权性观念更为渊远流长。莱克格斯——传说中斯巴达的建立者，18世纪所有受过教育的人都通过普鲁塔克被广泛阅读的《希腊罗马名人传》了解到他——之所以名声远播，是因为他平等地分配了土地，并在经济中几乎废弃了货币，用一种携带不便的铁制通货代替金银。在伊甸园中似乎存在着一种物品的基本平等，尽管那个短暂的试验的短暂的历史未能在从人口的增长中产生的冲突中检验这个原则。这个思想在早期的基督教中也能找到源流，并且时常被不断更新，在类似圣法兰西斯的那种运动中，产生了分裂性的影响。在政治道义准则中，它在洛克的上帝将世界赋予人类并为他们共有的论断中得到了暗示。[①] 在亚当·斯密早期有关个人努力的良好结果的论断中也能找到它的影子。斯密告诉他在格拉斯哥大学的学生们："他们被一只看不见的手引导着对生活的必需品进行了几乎同样的分配——这种分配只有在地球上的所有居民被划分为平 134
等的部分的时候才能实现——这样，在没有任何意图的情况下，在一无所知的情况下，推进了社会的利益，为迅速增加的人类提供了生活的保障。"[②]这个观点与苏格兰道德准则学派的观点是完全一致的。该学派(代表人物是杜格尔德·斯图尔特，他是斯密的一个继承者)认为，对现存经济秩序的进步进行辩护的理由可以是：它将最终造成比以往**更为平等**的财物分配。[③]

当美国各州在独立革命的直接背景下抓住机会废除了长子继承制的时候，

---

① Locke, *Second Treatise*, s. 26. 考虑到洛克对美国政治思想的深刻影响，另外值得提及的是，他明确地指出，自然状态"也是一种**平等的状态**。在这种状态下，所有的权力和管辖权都是相互的，没有人比另一个人拥有更大的权力。没有什么比这更明显的是，杂乱无章地降生、拥有自然的一切利益、得享同样能力的同一个种类和等级的人，相互之间也应该是平等的，不存在屈从和从属的关系"(除非出于神意的安排)。同上，s. 4.

② Adam Smith, *The Theory of Moral Sentiments*, ed. A. L. Macfie (Oxford, 1976), 184—85.

③ 因此，据说斯图尔特(Stewart)"理所当然地认为，商业的兴起与社会的进步造成了比以往更为广泛的财富的分散，以及'自由和幸福的平等传播'。他不像斯密一样，对他与垄断资本主义的兴起联系在一起的技术革新的道德后果持保留意见"。Nicholas Phillipson, "The Scottish Enlightenment," in Roy Porter and Mikulasc Teich, eds., *The Enlightenment in National Context* (Cambridge, 1981), 39.

很清楚地表明美国对平等分配财产的基本正当性的信仰。泽弗奈亚·斯威夫特——第一个对一个州的继承法进行分析的法学家——在对康涅狄格州的继承法大加颂扬的时候分析了二者之间的基本联系:“继承的第一法则”是,在业主没有留下遗嘱就去世的时候,财产应该在其子女中间平等地分配。这与英国的法律形成了鲜明的对照。在对这一制度作出归纳性分析的时候,他宣布,它不仅是“曾经采用的最为自由、最为公正的遗产继承制度”,而且它“最为符合自然法则”。[①] 在一个法律日益复杂、不断变化的世界,这位法学家并未忽视社会的基本需要——在自然法的基础上确立起法律秩序,而自然法是基本平等的源泉。斯威夫特还赞扬他的州在继承法中将女性置于平等的基础之上。[②] 1784 年北卡罗来纳州修订了它的继承法。新的继承法体现了共和主义思想。它宣布,它将致力于促进“财产的平等,这是一个真正的共和国的精神和原则;所有没有留下遗嘱而去世的人的不动产都应进行比这个州以往普遍实行的更为广泛和平等
135 的分配”。立法者们还拒绝将同父异母的子女排斥在财产继承之外,称之是“封建性的”,是英国特有的做法。过度的财产存在着产生过度的权力的危险解释了为什么要废除续嗣限定法。这个法律“只能增加特定家庭和个人的财富和重要性,从而使他们在共和国中发挥不平等的和过度的影响。”这回应了推动肯塔基的拓殖者们提出限制定居的人占有土地的数量的观点。特拉华在废除一个给予长子双份财产的法律时宣布:“每一个共和政府的职责是维护其公民之间的平等,采用的手段是维持财产的均衡,同时不侵害个人的权利。”[③]

---

① Zephaniah Swift, *A System of the Laws of the State of Connecticut*, 2 vols. (Windham, 1795), 281, 296.

② Ibid., 296.

③ 这些声明引自 Stanley N. Katz, “Republicanism and the Law of Inheritance in the American Revolutionary Era,” *Michigan Law Review* 76:1 (1977—78), 15, 14。然而,北卡罗来纳的改革曾经受到过批评,是因为在简化继承法的努力中,法律迫使拥有两个孩子以上的寡妇也平等地分享财产,这减少了传统上分享三分之一财产的权利。在不到十年的时间里,北卡罗来纳的一位法官得以宣布:“普通法中寡妇分享亡夫财产的做法已经废除了。”Eliane F. Crane, “Dependence in the Era of Independence,” in Jack P. Greene, ed., *The American Revolution: Its Character and Limits* (New York, 1987), 264; Linda Kerber, *Women of the Republic: Intellect and Ideology in Revolutionary America* (Chapel Hill, 1980), 147.

这些废除长子继承制和续嗣限定法的步骤中最为著名的是托马斯·杰斐逊在弗吉尼亚州所作出的努力。其目标是消除未来可能形成贵族的基础，为建立在一个更为接近平等分配土地财产基础之上的真正的共和政府奠定基础。在那个时代上人们所认识到的更大的程度上，杰斐逊敲打的是一个“开着的门”。很少有土地拥有者能够从维护这些过时的、不划算的做法中获得实际的利益。[①] 这并不真正意味着对物品的真正公平的分配就是或就能是绝对平等的分配。很少有思想家(如果有的话)能够指望这种极端的自由主义会得到重视。而当人们看到的财富分配的极端差异永远无法进行诚实的解释，也无法解释为自然法则的中立运作的结果时，这种本能的强烈的平等情绪的潜流就会被激化为更为积极的抗议。这种贫富悬殊的情况可能在欧洲比在美国更 136
为明显，更令人不快。杰斐逊显然对他在法国看到的财富的极端差异感到反感，[②]然而美国人的着眼点是他们自己的家园。正如我们所看到的，他们经常被与欧洲相比较不太极端的财富不平等激怒。他们这样更多的是因为他们的文化如此认真地宣称具有共和道德。

最为吸引人的是，表现为共和原则的基础的道义平等的极为个人化的感情能够容忍和尊重其他人的同样的品质。无疑，正是这一点打动了具有浪漫色彩的法国旅行家J. 埃克托尔·圣·让·德·克雷弗克的心。1782年他通过主要分析那些最为强烈地吸引他自己的想像力的特征，传达了他对于一个自由的、宽容的、繁荣的社会的生动印象。他最希望这些印象真正能够反映整个美国社会。在克雷弗克看来，各民族在美国的混合造就了一种“新人”。在这些新人中间普遍存在着一种高度的经济和社会平等。他们享有自己的自

---

① David J. Mays, *Edmund Pendleton, 1721—1803: A Biography* (Cambridge, Mass., 1952), 2, 137—38; Merrill Peterson, *Thomas Jefferson and the New Nation* (New York, 1970), 114—16.

② Katz, "Republicanism and Inheritance," 17. 在给麦迪逊的信中，杰斐逊对给人类带来无尽的痛苦的“巨大的不平等”进行了评论。他贸然提出的有趣的观点是，这些过度的财富违背了天赋权利。他的有关地球被作为“共同的东西”赋予了人类、让他们在上面劳动和生活的论断回应了洛克的思想。

由，并以友好和尊重相待。[①] 大约20年前，在毗邻的宾夕法尼亚殖民地，牧师雅各布·杜克(后来以牧师的身份参加了大陆会议)在对该殖民地人民进行评论时，对这种态度的社会影响作出了令人信服的说明。他说，他们“普遍处于中等水平，目前在很大程度上处于这种水准。他们是勤劳的农民、技工或手艺人。他们享有也热爱自由。他们中出身最为卑微的人都认为他有权受到最尊贵的人的礼遇”。[②] 在两代人以后的安德鲁·杰克逊担任总统时期，另一位法国人抓住了同样的特征。阿列克西·德·托克维尔写道：“平等在每一天都会给每一个人带来许多小小的快乐。平等的魅力每一个时刻都能感受得到，每一个人都能够获得。最为高贵的人也能感受到它们，最为普通的人也以它们
137 为乐。因此，平等产生的激情一定既热烈，又普遍。”[③]托克维尔在某些方面像克雷弗克一样浪漫——尽管他可能不喜欢这种说法。无论美国人如何感受到平等的快乐，那是欧洲人的眼睛观察到的和解释的美国社会独特的特征。在大约25年前建筑师和设计师本杰明·拉特罗布因为住在美国要比托克维尔更有资格作出评论：

> 自从独立革命以来，合众国的内部情况一致经历着一场不断的和渐进的变革。尽管美国没有贵族头衔，衍生于人们的习惯和偏见的对血统的尊崇，是英国人在独立革命之前确立的习俗和制度遗留给美国人的。这些习俗不可能突然被改变，这个国家的制度也不可能经历任何非常巨大或突然的变革。在联邦宪法通过以后，所有州将选举权扩展到多数的成年男性公民，由此种下的胚芽逐渐地演化，将实际可行的平等和政治民主传播到整个联邦……每个人都是独立的。[④]

---

① Crèvecoeur, Michel Guillaume, called St. John de, *Letters from an American Farmer* (London, 1782).

② Quoted in Theodore Thayer, *Pennsylvania Politics and the Growth of Democracy 1740—1776* (Harrisburg, 1953), citing *The Pennsylvania Journal*, March 25, 1756.

③ Alexis de Tocqueville, *De la démocratie en Amérique*, ed. J.-P. Mayer (Paris, 1961), 101—04.

④ Mathew Page Andrews, *History of Maryland* (Garden City, N. Y., 1929), 410. “Race”一词这里使用的意思是指通过亲属关系联系在一起的家族或集团。

拉特罗布论血统是英国人，在发表这些评论时在美国已经居住了10年。他的观点高屋建瓴，但是这并不等于他有关这个问题的观点是终极的论断。他的观察也许能够较为准确地描绘一个给欧洲人留下非常强烈的印象的特点：尽管存在着或多或少地为人所知的或为人所理解的阶级差别，美国人相互之间期望在某种程度上能够接近。詹姆斯·费尼莫尔·库珀在他的小说《返乡路上》和《故乡风貌》中正是对这一点略带尖刻地进行了嘲讽。小说中的埃芬厄姆贵族家族（这名字让人想起了埃芬厄姆的霍华德勋爵）的成员们在欧洲居住了12年以后回到美国，发现他们的国家朝坏的方向变化很大。不谙世事的人物在整个故事中一直犯愚蠢的错误，却对他们的错误的愚蠢或严重性浑然不知。他们中一个很有特色的人物很高兴地接受别人把他介绍给一个社会地位比他高的人，因为他"以为，根据美利坚合众国的宪法，他有权利被介绍给他接触的每一个人"。[①] ——这无疑是托克维尔提到的"快乐"之一，然而也是一个 138
耸人听闻的事情。如果社会优越性的观念真正地消失，它也将失去其吸引力。在辩论重建教堂时拆掉长条座椅的建议时，编辑斯泰法斯特·道奇高谈阔论："先生们女士们，在我看来，上帝从未打算让一个美国人跪着。"（库珀让他当着女士们的面对先生们讲话来确立他的社会威信。）

库珀的罗曼史以符合社会阶级的礼节的婚姻而结束。（一个英国贵族在向可爱的格雷斯·埃芬厄姆求爱之前透露了他自己真正的身份。）这些带有很大的自传成分的事件发生在纽约州的北部。在东面的波士顿，唯一神教的教徒们发现自己陷入了一场非常复杂的斗争。在这场斗争中，神学被用来维护阶级的利益。在这里唯一神教的思想体现出一个源于历史上新教的召唤论的模糊的但是重要的线索。根据召唤论，每一个个人都有义务在他或她的一生中回应上帝的召唤；这种召唤决定着一个人在这个世界上的职业和对社会的服务，而服务于社会也就是服务于上帝。由于人所能够找到的绝大多数行业和职业都已经固定下来和指定给了别人，很难说这个思想激发起了社会流动的热情（除了个别例外）。哈佛的唯一神教教徒们认为，"在人的性格和生活状

---

① *Home as Found*, 2 vols. (Philadelphia, 1838), 70 and throughout.

况之间存在着一种可看见的联系”，这种联系是上帝既定计划的一部分。上帝就是要让懒惰导致贫困和匮乏。唯一神教的说教者们当然相信诚实的劳动应该和必将得到报偿，但是这种报偿体现在天堂，而不是通过社会等级的转换来实现。威廉·埃勒里·钱宁在1840年大选期间解释道，工人们地位的提高，“不是通过跻身所谓的上等的社会等级来实现。”尽管这很可能是对劳工的集体行动而不是个人努力的警告，唯一神教说教者们处于某种模棱两可的位置：他们发现有必要祝贺那些取得社会成功的人士——他们中的许多人碰巧属于其中的一员——同时策略地劝说其他的人不要太执著地以他们为榜样。他们强调的社会观点与正式的共和主义的思想的不同之处是，他们更为强调义务，而不是权利。[①]

139 这些声明之中表现出一种明显的为自己辩护和忧虑的调子。19世纪中期以前的向西部扩张正在造成人口社会的和地理流动的明显的迹象。对此东部的唯一神教的领袖们感到惴惴不安。[②] 然而，并非所有西部的拓殖都是平等的机会迅速增加的故事。例如，库珀所描绘的密切的社会关系不能改变的事实是，在西南部，像威廉·布朗特和约翰·塞维尔这样有地位的人多年来对田纳西州政府的稳固掌握，在很大程度上来自颐指气使的习惯，而很少是选举政治保证社会平等的需要。近代研究田纳西早期生活的第一个历史学者托马斯·P. 阿伯内西得出的结论从未被后来的研究所取代。他的研究表明大土地投机者们和持有者们拥有强大的政治的和经济的权力。他们把政府职务视为他们必须继承的家产，利用他们的威望取得普通人的选票，感到没有必要点头哈腰地去竞选。[③] 然而在田纳西以及其他地方，1819年财政恐慌之后爆发的高涨的民众情绪对这种秩序进行了冲击，1825年将詹姆斯·K. 波尔克选进了国会，他很快与安德鲁·杰克逊的名字和形象难解难分地联系在一起。

① Daniel W. Howe, *The Unitarian Conscience: Harvard Moral Philosophy, 1805—1861* (Cambridge, Mass., 1970), 145—46, 146—47 (n. 83), 127—28.

② Ibid., 233—34.

③ Thomas P. Abernethy, *From Frontier to Plantation in Tennessee* (Chapel Hill, 1932), chs. 10 and 22.

面对这种反叛情绪，田纳西州最高法院的退休法官埃默森冲动而含混其辞地喊道："如果我有权力，我将竭尽全力遏止这种狂热猛烈的民主的进展。它长期以来威胁着要吞噬我们的国家，在不久的将来可能使这个国家陷入无政府的旋涡。"[①]

安德鲁·杰克逊是一个士兵、土地持有者和奴隶主。他在独立革命结束后的环境的影响中度过了他的青春年华。1796 年他就已经成为田纳西州制宪大会的代表。也许他从未想到他自己会成为狂热猛烈的民主的化身，然而他在担任总统期间，以他直率的方式表达了这些情绪中的政治观点。他不得不为他把政治对手们解职的做法进行辩护，尽管他们在他们岗位上的工作并未失去信誉。他说："政府官员的职责，如此明确和简单，以至于有头脑的人都 140
很容易使自己具备履行这种职责的资格。"[②]诚然，说这个话是要揭开政府职务和政府官员的任职资格问题的神秘面纱，也确实提到了需要"有头脑的人"。然而，它激起越来越多的民众相信：一个人，自然是任何一个美国人，像任何其他人一样优秀，（在具备充分的训练和准备的条件下）很可能有能力胜任其他人的工作，或是以近似相同的表现承担其他人的角色。在 20 世纪中期之前，这种观点说的仅仅是男性们的角色可以互换。

民众的信念很难得到证实。有关它们的证据存在于寓言故事、口述传统、逸闻趣事以及某些行为习惯之中。它们大多数都有与它们相矛盾的证据。民众对原初平等的信仰可以被视为警告人不要对社会声望沾沾自喜，也可以被视为对阶级之间存在固有的本质性差别以及社会将职责和荣誉划分等级的必要性的实际否定。1381 年当英国的农民在约翰·保尔领导下起义的时候，据说他们反复颂读着以下充满讽刺意味的诗句：

在亚当耕种、夏娃纺织的时代

---

① Charles G. Sellers, *James K. Polk, Jacksonian, 1795—1843* (Princeton, 1957) 2:99.

② Quoted in Leonard D. White, *The Jacksonians: A Study in Administrative History, 1829—1861* (New York, 1954), 318.

有谁是贵族呢？

那个有关一个公主被七层床垫下面安置的豌豆硌得青一块紫一块的故事也是一个民间故事。这个故事对人具有天生的或命中注定的固有品质作出了否定性的评论。农民们无疑希望说的是，高人一等的感觉或社会地位高并不一定使一个人适合于统治国家。美国和法国的革命都强调了这同一个观点。这成为它们民族意识的一部分。它在新近拓殖的西部比在稳定的东部表现得更为明显。1846年《西部评论》发表的一篇有说服力的文章也说明了这一点：

> 如果我们能够用哲学的眼光看待我们的处境，我们是平等的。我们的所有差异都是人为的，而我们的相似点都源于自然。我们共同的需要和我们共同的弱点，我们的憧憬、恐惧、抱负和目标，我们的雄心壮志，我们卑下的愿望，我们对毫无意义的虚荣的普遍追求，我们获得生命的方式、享受生活的方式以及结束生命的方式，把我们联系在一起。①

141 这种意识在美国人身上表现为，对卑躬屈膝的体态语言的要求感到强烈憎恨。(黑人美国人在相当长的时间内尤其强烈地感受到了这一点，但是白人却认为这是理所当然的。)内战征募平民进入纪律严明的军旅生活，在北部和南部的部队中都表现出这种厌恶服从别人的新兆头。北弗吉尼亚陆军监察长在开战三年后提到很难让士兵适当地和立即服从命令："应该在军事组织中很普遍的对所有命令的尊重和服从的精神竟然没有。"来自佐治亚的一位士兵对其上司提出了同样的反对意见。他抱怨道："我们有着严格的纪律约束我们。在一天列队时宣读的一个命令要求我们见了上校和上将时要脱帽。你知道这是我不

① April 1846, Quoted by John Ashworth, *'Agrarians' and 'Aristocrats': Party Political Ideology in the United States, 1837—1846* (London, 1983), 25—26.

愿做的一件事情。我希望他去见鬼去，也不会向任何人脱帽。如果要脱帽还不如先把我枪毙了。”一位来自马萨诸塞的士兵对此也有共鸣。他说：“操练、向军官敬礼以及站岗都已经过时了。”[1]这是非常“美国”的观点，尤其是它们强烈地反映了个人对平等的尊重的要求。

认为美国人可以相互进行角色互换的观念可以称为“角色互换原则”。对它最恰当的理解是把它视为民众对社会上自命不凡和不是赢得的特权的抗议，而不是一种系统的理论。然而任何熟悉其他国家（尤其是英格兰[2]）的社会地位的细微差别和变化的人都很可能注意到一种具有美国社会特色的对遵从别人的几乎有意识的排斥。早在 1787 年，医生和社会宣传家本杰明·拉什博士在论及共和国发展教育的必要性时评论道，美国仆役的社会地位比在英国要高一些。[3] 罗伯特·科拉姆（英国血统）也在论及教育问题时，通过一个 142
许多同代人一定能够理解的农业生产的类比来分析出身问题：“在一个贵族的孩子和一个农民的孩子之间可能存在着差别，而从同一株植物上收获的种籽种在不同的土壤里得到的产品不是也不等同吗？确实，不平等是人为的，而不是自然的结果。”[4]托马斯·邓恩（新近来自英格兰）在费城的一个监狱布道时告诉囚犯，富人不一定比穷人拥有更多的道德价值。穷人与富人“在先天的能力上是平等的”。差别在于环境——教育、生活习惯和空闲时间的多少造成了巨大的差别。在谈到最近爆发的黄热病流行病的时候，他安慰囚犯们说，无论是富人还是穷人，圣人还是罪犯，死后都被埋在同样的土堆之下。[5] 最近发生的事件以及流行的观点共同作用在独立革命的余波中确立起这个观点——

---

① James M. MacPherson, *Battle Cry of Freedom: The Civil War Era* (New York, 1988), 329.

② 我提英格兰是因为这种社会差别在联合王国的其他王国，尤其在威尔士和北爱尔兰，在许多方面不是那么明显。

③ Benjamin Rush, “Thoughts on Female Education,” in Frederic Rudolph, ed., *Essays on Education in Early America* (Cambridge, Mass., 1965), 28.

④ Robert Coram, “Political Enquiries: to which is added, a Plan for the General Establishment of Schools throughout the United States,” ibid., 132.

⑤ Thomas Dunn, *Equality of Rich and Poor: A sermon preached in the prison of Philadelphia* (Philadelphia, 1793).

那种斗争在很强烈的意义上是独立革命的一部分。这种观点融入了口头传说中，而这种口头传说又被转变为“在美国应该的事情一定会实现”的信念。这从民众中间一直很奇怪地存在的，认为美国不存在社会阶级的信念中仍然能够观察到。然而，如果我们要试着对这个观点给出某种正式的界定，把它描绘成一种普遍的、而且时常是乐观的信念就可以了。这种信念认为分化人民的社会的、种族的、教育的和经济的差别不是体现他们真正的品质或能力的最为重要的指标；换句话说，只要互换一下环境，就会造成结果的互换。[1] 在20世纪60年代，当林登·约翰逊总统呼吁实行将造成“平等的结果”的政策的时候，这种根本的信念将作为一种具有重大政治意义的力量重新出现。[2]

143 在早些时候，美国文学史上角色互换原则最受欢迎的倡导者是马克·吐温。他尤其喜欢利用这个原则去讽刺社会中自命不凡的各种表现。在他的儿童故事《王子与乞丐》中，讲到两个社会地位悬殊的孩子邂逅之后，为了一时的恶作剧交换了衣服，但是偶然被分开。王子因为衣衫褴褛而被拒之皇宫的大门之外。他无论如何做和如何说都不能让任何人相信他是王子。与此同时，他的朋友，也就是那个流浪汉——可以说是一个梦想家，以前曾经做好了当王子的准备——现在却被认为是真正的王子。这里显然涉及的是继位的问题：如果那个错误没有幸运地得到纠正（那个真正的王子知道国玺秘密收藏的地方），那个骗子的后代子孙将被后来的每代人视为皇室的血脉，当然，那个王子也会被后来人视为贫民的后代。马克·吐温在更长一些的讽刺小说《亚瑟王朝廷上的康涅狄格州美国人》中更为深入地探讨了这一主题思想。这是较早使用如今称为“时间倒错”手法小说之一。在这本小说中，一个人因为说了

---

① 苏格兰民族诗人罗伯特·彭斯（Robert Burns）非常有特色地表达了这种观点：
“地位只是制造几尼金币的模具，
而人是放到模具里的黄金，
人是放到模具里的黄金。”
这是很激进的观点。

② *Public Papers of the Presidents*: *Lyndon B. Johnson* (Washington, D. C., 1966), item 301, pp. 635—40. 这个问题将在本书第十三章论述。

如下颠覆性的话而锒铛入狱："人在脱光衣服的时候看起来几乎都一样，没有人比其他人好多少。他说他认为，如果将整个国家的人脱光衣服，并让一个陌生人从人群中走过，他无法分辨出国王和庸医，或公爵和旅馆服务员。"马克·吐温受到了社会－科学观点的影响，认为早期教育和环境的力量在人的性格的形成中发挥着决定性的作用。而这恰恰符合对人性平等（这实际上意味着人性的相似性）的根本信念。在《傻瓜威尔逊》中，他试图在种族关系的领域中探讨这个主题，但却失败了，部分因为他排除了肤色的因素，因而伤害了小说的中心思想（这种思想的基础是婴儿在他们的摇篮中被弄颠倒了。这实际上与《王子和乞丐》的情节有些相似）。他的"黑人"基本上是个白人，是一个仅有十六分之一非洲血统的安详而稳重的妇女的孩子。这个极具教育意义的小说衍生出来的主题是：那两个中心人物在恢复了原始的种族角色以后，由于早期的教育，在语言、走路的样子、可能还有思维的习惯等方面很难适应他们的新角色。[①]

在南部社会无所不在的奴隶制（即使没有奴隶制的地方也有它的影子）对 144
这些观点造成了特有的扭曲。许多南方人——当然是白人——在一个日益充满敌意的世界里获得安慰的信念是：黑人奴隶制不仅团结了白人种族，而且赋予了它所有的成员一种原初的平等。考虑到南部贫富之间的社会鸿沟，这是一个很难站得住脚的信念，而这只是促使这种信念被更为卖力地培植。1861年国会议员詹姆斯·F. 多德威尔表达了这种信念的政治意义。他宣布他希望那一天永远不要到来——奴隶制的安全依赖"在白人中间确立社会和政治的不平等。不，先生，永远不要这一天到来……让我们白人种族在这里现在和永远保持应有的状态——在社会上和政治上的自由、平等和独立。不承认有任何隶属于别人的人，除了那些上帝注定让他们这样的含的后代。"作为这个观点的关键的"独立"性将自由和平等联系在一起，否定任何地位高的人有权限制他人的自立。而这种控制一个人自己的生命的能力，尽管虚无缥缈，对于

---

① Mark Tawin, *The Prince and the Pauper*; *A Connecticut Yankee at King Arthur's Court* (New York, 1917), 157; *Pudd'nhead Wilson* (New York: Signet Classic, 1964); Wright Morris, Foreword to *Pudd'nhead Wilson* in this edtition.

人的自尊是必不可少的。所有这些使经常性地维护自己的平等变得极其重要。[1] 而这种意义上的独立与个人的尊严密切相关。在南部的词汇中"尊严"取代了旧的共和思想中的"美德"的品质,成为个人自尊的内涵。失去了尊严也就失去了声誉。[2] 在这种持续不断的压力下,托克维尔在平等的体验中所发现的经常的"快乐"在他从未到过的南部可能让位于一种令人痛苦的神经紧张状态。这种状态造成了在奴隶制的阴影下暴力的经常爆发。

平等的权利 不平等的地位

民众中间对美国人的角色可以互换的乐观的信念,从未建立在非常稳固
145 的基础之上,而且也许从未被任何一个人持久地怀有。它受着连续不断的移民浪潮的巨大冲击。那些在欧洲拿破仑战争结束之后的几十年里先是如涓涓细流,然后如滚滚洪流来到这个国家的男人和女人们毕竟不是美国人,至少在他们到达美国,然后在某种程度上适应了美国的水土(如果说不是被同化)之前不是美国人。新教徒对日益增加的天主教存在的抵制的兴起已经谈到了,然而 19 世纪中期的本土主义具有民族主义的情绪,也具有宗教的色彩。在美国,也许比在其他具有流动性的经济体制的工业国家,机会平等的观念由于这种角色互换的基本观念变得尤其强烈。而在 19 世纪后期,问题变得更为混乱和复杂。角色互换的观念迫使人们面对这样的问题:《独立宣言》华丽的语言是否真正适用于整个人类。

尽管杰斐逊自己后来认识到这个方面提出的一个问题,然而他们那代人不必面对来自不仅语言不是英语,而且在政治、法律和公共道德方面完全不同

---

① 引文和评论出自 J. Mills Thornton III, *Politics and Power in a Slave Society: Alabama, 1800 — 1860* (Baton Rouge, 1978), 320 — 21, 443, 447 — 48; George M. Fredrickson, *The Black Image in the White Mind: The Debate on Afro-American Character and Destiny, 1817—1914* (New York, 1971), esp. ch. 5。

② Bertram Wyatt-Brown, *Southern Honor: Ethics and Behavior in the Old South* (Oxford, 1982), xv. 34, 46, 103.

的国家的大规模移民所造成的复杂问题。独立革命之后的那一代人所面临的重要任务是，探求在他们自己中间践行保障平等的正式承诺的含义。对于杰斐逊来说，美德和天赋很显然可能隐藏在现存的社会结构之中。

那些新共和国（因为每一个新独立的州就是一个共和国）的创建者们承担起一个重大的责任。宣布建立一个共和国是一回事，维持这个共和国的存续是另一回事。那些读过孟德斯鸠的著作的所有读者（这里意指做好了承担领袖角色的准备的所有人）都知道，暴政依靠让人民恐惧来维持；君主制依靠百姓敬重君王的精神；贵族制依靠美德支撑下的百姓的敬意；而共和国首先依靠美德。托马斯·杰斐逊很快认识到（尽管不仅他一个人认识到）：共和美德必须通过教育来培育。

1778 年杰斐逊作为弗吉尼亚州法律修订委员会的一个成员提出的更为广泛地普及知识的议案宣布了两个目标："尽可能地启迪普通民众的思想"；保证"那些自然赋予了他们天赋和美德的人，通过自由教育得以有资格分享、有能力保卫他们的同胞公民享有的权利和自由的神圣宝藏，保证不论财富、血统 146
或其他偶然的条件或环境召唤他们履行那种责任。"[①]杰斐逊提出一个建立在地方社区之上的整体的三级教育制度：为百姓的子女提供三年的免费初级教育，为选拔的少数人提供文法学校教育，让真正的精英在威廉·玛丽学院接受高等教育。整个设想很好地说明了杰斐逊有关自然的平等和社会的平等的观点。

杰斐逊在描述他的教育计划时评论道，通过一个选择性的考试制度，"每年可以从垃圾中耙出 20 个最有天赋的人，用公费对他们进行文法学校的教育。"[②]杰斐逊显然对于天赋平等不抱幻想。他将美德和天赋联系在一起，表明他相信二者很可能同时体现在一个人身上。而他确实相信，公众利益需要国家利用其权力去均衡机会；美德必须去寻找和培养；共和国不能漠视其自己的人民。尽管杰斐逊的议案因为花费太大未能引起弗吉尼亚立法者们（他们

---

① Merrill Peterson, *Thomas Jefferson and the New Nation* (New York, 1970), 146.

② Ibid., 148.

也不都是美德或天赋最优秀的代表)的重视,他仍坚持不懈,在他晚年成功地实现了他建立弗吉尼亚大学的伟大设想。在面临其他计划争取政府资助的情况下,杰斐逊支持一个由地方政府负责筹措初级教育的经费,而州的经费用于大学教育的议案。①

即使在早些时候,杰斐逊就深信,来他的文法学校上学的绝大部分学生将来自那些"经济上较宽裕的"的父母的子女,他们的有利条件是能够缴纳学费和伙食费来减轻政府的教育花费。(这也很可能难以令他的议案称人心意。)他的有关智力能力的社会分布的观点与现有的社会利益的分配基本一致。他设想的公立学校会教贫困的孩子们读书、写字和算术,但也将把州的经费主要用于种植园主的子女们。无论存在着什么局限,无论他描绘他的选民的风格
147 如何贴切,杰斐逊的教育计划是那个时代最为全面的计划。它把个人的机会与州的利益结合在一起。立法者们否定这个计划表明他们不想将《独立宣言》转化为政府政策。

杰斐逊有关人的天赋分布不均衡的信念与约翰·亚当斯或亚历山大·汉密尔顿以及他的朋友和同事本杰明·拉什的观点极为相似。拉什谴责 1776 年宾夕法尼亚宪法中有关"完全的平等和在本州居民中间平等地分配财产、智慧和美德"属于错误的假设。拉什相信,商业造成了财产的不平等,导致的他所谓的"社会地位的自然差别,就像欧洲人为的人与人之间的差别一样确定和普遍"。② 在正式的独立革命结束以后,拉什是一小撮将他们的注意力转向发

① Rush Welter, *Popular Education and Democratic Thought in America* (New York, 1962), 32.

② Benjamin Rush, *Observations upon the Present Government of Pennsylvania in Four Letters to the People of Pennsylvania* (Philadelphia, 1777), 9, 4. 拉什在这个阶段的观点与约翰·亚当斯的观点几乎完全相同:财富总是造成权力;富人总是胜过穷人;"贵族必然产生"(第 8—9 页)。拉什感到,普通民众的代表在一院制议会会被富人压倒,而这种议会的建立是为了代表同质群体。他指出,雅典和罗马党派纷争起源于一院制议会(第 7 页)。这些观点表达了哈林顿(Harrington)的名言中的观点:"领土的幅员和土地的财产的平衡反映了帝国的性质。"但他在强调商业带来的变革方面偏离了哈林顿。商业财富并未给哈林顿留下多少印象。John Toland, ed., James Harrinton, *Works* (London, 1700), *Oceana*, 38—39.

展公立教育的必要性的共和主义思想家中的一个。从特拉华到马萨诸塞，他们都集中强调社会发展教育、培养有美德的公民的必要性。[①] 拉什坚持应该教育学生：他们不属于自己，而是“公共财产”。这不是那个时代最响亮的个体主义的调子，而表达了一种公有社会的平等观念。这种观念似乎未能预见到物质刺激下的机会平等的思潮。他坚持认为，个人获得的财富必须用于服务于“国家的需要和要求”。塞缪尔·哈里森·史密斯在一篇在美国哲学协会获奖的文章中引用了坎巴塞雷斯（Cambacères）的名言：“应该提醒父母们：他们的孩子属于国家，因此在他们的教育中，他们应该遵从国家制定的规定。”诺亚·韦伯斯特指出美国的民族性格还未成形。他强调向青年灌输美德、自由 148
和忠于国家等思想的极端重要性。而这些作者一致认为，接受公共教育的机会应该是平等的。他们对社会的强调很可能反映了在那个时代的社会和经济氛围中有必要抵制汹涌的个人主义的分裂社会的倾向。[②]

在早期的有关公立教育的思想家中，杰斐逊的信念最为清楚地预见到了杰克逊时代的辉格党人的思想。他认为通过一种选择性的教育制度可以（“从垃圾中”）挖掘出少数具备特殊天赋的年轻人，并把他们锻造成担任领导、承担责任的精英。后来的辉格党人相信人可以在后天获得涵养。而民主党人经常否定这点，认为这标志着人为的贵族价值观的复活。[③] 杰斐逊对于科拉姆和史密斯强调个人发展的重要性不会有什么异议。科拉姆的结论是，要使一个人幸福，“第一步是使他独立。因为尊严依赖独立。”史密斯认为：“经常思考的人吸收独立和自尊的习惯，这也许是美德巨大和唯一的保

① 这些文章收在 Rudolph, *Education*。后来的引文页码指的是这一卷。

② Benjamin Rush, *A Plan for the Establishment of Public Schools and the Diffusion of Knowledge in Pennsylvania*...(Philadelphia, 1788), 14. 拉什提出的发展宾夕法尼亚州教育的综合性方案与杰斐逊的教育计划不无相似之处（第 3—4 页）。Noah Webster, *Thoughts on the Education of Youth in America* (Boston, 1790), 45; Robert Coram, “Political Enquiries,” 127; Samuel Harrison Smith, *Remarks on Education: Illustrating the Close Connection between Virtue and Wisdom* (Philadelphia, 1798), 190.

③ Daniel W. Howe, *Unitarian Conscience*, 36—37.

障。"[①]这些观点蕴涵的一个核心价值观可能同样可以被称为受尊重的平等。

在过去任何特定的背景中来解释平等的含义，重要的是不仅要理解要求享有平等有诸多好处的不同利益群体，而且要理解在什么限定条件下任何类型的平等被视为一种好处。有意识地界定"经济阶级(economic class)"之间的冲突并未决定这个最初的奠基时期的美国政治的轮廓，因为不同利益集团的成员有着太多的共同利益，公开对立得不偿失。然而，我们已经看到大量的证据表明他们经常带着怀疑和惊恐看待对方。联邦主义者们——以及他们的
149 直系前辈们——认为他们自己不同于普通的民众——在批准联邦宪法的辩论中一些演说家们曾经提及这种问题。[②] 约翰·亚当斯可能曾经使用过"出身高贵的"这个术语，来表达他对"天然的"贵族在政治领域维护其优越地位的固有趋势的忧虑。[③] 然而，当这个概念与"少数人"、"富人"以及有修养的人、有闲阶级和博学的人联系在一起的时候，社会的许多传统的领袖们也就心安理得地接受了它。[④] 当那个词使用的是其原始的含义"最优秀的"时，公共辩论的参加者们很少有人希望否认社会中存在着"天然的"贵族。然而，反联邦主义者们一定会否认，出身高贵的阶级都是天然的贵族，或者共和社会的建设应该保证这个阶级能够从一个有利的地位转向另一个有利的地位，并且一直获

① Coram, "Political Enquiries," 143; Smith, *Remarks on Education*, 188.

② Celelia M. Kenyon, *The Antifederalists* (Indianapolis, 1966), xlix-l; 384—85.

③ 亚当斯从未怀疑过：贵族是社会的自然产物，倾向于维护他们与生俱来的优势。然而他对这些优势以及在政治上遏制这种优势的必要性的忧虑程度表明他在心理上存在着某种含糊其辞的因素。他曾经写信给本杰明·拉什："每一个政府实际上就是贵族政体"。不仅欧洲的政府如此，甚至"最为平等的新英格兰市镇会议也是贵族政体"。要想获得政府的安全，只能找到某种方式来控制他们的激情，这种激情会促使他们结成党派，使人民成为一盘散沙。John A. Schutz and Douglass Adair, eds., *The Spur of Fame: Dialogues of John Adams and Benjamin Rush, 1805—1813* (San Mario, Calif., 1966), 173—75.

④ Dixon Ryan Fox, *The Decline of Aristocracy in the Politics of New York* (New York, 1918), 1—30 (chapter entitled "The Few, the Rich and the Well Born"); John R. Howe, Jr., *The Changing Political Thought of John Adams* (Princeton, 1966), 138—42; James M. Banner, *To the Hartford Convention: The Federalists and the Origins of Party Politics in Massachusetts, 1789—1815* (New York, 1970), ch. 4; Gordon S. Wood, *The Creation of the American Republic, 1776—1789* (Chapel Hill, 1969), ch. 8.

猾地操控着权力的杠杆。平等的观念在这些争论中承受着相当大的压力，因为平等实际上是共和政府最为根本性原则的代名词。

在这些问题悬而未决的时候，联邦主义者们得以确认他们对平等权利的信奉。对于他们来说，角色互换的观念属于误入歧途；政府必须保护财产和地位，而不是促进真正的天才的涌现。这个原则是不容置疑的，它牢固地扎根于一些州通过的《权利宣言》中。然而并非每个州都通过了这样的宣言。汉密尔顿得以利用这个弱点尖锐地评论道：联邦宪法尽管未能包括一个《权利法案》，150
但是通过其详细列举的保护权利的条款，它比他们自己没有《权利宣言》的州宪给予了纽约州人民更多的保护。①

"保护"基本上是一个防御性的概念。每一个诚实的联邦主义者都有为其辩护的理由。《联邦党人文集》最初的作者之一，当时担任联邦最高法院第一任首席大法官的约翰·杰伊在大陪审团讲话时清楚地解释道，公民自由指的是"所有的公民在和平、安宁中，不受任何干扰地平等地拥有、享受和做任何这个国家的平等而符合联邦宪法的法律认定符合公众利益的事情"。② 然而，对于那些要将它们付诸实践的人来说，平等的权利有着更多积极的甚至挑衅性的特性。我们已经瞥见了采取行动的权利、争取个人分享世界的好东西、并且最大限度地发挥自己的特长的思想的苗头——这些目标超越了默默地享有一块垦殖的农场或一个企业的权利。

平等的机会：背景与观念

"平等的机会"这个充满活力的观念在19世纪中期已经成为国家发展和个人地位改善两大主题的强力交汇在思想上的表达。它缓慢而逐步地形成于那种认为可以使权利与个人抱负相称的逐步发展的见解。机会平等的观念被

---

① *Federalists* 84.

② *The Charge of Chief Justice Jay to the Grand Juries on the Eastern Circuit* (Portsmouth, N. H., [1790]), 13-14.

普遍认为是充满活力的资本主义世界的一个自然的产物,而其产生的背景重要性却很容易被忽略。这个观念形成缓慢的原因是,如果不提出“有什么机会”的问题,那么“机会”也就不会产生固有的含义。这个概念在19世纪中期之初出现的时候,[①]并非偶然杜撰的一个贴切的术语。它表达了两个具有发
151 生碰撞的危险的主题:产生于对国家和个人进步的极高的期望;新兴的垄断性经济秩序的复杂形式以及奴隶制的最终扩张对这些希望实现的阻碍的出现。

“有什么机会”的关键问题的答案在独立革命和杰克逊时代之间的时期发生了重大的变化。1780年马萨诸塞制宪大会在提交各个村镇的公开信中解释了州宪草案中有关选举权的限制,部分地回答了新共和国的缔造者们所面临的问题。只有那些住在他们父亲的地产上的,以及那些因为懒惰和恣意挥霍的妨碍而未获得财产的青年人将被这种限制排斥在外。很显然的推论是,任何愿意为了自己的生存而工作的青年人都很快会获得参加选举的资格。[②]词典编撰学家诺亚·韦伯斯特在1793年撰写的一篇反奴隶制檄文中重申了对这种前景的展望。他在谈到美国最大的好处(与英国相对而言)时写道:“在这里,法律平等化的倾向把财产分配给每一个公民。”他补充说,这里没有商业和企业垄断,也没有宗教资格的限制(在马萨诸塞是这样,但其他任何地方并不适用)。“在这里每个人能够找到工作。即使对于最为贫困的公民,通过劳动和节俭积累财富、通过他的天赋和美德登上国家的最高职位的道路是畅通无阻的。”[③]如果韦伯斯特仔细查阅过档案的话,他可能很难找到太多这种通过自我努力改善地位的例证,然而,这种原则确实受到推崇,对美利坚共和国的期望很容易转变为现实。

机会平等的观念很显然在这个短语传到美国(或独立地在美国创造出来)

① 很难具体地指出这个概念什么时候“最先使用”。共和党把它作为该党政治的一种标志性语言,然而,很显然它早已经流行起来了。参见Foner, *Free Soil, Free Labor* 第16页及全书。

② Oscar and Mary Handlin, eds., *The Popular Sources of Political Authority: Documents on the Massachusetts Convention of 1780* (Cambridge, Mass., 1966), 437.

③ Noah Webster, Jr., Esq., *Effects of Slavery on the Morals and Industry* (Hartford, 1793), 31—32.

之前就显然已经存在了。在18世纪末，它已经成为一小撮具有科学思想的英国激进人士强烈的要求。他们迫切要求对选举制度进行扩展和民主化等改革。这些在宗教上不服从国教者的社会和政治利益群体——其突出的代表包括约瑟夫·普里斯特利、威廉·戈德温、托马斯·库珀——受到了只给予英国 152
国教的成员的公民特权的法律的限制。（普里斯特利和库珀都移居美国；库珀成为高等教育中的一个显赫人物，也是一个奴隶制的维护者。）[①]与他们在时间上接近的同时代美国人并未因为宗教的原因在公民权利上受到限制，然而他们感到有必要颂扬上帝赋予他们国家的优势，以激发爱国主义和创业精神。1793年塞缪尔·莱瑟姆·米奇尔在黑人修道士协会发表演说时指出，既然所有的公民是平等的，在美国唯一不平等的形式产生于任职、天赋或财富。因为道路"对每一个期望得到这些的人是开放的，他只要行使他的一种或几种权利，他就能获得产生社会影响的手段"。因此，拥有了平等的政治的和法律的权利，所有人实现合法的抱负的道路也就打开了。这是要证明一个历久不衰的观点，这个观点的影响是，在通向个人独立（"平等"常常是它的同义词）的真正道路远为迷乱和复杂的时候，促使改革家们的目光仅仅关注政治领域。半个世纪以后，当资本家这个词语流行起来的时候，正是这种心态促使一位马萨诸塞的出色演说家在一个技工协会说道："今天的体力劳动者就是明天的资本家……每一个人都依靠自己的才能立身……他可以成为一个资本家的事实是奔波在我们的街上的报童辛劳的动力。"（然而人可能因为失败而失势，因为自己的才能而崛起。林肯也提到，富人的儿子也可能被迫为他每天的生计而劳动。问题的这个方面增加了上述观点的道义力量，然而完全的不幸在这种情况下很少能够提到；1837年恐慌之后的经济危机似乎未能促使人们对美国政治经济的原则进行系统的再思考。）[②]主导性的情绪是对经济和社会的乐观主

---

① Isaac Kramnick, *Republicanism and Bourgeois Radicalism: Political Ideology in Late Eighteenth Century England and America* (Ithaca, 1990), 62—63, 77—82. 本书作者并未提到库珀公开维护奴隶制。

② Mary J. Kornblith, "Self-Made Men: The Development of Middling Consciousness in New England," *Massachusetts Review* 26 (1985), 469.

义。这种情绪构成了平等机会原则最初形成的背景。尽管任何人会怀疑这些条件是否像它们应该的那样充分存在,然而这个原则是毫无疑问的。对这个原则最有力和最突出的论断出自"普布利乌斯"(Publius)之手笔。这一回执
153 笔者是亚历山大·汉密尔顿:

> 在每一个社会阶层都有思想坚强的人,会在种种不利的情况下飞黄腾达,从而得到因为自己的才华而应该得到的敬意。这种敬意不仅来自他们所属的特定阶级,而且来自整个社会。大门应该平等地向所有人开放。[1]

汉密尔顿是出生在遥远的西印度群岛中一个岛屿上的私生子。他有充分的理由倡导这种信念。对他的研究似乎认为他一直是一个思想上的"局外人",而这个论断把他置于美国个体主义传统的主流中:大门应该平等地向所有人开放。

后来的财产利益的倡导者们毫不费力地把这一点说成美国平等权利的信条的一个基本因素。在杰斐逊赢得总统大选之后,马萨诸塞州的联邦主义者费希尔·埃姆斯指出,普通法保障了公民的一切权利。他担心这些保障将被占多数的"雅各宾派"扫荡殆尽。在现存的法律下,"不可能人人致富……(但是)人人有权努力致富。"[2]而同州的一个重要的政客詹姆斯·沙利文几年前写过一篇短文,提醒人们注意一个财富分配不平等的社会所面临的危险。他说,社会的每一个成员拥有不容置疑的权利,赢得国家的法律调节下的精明和勤劳所赋予他的一切财产。而他对这些财产的获取也会推进共和国的利益。至此,亚当·斯密对此不会有什么异议。而他还指出,当人们

---

① *Federalist* 36.

② Fisher Ames, *Works*, ed. Seth Ames (Boston, 1854), 2:211。本文原发表于《盾牌》(*The Palladium*), 1801 年九月刊。约翰·亚当斯把埃姆斯(Ames)描绘为"婉转歌唱的美丽的小金丝雀",认为埃姆斯所有最为优秀的思想都是从他那里汲取的。亚当斯自认为在思想上"比他先进 20 年"。他更为有利的抨击是,他指责埃姆斯和他的朋友们是"贵族,更确切地说,是如今主宰着联邦党的寡头政治的统治者",把他们自己的"卑劣的贪婪"强加给整个美国人民。Schutz and Adair, *Spur of Fame*, 174.

看到他们的邻居的财产增加的时候，就会产生不满；不平等的财富能造成一种忌妒的精神，令那些以前满意的人不高兴。[①] 这些具有洞察力的评论的提出不是要反对获取财富，然而它们确实预见到了可能困扰平等观念的一些复杂 154 问题，揭示了对通过平等的机会获取的令人忌妒的财富可能涉及其他重要的平等类型——受尊重的平等。[②]

平等的权利会造成合理的不平等的结果的观点可能被不享有特权的人利用。在南卡罗来纳州，一个委员会利用它要求代表权的重新分配。这个委员会代表该州议员偏少的内地，反对州议会直接依据财产的代表权制度。其成员宣布，平等是人的自然状态，是他具备良好道德和政治幸福的基础。尽管社会无法维持"地位的平等"，但是"权利的平等"不仅符合良好的政府的需要，而且构成了其坚实的和持久的唯一基础。直接依据财产来确定代表权，将破坏这种平等，给予富人与其邻居相比不同的和更多的政治权利，从而使"富人们成为他们的主人"。[③] 如果有人曾让这个公开信的作者们指出其要求的平等的类型，他们无疑会说是政治平等。依据财产确定代表权本身的结果削弱了政治个体的地位，无异于说在某些情况下，一个人应该拥有多张政治选票。很显然他们还说，对政治平等的剥夺造成了平等的机会的削减(尽管"平等机会"

---

① A Citizen of Massachusetts (J. Sullivan), *The Path to Riches: An Inquiry into the Origin and Use of Money* (Boston, 1792), 5—6, 7, 40.

② 在政治哲学发展的早期阶段，现代主权观念的创始人让·博丹(Jean Bodin)提出了一个相关的观点：即使是真正的平等也会对社会的稳定构成道义的威胁，因为缺乏具有控制作用的忌妒。他评论道："没有什么比平等的财富会对一个共和国构成更大的威胁。这只能通过违背合同、取消债务等来实现。这毁了那些依靠利息为生的贫困的寡妇。"平等的人之间的仇恨和忌妒最为强烈，这成为内战的根源。Jean Bodin, *Six Books of the Commonwealthe* (London translation, 1606), 570—71.

③ "Appius," *An Address to the People of South Carolina by the General Committee of the Representative Reform Association at Columbia* (Charleston, June, 1794). 奇怪的是，这个小册子署了一个笔名，而这个委员会在小册子中公布了他们的名字，包括一些该州未来叱咤风云的人物：韦德·汉普顿(Wade Hampton)、E. 拉姆齐(E. Ramsay)、约翰·泰勒(John Taylor)、罗伯特·哈珀(Robert G. Harper)、罗伯特·斯塔克(Robert Stark)、丹尼尔·布朗(Daniel Brown)、威廉·蒙哥马利(Wm. Montgomery)、约翰·克肖(John Kershaw)、威廉·福尔克纳(Wm. Falconer)。

这个短语那个时候还没有造出来）。在某些情况下，我们看到不同的平等类型
155 趋向不同的方向，然而在这个例子中它们无疑统一在一起。这个观点将在美国重建时期极为不同的背景下产生深远的反响。在那个时期，“自由人”平等的政治权利（与法律面前的平等一起）一时成为开启所有其他平等的“钥匙”。

以土地投机市场的崩溃和1819年经济恐慌为开端，经济发展的挫折开始在资本主义不平坦的发展道路上留下伤痕，毁灭了许多个人改善自身社会地位的希望，但是这些挫折并未促使政治领袖们，或是经济思想家们质疑美国人希望未来恢复其发展的基础。确实，这些经济挫折的一个影响是使社会制度更为开放，动摇了根深蒂固的企业家们凝固化的地位，由此在机会之门似乎要关闭的时候促进了机会。[①] 经济从这些振荡中恢复，继续吸引外国的和国内的投资和移民，造成了劳力的不断更新。而经济却失去了早期较为简单的形式。制造业不断发展，劳力日益集中和分工于工厂而不是小的作坊。厂主和经营者与工人之间的距离在不断拉大。[②] 工人们——仍然一般被称为“技工”——也在工业上和政治上组织起来，争取缩短他们的工时，要求通过扣押权法，保护他们已经完成的工作的利益。[③]

影响经济的变化促使技工们中间产生了一种全新的阶级意识，开始取代自己属于某个专门的行业和技术的陈旧意识。工人们不安地感到他们与雇主和顾客之间的距离和疏远，也感到失去了对自己的生计和劳动条件的控制。
156 这些情况促使他们组织工会，建立了工人党。没有什么能比他们的全国工会联盟大会所通过的最后决议更能有力地说明威胁工人们的失落感：[④]

---

① P. M. G. Harris, “The Social Origins of American Leaders: The Demographic Foundations,” in *Perspectives in American History* (Cambridge, Mass., 1969), 3, 157—344.

② Douglass C. North, *The Economic Growth of the United States, 1790—1860* (Englewood Cliffs, N. J., 1961).

③ Walter Hugins, *Jacksonian Democracy and the Working Class: A Study of the New York Workingmen's Movement, 1829—1837* (Stanford, 1960), ch. 4.

④ John R. Commons and associates, *A History of Labor in the United States* (New York, 1918) 1:12—18, 232—33, 459—62; Edwin C. Rozwenc, ed., *Ideology and Power in the Age of Jackson* (New York, 1964), 123—27; Hugins, *Jacksonian Democracy*, ch. 1, pp. 143—47.

> 鉴于这些合众国的劳动阶级的社会的、公民的和智力的状况，以及所有国家的劳动阶级的状况，表现出来劳动成果分配的极端不平等和不合理，其结果造成了一种令人蒙羞的奴隶般的依附地位，这与人类固有的自然的平等相矛盾。

由于这些以及许多类似的原因，每一个参与生产的劳动者必须赢得其子孙后代的感激，感激他们"剥去了腐败之树的皮，为自由和平等之树施了肥，否则生命本身对于其拥有者来说就是一种负担"。对国际工人阶级意识的最早暗示无疑应该归咎于一群新近从英国来的移民所产生的主要影响。罗伯特·戴尔·欧文是罗伯特·欧文的儿子，而后者是苏格兰新拉纳克一个采用家长式管理方式的合作制工厂的创始人和印第安纳州新和谐村社区的建立者。乔治·H. 埃文斯是英国的一个印刷商，反对教权主义。后来他投身于为希望做小农的人争取土地的运动。弗朗西斯·赖特是一个杰出的苏格兰人，她通过她的睿智和人格的力量影响着大多数苏格兰人，对早期的女权运动产生了影响。她以身示范，证明不应让社会习俗和角色模式限制妇女们对公众生活的贡献。[①]

这个时期的工人组织主要集中在东部城市，尤其是纽约和费城。它们愤愤不平地反复强调平等的观念，在发掘平等的思想中发挥了重要作用，因为他们将两个时常相矛盾的平等类型结合在一起：随着感到决定个人生计问题的一定程度的个人自由（这很快会被称为"机会的平等"）的丧失，工会成员们深刻地意识到他们相应地也失去了受尊重的平等。平等的生活是复杂的，但也 157
是充满活力、富有激情和智性的。在这里它是尊严和地位的同义语，因为社会的尊重影响着个人的自尊。它还代表着匡正对勤劳的报偿的分配不公的问题，在这个意义上它指的是付出与报偿相称，而不是真正的平等。它还代表着独立或控制自我的旧的价值观。

废奴主义者们时常对他们致力于的解放奴隶计划的社会意义怀有某种复

---

① Arthur M. Schlesinger, Jr., *The Age of Jackson* (Boston, 1950), 181—84.

杂的感情,[①]未能看到他们的事业与工人们的不满之间存在着普遍的联系。《解放者报》的创办者和主编威廉·劳埃德·加里森抨击批评资本主义的劳工代言人们瞄准了错误的靶子。"在获得财富、荣誉和至高地位的渠道向所有人开放的社会,自然会存在着种种不平等。"废奴主义者们未能对他们的社会进行仔细的审查,从而揭示所谓的自由市场的暗藏着的强制性。然而,加里森非常重要地意识到了获得尊重的问题,因为他也评论道:"劳动并非耻辱的事情。在我们这样的一个政府中,勤劳的工匠,将一直会比游手好闲的富贵之人得到更高的评价。"[②]在内战前的时代,工人们敏锐地感受到他们在整个社会中容易失去原有的地位。而后代完全产业化的工人有着其他的更为极端的忧虑。

经济生活总是有失败,也有成功。然而对美国的未来可以无限延伸的普遍信念使经济想像的边疆保持开放。具有重要意义的是,辛辛那提熟练工创办的报纸自称《起重机》(*The Elevator*)。[③] 各个派别的美国人,显然黑人和印第安人除外,都极力维护他们的信仰体系,这种体系把他们的经济制
158 度用他们喜欢的短语简洁地描绘为"自由劳工制度"。共和党后来采用了这个术语。[④] 只要这个信念还有生命力,人们就会对于经济的性质的不祥的事实避而远之——对于许多机械操作工人们来说,这个经济制度日益成为一种压迫性的、竞争性的制度。托马斯·库珀在美国成为教育界一个有影响的人物。他在杰克逊第二个总统任期期间撰写的一本有关政治经济学的小

---

① Fredrickson, *The Black Image*, 33—42. 莉迪亚·玛丽亚·蔡尔德(Lydia Maria Child)直面社会问题,对废奴主义们的立场进行了有力的辩护。1834 年她写道:"在平等的问题上,废奴主义者们被误解了。他们没有丝毫的希望破坏社会差别,迫使粗鲁无礼和没有文化的人与博学和有教养的人待在一起。"然而他们确实相信机会的平等,对黑人和白人都是一样。(第 37 页)

② Eric Foner, *Politics and Ideology in the Age of the Civil War* (New York, 1980), 61—76.

③ Steven J. Ross, *Workers on the Edge: Work, Leisure and Politics in Industrializing Cincinnati, 1788—1880* (New York, 1985), 59.

④ Foner, *Free Soil, Free Labor*, 9, 11—13. 本书主要研究的是共和党人的信念,他们在遣词造句上直言不讳。如果说民主党人和其他人不太喜欢这个短语,他们似乎也没有一种可以取而代之的对美国经济制度的总体描述。

册子,完全致力于强调不同阶级之间的和谐共处和相互依赖,在任何地方都没有具体地提到过经济竞争的存在。而他确实抨击了垄断和公司颠覆了共和主义权利和特权的平等。在这个意义上说,他的贡献是维护了独立革命后那一代人的传统,开辟了明确提出机会平等原则的道路。这个原则的提出,已经为期不远了。①

那些真正相信平等的法律能够也应该为天赋不平等的人提供适当的机会,并由此造成不平等的结果的人所面临的一个难题是,无法控制结果。到杰克逊时代,上层的经济阶级已经表现出世袭性社会等级的许多特征和一些社会作风,他们的优势地位代代传承。② 在同一时期,移民在数量上变得更为庞大,在特征上也更加多样化;族裔特征在界定社会态度和造成社会问题中发挥 159
着史无前例的作用。③ 所有这些力量都对平等的观念构成了压力。然而,它们赋予了平等的观念新的紧迫性。

那么,在一个重要的意义上说,随着经济的多样化,机会也迅速增加。然而无法继续依赖"有什么机会"这个暗含的问题,给予那些愿意抓住任何提供的机会的所有人同样振奋人心的答复。在共和国初创时期汉密尔顿以及他的同代人的自信背后暗含的观点是,相信诚实的劳动总会而且必然会得到公平的报偿。如今已经不再可以那样认为了,不仅是因为取得成功的许多必要因素已经超出了个人的控制之外,而且因为公司与立法者勾结缩小了向个人开放的创业的空间。正是这些因素导致杰克逊政府时期通过了大批一般性

---

① Thomas Cooper, *A Manual of Political Economy* (Washington, 1834), 48—49. 他的核心学说是:"政治经济学的伟大箴言是:人们通过自己的勤劳,生产出可以交换的价值而致富……他们越富有、越繁荣,他们的顾客就越高兴,顾客们的消费额就越大,需求就越多,他们的买卖就越做越大。"每一个人的利益在于促进所有人的繁荣;人人相互间都是顾客;战争是愚蠢的。(第 61—62 页)Joseph Dorfman, *The Economic Mind in American Civilization, 1606—1865* , 2 vols. (New York, 1946) 在他的书中未能对竞争这个主题进行专门的分析,只是在索引中列举了三位具体研究"竞争性制度"的作者。

② Edward Pessen, *Riches, Class, and Power Before the Civil War* (Lexington, Mass., 1973), in general and p. 148.

③ 本书第五章讨论了宗教方面的问题,而且对对立的"族裔特征"的复杂体进行了深入的解释。

的公司法，开启了只要符合某些法规的规定，就可以组建任何公司的权利；也正是出于这些原因，杰克逊派的许多人敌视银行，尤其是第二合众国银行。在使美国的自然和人为的资源向所有人开放的目标上，辉格党和民主党的言辞倾向于一致。平等机会的反对者们不会吸引来太多选票，因此这个主张的含义倾向于依靠国民经济发展的前景。当平等机会的观念被发现的时候，它是一种需要政治关注的行动计划，而不是仅仅依赖实施平等的法律的惬意的期望。

威廉·西沃德——前不久担任过纽约州辉格派的州长，现在是国会参议员——1850 年在参议院谈到这些问题时意识到了采取积极的政策的必要性。他发言支持一项主张赠与新近从欧洲（那里 1848 年革命导致欧洲人新一轮突然的大规模外迁）来的难民宅地的议案：

> 我主张人的平等——**所有**人的平等，无论他们出生在哪个国家……
> 160 我对不同国家、不同种族、不同肤色的人怀有同样的尊重或钟爱。我对他们的态度不是依据他们的政府制度或是社会的观点，而是他们**个体的和个人的品质**。[①]

这些观点并未使西沃德像克雷弗克一样信奉“大熔炉”式的同化观，因为辉格党人从总体上来说相信占主导地位的盎格鲁-撒克逊血统将吸收其余血统的人。[②] 但是他们显然支持个人在新的美利坚世界开拓自己的道路的平等权利。而且，辉格党人愿意容忍和赞同地位优势所造成的财富分配的极端不平等。对于那种地位优势，如果有人有心要给它起一个名字，现在只能叫它“竞争性的优势”。[③] 早在 1835 年——托马斯·库珀恳求人们和谐共处之后的那一年——亨利·凯里就已经在一个声明中论述了问题的经济方面。那个声明

---

① Daniel Walker Howe, *The Political Culture of the American Whigs* (Chicago, 1979), 203.

② Ibid., 202.

③ Ashworth, *Agrarians and Aristocrats*, 120, 137—38.

强调技术多样化的必要性，认为这将吸收各种天赋的人，创造多种多样的职业。[①]（“职业”一词产生于19世纪，很可能最先出现在法语“向天才开放的职业”的话中。）

然而在接近19世纪中期的时候，一个巨大的社会力量开始主宰美国人意识中一切其他力量。奴隶制向西部的扩张及其扩展至中美洲和加勒比海的咄咄逼人的倾向，在50年代中期爆发为控制堪萨斯，后来是大西北部的可怕斗争，不仅在黑人而且在白人的自由的前景上笼罩上了一层厚厚的阴影。（这场斗争是象征性的，但是对于取得西部的控制权却是至关重要的。）人们普遍相信，奴隶制会毁灭由自由人垦殖自由的土地的希望。这种威胁将许多深怀种族偏见的农民变成奴隶制扩张的激烈反对者。[②]

共和党的意识形态在很大的程度上继承了辉格党对平等机会的信仰，这在最为广泛的意义上说是一种政治经济学的原则。而它在奴隶制洒下的光亮或者说阴影下得到提炼。共和党对奴隶制的批判包含着对奴隶制支撑的整个 161
社会的批判，这样一个社会建立在劳动耻辱的基础之上。正是这一点使“自由劳工”的原则成为整个共和党的信条中含义如此丰富的组成部分，无论这个劳动者被视为一个期望通过艰苦的劳动和个人的节俭改善社会地位的体力工人，还是一个独立的小企业家。共和党人深信，通过践行使美国社会开放、使所有人平等地享有美国的机会的原则，美国曾经也能够优越于欧洲。1858年一位爱奥瓦共和党人在谈到这个主题时问道：

> 是什么使美国的公民大众比欧洲的劳动阶级如此富有开创精神和智慧？是我们制度的性质对他们的刺激。大门向所有的人洞开。即使这个国家最为贫困、最为卑微的人，通过勤劳和努力，也能取得享有他的同胞的尊重和信任的地位。[③]

---

① Daniel Walker Howe, *Political Culture*, 111—12.

② 对北部观点的发展的很好描述，参见 James M. MacPherson, *Battle Cry of Freedom: The Civil War Era* (New York, 1988), chs. 1—5。

③ Foner, *Free Soil, Free Labor*, 16.

亚历山大·汉密尔顿曾宣称“应该向所有人开放”[①]的大门确实打开了。共和党人深深地和真诚地相信北部社会的成就和潜力。他们认为，平等的机会已经实现了。1838年，丹尼尔·韦伯斯特宣布，在美国比在地球上任何高度文明的社会存在着更大程度的地位的平等。他提供的证据是，在马萨诸塞州，没有人还赶四匹马拉的四轮马车；很少人不能领他们的妻子和女儿“搭乘体面的交通工具”去教堂礼拜。[②] 亚伯拉罕·林肯的平等观与财产和自由就业紧密地联系在一起：在平等的法律面前，人人应该享有选择他们的生计、通过劳动谋生和保留诚实的劳动成果的平等机会。[③]

因此，机会平等的观念并非一个脱离实际的原则。尽管共和党人和民主
162 党人还有其他关注的政治问题，他们都坚信美利坚共和国，在很大程度上是因为他们相信这些价值观已经被实现，而且应该得到维护。正是对平等机会观念的威胁——这种威胁来自多个方面，威胁的性质是不祥的——迫使他们放弃了对那种理想的有力界定。

平等的权利意味着平等的保护的方面

形成于美德和天赋，基于享有不可削减的平等权利的天然的贵族是新共和国可以容忍的一个特点。在我们分析过的政治的和道德的宣传家中，没有多少人会从心里对这个观点提出质疑。而反对合众国银行、反联邦主义者以及后来的民主共和党的整体方向是抵制他们所看到的那个时代的趋势，因为他们担心纸币、政府偿债、政府支持银行以及相关的商业特权正在创造一个人

① *Federalist* 36.

② 引自 Ashworth, *Agrarians and Aristocrats*, 65. 我们可以比较一下韦伯斯特在波士顿的萨姆特大街上的住宅。它的照片刊登在爱德华·佩森《内战前的财富、阶级和权力》(Edward Pessen, *Riches, Class, and Power Before the Civil War*)一书第197页。按烟囱来估算，其住宅至少有15个房间(可能还要多)；根据窗户的多少和整个住房的规模判断，许多房间很大。

③ Daniel Walker Howe, *Political Culture*, 290—91. 我把他的原话稍稍展开了一点儿。

为的新贵族阶层。一条线将这种抵制与杰克逊民主派的激进的一翼联系在一起。如果说这些人对平等的机会不太热心,不是因为他们相信不平等,而是因为他们对于鼓励美国社会偏离他们认为的共和基础的后果心存顾虑。

不祥的是,杰斐逊1800年竞选总统获胜并未能遏止汉密尔顿担任财政部长和华盛顿的总理时简短而出色的工作中推进的过程。弗吉尼亚卡罗林县的约翰·泰勒,杰斐逊早期的一位盟友,带着深深的忧虑注视着这些发展。直到杰斐逊退休很久以后他才发表了他第一本系统的专著。值得提及的是,这也是第一次从正式的哲学的角度对美国的政府制度进行全面的研究。

泰勒在某种意义上说是一个比杰斐逊本人更为纯粹的杰斐逊主义者。尽管他的文风艰涩冗赘,但是他坚毅认真。他的目标是确立一种不同的、非汉密尔顿的立场,他相信在这种立场之上,美国社会仍可立足。激发他作出这种努力的是两个有些不同的情况。一种是他所谓的"纸币和优惠制度"。他不安地看到,一个新的贵族阶级的崛起,依靠的是卑鄙地倒卖债券和纸币,而在国家真 163
正的农业财富中缺乏根基。这种潜藏祸害的发展是立法政策的直接结果,这将立法机关置于公司和银行的控制之下。激发泰勒撰写此书的另一个事情,是对约翰·亚当斯《为美利坚合众国政府的宪法辩护》一书迟到的反应。亚当斯的这本书实际上早在1786年就已经写成,在联邦宪法通过前夕首次出版。

泰勒对亚当斯坚持一切社会包括美国都应划分社会等级和他有关社会的安定需要通过某种设计把社会等级转变为政治制度的信念深恶痛绝。与亚当斯截然不同的是,泰勒的整个信念都依靠个人的正直来支撑。在这一方面,他的立场在政治上与詹姆斯·威尔逊相似,与把个人平等的代表权作为政治的唯一适当基础的思想派别和政治实践相一致。他宣布:"人民的主权和代表权源于每个人管理自己的权利。"因此政府的真正原则自然是通过平等的选区代表大多数。[1] 这些观点看起来可能很传统。然而,当它们威胁着要打破根深

---

① John Taylor, of Caroline County, Virginia, *An Inquiry into the Principles and Practice of the Government of the United States* (1814; London, 1950), 35—57, 101, 365.

蒂固的特权的时候，他们仍然不得不与其他产生时间更早的观点分享阵地——这个真理出现在弗吉尼亚州本身有关代表权改革的旷日持久的斗争之中。[1]

对亚当斯不利的观点还有其道德的方面。泰勒解释道："亚当斯先生的政治制度从自然的定数中推演出政府；而美国的政策从道义自由中推演出政府。"这说明，通过对赋予美国宪法生命力的原则的正确理解来解决问题需要较长的时间。在他看来，联邦宪法允许人保留"通过天赋和勤劳……公正地"获取的财产。[2] 因此，当立法机关通过纸币和优惠为媒介造成财产的转移的时候，这种措施就像那些重新进行国王、贵族和平民的划分的政策一样是违背
164 联邦宪法的。这对亚当斯有关贵族阶级出现的必然性的信念和他的倡导君主制原则的名声猛刺了锐利的一刀。

泰勒的经济学知识不能满足他关注的政治问题的要求。他未能提出政治经济学的理论，他也未能用统计数字来支持他的观点。他大量阅读有关政治经济学的论著也未能影响他的农本主义基本思想。他完全满足于立足于分析在纸币和债券的毒害发作之前的财产分配问题。对他来说，农业是一切其他财富的源泉和一切利益的核心。他的观点的最薄弱之处是，他通过"任何地方的贵族都不是基于土地"和英格兰的土地垄断"作为一个政治原则不能被感受到"的观点来反对土地贵族阶级的危险。[3] 似乎是农业经济包含着某种自我纠正的机制，会防止垄断性贵族的出现。泰勒认为他对"道义自由"的原则的信念优越于亚当斯对历史经验的价值的信念，这对他帮助不大，因为泰勒认为的对良好政府具有根本性意义的道义原则不能表明他设想的制度实际上的优越性，而且他诉诸英国人和殖民地的经历实际上是求助于历史，而不是道义的直觉。他并未根据他的观点的需要对土地和物品分配的真实情况进行追根究底，也未能对那种分配的真正的后果作出推断，甚至有关他自己的弗吉尼亚州

---

① J. R. Pole, *Political Representation in England and the Origins of the American Republic* (New York, 1966; Berkeley, 1971), 304—38.

② Ibid., 124.

③ Ibid., 477.

也未能做到。他拒绝接受自由地创造财产也会导致新形式的垄断的观点，并极力反对任何实现财产或知识平等化的法律。他宣布："他们自称要保持生命短暂而脆弱的人的财产的平等，并消除心智的不平等。"后来他又说："法律从未能够在存在勤劳的地方造成财产的平等，而它能造成对财产的垄断。"①

因此，从广泛的意义上说，泰勒对独立革命爆发时的社会状况并不是不满意。如果那不是一种理想的平等状态，也是可以接受的近似状态。后来的社会变革也并未侵犯他的总体原则，直到汉密尔顿的政治引擎开始运转。尽管他曾批评过联邦宪法，但是他认为它体现了正确的原则。他想把这些原则 165
强行定为绝对的政策规则。政治平等在这些规则中发挥着极其重要的作用。新的财富贵族可以通过腐败地利用对财产的自然的渴求来取得权力，然而它却不能服务于多数人的利益。那就是它为什么利用优惠和偏袒。泰勒很清楚，这个国家正在迅速地滑离它自己基本的假定。在他对未来的忧虑中不难看出地域性因素。他心中的占有土地者的利益主要在南部，但是其阵地正被银行家、商人、垄断者和债券的操纵者所占领，这些人的基地设在北部的城市。

在对财富的狂热追求中，许多人被践踏在脚下。约翰·泰勒坚定地走向相反的方向并不能给他们带来多少安慰。在安德鲁·杰克逊担任总统初期，纽约州政治改革的极为不同的城市氛围中，托马斯·斯基德莫尔的更为激进的企图不仅是使国家回到其原来的基础之上，并且也要纠正那些基础的缺陷。斯基德莫尔的政治学的基础是平等权利的绝对不可削减性。他指出："权利就像真理一样，所有人对它都能产生同样的理解，就像欧几里德所展示的一样。"②这个观点，是对不言自明的真理的观念的另外一种表达方法，无疑可能会被杰斐逊所接受。然而斯基德莫尔并不能接受杰斐逊赋予年轻的共和国的原则。他指责《独立宣言》的作者在含糊的"追求幸福"的言辞中漏掉了最为重要的一项。他说的那一项就是财产，因为没有财产，幸福是不可能的。他批

① Ibid., 472, 544.

② Thomas Skidmore, *The Rights of Man to Property*! (New York, 1829), 31.

评杰斐逊回避这个问题。

因此，斯基德莫尔与具有农本思想的先驱泰勒不同的是，他永远不会接受1776年的立场。他认为不光是美国政府，而是所有的政府都错误地接受了社会起源中财产分配的不平等，因为在政府建立之前还没有社会。[①]

在深入到他的原则所要求的逻辑基础方面，斯基德莫尔比泰勒更为彻底
166 和更为激进。鉴于财产权建立在劳动成果的基础之上，他认为制造商品的原料仍然属于社会。他对一切法律认可的财产要求表现出蔑视和不尊重。财产法的主要目的是认可对源于财产的不平等分配的平等权利的侵犯。这些观点引导他谈到继承权的问题，他认为这个权利是至关重要的。斯基德莫尔对不彻底的措施或迁就的办法并不感兴趣，而是决意要提出一套完整的计划，并首先在纽约州付诸实施。其目标是均衡现有的财产，并防止可能出现新的不平等。

尽管斯基德莫尔的分析从技术上说是复杂的，但是他使用的方法很简单。其目的是阻止人死后的一切财产转移。所有的财产必须移交州。孩子属于社会，而不是他们的父母——这回应了塞缪尔·哈里森·史密斯的观点(当然不用说也回应了柏拉图的观点)。[②] 他自然要求废除奴隶制。他还认为应该给予解放后的奴隶土地和财物，以便他们能够在自由的状态下自己去谋生。这种思想将在更为激进的共和党人中间再次出现。[③] 为了实现财产的平等，斯基德莫尔建议将现有的财产移交州，然后重新进行“总体分配”。正如许多关注共和原则的较为激进的思想家们一样，斯基德莫尔认为应使发展教育成为政府的责任，建议州财政应负担一切学校教育的费用。[④] 这些观点要比泰勒的观点激进得多，然而斯基德莫尔像泰勒一样抨击议会授予特许状和特权制度的方方面面，并引用潘恩的观点，认为特许状剥夺了整个人民的权利。[⑤]

---

① Ibid.，76，126—27.

② Ibid.，61—62.

③ Ibid.，270.

④ Ibid.，157—58.

⑤ Ibid.，160—68.

随着工人政党的发展，斯基德莫尔的政治基础崩溃。他（不久以后因传染上了霍乱而去世）被斥为“狂热分子”。正在兴起的工人运动极力清除他的“误入歧途的影响”。[①] 那也许是一种政治智慧。然而像斯基德莫尔这样的人有其重要性，因为他们的逻辑阐明了其他可以作出的抉择。约翰·亚当斯曾经 167
认为美国社会应该“仅仅存在一个等级”（他并非始终持有这样的观点）。在杰克逊时代的美国，没有人仍然相信这一点，这本身是共和国第一代人以来所发生的种种变化的重要证明。而斯基德莫尔的观点很明确，美国社会就是应该只有一个等级。他对国父们提出的原则的道义完整性并不满意。他想令它们完整。以共和国的人民之间的真正的相似性为基础，斯基德莫尔试图创造鼓励角色互换的条件。

即使在工人运动中，斯基德莫尔和他的一小撮追随者显得不合时宜，永远不可能获得永久性的立足点。美国平等的理想所赖以存在的形式必须适应经济发展（或是经济发展的前景）所主导的时代。斯基德莫尔的同代人兰登·拜尔斯拜在两三年前著书立说，试图走一条促进平等的更为切合实际的道路。他设想通过劳工协会“争取平等的（或相互的）好处（或利益）”，然后分配通过协会的活动获取的财富。[②] 这个时代的劳工激进人士和劳工的政治和经济组织的领袖们日益清楚的是，工人阶级永远不可能享有与他们的资本家主人们一样平等的经济机会；他们中很少有人能够摆脱他们所属的阶级。然而他们依然更为激昂地坚持要求平等，不是因为他们希望得到更为平等的报偿，而是因为平等是独立、掌握自己命运和自尊的代名词。正因为如此，1836 年在纽约市召开的全国工会联盟大会通过决议，决定建立合作制工会协会，以为技工争取“对自己的劳动的唯一和绝对的控制”。[③]

---

① Schlesinger, *Age of Jackson*, 184.

② L. Byllesby, *Observations on the Sources of and Effects of Unequal Wealth, with Propositions towards Remedying the Disparity of Profit in Pursuing the Arts of Life and Establishing Security in Individual Prospects and Resources* (New York, 1826).

③ John R. Commons and associates, *A Documentary History of American Industrial Society*, 10 vols. (Cleveland, 1910), vi, 291—93.

马萨诸塞州为该州的民主党卖力的小罗伯特·兰托儿在促使该党与劳工
168 运动结盟时否认该党是某个派别的政党。1837 年 7 月 4 日，他在伍斯特告诉听众，民主党是一个主张“平等权利、平等特权和普遍的保护”的政党。① 而在四年前，他曾在撰写的一篇文章中列举了工人可以向社会提出的要求：(1)对他的技能的所有权，对利用他们的技能产生的成果的所有权；(2)决定雇他的时间的条件的权利；(3)享有稳定的较高工资的权利；(4)享有接受教育的权利；(5)享有受尊重的权利；(6)享有改善生活的权利。② 这里同时列举了两个重要术语所包含的权利是普遍而平等的：改善社会地位的权利——这是平等机会的同一语；受到尊重的权利——也就是受到尊重的平等。无论他们有什么技能或多少财富，工人们应该受到社会的尊重。第二年召集工会大会的倡议书宣布要“商讨最有利于劳动阶级的道德和思想尊严、能够维护他们在金钱上的利益以及援助受压迫者的措施”。③ 金钱上的利益理所当然地列在其中，但是劳动阶级的尊严放在第一位。

在日期上而且在原则上的巧合是，1834 年法国具有反叛精神的神父拉梅涅(美国的劳工领袖们都了解他的活动)告诉法国的劳苦大众，他们必须学会“第十一诫”：“尊重你自己。”④没有这一点，任何值得尊重的东西都不可能得到。

政党政治的妥协永远无法满足工人们的道德和经济需要。在奥雷斯蒂斯·布朗森目睹了 1837 年的经济危机所造成的痛苦的时候，他开始投身于杰克逊时代的政治。他对美国已经成为一个平等的社会并不抱有幻想，他也知

---

① Marvin Meyers, *The Jacksonian Persuasion* (1957; New York, 1960), 222—23.

② Ibid., 216.

③ Commons, *Documentary History*, vi, 194.

④ A. G. Lehmann, Sainte-Beuve (Oxford, 1962), 204. Arthur M. Schlesinger, Jr., *A Pilgrim's Progress*: *Orestes Brownson* (rprt., Boston, 1966), 320. 拉梅涅(H. R. F. de Lamennais)所著《信徒语录》(*Paroles d'un Croyant*)被布朗森(Brownson)的友人纳撒尼尔·格林(Nathaniel Greene)译为《人民自己的书》(*The People's Own Book*)，1839 年出现在波士顿。(Schlesinger, *Brownson*, 303)。这里不是说美国人从法国人那里获取了那种观点，而是说已经可以设想建立一个在工业资本主义下的工人阶级的国际社会了。

道它并未实现真正的自由竞争。布朗森对源于法国并在美国拥有越来越多的信奉者的集体主义观点置之不理，认为真正的任务是恢复真正的自由放任的状态。然而，他的分析需要相信两个观点的成立：第一个观点是相信在独立革 169
命时代确实存在过理想的状态；第二，工业经济的发展可以逆转。这些观点的正确性值得怀疑。然而布朗森的社会现实感令他在波士顿的尊贵的唯一神教同代人刮目相看。布朗森在 1840 年发表的一篇极具争议性的文章《劳动阶级》中宣布，普选权“无异于笑柄，如果选民在社会是不平等的话。无论你支持哪个政党，无论你选举哪个人，财产总是你们政府活动的基础”。他对自由贸易和普及教育的问题抛开不管，单刀直入地切中问题的核心——有必要废除继承权。[①]

布朗森复兴斯基德莫尔的计划的时机掌握非常关键。辉格党人在 1840 年的大选中吸收了他的一些思想，这些思想正是期望民主党能够获胜后实践的典型思想。这在民主党人中间造成了憎恨和惊恐，削弱了他们已经受挫的在选举中获胜的前景。民主党的惨败对布朗森的震动很大，以至于他对民主政府的信念破灭。他以后再也不会如此相信人民。但是他的充满活力的思想是独立革命传统的一个丰碑。他不仅相信存在着真正的原则，而且相信杰克逊时代的美国失去了国父们曾经践行过的原则，而杰克逊民主未能恢复那些原则。在这个方面，他与那些认为杰克逊民主履行了独立革命的承诺的历史学者们观点相左。而且，他保持了与早期的共和原则的联系。在一定意义上说，在其目标而不是其具体的解决方案上，斯基德莫尔和布朗森是古时候土地改革者们的“后裔”，尽管二者在时间上相隔很远。在进步主义时代或是新政时期的改革家们中间，没有人倡导废除继承权。

布朗森从未组织任何政治活动。斯基德莫尔试图发起一个运动。他的运动和其他早期的工人运动的初期，并不专注于某个宏伟的计划。他们最初的要求是利益方面和工业生产方面的。这些要求因为需要通过一系列的法律保护他们直接的经济利益而涉及政治。正如我们所看到的，这些法律中包括的

① Schlesinger, *Brownson*, 82—83, 88—111.

170 一个法律可能赋予他们对未得到报酬的已完成的工作的价值的留置权，并保证他们的劳动时间。[①]

影响经济发展的各种变革开始促使技工们中间产生一种新的阶级感，其界定有别于资本家和个体企业家构成的中产阶级。而其影响具有分裂性，即使工人们也感觉到它们与共和国的真正精神相抵牾。辛辛那提一个类似的趋势是，该市的熟练工们谴责阶级冲突，信奉一切“生产”阶级的和谐和相互需要的思想。[②] 如果美国社会毕竟是一个等级社会，那么新觉醒的工人们决意要通过它们的经济功能（也就是他们的作用）以及他们的成员应该受到的尊重来界定这些等级。

安德鲁·杰克逊，社会等级和平等的保护

在安德鲁·杰克逊担任总统期间，所有这些问题并未全部显露出来。然而它们中的许多已经被预见到了。杰克逊本身对于社会等级的威胁并非如他的政治敌人们担心（或声称担心）的那么大。他反对给合众国银行再次颁发许可证不是出于反对任何统制的或集权化的原则，而是坚定地坚持以前的平等机会的立场，反对任何形式的特权。基于同样的原则，他反对那些正在蔓延的使政府任职带上私人财产权特点的社会习俗，这种习俗显然与英国还未消失的习俗类似。[③] 然而，杰克逊忽视的一个问题是，如何遴选“有才智的人”让他们履行政府职务“明确和简单的职责”。其运作服务于和受制于政党（或是权
171 力很大的政客们）的分肥制度提供了问题的答案。无论这种制度是否促进了对政府任职中机会平等的尊重，不好说它能使政府官员们比他们是私人特权

① Hugins, *Jacksonian Democracy*, ch. 4; Sean Wilenz, *Chants Democratic: New York City and the Rose of the American Working Class, 1780—1850* (New York, 1984), ch. 4.

② Steven J. Ross, *Workers on the Edge: Work, Leisure and Politics in Industrializing Cincinnati, 1788—1880* (New York, 1985), 56—59.

③ 一个历史的嘲讽是，被美国人视为腐败的贵族政治的原型的英国在美国的政党分肥制度确立后不久，开始采用竞争性的制度和独立的文官制度。

的维护者时对公众更加负责。在美国，政府任职者后来被称为“任职者”而不是“公务员”，不是一个简单的语言学上的偶然现象。

杰克逊派的理论满足于政府能够维持很快会被称为“机会平等”的基本条件，其措施是摧毁第二合众国银行，并通过州一级的立法要求符合标准条件的公司特许状不受压力和特权的影响。除此之外，杰克逊和他的政党乏善可陈，在行政上无所作为。他为否决给第二合众国银行颁发新的特许状的议案所发表的咨文阐述了他的原则的局限性和涉及的范围：“社会差别在任何公正的政府下都会一直存在。人类的制度无法产生平等的天赋、教育或财富。”对于他左翼的改革家们来说也仅此而已。政治学尚未开始在概念上对这些差别进行分析，而后来的一代人将称杰克逊的立场为“重视手段的”机会平等，与此对立的是“重视集团的”机会平等。① 他自己社会政策的目标也只是使政府在竞争的利益之间保持中立。他不打算采取重新分配财产的政策或是行使家长式的控制。(不受私人特许状限制的)经济、专业的和社会的领域、农业、手工艺、制造业、渔业、金融以及各种教育向所有人(指的是所有男性白人)开放，只要他们具有进入这些领域的途径。在宣布人人应该享有平等的法律保护时，杰克逊宣扬了一个具有巨大的历史意义的短语。应该保护，

> 充分享有上天的恩赐和非凡的勤劳、节俭和美德产生的成果。然而当法律在这些自然的和正义的利益之外制造人为的差别、通过赐予所有权、赏金和独占性的特权从而使富者更富、强者更强时，农民、技工和体力劳动
> 者等卑微的社会成员有权抱怨政府的不公正。政府本身不一定必然产生 172
> 弊病。弊病只是在滥用政府权力的时候存在。如果政府能够只是给予平等的保护，像上天之甘霖一样平等地洒向高贵的和卑微的、富有的和贫贱的，那这个政府就是一种绝对的赐福。我面前的法案似乎远远地和毫无必要地偏离了这些原则。

① Douglass Rae and others, *Equalities* (Cambridge, Mass., 1981), ch. 4.

这很难被视为对竞争性的资本主义时代的社会正义问题的彻底的阐述。[1] 像反对纸币的理论家威廉·古奇等其他出色的杰克逊派人物非常清楚的是，机会平等的似是而非的表现掩盖了复杂的和日益扩大的社会鸿沟，这种鸿沟无法通过政府的高调和不着边际的限制而中止。[2]

热衷于公众生活的人都不会否定杰克逊的信条：法律应该给予所有人平等的保护（非白人和妇女们除外）的信念。意见的分歧是政治上的，而不是法律上的。至关重要的是，它们取决于对所有人平等的法律的实质性内容。杰克逊以及他的政党认为，国家银行等机构将毫无正当理由的不平等注入了美国生活。因此杰克逊自己也不知不觉地被卷入其中（尽管是有限度的），宣布社会价值观必须影响政府政策；政府的中立仅限于确定规则。同时，他像（仍然健在的）麦迪逊一样相信，一个公正的政府应该保护自由发挥与生俱来的天赋自然而产生的结果。

然而杰克逊的语言中充满了他自己未能意识到的讽刺意味。当他引入"平等保护"的短语的时候，他意在**限制**，而不是扩大政府行动的范围。它是宣布政府的不干预政策。然而这个短语会在联邦宪法本身因为增加了第十四条修正案而经历重建这样的美国历史的关键时期而重新出现。联邦宪法第十四
173 条修正案保证美国治下的所有人享有平等的法律保护。然而对不同的阶级起着不平等的作用的法律不可能给个人提供平等的保护。通过必然的逻辑会发现法律的内容本身也要受到平等的原则的制约。平等的法律保护终有一天将意味着法律自身必须是平等的法律。

---

① 对资本主义制度固有的竞争性性质最高级的官方承认出现在不久以后联邦最高法院对"查尔斯河桥梁公司诉沃伦桥梁公司案"(*Charles River Bridge v. Warren Bridge*, 11 Peters 420 (1837))的裁决。新近的一个立法授权一个新公司沃伦桥梁公司(Warren Bridge Company)在查尔斯河上建造一座桥梁。这个桥梁的建设将与老的查尔斯河桥梁公司(Charles River Bridge Company)进行竞争。老查尔斯河桥梁公司按照18世纪的一个特许状声称在这条河上建造桥梁拥有独占权利。联邦最高法院实际上的裁决是，在市政改造和经济竞争中，公众利益超越了特许状中所包含的财产权。

② Joseph L. Blau, ed., *Social Theories of Jacksonian Democracy* (Indianapolis, 1954), 183—98.

在重建的辩论中，国会的目的是将法律保护扩展到有色种族（这是他们那时正式的称谓）。这种事态的变化会令杰克逊震惊。他一定不会同意。然而事实是，对平等保护的这个新的应用与其原始的原则是一致的。杰克逊从不关心种族平等，可能不会看到这种联系。而这种困难源于他以及他的同代人的社会眼光的局限性，而不是源于事情的逻辑。我们可以说，法律的生命力，尽管受到高层权力的威胁，一直在于逻辑和经验之间的紧张关系。

174 第七章　种族与政治社会

不平等与联邦宪法

在 1858 年 8 月 21 日这个灼热的下午，在伊利诺伊州北部奥塔瓦小镇，面对着大约 12000 名举着横幅的群众，在铜管乐队的助兴下，迎着公路上飞扬的尘土，亚伯拉罕·林肯发表了他与国会参议员斯蒂芬·A. 道格拉斯之间一系列辩论中的第一场演讲。二人争夺的是要在 11 月份由州议会而不是全民投票选举的联邦参议院席位。尽管选举的程序不是直接选举，公众群情激昂，而且林肯的挑战和道格拉斯接受挑战表明，他们承认全国性的问题需要进行公开的辩论。因为这些重大的问题不仅与伊利诺伊的选民有关，而且与全美国人民相关。根本的问题是奴隶制的未来。而事关直接的政治目标的问题是，是否应该允许奴隶制按照地方白人的意向无限制地随意扩张到联邦的新领地，以及联邦政府是否有遏止它扩张的宪政权力，并且应该行使那种权力。

有关奴隶制的辩论也是有关自由的辩论。从最为根本的意义上说，它也是有关美国的平等的理想、可能性和局限性的辩论。种族问题对美国人致力于平等的程度进行了最为彻底的检验，因为种族问题就是一个**等级制度**的问
175 题。它提出的问题是，建立在平等的权利基础之上的平等的机会是否能够向所有的美国人开放。在所有州和所有地域的自由黑人都遭受着毁灭性的令人蒙羞的歧视，这有效地阻止他们参与分享白人美国人普遍认为是他们与生俱来的权利的任何好处。黑人有充分的理由意识到平等机会这个承诺以及他们被剥夺它的程度。

这些限制开始于 19 世纪初，那时与独立革命相联系的理想主义已经开始

淡化为争取经济地位的改善和政治权力的雄心勃勃、有时狂暴的竞争。在18世纪的最后年代里,许多南部白人对迅速增加的自由黑人人口的恐惧和敌意与日俱增。这些自由黑人人数的增长在很大程度上是由于伴随独立革命而采取的解放奴隶的举措。1793年在圣多明各岛上爆发的奴隶起义,制止了法国人在路易斯安那部署军队的企图,也令数千惊恐的白人难民逃到北美大陆,恐怖浪潮冲击到了白人社会的广大范围。对自由黑人的压制,不是出于对问题的性质的清醒的分析,而是那些黑人人口最多的南部州的白人的一种反应。

通过制定具体针对自由黑人人口的新的法律,北美洲的白人世界彻底地剥夺了黑人可以正当要求的自由和机会。[1] 在南部诸州,黑人儿童上学变得几乎不可能,除非处于白人的控制和监督之下。在北部诸州,他们最好的希望是去隔离而劣等的学校上学。(是新英格兰的马萨诸塞最先采用"隔离但平等"的原则为这种学校隔离作辩护。)[2]在各个地方的非洲裔美国人在教育和培训上受到限制,无法进入专业性工作,也没有通过资本或贷款跻身于企业界的希望,因而生活在白人文明的边缘。白人在他们自己的思想中似乎对自由黑人和奴隶没有作什么区分。既然实际上是白人的政策使自由黑人不可能更 176
为充分地融入社会生活,白人的态度应该对白人废奴主义者所面临的社会问题负责。因为在解放奴隶的计划背后直接暗藏着的必然的问题是,黑人是否应该和应该如何被纳入社会,并被允许分享其特权。在种种意义上说,这是美国人要面对的对"平等"的方方面面的最为彻底的检验。所有这些问题在林肯和道格拉斯之间的辩论中都涉及了。

不平等,联邦宪法与争取政治权力的斗争

道格拉斯与林肯高大而瘦骨嶙峋的身躯相比较是一个五英尺四英寸高的

---

① Robert McColley, *Slavery in Jeffersonian Virginia* (Urbana, Ill., 1964); Eugene D. Genovese, *Roll, Jordan, Roll: The World the Slaves Made* (London, 1975), 31—32.

② *Roberts v. The City of Boston*, 5 Cush. Mass. 198 (1849).

壮汉。他在辩论的一开始就结合林肯和共和党相信不同种族完全平等的竞选言论，信心十足地宣扬为人熟知的黑人劣等的主题。道格拉斯宣布："我认为这个政府建立在白人的基础之上。我认为它是万世永远为了白人以及他们的子孙后代的利益由白人创建的。我主张公民身份仅限于白人和欧洲出生和血统的人，而不主张把它给予黑人、印第安人以及其他劣等种族。"他指责林肯相信万能的上帝赋予了黑人平等；任何人类的法律都不能剥夺"宇宙的最高统治者"赐予他的权利。对于这些被认为是林肯和共和党的观点，道格拉斯回答说，万能的上帝从未打算让黑人与白人平起平坐。他补充说："如果他打算这样做，他早就会表现出这一点。"他接着援引"各个纬度地区和各种气候下"黑人劣等的历史佐证。[①] 正是针对这些信仰以及支撑这些信仰的固有的巨大的偏见，林肯作出了措辞审慎的回答。林肯自己也是同样的白人社会的产物。他承认黑白种族之间的生理上的差别"很可能将永远不允许它们在完全平等的基础之上生活在一起"。他表示宁愿他自己的种族占据着优等的地位。尽
177 管是为了破坏道格拉斯现有的优势，即使林肯话中的"很可能"都可以被解释为他也是偏见的俘虏。尽管实现"完全的平等"可以无限期地推迟，然而它至少还可以考虑。他宣布："我无意使白人和黑人两个种族在政治上和社会上处于平等地位。"在另外一个场合他否认应该允许黑人参加选举或陪审团。这一切与"完全的平等"保持了一个相当安全的距离。尽管有这些保留意见，他认为：

> 绝对没有理由说黑人没有资格享有《独立宣言》中所列举的各种天赋权利——生命、自由和追求幸福的权利。我认为黑人像白人一样有资格享有这些权利。我同意道格拉斯法官的话，黑人在许多方面和我不平等——肤色当然不一样，道德或智力天赋方面恐怕也不一样。但是在吃用自己的双手挣来的面包而勿需任何人恩准的权利方面，**他和我是一样**

① Paul M. Angle, ed., *Created Equal? The Complete Lincon-Douglass Debates of 1858* (Chicago, 1958), 111—12.

的，和道格拉斯法官是一样的，和每一个活着的人都是一样的。[①]

雷鸣般的掌声证明了群众中的一种深厚的道义感情。他们的立场开始发生变化。正是林肯通过使这些情绪具体化和强化，推动了群众立场的变化。然而难的是在政治政策中消除分歧。尽管道格拉斯表现出了道义上的冷漠，然而他不赞同奴隶制，也不想剥夺黑人谋生的能力，但无论如何也不会给予黑人与白人一样的平等机会。两个对手都不主张给予黑人政治的或公民的权力等实际上可以用以保护经济独立的权利的那些工具。

林肯立场的矛盾至少如他在进一步的辩论过程中揭露的道格拉斯的矛盾一样严重。他坚持认为《独立宣言》中所列举的权利的平等可以不必给予通常与公民身份相联系的权利而得到保障。道格拉斯如果能够抓住其观点的微妙之处，就能使林肯在这个问题上陷于尴尬的局面。[②] 然而林肯不期望改变制度。他的目标是改变态度。在这些著名的辩论中所发表的演说和对问题的回 178
答里，林肯将崇高的原则与清晰的演讲结合起来，完全没有矫揉造作的辞藻，总是妙语连珠，从不失对听众的尊重。他争取民众的活动是一个巨大的成功。尽管他在州议会的选举中未能当选国会参议员，但是他从在全国名声鹊起中得到的更多。仅仅两年多之后，他得以赢得总统大选。然而所有这些都不能掩盖林肯宣布的正式原则与他倡导的政策并不一致的事实。那确实是他成功的部分原因。无数共和党的支持者有的希望看到黑人获得自由，有的希望黑人能够在和平与安宁中自立，有的希望国家的制度保障这些事情，但并不想与非洲种族分享这些制度。他们所面临的问题从本质上说是复杂的，还未得到深入的探讨。在随后的十年中，这种探讨的过程将会迅速加强。它将使一场

---

① Ibid.，117.

② 当然，白人社会中也有成员未能享有所有这些权利，譬如妇女。一些具有洞察力的妇女们，尤其是那些开始参与反对奴隶制的运动的妇女们，已经看到她们的地位与奴隶地位的极为相似性。但是那种相似性并非等同。白人妇女可以起诉和出庭作证，被包括在将那些显然具有非洲血统的人排斥在外的法律制度之内，并在很大程度上受着它的保护。白人妇女和白人男子属于同一个家庭的成员，在实际上和在象征意义上都是如此。

宏大的内战成为必要，并伴随着有关黑人参与白人社会的正常生活的激烈的和怒气冲冲的争论。在整个这个过程中，美国平等的信条受到质疑，其潜在的思想、道义的保证和言辞上的承诺都在这个国家历史上前所未有的政治冲突中暴露出来。

然而在1858年，所有这一切都是模糊的，人们对它们将采用的形式还不得而知，期盼中带着恐惧。暂时很清楚的是，没有任何形式的平等会扩展到黑人美国人。即使是声称是他们的朋友的大多数人也不主张给予他们机会平等、政治平等和法律面前的平等。道格拉斯富有特色的语言所阐明的受尊重的平等完全是不可能的。如果在这种情况下黑人要享受到《独立宣言》中的天赋权利，他们只能在一个完全不同的低级水平上终其一生，也许会免受骚扰，
179 但是即使在久远的将来也永远不会有改善处境的希望。林肯和任何人都不会容忍这种对白人种族权利的剥夺，或是对白人种族的一部分权利的剥夺。在这种情况下没有任何解决办法。如果黑人不能享受到完全的平等，至少非常基本的政治参与和法律权利对于真正享受到幸福、自由以及时常对生命本身是必不可少的。

美利坚合众国宪法不太倚重美国的民众，认可和保护了斯蒂芬·道格拉斯认为对其存在极为重要的道义多元性。道格拉斯之所以认为美国像以前一样能够容忍半奴隶和半自由的状态，是因为他不认为联邦宪法的原则与奴隶制的道义问题之间有什么联系。林肯比他的对手对他的时代的历史进程的民族化特征有着更为深刻的理解。他认识到根本的道德价值观的多元化不会永远存在下去。在以前，国家的制度以及其土地本身保护了将如此千差万别的不同民族纳入一个政治制度的宽阔的和随和的胸怀。土地能够吸收和隐藏初生的冲突，而这些冲突的思想特征使它们最终不容回避。正是由于这种原因，充裕的空间令许多美国人感到也拥有无穷的时间。无论哪里的空间被占尽——正如许多城市所发生的那样，哪里就会突然爆发竞争性的信念和相互敌对的社会群体之间的令人震惊的冲突。在东部城市，这些冲突的爆发要比西部广阔的空间早一些。然而，在19世纪50年代中期，以林肯－道格拉斯之间的辩论为直接背景在堪萨斯爆发的奴隶制和自由土壤力量之间的准战争证

明，空间不能无限地压倒时间。所有这一切自从大约20多年前杰克逊时代就在不同层面和不同环境表现出来了，似乎与国父们承诺建立"一个共和形式的政府"时脑子中所想的毫不相干。

美国社会所提供的"平等的快乐"给托克维尔留下了深刻的印象。然而并非所有的外国人留下了这种正面的印象。托克维尔自己害怕的多数人的暴政并非政治平等的吸引人的特性之一，也不容易与权利平等、机会平等或受尊重的平等相协调。他的同代人米歇尔·查瓦利亚也在杰克逊时代访问过美国，嘲讽 180
地评论道，当一个尊贵的公民说出平等一词的时候，它就变得如此空洞无物。①

美国人中间有几个少数白人群体，最突出的是爱尔兰天主教徒。对他们来说，美国的平等充其量只是一个遥远的希望，从最坏的角度说，只是一个令人不齿的玩笑。然而不同民族血统、风俗习惯和宗教信仰的民族表明，他们能够使自己接纳其他民族的存在，能够在政党中形成交往的形式。构成共和国的不同州的联盟总是包含着一个由拥有自己的习俗的社区和自己的社会和经济习惯的地区构成的不同的联盟。而美国共和政府一直对不同社区的巨大差异持友好的态度，只是在理论上由单一的法律制度统一在一起。社区的观念根据族裔、民族或宗教的迁移浪潮之后所留下的人口类型或多或少地发挥着作用，而且时常变化，很难确定其确切的含义。然而其轮廓是沿着种族的界线清晰地划出的。社会平等的"快乐"体验，无论其存在着什么样的局限性，黑人在他们与白人的关系中通常是体会不到的。无论他们表白的思想意识是什么，很显然多数白人美国人不愿让其政治观点超越看得见的肤色事实所划定的界线进入公民的和私人的生活。

这个共和国包括两种类型的人口，一种是属于共和国的，一种只是住在共和国内的。尽管北欧和地中海沿岸欧洲国家的移民之间、英国和爱尔兰移民之间以及不同教派或宗教之间的差别会很明显和严酷，然而它们不如看得见的肤色差异如此难以动摇。绝大部分欧洲裔美国人把肤色的差异视为他们与

---

① Michel Chevalier, *Society, Manners and Politics in the United States: Letters on North America* (1839), ed. John William Ward (New York, 1967), 371—74.

非洲血统的美国人之间无法逾越的差别的标志。在这种差别促进了对白人社会的界定的意义上说，它可能在某些地区加强社会的纽带，如我们在南部看到的对那种情绪的煽动。[①] 回过头来看，在地域冲突的背景下，这种种族差别的
181 传统影响到了相互竞争的政党对联邦宪法制定时美国社会的构成以及联邦宪法是为谁制定的这个问题所持有的观点。这种影响在首席大法官罗杰·坦尼著名的“德雷德诉桑福德案”的判决词的一段文字中表现出深刻的宪政意义。这个案子在下级法院打了多年以后在 1857 年由联邦最高法院作出了裁决。这个裁决的作出是在詹姆斯·布坎南就任总统之后不久，在有关堪萨斯和废除《密苏里妥协案》的“暴风骤雨”开始平息之前，其目的是就争论的问题作出最终的司法裁决，以平息这些论争。[②]

本案的缘起是因为黑人奴隶德雷德·斯科特曾经被他的主人从蓄奴州密苏里带到根据 1787 年国会法令(先由邦联国会通过，后来在联邦宪法制定以后再次通过)应该禁止奴隶制的领地。后来斯科特的主人埃默森医生带着斯科特和他的妻子又回到了密苏里，因此又使他们处于蓄奴州的管辖之下。联邦最高法院要裁决的问题对于南部的奴隶财产的拥有者们来说具有重大意义。斯科特和他的妻子是否仅仅因为曾经踏上西北部的自由土地就成为了自由人，就像 1772 年曼斯菲尔德勋爵在英国皇室法庭上宣布因为奴隶制在英国
182 没有存在的法律基础，奴隶萨默塞特获得了自由一样?[③] 南部的法院愿意赞

---

① 参见本书第六章第 144 页(英文原书页码)国会议员 James Dowdwell 的引文。

② 对本案前因后果的最为透彻的分析参见 Don E. Fehrenbacher, *The Dred Scott Case* (New York, 1978)。在本版中我按照 Fehrenbacher 的做法将案中被告拼写为“Sandford”。但是联邦最高法院的报告中使用了“Sanford”。本书 1978 年版使用的是后一种拼法。

③ T. B. Howell, *State Trials* (London, 1814), 82; David Brion Davis, *The Problem of Slavery in Western Culture* (Ithaca, N. Y., 1966), 485; Fehrenbacher, *Dred Scott*, 6; J. R. Pole, “Slavery and Revolution: the Conscience of the Rich,” in *Paths to the American Past* (New York, 1979), 57—60. 对于美国参与奴隶制争论的各方都很关注“萨默塞特案”(Somerset)，以至于南部同盟的宪法具体推翻了萨默塞特案的原则。(第 4 条，第 2 款，第 1 段)。参见 Robert M. Cover, *Justice Accused: Antislavery and the Judicial Process* (New Haven, 1975), 87—88, 167。首席大法官曼斯菲尔德勋爵在“萨默塞特案”中曾经裁决，在英国的法律体系中，奴隶制的存在必须受到法律的正面支持。很显然，在《西北法令》规定的领地内奴隶制的存在没有正面的法律支持。正是为了澄清对这一点的疑惑，首席大法官坦尼需要指出，涉及的法律缺乏宪法合法性。结果未能遏止争论，反而使联邦最高法院陷入争论的中心。

同，一个奴隶在自由领地永远定居就获得了自由，而一些北部州通过了法律，允许南部的奴隶主携带他们的奴隶仆人来进行一定时期的访问。区别在于定居和暂住。南部人不会承认奴隶仅仅通过踏上自由的土地就获得自由的观点。如果不是这样的话，《西北法令》和国会针对领地的奴隶制制定的所有其他的法律赋予的只是一种有限制条件的自由。（这显然是对法律面前平等的根本原则的违背，这对无数自由人的自由构成了潜在的威胁。）从另一方面说，如果斯科特和他的妻子因为涉足自由的土地就成了自由人，他们又如何能在回到密苏里州时被重新奴役呢？因为一个自由人通常不会仅仅因为进入蓄奴州就沦为奴隶。各州无疑有权制定他们自己的法律来保护奴隶制、禁止奴隶制，或是在奴隶主"暂住"的情况下允许奴隶制。如果各州有权这样做，很难理解为什么联邦国会对它拥有管辖权的领地不能这样做呢？

联邦最高法院解决问题的办法是，要确认在联邦宪法制定时黑人不是美国公民，因而即使是一个自由的黑人也永远不能成为美国公民，没有权力在法庭起诉。因此，已没有必要由被告提交答辩状。而联邦最高法院还得出结论（刚才提到的对管辖权的否定使这个结论在技术上说成为多余的），国会从未拥有禁止领地确立奴隶制的宪政权力，因此，在北纬 36°30' 以北的所有领地永远禁止奴隶制的《1820 年密苏里妥协案》在通过时和通过之后的 34 年里都是违宪的。（这个妥协案出于各种目的被废除，为《1854 年堪萨斯－内布拉斯加法案》所取代。）首席大法官坦尼以及同意这个裁决的六个法官通过不同的途径得出了这些结论。这个事实令满心狐疑的公众相信，他们的裁定是根据要得出的结论作出的，而不是相反。

首席大法官不能令坚持严格解释联邦宪法原则的那些人满意。他宣布："联邦宪法授予了国会确定统一的归化制度的权力，很显然这种权力是国会独 183
有的权力，本院一直这样认为。因此，自从联邦宪法通过以来，任何州在归化外国人时，不能赋予他联邦政府保障该州的公民享有的权利和特权，尽管他在州内无疑应该享有公民的权利，并被赋予了该州的州宪和法律所保障的一切权利和豁免权。"他接着指出："因此，很显然，在联邦宪法通过以后，任何州不能通过其制定的任何法案或法律将新成员纳入美利坚合众国宪法创造的政治共同体。它不能使他成为其州的成员因而成为这个政治共同体的成员。出于同样的原因,它不能吸收任何人以及联邦宪法创造的新的政治大家庭不打算包容,而是要将其排斥在外的那一类人。”[①]

在这个核心段落中,首席大法官的思想中包含着两个不同、不完美但是很突出的主题。第一个主题很简单:只有国会有权归化受联邦宪法保护的美国公民,因此被特定的州接纳为公民的个人不会享受到全国公民身份的保护。联邦最高法院在这里颠倒了一个普遍的理解:一个州的公民自动地成为合众国的公民。(州可以依据国会制定的“统一的制度”来归化合众国公民。[②])他的第二个主题依据的纯粹是对 1788 年存在的政治共同体的性质的主观判断,与这种判断相联系的是一种几乎形而上学的原则:认为这种共同体不可能打算让联邦宪法适应这种共同体后来的变化。这个观点缺乏历史的证据和逻辑的支持。除了一个州不能归化美国公民这个论断之外,首席大法官坦尼指出,一个州永远不能赋予按照他的界定在联邦宪法制定时被排斥在政治共同体之外的任何人以公民身份。这个人当然指的是非洲血统的人。为了使这种观点
184 令人信服,坦尼应该认为所有未被包括在 1787—1788 年的人口统计中的人都被永久性地排斥在公民身份之外,这种排斥包括来自东欧、中欧甚至地中海沿岸国家的欧洲移民。而鉴于已经说过的,宣布任何州不能将“不打算包容在内的那一类人”吸收进“这个新的政治大家庭”纯属狗尾续貂。那种权力属于国会是因为联邦宪法只是将它赋予了国会。首席大法官的理论与联邦宪法缔造时与之后的法律无关。它是一种有关人民(联邦宪法是为他们制定的)的构成——“政治共同体”——的社会理论。实际上坦尼并未宣布国会没有权力改变这种立场,尽管显然他可能想这样说。尽管如此,他有着近乎篡夺立法机关的权力的危险,因为联邦宪法明确规定,立法机关而不是司法机关有权决定公民身份问题。他在“德雷德·斯科特诉桑福德案”所允许的范围将联邦宪法界

① *Dred Scott v. Sandford*, 19 U. S. Howard 393 (1857), at 701.

② James H. Kettner, *The Development of American Citizenship, 1608 — 1870* (Chapel Hill, 1978), 322—32.

定为一个种族主义的文件，以至于认为将黑人纳入联邦宪法的保护之下将违背其性质和制宪者们的意图。这是他有关州的权限的长篇大论的整个观点，这只是一种附带意见，只能这样理解。这个裁决从整体上说是强加的“原始意图”与对那种意图的完全歪曲的解释的奇怪混合。

依赖这些前提条件的裁定的致命弱点隐藏于对历史证据的使用，但隐藏得不太深。法官柯蒂斯先生在他的反对意见中无可置疑地表明，实际上在联邦宪法制定期间黑人在几个州享有公民身份的特权。根据“礼让条款”（这里又回到了制定联邦宪法时的争论），每个州的公民将享有其他州的公民的特权和豁免权，而只有联邦政府可以授予公民身份——因此，一切现有的州的公民在联邦宪法生效之时一定已经被接纳为合众国的公民。而且，实际上黑人当时在许多州拥有选举权。坦尼试图通过对选举权和公民身份作一区分来解决这个棘手的问题。这不是一个稳妥的立场，因为只有那些**预期**成为公民的非公民才会被允许参加选举。然而正如柯蒂斯所指出的，他的具体的麻烦在于， 185
黑人可能参加了支持批准联邦宪法的投票。果真如此，联邦宪法的存在部分地应归因于黑人的同意。① 坦尼和联邦最高法院多数派试图作出的区分很快会被证明站不住脚。然而他们尽最大的可能努力对联邦宪法的界定不是从它赖以立足的个人权利的角度，而是从人口的社会结构的角度作出的，由此在联邦宪法下创造了一个等级制度。

宣扬不平等的人类学

对平等的权利的信仰基于一种道义上的直觉。它不需要确认，实际上也无法通过观察来证实。然而日常生活的行为与日常的观察紧密联系。这种观察日积月累比直觉更多地影响着人们相互之间的行为。很少有普通的美国人

---

① Ibid.，572—88. 柯蒂斯(Curtis)的观点比同样持反对意见的麦克莱恩(McLean)更为明确和令人信服。而柯蒂斯的逻辑压倒了坦尼。后来坦尼极为敌视他的这位年轻的同事，费伦巴赫尔(Fehrenbacher)合情合理地把这归因于他意识到自己思想上的挫败。Fehrenbacher，*Dred Scott*，414.

会感到有必要消除自己持有的、似乎反映着种族关系的常识的信念。观察表明，他们中间的黑人在方方面面处于卑贱和劣等的位置，未能受到良好的教育，显然缺乏抱负或能力。这些观点具有自我保护能力。它们不会要求白人改变他们自己的做法，打乱他们自己的态度。如果有关权利平等的道义直觉发展成为一种相信人人具备平等的能力的观点，逐步出现的人类学的观察未能促使人们认为：进入美洲大陆的各种各样的民族能够取得同等的成就。移民的影响很早就开始对角色可以互换的乐观的美国人的观点造成了很大的压力。即使那个原则被接受了，也没有理由认为这些不同的民族怀有同样的抱负。美国印第安人的不同部落在他们的技术、兴趣和生活方式方面很显然不同于欧洲裔美国人，印第安人部落之间在这些方面也存在着差别。同时，海外
186 移民要通过努力对庄严的联邦宪法的冷淡的条款保障的平等的地位提出他们自己的要求，但是现存的理论或是他们的同代人感受到的证据都对他们毫无帮助。

人是平等的、可以进行角色互换的直觉符合了许多美国人的希望，其力量很可能超过了他们深思熟虑的民主原则的力量，但是却与与日俱增的族裔的和宗教的偏见格格不入，更不用说与大量的社会观察的矛盾。随着对生理特征的分类和比较，观察开始呈现出更为有序的和科学的形式。然而对《圣经》的虔信的旧的传统随着福音新教的兴起而聚集着新的力量。只要《旧约圣经》继续是人类知识的出发点，人们就会相信人类起源于亚当和夏娃两个人；一切肤色、生理或能力方面的差别一定是后来在伊甸园之外的多灾多难的短暂历程中产生的。

托马斯·杰斐逊不愿受到虔信《圣经》的束缚。然而他认为没有理由怀疑上帝一口气创造了世界的普遍信念；既然上帝不会白白地创造万物，他所创造的事物在其他的地方也一定存在。在《弗吉尼亚札记》的不同段落中，他预测了不同的民族会来到美国及其社会后果。他开始担心未来会接收不熟悉共和政府的民族。这些疑虑不是源自种族或民族的偏见。杰斐逊之所以强调保持人口同质性的好处，是因为接纳大批未受到共和原则的训练的人会危及共和国。然而，当他论及黑人的时候，涉及的是一个种族问题。考虑到他置身其中

的世界局面或范式的限制，需要某种科学怀疑主义提出黑人可能“最初就是一个不同的种族”的观点——而他更为突出地阐述了这个观点。因此杰斐逊愿意考虑上帝一开始就单独另外创造了黑人种族的异端邪说。对自然科学的已知边界的探索不一定会为社会科学更为迫切的问题提出更为明确的解决方案。这个早期的例子说明了这种矛盾。从这个推测出发，杰斐逊很容易地过渡到下一个可能性：黑人可能在生理和思想的天赋方面劣等于白人。[1] 杰斐 187
逊把黑人和红种人从未成为自然史的研究课题视为他自己的人民的耻辱。[2] 杰斐逊对化石的兴趣以及他那个时代的其他科学研究都未能对这些问题提出新的见解。

这位年高德劭的弗吉尼亚哲人能够作出如此的推断，是因为他更愿意相信黑人劣等的“科学”根据，而不是同样似乎有道理的认为所有这些印象都是偶然的或环境因素决定的观点。杰斐逊的观点与主流的思想气候相一致，但它们并非这种气候的必然结果。应该值得提及的是，他的一些有影响的同代人，如他在美国哲学协会的同事本杰明·拉什医生和担任普林斯顿的新泽西学院院长多年的塞缪尔·斯坦诺普·史密斯，都对黑人的潜力持有更为乐观的观点。白人的普遍倾向似乎是把黑色的皮肤视为一种需要解释和有损美感的反常状态。（希罗多德推测，非洲的居民是在太阳一度离地球太近时被烤黑了。）拉什认为黑人之黑可能是由于一种麻风病。尽管这种说法平淡无奇，但由此产生了治愈的希望（变成白色）。拉什认为他看到了可以治愈的证据。这些观点严格说来并非种族主义的，因为它们并未将思想或品格的不可改变的品质归咎于遗传的生理特征。拉什作为美国废奴协会的一位早期会员，他与其他几位美国的启蒙思想家们签署了一封供传阅的书信，对一旦消除了平等

① Thomas Jefferson, *Notes on the State of Virginia*, ed. William Peden (Chapel Hill, 1954), 84—85, 142—43. Daniel J. Boorstin, *The Lost World of Thomas Jefferson* (New York, 1948).

② 他显然不知道18世纪初期出版的卡德瓦拉德·科尔登《五大印第安部落史》(Cadwallader Colden, *History of the Five Indian Nations*)。本书1958年在伊撒卡(Ithaca)再版。

机会的障碍,黑人就能取得平等的成就抱有期望。这是后来成为美国的基本原则的平等机会的原则暗含的潜力的较早的和非常重要的一次展现。尽管在一个充满活力的白人社会中,杰斐逊的社会原则与这些观点完全一致,他的种
188 族思想似乎走向了相反的方向。史密斯像拉什一样相信种族特征是自然环境造成的,会随着自然的变化而改变。他比杰斐逊更能够轻松地面对黑人取得进步的可能性。然而对史密斯(可能比拉什更加如此)来说,黑人的进步意味着"黑人"特征的逐渐消失。他从白人家庭佣人的肤色一代比一代浅的观察中获得了鼓舞。这证明不同的种族可以一起生活,黑人可以与白人融合,直到所有的差别不复存在。这种社会学的观察,可能需要一位长老会神学家总是愿意忽视种族通婚会犯"罪"的可能性。①

探求一种种族不平等的科学的理论家们遇到的一个难以逾越的障碍是,人类据信在地球上居住的时间有限。根据 17 世纪的《圣经》学者乌舍大主教的计算所提供的最可靠信息,世界是在公元前 4004 年被创造的。这不能给人类足够的时间以形成如此明显的差别,尤其是考虑到在人类的记忆中找不到任何这种差别形成的痕迹。②

从另一方面说,如果能够找到某种可以绕开上帝创造了单一的种族的思想的非异端的途径,就可以很容易地相信,明显不同的人种所拥有的不同特征从一开始就存在了。在埃及发现了刻着黑人和更多的欧洲人的纪念碑的消息

---

① Lyman H. Butterfield, ed., *The Letters of Benjamin Rush* (Princeton, 1951) 2: 757—58, 785—86; Samuel Stanhope Smith, *Essay on the Causes and Variety of Complexion and Figure in the Human Species* (1787), ed. Winthrop D. Jordan (Cambridge, Mass., 1965), 11, 19, 28—30, 71—72, 103—35; Douglass Sloan, *The Scottish Enlightenment and the American College Ideal* (New York, 1971), 73—74; John P. Diggins, "Slavery, Race and Equality: Jefferson and the Pathos of the Enlightenment," *American Quarterly* 28: 2 (Summer 1976), 206—08; Winthrop D. Jordan, *White Over Black: American Attitudes toward the Negro, 1550—1812* (Chapel Hill, 1968), ch. 12.

② William Stanton, *The Leopard's Spot: Scientific Attitudes Towards Race in America, 1815—1959* (Chicago, 1960), 50.

使找到这样一种解决办法变得更为紧迫。如果说这些明显的差别是在人类起 189
源之后初期产生的,那么奇怪的是,在后来的更长的时期内没有看到类似的过程发生过。

这些问题是18世纪的欧洲推测的话题。在英国,凯姆斯勋爵和伊拉兹马斯·达尔文(查尔斯·达尔文的祖父)提出了人类发展的理论。进化的观念在后来的几代人时间里进入了大众的思想和想像中。在欧洲,这些问题成为科学界和大众好奇的主要问题。即使是在19世纪中期出现的第一个系统提出种族差别理论的戈比诺伯爵的著作,与政治政策也没有直接的联系。例如,它们并未妨碍欧洲反对奴隶制运动的兴起。

在英国,一个强大的解放奴隶运动从人道和宗教的角度推进其事业,而不是用不受欢迎的"普遍平等"来威胁议会阶级。在法国革命在有产阶级的心中激起恐惧和憎恨的情况下,这种不主张普遍的平等显得尤为重要。因此,正如戴维·布里翁·戴维斯所观察到的,英国主张废除奴隶贸易的人士们强调他们自己是"一种维护现存的政治和宪政结构的力量"。1799年,当罗切斯特主张废除奴隶制的主教回应指责他们是雅各宾派的人时,他说:"废奴主义者们从未谈论平等或不可剥夺的人权。他们极力维护现存的社会等级,只是反对一种任何好国王不会要的权力。"[①]英国的议会代表制本身在19世纪和20世纪初期逐步得到改革,根据对利益代表权观念的一系列微妙的重新界定,将劳动人民纳入格拉斯顿曾经所谓的"联邦宪法的围栏"。这个过程是非常缓慢的,容易被党派利用。而解放了英属西印度群岛的奴隶的伟大的《1833年解放奴隶法案》,并未促使英国人民面对界定国内众多的自由黑人的政治或社会地位问题。

在这个方面,特别强调平等权利的美国的政治理论,使美国的种族问题呈
现出其自己的特点。当然有许多美国的废奴主义者受到了正义感的影响,但 190
是这种正义感并未发展为对黑人的深厚的感情,也不会令他们希望将他们纳

① David Brion Davis, *The Problem of Slavery in the Age of Revolution, 1770—1823* (Ithaca, 1975), 436—37.

入白人社会。早期废奴运动与迁移获得解放的奴隶的运动的紧密联系足以警告黑人美国人,他们不必认为自己置身于朋友之中。[①] 我们也已经注意到,废奴主义者们并不认同对他们时代的社会与经济问题进行激进的民主的解释。[②] 那些确实相信普遍的平等权利和黑人的平等潜力的废奴主义者面临着论争的双重负担。尽管废奴主义者以及他们争取平等权利的同盟们在19世纪中期随着运动的发展力量逐渐增强,但是他们所遭遇到的将平等权利扩展至自由黑人的障碍,没有什么比白人普遍持有的黑人先天劣等的信念更为强大。[③]

在美国的宪政理论以及作为其基础的道义哲学中,都没有不平等的权利存在的余地。种族奴隶制与美国所宣称的共和原则之间的绝对矛盾,最为明显地表现在与美国平等的法律原则的冲突,也最为难以解决。因为,美国的奴隶制与存在于古代世界以及建立在罗马法基础之上的文明国家的奴隶制形式不同的是,它同时也是一个等级制度。如此,它玷污了所有具有明显的非洲血统的人,无论是奴隶还是自由黑人。可以毫不夸张地说,这种法律制度反过来受到了玷污,从而危及了白人的利益。这尤其表现在南部普遍实行的黑人提供的证据不能用于涉及白人的案件的规则。因为奴隶或自由黑人常常是一个白人对另一个白人犯罪的唯一证人,这使白人匡扶正义直接受到了影响。[④]

在18和19世纪之交迅速兴起的对自由黑人(或者说是"非奴隶")的各种自由的系统的限制,显然是对他们的政治平等、法律平等和机会平等的剥夺。
191 这种立场中所隐含的必然的矛盾在南部的法庭表现得最为严重,因为尽管它们发现很难在白人社会通常实行的普通法传统之外确立一套有关奴隶制的独立法律,但是也没有其他的指导性准则。而且,南部的法官们也认识到,在与

---

① Fredrickson, *The Black Image*, 6—42.

② 参见本书第六章的分析。

③ James M. McPherson, *The Struggle for Equality: Abolitionists and the Negro in the Civil War and Reconstruction* (Princeton, 1964), 134.

④ Genovese, *Roll, Jordan, Roll*, 40.

奴隶打交道时，他们也是与受制于人的感情的人打交道。如果要对奴隶进行审判，他们必须对他们的行为负责。认为他们没有能力作出理性的判断或遵从道德原则是不合理的，也是不人道的。[①] 南部的法庭普遍不指望黑人奴隶或自由黑人与白人具有平等的能力，然而这可能会使他们为白人社会认为是犯罪的行为少受而不是多受谴责。南部的某些法官甚至认为，人们所看到的对黑人能力的限制可以被视为他们所处的环境而不是他们的本性的结果。然而有人认为这意味着，既然黑人习惯于接受白人认为不可容忍的羞辱，可以说他们的感受能力不如白人，因而不容易被激怒。法院并未深挖黑人的心理。而它们不会承认肤色或奴隶制剥夺了黑人的一切权利：杀死奴隶仍然是杀人，仍是一种极为严重的罪行，白人时常因此受到惩罚甚至被绞死；一个奴隶为了自卫杀死一个白人而被免于杀人的指控也是可能的。[②]

然而，如果如北部和南部的白人社会愿意相信的那样，对黑人造诣的限制是种族天赋预先注定的，那么黑人似乎不可能取得与白人平等的成就。对于持有这些信念的人来说，很自然就会得出生来就受到这些限制的人不应指望作为平等的人分享多数人的生活的结论。随着时间的推移，许多废奴主义者对此提出了质疑。然而直到20世纪中期之后，这对于绝大多数白人美国人来说仍在很大程度上是不容置疑的（欧洲人对于这个问题，很可能也是这样）。这种思想产生的根源在于把个人视为预想的集团或阶级的成员，认为那种集 192
团成员身份决定了个人特征的方方面面。然而，当权利取决于种族、族裔或民族血统的时候，黑人不是唯一受到威胁的群体。废奴主义者们揭示了一个宪政理论不能永远漠视的问题。

从他们的运动的性质来看，在某种程度上说是废奴主义者们激起了有关种族能力的问题的辩论，并由此出现了有关黑人劣等的早期思想。当废奴主义者们宣称美国社会能够像吸收其他民族一样吸收非洲人的时候，论著和小

---

① Ibid., 31—32; Mark Tushnet, *The American Law of Slavery, 1810—1860: Considerations of Humanity and Interest* (Princeton, 1981), 151.

② Tushnet, *Law of Slavery*, 117—19; Genovese, *Roll, Jordan, Roll*, 28.

册子开始涌现来反驳这种观点。J. H. 范·艾弗里撰写的书的标题《黑人与黑人奴隶制:前者是一个劣等种族,后者是其正常的状态》概括了这种观点。[①]这些著作在很大程度上援引《圣经》的权威性来为奴隶制作辩护,有的引用亚里士多德有些人天生就应做奴隶的观点,有人用有关非洲人信奉异教的历史记录证明基督教给黑人带来的赐福,还有人用黑人自己奴役自己的历史拐弯抹角地证明黑人适合于做奴隶。[②] 他们总体的调子是神学的、古典的和文学的,而不是科学的。他们依靠的更多的是古代的言辞而不是自然的或历史的观察。然而自从杰斐逊思考黑人可能是上帝单独创造的人种以来,美国思想的大厦中就一直存在着一个未完成的故事,等待为它提供得到更为科学的证明的人类不平等的理论。

这个空白在19世纪上半叶逐步由美国人类学的发展所填补。[③] 第一个重大贡献是由费城的塞缪尔·莫顿医生作出的。他孜孜不倦地测量人的头骨,这种头骨摆满了他的架子。将生理上的差别归咎于气候或环境的差别的解释面对莫顿的解释无法继续维持。在《圣经》谈到的时间范围之内、上帝统一创造人类之后人类产生了差别的观点,无法说明人类头骨之间的差别。莫
193 顿的发现对种族主义理论者们是一种帮助和安慰。然而无论他自己的动机是什么,他不愿冒这些结论被说成异端邪说的危险。而乔赛亚·诺特医生——一个乐天开朗的、夸夸其谈的内科医生、莫比尔的一个马匹繁殖专家——的更为露骨的种族偏见和对神职人员冷漠和敌视使他胆敢冒着被谴责为亵渎上帝的危险,向美国公众宣布:种族差别的原因在于,人类不同的种族最初是上帝分别创造的。[④]

诺特的论集吸收了莫顿以及其他对古代文明的遗迹展开研究的调查者们

---

① 引自麦克弗森《争取平等的斗争》(McPherson, *Struggle for Equality*)。我未能查阅其中所引用的书。

② Eric L. McKitrick, ed., *Slavery Defended: the Views of the Old South* (Englewood Cliffs, N. J., 1963).

③ Stanton, *The Leopard's Spots*, 50.

④ Josiah Nott, *Types of Mankind* (Philadelphia, 1854).

的许多观点。与此同时，更为可靠的研究正在对以往的研究成果造成一种根本性的修正，并由此彻底改变了诺特和他的同代人研究的视角。在英国，以查尔斯·莱尔爵士为代表的地质学的兴起，促使人们考虑《圣经》对地球的起源作出了错误的描述的可能性。这个过程看来是缓慢而连续的，而不是突然完成的。[①] 接着在 1858 年，查尔斯·达尔文和阿尔弗雷德·拉塞尔·华莱士联合向伦敦林奈协会提交了信函，阐述了一种通过自然选择的物种进化论。这种科学的革命的结果是，改变了人类发展的整个时间跨度。不再有必要解释诺特以及他的前辈们所认定的人类自创造以来的短暂年代里人种所发生的变化。他们的推测已经变得无足轻重了。

这种有关自然和人类的科学的进步，对于更为紧迫的人际关系的艺术问题产生了具有讽刺意味的影响。科学地解释地球上的民族与民族之间看得见的差别变得更为容易；难以改变的旧的思想逐渐放宽，转而支持一种普遍的人类发展观。按照这种观点，欧洲人和欧洲血统的美国人被放在发展脉络的顶端，而原始的、蒙昧的或落后的种族被随意摆在离他们很远的发展阶段。这本身也是一种演进发展的过程。这些学说不可能很快得到吸收或很容易被消化。对于许多美国人和许多英国不信教的人以及神职人员来说，达尔文的观 194
点是异端邪说。[②] 路易斯·阿加西斯——在他 1846 年起身赴美之前在瑞士

---

① Roy Porter, *The Making of Geology: Earth Science in Britain, 1660—1815* (Cambridge, 1977).

② 莱尔极富辩论性的《地质学原则》(Lyell, *Principles of Geology*)(1830)批评将科学和神学联系在一起的传统观点。早在 1830 年，他就认为他的使命是“将科学从摩西手里解放出来”。Porter, *Making of Geology*, 2. 与地球的古老历史相比，人类的古老历史在自然史和神学中有着不同的意义。如果把后来有关地球的古老性问题的争论解释为他的书的主题，那就曲解了波特的意图。波特表明，在 17 世纪末期日益受到广泛关注的地球科学家群体中，有关地球的年龄和《创世记》的真实性问题的推测一直在进行。地质学实际上成为一种早期的“大众”科学，因为任何人可以拿起化石或观察地层。1807 年建立的伦敦地质协会(the Geological Society of London)未在其《会刊》(*Transactions*)杂志中提及神学。莱尔自己在牛津大学上本科时也听过地质学的课(第 146—148 页)。这些思想的和相关的功利主义的兴趣在美国并未得到多少反响，那里受过良好教育的人较深地受到了原教旨主义的神学的影响。有关神学对美国的科学推测的抑制性影响，参见 Bruce Kuklick, *Churchmen and Philosophers from Jonathan Edwards to John Dewey* (New Haven, 1985)。

已经是颇有影响的动物学家，来到哈佛担任教授——努力在正式的宗教的记载之下阐述他的种族的不同起源说，得出了更容易为人接受的理论。

阿加西斯比他的多数同代人有着更高的学术地位，对事情有着更大的影响。他在哈佛的地位使他得以与许多活跃在政坛上的波士顿知识分子建立了个人关系，并与他们交换了观点。其中之一是塞缪尔·格里德利·豪。豪在1863和1864年是美国自由民调查委员会成员，这个委员会给为内战后的南部设计蓝图的国会参众两院重建联合委员会提供信息和建议。豪征询阿加西斯有关实际问题的看法。阿加西斯回答说，他欢迎解放奴隶，但是如果给予新近解放的黑人以完全平等的政治的和社会的权利是危险的。在阿加西斯看来，黑人在非洲和西方的历史表明，他们“好吃懒做，爱恶作剧，耽于声色，只会模仿，奴性十足，秉性温厚，反复无常，目标不专一，忠诚，重情谊”。但这一切不能说明他们有能力自治。他评论道：“我认为，立即给予黑人我们自己经过长期的斗争取得的所有特权是不正当的和不安全的……我们要注意不要一开
195 始就给予黑人种族过多的权利，以免以后还要剥夺对他们和对我们有害的某些特权。”①这种评论司空见惯，其小心翼翼地提出的理由是黑人没有自治的经验，而不是依据特定的科学知识。而阿加西斯也并未排除黑人会形成适合于自治的特征的可能性。唯一的问题是，这种建议为了自圆其说，排除了创造使黑人发生这种变化的条件的一切可能性。

随着与南部的斗争变得日益激烈和旷日持久，平等的理想的力量越来越强。这种理想大大鼓舞了人们努力赢得维护联邦的内战。② 然而，重建的失败使自由民和北部的废奴主义者们的希望变得日益渺茫。随着改善黑人地位的努力的减弱和失败，路易斯·阿加西斯以及后来将生存竞争的观点运用于民族

① McPherson, *Struggle for Equality*, 145—46.

② McPherson, *Battle Cry of Freedom* (New York, 1988), 494—95; Eric Foner, *Reconstruction: America's Unfinished Revolution, 1863—1867* (New York, 1988), 254—55.

的、种族的或经济的过程的达尔文的继承者们的观点，使人们日益接受了认为黑人美国人在演化的阶梯上低等于白人的说法。原始的这个词语表达了这种观点，把他们置于人类的原始起源附近。在他们的土著居住环境里，这些民族——在欧洲人和美国人对海外领土的争夺过程中日益为人熟悉，但是在有关“尊贵的野蛮人”的浪漫故事消失以后不再受到过多的关注——日益被视为被阻滞在进化的幼年或青少年发展阶段的人类分支。据此，极为诱人的是很容易以黑人的腐败无能为理由谅解重建的政治失败，使北部的政客们免于为过去受到责备，为未来承担责任。[①] 更为普遍的一个思想上的后果是，产生的一种对种族的态度，把非洲裔美国人视为一种畸形人，是流落他乡的落后的非洲民族的代表，需要友谊、关照和保护，但是没有希望和能力臻于西方文明的 196
巅峰。

亚伯拉罕·林肯明确宣布，在他看来美国人没有任何义务将《独立宣言》的理想转变为社会制度。而在南部，《独立宣言》的明确的语言并未造成多少道义上的冲突。随着南部的代言人宣布奴隶制和南部制度的种族基础对于承担不同而互补性的角色的黑人和白人都是绝对的好处时，《独立宣言》对于南部的思想来说失去了其所有的意义，被唾弃为一种没有任何道义或宪政力量的错误原则，成为南部与美国的其他地区冲突而不是和谐的根源。

南部的代言人们从维护他们自己的制度转向尖刻地和轻蔑地抨击资本主义北部的虚伪。弗吉尼亚州卡罗林县的约翰·泰勒较早地发现了产业工人的处境与奴隶制的某些相似之处。而在北部的废奴主义兴起之后，约翰·卡尔霍恩和后来的乔治·菲茨休把对北部生活和理想的批判转变为一种系统的社会理论。

卡尔霍恩像北部的企业家们一样积极强调文明进步的重要性。他的观点包含了向白人承诺机会平等的核心内容。他同意，在法律的眼里的公民平等对于大众政府的自由是极为重要的。但他谴责“没有完全的平等就没有完美

---

① Foner, *Reconstruction*, 498—99. 方纳证明，随着北部自由主义者们丧失了决心并将注意力转向其他的问题，他们很快责备南部黑人造成了他们自己的不幸。

的自由"的观点——这种观点只能在北部最为激进的人士中间找到，当然大多数废奴主义者并不相信这一点——指出，人的能力的极为不平等的分布，只能意味着自由在事情正常发展过程中会造成不平等的地位。而不平等的地位作为自由的自然结果，对文明进步必不可少。这最后一个观点是对在联邦宪法的制定过程中及其通过后不久有关国家的未来的辩论中一再听到的有关人先天不平等的争论的一个重大补充。那个时代的人们考虑的是个人地位的提高，并把个人财富的增长与社会的财富的增长联系起来。"进步"的观念充其量仍处于形成的过程之中。

197 尽管卡尔霍恩反对资本主义，他在他死后出版的《政府论》一书中对这些问题的思考中，却是用资产阶级资本主义的语言表达自己的观点。[①] 在卡尔霍恩 1838 年去世之前 10 年，这个南卡罗来纳的主要代言人给南部提供了一个较有魅力的自我形象，这个形象他并未放弃，也未能与个体主义的竞争观念完全协调。他说，南部州"实际上是多个社会而不是个人的集合体。每一个种植园都是一个小社会，奴隶主是其领导，将资本和劳工的利益集中于他的一身，他同时也是这种利益的共同代表。小的社会集中在一起构成了整个州，其行动、劳力和资本在州政府得到了平等的代表和完美的协调"。[②] 这是一幅动人的图画，尽管它未能为处于主宰地位的白人种族提供政治和经济自由必然允许的竞争空间。然而无论卡尔霍恩的观点如何矛盾重重或论据充满缺陷，可以说他所描绘的和谐的南部的图画，提供了一个不同于北部的工厂制的经济暴政和主宰北部社会道德的粗犷的个人主义的富有吸引力的途径。[③]

乔治·菲茨休——第一个在书名中使用社会学的美国人——尽管思想没有卡尔霍恩的系统和严密，却比他掌握了更多的统计数字。菲次休最为出众

---

① *A Disquisition on Government*, in Richard K. Crallé, ed., *Works of John C. Calhoun*, 6 vols. (Columbia, 1851—57; rpr., New York, 1968), 56—57.

② McKitrick, *Slavery Defended*, 6—11.

③ 在那个时代的北部对这个观点也有强大的支持。倡导社会的改革的神学家霍勒斯·布什内尔(Horace Bushnell)认为："我们当代一切思考的趋势是一种极端的个人主义。我们把自由意志的观点推行至极致，以至于很少或根本不关注根本法。"*Views of Christian Nurture* (Hartford, 1847), 20, 21—22.

的品质是敢于进一步探讨他的推理的影响。他接受了一切高度文明都在某种程度上建立在对劳力的剥削之上的老生常谈的观点，以及认为自由放任的资本主义源自宗教改革对个人的解放的历史解释——在宗教改革中产生了人类平等、个人自主和个人具有作出判断的权利的思想，这些思想的自然的结果是当代工业时代残酷的竞争性和攫取性的经济的发展。菲次休与他的多数同代人不同的是，他对这些事件持有相反的观点。他把宗教改革描绘为一个社会 198
消除其过去的弊病的努力，对整个过程大加谴责而不是褒扬。他在批评亚当·斯密的个人主义的经济学和布莱克斯通坚持英国法律之下的个人自由的同时，同样蔑视洛克的温和和杰斐逊的浅薄。

美国独立革命与个人自由毫不相干。它是一次社会行动，是一个发育成熟的社会从另一个社会中独立出来。在有关保护性的家长式管理的有力声明中他宣布："自由和自由竞争邀请和鼓励强者主宰弱者，以保证他们的成功。"人不是一生下来就享有平等的权利，而只是享有适于他们的处境的权利；人与人之间的竞争使人人为敌，而从属他人和奴隶制会产生和平和友谊。[①] 因此，尽管菲茨休接受了联邦党人们早些时候提出的平等的权利会造成不平等的地位的传统观点，但是他与以前和以后支持这个观点的人（包括卡尔霍恩）存在着很大的分歧。他批评说，不平等是对弱者的残酷剥削。平等权利的观念是一个险恶的陷阱。通过这个陷阱，那些弱者们在一个他们无力竞争的世界走向毁灭。奇怪的是，一个多世纪以后妇女们的代言人将会响应这个主题。她们抵制通过一个平等权利联邦宪法修正案，正是因为真的害怕它会迫使妇女们在不平等的基础上参与男人世界的竞争。

尽管菲茨休认为黑人最适合于做奴隶，促使他这样说的似乎不是十分明显的种族敌意。直到内战，当他改变了自己的看法的时候，他认为种族蔑视不是奴役黑人的充分理由，因为这种蔑视导致了黑人被贬低和受虐待。[②] 他与

---

① George Fitzhugh, *Sociology for the South* (Richmond, 1854), 179, 56—57, 183.

② 他严厉批评《人类的类型》(*Types of Man*)向人们灌输了蔑视和残暴，而不是奴隶主对奴隶的保护和感情。前引书，第 95 页。

卡尔霍恩以及他同时代的参与奴隶制问题的争论双方的许多人不同的是，他
199 性情和善，不太敌视思想的对手，真正同情工厂制度带来的痛苦。他像马克思和恩格斯一样从英国取得了有关工厂制度的弊病的大部分信息。他看到英国的工厂制度与美国北部发展起来的工资奴隶制极为相似。他以与他的时代的社会主义者和早期的共产主义者极为相似的口吻，抨击经济个人主义者们在他们追逐财富的过程中不负责任地不顾他们自己的原则的后果。菲茨休相信平等的思想不可能源自自然的状态，因为它们建立在对自然状态的歪曲的基础之上。对他来说，对当代趋势的应对在于恢复奴隶制这个极端形式中的家长式责任。他严厉批评他所(错误地)认为的平等在爱尔兰所造成的后果。他宣称，那里每年之所以有 50 万人死于饥饿，是因为"在法律的眼里他们是平等的人。自由使他们成为大土地所有者和雇主的敌人"。他补充说(可能参照了俄国的情况)："如果他们是附庸或奴隶，他们就会受到那些土地所有者和雇主的爱怜、珍视和照顾。奴隶从不会被饿死，几乎永远也不会感到匮乏。"而在美国，黑人没有取得更高造诣的能力，恰如其分地受人雇佣为南部的高等文明奠定基础。①

这种思想以后还会受到最高的"祝福"。当佐治亚州的亚历山大·斯蒂芬斯就任美利坚诸州同盟的副总统的时候，他对杰斐逊和共和国的开国者们所表达的信念采取了反对的立场。他宣布："我们的新政府恰恰建立在相反的思想之上。它确立的基础以及它赖以立足的基石是：黑人与白人不平等的伟大

① 菲茨休在《都是食人生番或没有主人的奴隶》(Fitzhugh, *Cannibals All! Or, Slaves without Masters*)(里士满，1857 年版)(C. Vann Woodward 编，马萨诸塞坎布里奇，1960 年版)中发展了他的观点。另参见 Harvey Wish, *George Fitzhugh, Propagandist of the Old South* (Baton Rouge, 1943; rpr., Gloucester, Mass., 1962)。这种观点也有其根源。它在 18 世纪 70 年代奴隶贸易受到抨击期间出现。戴维·布里翁·戴维斯(David Brion Davis)指出："早在 1772 年，《苏格兰人杂志》(*The Scots' Magazine*)就重印了一篇伦敦报纸上的文章。这篇文章对西印度群岛的奴隶和英国的普通劳动者们进行了比较，认为后者'与埃及的监工们相比，是真正的需求的奴隶'。奴隶们在某些方面受到了更好的照顾。而英国劳动者们的自由是'更换他们的主人领取同样的工资的自由'。但是他们还是愿意'做不断的和艰苦的劳动的必要性的奴隶'。"这篇文章因为控诉英国人的处境而得到了安东尼·本尼泽特(Anthony Benezet)的赞赏。Davis, *Slavery in the Age of Revolution*, 462.

真理;奴隶制和屈从于优等的种族是他的自然的和正常的状态。我们这个新政府是世界历史上第一个建立在这种伟大的生理的、哲学的和道义的真理基 200
础之上的政府。”①

然而,并没有理由相信这种理论意味着白人中间也要存在着同样的不平等。实际上,白人至上的理论体系被认为鼓舞了整个白人的士气,给了他们一种似是而非的平等感。② 然而在斯蒂芬斯发表这个演说四年后和南部同盟的瓦砾被清除以后,这个同盟的基石似乎被相当完好地保存了下来。不久以后利用这个地基建立起一个极为相似的建筑。当种植园主阶级极力恢复他们以往的对这个地区的经济和社会结构的支配地位的时候,谷物分成制、租佃制以及在白人小农和黑人中间强者对弱者实行的各种剥削形式,比在内战前(奴隶制除外)具有更大的压迫性。平等并未在南部的土壤枝繁叶茂。③

本来应该能够通过在白人至上的原则之上确立黑人在思想、法律和生理上的从属地位来实现种族和谐。然而,黑人不像他们的主人们想像的那样容易上当受骗。有大量的证据表明,奴隶们明了自己的处境,出乎白人们的想像巧妙地利用了他们的主人们性格上的弱点。④而自由黑人消息更为灵通,拥有更多的机会表达自己的意见。当他们集会向议会请愿或像公众讲清实情时,他们拒绝承认他们必然处于从属于白人的地位,经常引用共和国的奠基原则。⑤ 他们在很大程度上不仅反对侮辱人格的等级观念,也反对在联邦宪法

---

① Quoted by McPherson, *Struggle for Equality*, 61.

② C. Vann Woodward, *American Counterpoint*: *Slavery and Racism in the North-South Dialogue* (Boston, 1971), ch. 4. 菲茨休在《南部的社会学》(Fitzhugh, *Sociology for the South*)第 255 页也提出了同样的观点,尽管那不是他要表达的中心思想。

③ Gavin Wright, *The Political Economy of the Cotton South* (New York, 1978), esp. ch. 6; Jonathan M. Wiener, *Social Origins of the New South*: *Alabama, 1860—1885* (Baton Rouge, 1978).

④ 更多的证据和分析,参见吉诺维斯:《奔腾吧,约旦河,奔腾吧》(Genovese, *Roll, Jordan, Roll*),尤其是第 431—441 页和第 611 页讲述的故事。

⑤ 参见赫伯特·阿普特克所编《美国黑人文献史》(Herbert A. Aptheker, ed., *A Documentary History of the Negro People in the United States*)(纽约,1951 年版)搜集的文献,第一卷,第 17—459 页。

下确立任何形式的种族多元的必然性。

201 联邦宪法以及使其发生作用的政治，不能给黑人提供产生任何希望的理由。必须找到其他的解决办法。1852年，一位杰出的黑人医生和编辑马丁·德拉尼建议黑人发动自愿迁移海外的运动，表明他对黑人在美国改善地位的绝望。他的第一个举措是出版了一本题为《从政治上分析美国黑人的处境、地位的提高、迁移和命运》的书。[①] 两年后，德拉尼不顾他以前曾经密切合作过的许多废奴主义者和弗雷德里克·道格拉斯的反对，召集了一次迁移大会，有许多人参加。[②]

在黑人废奴主义者们看来，迁移海外就是承认失败。道格拉斯终其一生都相信黑白种族融合的可能性，这种信念的极致是在再婚时娶了一个白人妇女为妻。德拉尼在他出版书时已经认为黑白融合是一种幻想。德拉尼的反抗言论包含着对种族自豪感和民族分裂主义的最早的一些昭示。由此他暗示了一个将发展成为某种保护性的多元化运动的起源。然而德拉尼不相信黑人在联邦宪法之下会受到任何形式的保护，他自愿（尽管是一种社会实验）流落加拿大。直到内战和重建似乎为黑人开启了新的希望时，他才回到美国。

德拉尼不赞同那些认为在联邦内实现种族和谐是唯一的解决方案的废奴主义者。相信种族和谐并不一定深信黑白种族的基本相似性，更不是相信不同个人的角色可以互换。观察到黑白种族之间外表或能力的明显差别是一回事，而相信这些差别反映了无法因训练或环境而变化的固有的、不可更改的遗传特征，或认为这些品质无论如何在社会上是不受欢迎的是另一回事。那些真正把黑人当作朋友对待而不是只是想把他们清除的白人废奴主义者们，常常发现自己极力给看到的黑白种族之间的差别加上友好的色彩。在他们看来，这
202 些差别并不总是有利于欧洲人。女权主义者和废奴主义者西奥多·蒂尔顿通过一种“浪漫的种族主义”来解释种族差别，称赞黑人的性格与最优秀的女性美

---

① Victor Ullman, *Martin R. Delany, the Beginning of Black Nationalism* (Boston, 1971), 140—50.

② Ibid., 153—60.

德别无二致。在内战期间，蒂尔顿对纽约的听众说："在所有会因为我们所谓的'本能'、'直觉'的道义能力而奇怪地加快的思想活动方面，黑人优于男性白人，与白人妇女平等。"美国需要更多的黑人特征来抑制白人的挑衅性。[①] 弗吉尼亚一个转化为废奴主义者的显贵蒙丘尔·丹尼尔·康韦认为种族品质的差别有其社会价值：欧洲在智力和精力上的优越性应该平衡以黑人在温和、善良、重情感方面的优越性；黑白种族的混合会产生一个比二者各自拥有的更好的品格。[②] 还有些人自然地谈到了黑人对音乐的直觉和黑人对宗教的理解。

所有这些不同的观点反映了一些持有严肃思想的人试图解决必然造成最为严重的社会问题的那些困扰人的问题。然而在黑人看来，即使是他们的白人朋友的观点也存在着重大缺陷。他们都倾向于一致认为，黑人缺乏那些主宰着欧洲尤其是美国的企业界的残酷的、攫取性和竞争性品质。平等的权利可能具有保护性功能，但是它们仍会造成不平等的地位。而不平等的地位作为生存斗争的结果又会被反过来利用证明黑人在能力方面劣等于白人。[③] 可能很少有白人真正期望看到黑人证明自己是与白人平等的人，具有参与竞争的能力，更少有白人会感到政府有责任对缺乏天赋品质的黑人或其他任何人给予经济补偿。黑人在北部和南部所面临的竞争上的不利条件是巨大的，而不仅仅是不平等的问题。他们的历史、他们所受的训练，或是他们的政治的、经济的或社会的地位都不能给予他们力量，以便控制这种竞争。而日益忙于 203
自己的事务的冷漠的白人世界很容易把美国的黑人在生存斗争中所遭遇的困难视为理所当然的事情。人们所期待的也不过如此。

政治社会的重新界定

自从1857年"德雷德·斯科特案"裁决以来，自由黑人不再是美国的公

---

① James M. McPherson, "A Brief for Equality: The Abolitionist Reply to the Racist Myth, 1860—65," in Martin Duberman, ed., *The Antislavery Vanguard* (Princeton, 1965), 166.

② Ibid., 165—66.

③ Foner, *Reconstruction*, 496—99.

民。这意味着美国政治社会的界定对事实上的等级制度给予了法律上的认可。按照法律处于共和国之内,但是并不属于共和国的一大部分人口被宣布没有白人需要尊重的权利。即使在黑人的确拥有公民权利的地方,如在马萨诸塞,一个最近的法律上的先例显露出了在权利上进行根本性的区别对待的端倪。1849 年,首席大法官莱缪尔·肖在“罗伯茨诉波士顿市案”中,首次宣布了后来被称为“隔离但平等”的原则——有关建立隔离设施的规定并不侵犯平等的权利,只要设施本身是平等的。[①] 1855 年,马萨诸塞州废除了这一政策,通过了一项法案规定禁止在公立小学实行种族隔离。[②] 而在全国范围,如果内战造成了联邦宪法认可的等级制度的强化,那么打这么一场战争就没有多少意义。然而那些持有这种观点的人发现他们自己面对的是一个敌视黑人的总统安德鲁·约翰逊、一个桀骜不驯的南部和一个不稳定的国会和民众的多数派地位。在那种多数派地位维持期间,其代表不失时机地通过了《1866 年民权法》,给予了获得解放的奴隶公民身份。根据这些规定,“任何种族和肤色”的公民都应在一切公民的和法律的事务中享有平等的地位和对人身和财产的平等保护。[③]

204 在美国的历史上这是国会第一次认为有必要通过一个民权法案。在很大程度上,民权领域在界定上和在实施的责任上都属于州的权利范围。联邦最高法院本身曾在 1833 年宣布,联邦宪法第五条修正案并不适用于州,[④]由此一下子使《权利法案》的很大部分失去了对州的作用。法律面前的平等一直是一个首要的平等类型。在重建时代,激进共和党人对这个原则的重视超过了

---

① 5 Cush. (Mass.) 198; Leonard W. Levy, “The Roberts Case: The Source for the ‘Separate but Equal’ Doctrine,” *American Historical Review* 56 (1958), 510—18; David Donald, *Charles Sumner and the Coming of the Civil War* (New York, 1960), 180—81.

② J. Morgan Kousser, “‘The Supremacy of Equal Rights’: The Struggle Against Racial Discrimination in Antebellum Massachusetts and the Foundations of the Fourteenth Amendment,” *Northwestern University Law Review* 82:4 (Summer 1988), 988—99.

③ 14 Stat. 27; W. R. Brock, *An American Crisis: Congress and Reconstruction, 1865—1867* (London, 1963), 111—15; Michael Les Benedict, *A Compromise of Principle: Congressional Republicans and Reconstructions, 1863—1869* (New York, 1974), 162—68.

④ *Barron v. Baltimore*, 7 Peters 243.

对通过选举权行使政治平等的重视。[①]而《民权法》标志着法律面前的平等观念本身微妙而深刻地被重新界定的过程的开始。

然而，当前面临的问题是将对平等现有的界定固定下来。国会的一纸立法无力保护实际上应该享有宪政地位的根本权利。共和党人有充分的理由担心，未来的民主党多数派可能轻易废除那个法令。公民身份必须写入联邦宪法。出于非常重要的政治原因，应促使南部州允许其黑人人口参加选举。从民主理论上说，将黑人（无论是否是前奴隶）提升到享有公民身份的宪政地位并赋予其所有的特权和豁免权的问题，与将选举权扩及更为广泛的白人阶级所涉及的问题并无二致。多数统治的一般原则至此通过修改州宪几乎已经被普遍地采用。然而黑人选举权遇到了极其巨大的阻力。给予黑人选举权不仅仅是通过一个正式的政治法案。它意味着要把他们纳入政治社会。坦尼本人在使用"政治社会"的短语时，他把它等同于"这个新的政治家庭"。

使黑人能够参加选举的直接的政治需要与其说是产生于对政治平等的纯粹的信奉，不如说是源于选举制度的一个矛盾。在国会里对共和党多数派的威胁在于，一旦自由民被包括在确定南部代表权的人口基础之内，作为内战的一个直接结果，南部州的代表权实际上会增加。如果不采取补救措施，这自然将意味着南部白人的代表权。如果自由民被算作确定代表权的人口基础，但 205
被剥夺了他们的选举权，那么他们以前的主人们会变得比战前更为强大，甚至会表现在联邦国会中。为了纠正这个问题，联邦宪法第十四条修正案提出的间接措施是，如果南部州未能给予所有有资格的人（包括黑人）选举权，那么就剥夺他们以这部分人口为基础的代表权。[②]

1866年首次提出联邦宪法第十四条修正案时所进行的辩论很清楚地表明，相当多的有影响的白人十分敌视在平等的基础上（即使在任何条件下）与黑人分享这种政治社会的想法。这些抵制，再加上许多共和党人的某种谨慎

---

① Foner, *Reconstruction*, 60.

② 几本重要的著作对有关的斗争进行了详尽论述，参见埃里克·方纳《重建》(Eric Foner, *Reconstruction*) 和麦克尔·莱斯·本尼迪克特《原则的妥协》(Michael Les Benedict, *A Compromise of Principle*)。

和缺乏坚定不渝的精神，有助于解释为什么联邦宪法第十四条修正案制定的初衷一直是一个说服性的而不是强制性的法案。激进共和党人自身之所以能够接受这种不完善的措施，是因为他们希望它会证明比实际上具有更大的强制性，并最终通过非直接的手段逐步和有效地实现黑人选举权。

联邦宪法第十四条修正案的反对者们不难指出，即使在内战以后，许多北部州仍然拒绝给予黑人选举权。这一直是激进主义者立场的弱点之根源。这使他们面对马里兰年老的民主党参议员雷弗迪·约翰逊的温和而宽容的保守主义和印第安纳州时常骂人的托马斯·亨德里克斯时显得不堪一击。约翰逊在参议院指出，在能够听到他说话的人中没有一个对黑人种族怀有恶感，而亨德里克斯尽管听清了约翰逊的话，仍然否定希望让黑人成为选民。他说："撇开平等的问题不说，我说的是我们不属于同一个种族。我们差别太大，不应该组成一个政治社会。"他甚至否定那种认为黑人帮助北部打赢了内战的说法。那也许会支持他们加入"政治社会"(这个词又一次出现在亨德里克斯的词汇中)的要求。[1]

206 双方都很清楚地理解问题的实质，每一方都知道另一方争取的是什么。那些真正的种族主义者，无论是采取辩护立场的约翰逊还是直言不讳的亨德里克斯，都极为反感将黑人接纳入政治参与的圈子之内的思想。这个圈子的周边划定了政治参与的界限。他们怀有这种敌意，不是因为黑人无知或是缺乏政治经验(就此新罕布什尔的丹尼尔·克拉克嘲讽道，他"从未看到那些以无知反对黑人选举权的人中有一个人愿意因为同样的原因剥夺白人的选举权……如果要求黑人在投票之前学会读写，也应要求白人这样做"。)，而是因为参与政治本身就是一种社会活动。

亨德里克斯两天前在应答克拉克充满激情的演说时引出了自己的观点。而克拉克的理论基础是一种纯粹的美国共和主义。他强烈否认国会有权把选举权作为一个礼物或恩惠给予黑人："黑人像白人一样有权拥有选票；白人像黑人一样没有权力把它给人或扣留它。"黑人的权利从一开始就是平等的；《独

---

① *Congressional Globe*, 39th Cong., 1st sess. (1866), 766, 860, 833—35.

立宣言》规定政府经被统治者的同意从他们那里获得了正当的权力，这暗示着被统治者有权利（这种权利不是一种特权）通过他们的选举权来决定是否给予这种同意。

克拉克依据的是得到认可的平等类型。平等的政治权利是黑人用以取得其他权利的途径。他解释道："人的权利源于他的人格，而他的人格的品质源于他的同胞。"而这使他面临这样的社会问题：

> 主席先生，是否有人说这就是黑人平等？这是政治平等，而不是社会平等。后者不是立法或政治组织所能够确立的，它是个人喜好是否适宜和恰当的问题。在一些州，黑人现在而且在很长的一段时间里，一直享有与白人同样的政治权利。法律对他们没有任何区分或歧视，但是他要凭自己的能力和行为在社会中取得应有的地位。

这是对黑人应该享有平等机会的暗暗的肯定，并包含着那个时候十分普遍但是在社会学上过于乐观的信念：政治平等将为他赢得其他的社会权利。

克拉克在阐述他的政治权利观点的时候时常谈到人的共同人性。正是在 207
这种共同的人性上，他们被视为是平等的。他宣布："问题是黑人是人！无论他如何地位低下、劣等、下贱和卑微，我们都有职责提高和改善他们的地位，为他们提供提高和改善地位的手段。尽管肯塔基州的那位参议员能够证明他和白人之间存在着36、56或是106个方面的差别，但是在他能够证明黑人不是人之前，黑人就应被作为人对待，要求享有与其他人同样的特权。"马萨诸塞州的亨利·威尔逊和宾夕法尼亚州的撒迪厄斯·史蒂文斯——二人以前都未曾把选举权视为最重要的问题——期望联邦宪法第十四条修正案能够在五年之内产生预期的结果，把选举权视为追求更为广泛的目标的工具。[①] 克拉克的观点体现了纯粹的共和主义原则，暗示着一个不是建立在普遍的选举权基础之上的政府是不合法的，推而及之，对那些被剥夺了选举权的人缺乏合法的统

① Ibid., 1254; H. R. 2459.

治权。

最后通过的联邦宪法第十四条修正案确立了所有在美国出生或归化的人的美国公民身份，禁止任何州剥夺合众国公民的特权和豁免权，给予了所有人——无论他们是否是公民——平等的法律保护。这个短语可以追溯到安德鲁·杰克逊，尽管我们已经指出，杰克逊永远也不可能给予黑人平等的法律保护。有关选举权的规定受到了最为集中的和全面的辩论。然而试图说服州保障黑人的公民权利的努力未能发挥作用，在联邦宪法第十四条修正案之后又不得不制定了具有强制性（尽管是有限的）力量的联邦宪法第十五条修正案。这种重塑联邦宪法的实质是，剥夺了州以前对它们州自己的选举制度合法地行使的一部分权力。即使是联邦宪法第十五条修正案也是艰难曲折的妥协的产物，在形式上是消极的，在内容上是有限的。它只是宣布："合众国公民的选举权，不得因种族、肤色或以前的奴隶身份而被合众国或任何一州剥夺或限制。"

208 这种简约的语言掩盖了其丰富的含义，其绝大部分对于那个修正案似乎要保护的"有色或以前是奴隶"的人不利。所有将具有被提名担任公职的权利写入联邦宪法第十五条修正案的努力，尽管一度似乎很可能通过，最后为了赢得保守派支持通过这个修正案而不得不放弃。而其消极的形式使各州得以肆意以其他形式的限制措施剥夺了黑人的选举权。[1] 各州只是失去了对所列举的项目的控制，而联邦政府还要经过另外的100年完全控制整个领域。正如印第安纳州的奥利弗·莫顿——他和参议院的其他议员一起尽力促成了修正案的通过——气急败坏、近乎绝望地评论道："现在，这个修正案将整个权力留给了各州，除了不能以种族、肤色或以前的奴隶身份剥夺黑人的选举权。他们可能因为没有受过教育或缺乏智力而被剥夺选举权……他们也许会要求财产资格或教育水平测验，从而使那些州绝大部分黑人与参加选举无缘。因此，这个修正案在那些相当多的黑人居住的州被在实际上挫败了。"[2]到20世纪初

---

① Ibid., 40th Cong., 3rd sess. (1869), 1307, 1623, 1624.

② Ibid., 863.

年，前南部同盟诸州已经确认了莫顿预测的每一个细节。

有关联邦宪法第十五条修正案的辩论比第十四条修正案更为深刻地切入了宪政问题的社会背景。激进主义者们现在极力使修改联邦宪法的伟大机遇成为美国社会的思想基础按照他们的设想取得真正的进步或改弦更张的机会。莫顿认为，以财产或宗教为由剥夺选举权是对民主原则和共和情绪的否定，但是他说这种做法“在整个国家都很盛行”。亨利·威尔逊激动地谈到了白人与黑人之间应有的人际关系。他在提到黑人时说：“我不仅把他视为同胞、公民伙伴，还把他视为一个兄弟，上帝赋予了他与我同样的权利。”通过这个修正案不是目的；它只是迈出的第一步，是实现更大的计划的工具。威尔逊宣布，平等是一项尚未完成的任务：“如果这个国家的黑人与白人平等了—— 209
我希望他会在上帝的赐福下很快如此——我会继续瞩目未来，继续努力使每一个白人与每一个其他的白人平等。我相信公民的平等，是在最为广泛和最为全面的民主的意义上的平等。任何人应该享有的权利不应取决于生命中的偶然因素。”①

对与选举权有关的社会价值观及其政治意义的极为全面而彻底的辩论倾向于掩盖这些辩论所预示的美国政治思想的一个更为深刻的变化。没有任何形式的平等比法律面前的平等更具根本性，以至于美国的政治学和法学经常把它视为其他价值观的基石。这种基石的特性倾向于赋予这种思想一种不可变更性，似乎它是其他价值观确立的坚实的基础。然而法律面前平等的观念本身也正经历着种种微妙而深刻的变化。

这个过程肇始于1866年通过的《民权法》。正如埃里克·方纳所评论的，对于激进主义者们来说，“法律面前的平等是一个扩展性的原则，包含了公众生活的几乎方方面面。”而当温和派设想通过一个旨在保障黑人签订合同，并作为自由劳动者与白人平等地参与竞争的权利的议案时，其他的国会议员认为这个议案给了贫弱的劳动者额外的力量，用以进行争取就业和持有和享有

① Ibid., 1326.

他们辛勤劳动的成果的手段的斗争。[①]

在美国的政治思想(起源于英国)的历史中,权利起初是保护性的,保护个人免受虐待、残暴和压迫;权利的观念从本质上说是一种保护性的观念。然而新形势的两个方面可能对权利的性质产生始料不及的影响。其中一方面的新形势是美国联邦制度的性质的变化所造成的直接结果。一旦监督其公民的权利、保障所有人享有平等的法律保护成为联邦政府的职责,就会开始产生一种
210 更为积极地看待权利本身的性质的潜力。联邦政府干预的权力成为一种发号施令和作出决定的联邦权力;并将由联邦政府官员们来决定什么样的条件能满足他们的权利观念。在重建时期,这种职责主要归于自由民局的官员们。这个机构的建立主要是缓解当前的危机,1869 年国会将其解散。然而这些官员们对其职责的行使并不总是能令他们有责任保护的那些人满意。然而这个职责实际上能够而且在一个世纪以后也将被移交联邦政府的司法部。到那时为止,这个体现在联邦宪法之中的权利观念已经成为一种决策的推动力,其程度当然完全超出了《1866 年民权法》或联邦宪法第十四条修正案的少数制定者当年的意图。然而这种意图产生于重建时期。

第二个方面的新形势——并不取决于联邦结构——是激进主义者们所看到的和所瞩目的法律观念的扩展的一部分。实际上它是要使法律面前平等的宪政原则服务于另一种类型的平等的目标——机会的平等。这正是国会中的演说家们在谈到使黑人、使所有的贫弱的工人们在公正和平等竞争的基础上加入劳动大军时的意图。这只是一种开端。企业资本和种族偏见的反对力量是巨大的。但是这种开端具有重要意义,因为这指向了在以前数代人中从未赋予法律的进行社会干预的可能性。尽管这种社会干预曾经发挥过不为人所察觉的作用,但也从未指向同样的方向。

法律面前的平等从本质上说是作为一个程序性的范畴而产生的。它保证同样的法律程序不分等级或地位适用于所有的人;同样,它也保障所有的人都能平等地得到法律的保护。从它在重建时期的这些开端,到 20 世纪民权革命

---

① Foner, *Reconstruction*, 244.

期间它的丰富和发展，法律面前的平等成为干预性社会政策的一个积极原则。[1]

平等权利的个体基础 211

这些辩论促使国会议员以及他们的选民们在内心产生了一种道义上的认知，他们中的一些人愿意将其公开，而一些人却踌躇不决。那种认知是，在有关权利的问题上，平等的问题与之是难解难分的。给予黑人在政治权利上的平等是一个行动，而不仅仅是一个表示。有了这种政治平等，黑人就可以做他们力所能及的事情。然而在整个美国社会中，任何认可美国民主思想的道义法则的原则都不能在法律的和政治权利的平等与作为个体的个人的完全平等之间设置障碍。黑人的代言人们很清楚地阐述了这种联系。他们中的一个人在1867年蒙哥马利市的一份报纸上宣布：

> 我们要求**享有与白人完全同样的权利、特权和豁免权**。我们的要求也仅此而已，也不会接受达不到这种要求的任何条件……[他下面的话预示了近30年后哈伦法官在"普莱西诉弗格森案"中的反对意见]法律不再承认白人或黑人，而只是承认人。因此，我们有权搭乘公共交通工具，担任公职，参加陪审团，并且做任何以前我们仅仅因为肤色的原因而被禁止做的事情。

沦落加拿大返回美国，活跃在南卡罗来纳的马丁·德拉尼发现这种情绪广泛传播，这一点被黑人清楚地理解了。他"发现在这个国家无论如何谈论肤色问题，都冒着招来愤怒的回答的危险：'我们不想听到这个。我们现在都属于一

---

① 法律面前的平等也是一种社会政策的原则，这将在本书第八章读到，1896年联邦最高法院宣布了"隔离但平等"的原则（*Plessy v. Ferguson*, 163 U.S. 537）。然而按照上一段的观点来说，这是一个消极的政策。这里只是通过联邦政府将制定社会政策的权力留给各州的议会，而造成这个裁决的整个社会形势对机会平等的意义，未能得到考虑。

种肤色’”。[1]

根据情势的需要,美国平等的观念已经成为扩展了的公众意识和剧烈的重新界定的话题。然而那些在种族问题上持有最为激进的观点的人们在社会良心的其他方面并未得出同样的结论。在经济学方面一直属于曼彻斯特自由主义学派的查尔斯·萨姆纳于1871年在参议院指出,他主张禁止为白人和黑
212 人旅客规定隔离的火车车厢,但他不会干预有关一等、二等和三等车厢的规定,因为“那只是一个价格的问题。”[2]阶级关系的问题尚未提到激进共和党人政策的议事日程。尽管萨姆纳没有这样说,他在这种情况下真正关心的是被视为属于不同的种族的人之间受尊重的平等。在一个依然希望在平等的基础上提供机会的政治经济学里,富裕的人与不太富裕的人之间相互尊重的问题不是一个政治问题。

然而,随着辩论发生这种转向和在重建依然是主要的问题的时候,劳工组织开始动员他们的力量,没有理由感到惊讶的是,社会上的保守派开始感到不仅仅是种族关系的结构受到了威胁。反对内战大大加剧了的经济不平等的劳工运动的新浪潮显然要比种族关系的剧变具有更大的威胁。能令联邦宪法第十五条修正案成为推行激进政治的工具的更为全面的条款在辩论中被否决。它所出现的形式是它所能呈现的形式中最为消极的、最为软弱无力的。

同样没有理由感到惊讶的是,妇女们的权利也出现在这些辩论之中。对于许多人来说,这些辩论只是一种温和的嘲讽的工具,其作用只是表明激进主义者以普遍的原则为理由要求给予黑人选举权在实际上不可行。康涅狄格州保守派共和党参议员詹姆斯·狄克逊指出:“如果你委屈了非洲人,你也就委屈了妇女。她与非洲人一样拥有享有选举权的自然权利。”显然意在使整个观点显得荒谬可笑。而另外一些发言的议员们无所畏惧地从不论财产或种族的个人的平等原则走向不论性别的平等。田纳西州的约瑟夫·福勒不理解为

---

① Montgomery, *Alabama State Sentinel*, 21 May 1867; Robert G. Fitzgerald Diary, 22 April 1868, Robert G. Fitzgerald Papers, Schomburg Center for Research in Black Culture; as Quoted by Foner, *Reconstruction*, 288, n. 15.

② Foner, *Reconstruction*, 237.

什么中国人、非洲人或印度人的后裔们应该为美国的妇女们制定法律；这是说美国的妇女们应该与男人们享有平等的权利。代表亚拉巴马州的来自俄亥俄州的共和党人威拉德·沃纳认为，现在还无法实现妇女选举权，但是只要妇女们能够团结一致，它终究会到来。①

妇女选举权的问题开始"侵蚀"共和主义的定义。妇女们将很快将运动推进到迫使男人们重新界定政治社会的地步。到联邦宪法第十四和第十五条修 213
正案被辩论、修订（许多次）和通过之时，在共和主义的理论框架下有关平等的诸种问题自联邦宪法制定以来第一次受到了最为彻底的分析。

这在美国的政治思想上是一个极为重要的自我检讨和重新界定的时期。当保守派人士提醒他们的对手们平等是不可分割的时候，他们迫使激进主义者面对他们自己的理论可能造成的后果。如果国会和各州议会的多数派完全相信美国黑人很可能通过政治和法律权利的工具攀登到社会和经济平等的位置，他们可能会对接受这种冒险而心存疑虑。而白人几乎固有的认为黑人的能力劣等于白人的观点的具有嘲讽意味的结果是，似乎降低了产生那种社会后果的危险。人们可以很诚实地认为黑人们有权享有美国人保护他们自己的利益所需要的种种权力，而同时相信这些权力不会使黑人在成就或地位上与白人平等。一些白人能够心满意足地接受黑人选举权，是因为他们想这样做在原则上是正确的；而且认为即使给了黑人选举权，这个权利也很少会被利用。②

在这些辩论的缓慢过程中，平等的观念经受了分析和提炼。但永远不能把它们视为无关紧要而抛弃它们。在美国，最为根本性的政治原则根据平等是正义的基石的观点得到讨论和检验，其程度在任何其他国家，包括法国都闻所未闻。种族的或经济上的保守派人士们也利用平等权利的语言，有时使他们激进的对手们陷入前后矛盾之中。他们接受了白人的平等参政权，同时对

---

① *Congressional Globe*, 40th Cong., 3rd sess. (1869), 670, 860, 862.

② William Gillette, *The Right to Vote: Politics and the Passage of the Fifteenth Amendment* (Baltimore, 1965), 87—88.

选举权和任职权做了区分;在种族关系上,他们立足于白人优越论的论调,认为一旦激情平息,白人优越论仍将立于不败之地。双方都认识到,如果不考虑平等的理论,美国的宪政政治就无法进行。

第八章 种族隔离的社会与宪政基础 214

黑人美国人所理解的平等的含义

当1861年4月美国内战爆发的时候，联邦政府既未打算、也未希望它会造成奴隶制的废除。如果战争能如交战双方最初所期望的那样很快结束，也许就不会废除奴隶制，奴隶制很可能一直会存在到20世纪。废除奴隶制只是走向国家承担确立实质性的个人平等的责任的第一步。而且，废除奴隶制本身并不能创造权利并将它们赋予获得解放的黑人种族的男性和妇女。朝这个方向迈出的重大的第一步是《1866年民权法》，其本身只是北部联邦获胜的一个间接的后果。同样，重建时期通过的、确立了未来有关平等的辩论的框架的联邦宪法修正案，是内战更为间接的和始料不及的结果。

尽管南部因为种族主义的传统已经四分五裂，如今又被他们不得不生活于其下的联邦宪法在政治上、社会上和道义上进一步分化。可以想像，联邦宪法第十四条修正案对平等保护的保障和第十五条修正案对平等的选举权的有条件的保障，都不可能自然地产生于南部的历史与社会。因此要把这些强加给南部；它们能够长期存在的唯一希望在于它们的贯彻执行能够成功地改造南部社会。这个努力最终失败了，但是只是在回顾那段历史时才能看到这种 215
失败似乎是必然的。在若干年中，结果一直不明朗。在恢复南部的白人至上的长期斗争中，暴力和欺诈常常伴随着谨慎和妥协。对于那些自称"救赎者"的白人领袖们来说，南部危在旦夕。但他们没有把握控制在华盛顿和整个国家仍然决定着南部的政治责任的轮廓的那些政治的和司法过程。

黑人如今已经成为南部各州的公民，成为新南部的复杂社会的重要因素。

在内战期间，南部州的黑人主要通过逃离联邦军队已经逼进的种植园、充当联邦军队的向导或逃进联邦军队来表达自己的观点。[①] 对于像弗雷德里克·道格拉斯这样的政治领袖来说，在北部阐述更为广泛的政治目标要容易得多。直到1864年的总统大选，道格拉斯一直担心如果民主党当选，其政府会重新将坦尼在德雷德·斯科特判例中的原则写入法律。他对共和党能否致力于废除奴隶制也没有把握。道格拉斯认为、林肯本人也担心内战结束以后《解放奴隶宣言》将失去其合法性。尽管道格拉斯所阐述的原则牢固地根植于《独立宣言》，他最为迫切地要求获得选举权。他认为选举权能最有力地防御白人的种族主义，是黑人获取教育的手段，而且也许最为重要的是能确保黑人的自尊。[②] 在这里是对不同类型的平等的有力结合，而白人的代言人们常常喜欢将它们分开来。事实是，在一个民主国家，被剥夺了选举权，也就被剥夺了保障自己的利益甚至自己的人身安全的手段；而没有了这些东西，受尊重的平等也是不可能的。这又涉及到了政治社会的问题，或是说是首席大法官坦尼正确地称谓的“政治大家庭”的问题。黑人的代言人们把他们公开的注意力集中
216 于政治的和公民的目标，但这并不意味着他们不关心他们的人民结束令他们心灰意冷的一切恶毒的种族歧视和偏见的强烈愿望。我们已经看到马丁·德拉尼如何在南卡罗来纳的乡村发现了人们对种族差别的观念深怀恶感，[③]而道格拉斯一直主张建立免费的公立学校，强烈反对教育领域的种族隔离。他极不情愿地希望暂时接受隔离的学校的政治必要性，作为赢得北方支持黑人教育要付出的代价。至少他希望黑人的学校能够培养一种自立的精神。[④] 在黑人能够参与重建州的政府政策时，他们支持了那些远远超出他们自己眼前

---

① 有关奴隶主震惊于在联邦军队逼进时他们奴隶的逃离的生动描绘参见 Robert C. Meyers, ed., *The Children of Pride: A True Story of Georgia and the Civil War* (New Haven, 1972), 925, 929—30.

② David W. Blight, *Frederick Douglass' Civil War: Keeping Faith in Jubilee* (Baton Rouge, 1989), 176, 179, 184; Philip S. Foner, ed., *The Life and Writings of Frederick Douglass* (New York, 1950), 3:411—12, 418.

③ 参见本书第七章。

④ Blight, *Douglass' Civil War*, 199.

利益的社会目标，包括让所有儿童享受到免费的公立教育，让所有人享受到完全的公民平等，以及善待那些精神病患者、患病者和罪犯。[①]

所有这些政策基本上体现了平等精神，因为它们建立在所有人都应平等地要求享有社会资源的信念的基础之上。这种观点源自一种强烈的社会道义感，而不是一种经过认真分析和深思熟虑的政治思想。不能说它的根源在于建立一个自由国家的美国古典原则。然而各地的黑人希望作为平等的人受到尊重、并被赋予作为公民的全部权利的事实，不应被认为意味着个人融入白人社会的愿望在黑人民众的抱负里占据显著的位置。他们中的绝大多数是乡下人以及南部州的妇女，居住在和他们一样的人中间，最大的愿望是能够在他们自己的农场上养活他们自己和他们的家人。[②] 种族歧视的耻辱造成的痛楚实际上在北部的城市更深。例如在费城，许多公共设施，包括公共交通都实行种族隔离。

在一个由白人制定规则的世界里，黑人自己的抱负和目标要用白人世界的语言来表达的事实说明他们的地位如此低下。一个突出的个人例证是查尔斯·沃德尔·切斯纳特。他能力超常。尽管他只有八分之一的非洲血统，在 217
社会上仍被确认为黑人。切斯纳特作为一个语言学家和教师，受到了上层白人的排斥和敌视，尽管从知识水平上说，他自然能够与他们交往。他所吸收和教授的文化主要是欧洲的产物，然而他在争取与他家附近的受过较好教育的白人圈子的正常交往中遇到了障碍。切斯纳特对此深恶痛绝，但是不让这影响他的自尊。他在他的日记中写道："我没有白人朋友。我不能与任何自视很高不愿与我在同一个桌子上吃饭或住在同一个旅馆的人交往从而贬低'友谊'这个神圣的词语。对于我来说，友谊只能存在于有共同志趣的人之间，在某些方面（如果不是所有的方面）平等的人之间以及能够相互尊重和敬仰的人之间。"[③]被剥夺了受尊重的平等给切斯纳特造成了心理上的痛苦和愤怒，但是

---

① Joel Williamson, *The Crucible of Race: Black-White Relations in the American South Since Emancipation* (New York, 1984), 49.

② Ibid., 45—47.

③ Ibid., 65, quoting Chesnutt's diary for 7 March 1882.

他深知自己的价值，不让这令自己垂头丧气。认为受尊重的平等对于自尊总是极为重要的是错误的。

弗雷德里克·道格拉斯和布克·T.华盛顿都生于和长在奴隶制下，他们崛起的道路充满了极度的艰辛。道格拉斯曾经为了自己的生存与他的主人搏斗过，后来逃脱了奴隶制。他希望创造条件，以保障黑人可以进入经济生活的正常渠道。他似乎愿意接受这种经济生活中正常的经济竞争的冒险。他经常以靠个人奋斗而成功的人为主题进行演讲。像道格拉斯一样在白人世界赢得了受尊重的平等的黑人如凤毛麟角。他的巨大的影响和有感染力的形象一定弥补了他在早些时候所受的痛苦。但是一旦赢得了政治和法律方面的根本性权利，他实际上为黑人追求的平等是机会的平等。[①] 尽管有了机会的平等，受尊重也未必能得到保证，然而如果没有机会的平等，受尊重的平等是不可能的。长期以来一直是黑人争取平等权利的杰出代言人的波士顿市的黑人律师约翰·罗克被接纳到联邦最高法院任职时，机会平等观念的真正的潜在价值开始具备了具体的含义。[②] 然而，他仍然只是一个在属于白人的职业中从业的黑人律师，是一种罕见的现象，一个难以企及的典范。

218 在道格拉斯想要改变白人社会的规则的地方，也只是改变这些规则的主导性原则，以便将黑人包括在内。由于南部劳动大军的很大一部分是黑人，即使在最好的时候，这也不是一个微不足道的事情。除此之外，他没有多少可以称为一般性的政治理论的东西。布克·T.华盛顿属于年轻的一代。他在少年时代随着联邦军的胜利而获得了解放。与道格拉斯相对照，华盛顿所实践的微妙的迁就政策（无论他在自己复杂的个性深处要付出何种代价）代表着一种对白人秩序的正式的承认：黑人美国人在事局中拥有得到认可的地位，但是那种地位却是劣等的、固定的和不可改变的。华盛顿所建立和在一生中大部分时间控制着的塔斯克基学院培训的黑人男女学生所服务的社会秩序，即使没有种族界线的划分，在实质上也别无二致。然而塔斯克基所建立的前提，是

---

① Blight, *Douglass' Civil War*, 195.

② Ibid., 187.

接受黑人在那种社会秩序的服务部门的位置。在这种秩序里，受尊重的平等是一种危险的思想；而机会的平等只能在分配给黑人美国人的范围之内存在。塔斯克基是亚拉巴马州建立的一所师范学校，享受政府资助，也理应受到它从白人世界所接受的一切支持。而它也给白人世界作出了重大而稳定的贡献。它不仅源源不断地提供了受过训练的家庭佣人、工匠和技术人员，而且教他们限制自己的抱负。①

也许应该预见到，对布克·华盛顿的主导地位的挑战源自一场旨在推翻种族秩序，通过同化来实现平等的新的运动。而在马萨诸塞州西部长大、在菲斯克大学和哈佛(1895 年他在这里成为第一位在哈佛获得博士学位的黑人研究生)受过教育的年轻的 W. E. B. 杜波依斯是一个极为复杂的人物，很难预见他对白人世界的反应。杜波依斯在思想上与圣公会牧师亚历山大·克鲁默尔有许多共同点。克鲁默尔在利比里亚度过了 19 世纪中叶的几年，在 19 世 219
纪 70 年代回到了华盛顿，并在那里成为圣路加教堂的牧师。克鲁默尔对他的教区居民说："我们居住在这个国家，是其人口的一部分。然而，在许多不同的方面，我们与其居民相隔很远，似乎我们住在圣维奇群岛(Sandwich Islands)。正是因为我们实际上与这个国家的真正生活相分离，使我们成为'一个国中国'。"他认为这种强制的隔离是使黑人意志消沉的根本原因，而意志上的消沉使黑人在自信、企业和政治上遭受了损失。② 年轻的杜波依斯在克鲁默尔的晚年结识了他，在他出版的第一本文集中对他进行了极为动人甚至有些浪漫的描述。在他自己的生平中，杜波依斯一直在探讨他的最为著名的文章中所传播开来的"双重认同"的主题，直到这使他走向通过黑人分离主义来全面地

---

① Booker T. Washington, *Up From Slavery* (many eds; New York, 1963); Louis Harlan, ed., *The Papers of Booker T. Washington* (Urbana, 1972) 2:107—09. 有关华盛顿论述职业培训的经济方面和"道德培养"方面的作用，参见第 260—261、310 页。Louis R. Harlan, "Booker T. Washington in Biographical Perspective," in *Booker T. Washington in Perspective* (Jackson, Miss., 1988), 3—22.

② Alexander Crummell, "The Social Principle Among a People," in *The Greatness of Christ and Other Sermons* (New York, 1882), 290—91.

维护黑人意识。[1] 杜波依斯通过1905年在尼亚加拉瀑布召集的一次会议发起的尼亚加拉运动，与华盛顿对白人世界的颐指气使的迁就政策彻底决裂，几乎对那个长者煞费苦心营造的每一件事情进行了批评。

杜波依斯以获得完全的政治的、公民的和经济的平等为目标，起初看起来要走向一个同化于白人社会的计划。当1910年尼亚加拉运动与一些白人种族自由主义者一起组建全国有色人种协进会（到1914年这个协会已经拥有了6000多名成员，并在几乎每一个南方城市建立了分会）的时候，他们没有鼓励黑人像白人排斥黑人一样排斥白人的思想，将白人排斥在外。[2] 那不是他们的进步观。因此，基于他以前自己早些时候的表现和观点，杜波依斯，这个不会意识不到自己的思想的杰出性的高傲的人，能够成为全国有色人种协进会最具影响的代言人。但他从未感到很容易与他人合作。而他个人通过对黑人
220 的强烈认同来寻求实现他自己心理上的独立的途径使问题更为复杂化。如果要令他自己满意地实现这一点，他似乎要否定他混合的血统中的白人因素。由此他认定，黑人要想得救，必须沿着恢复种族意识的道路走下去，这种信念对他来说似乎排除了最终将一切种族思想淹没于一个新合成的美国认同之中的可能性。到20世纪30年代，他脱离了全国有色人种协进会，受到了几乎每一个美国黑人领袖的反对。[3] 然而在相信要完全恢复黑人的自尊、必须强烈确认自我的种族意识方面，他并不是孤立的。

个性张扬的马库斯·加维发动了迁回非洲运动。这个运动派生出多种多样的商业和教育活动，在其崩溃之前吸引了无数黑人的存款。加维要求黑人

---

① W. E. B. Du Bois, *The Souls of Black Folk* (Boston, 1902), ch. 12 and ch. 1.

② 全国有色人种协进会(NAACP)是在1909年在纽约市召开了一个全国黑人大会(National Negro Conference)后建立的，这个时间有时被认为是全国有色人种协进会的建立时间。协会的杂志(本书作者误认为是报纸。——译者)《危机》在一年内发行量都达到了一万册(本书作者误写为10万册。——译者)，在10年内达到了10万册。Richard Kluger, *Simple Justice: The History of Brown v. Board of Education and Black America's Struggle for Equality* (New York, 1977), 97—98.

③ Williamson, *Crucible of Race*, 75—77. 笔者大约在1951年遇到过杜波依斯，并与了解他的一些人交谈过。这些评论在一定程度上依靠个人的印象。

完全控制他们自己的学校和制度，“不受任何异族的干预”。[1] 尽管加维仅仅在20世纪20年代的几年里得势，无疑他的计划比杜波依斯的运动卷入了更多的黑人美国人。而且在黑人世界的其他地区，加维也被较为广泛和深情地铭记着。[2] 他也留下了一个强烈信奉黑色的思想遗产，他把这种思想与种族纯洁联系在一起，以至于宽恕了像三K党这样的白人种族主义组织，并对浅肤色的黑人，包括像杜波依斯这样与他竞争的黑人领袖表现出公开的蔑视。[3] 在杜波依斯临终前的几年里（他在加纳度过；在莱贡[Legon]还有一条“杜波依斯大街”），由詹姆斯·鲍德温来阐发黑人自豪的主题。[4] 后来这个任务被20世纪60年代的黑人权力运动接了过来。尽管这些同化于美国社会的方案之外的主张的道义力量只是在黑人权力语言出现以后以及黑豹党建立以后才表现出来，它们以前的价值不容忽视。正如我们在查尔斯·沃德尔·切斯纳 221
特的个人经历中所看到的，他们提出了获得自尊的另外的途径。受尊重的平等永远不会失去至高的价值和重要性，但是它不再被视为白人们赐予黑人的恩惠。黑人们可以形成他们自己有关什么值得尊重的观点，并采取相应的行动。

平等但不等同：走向平等的保护掩盖下的隔离

1896年，美国第一个《民权法》制定30年以后，联邦最高法院正式宣布了“隔离但平等”的原则。这意味着联邦宪法第十四条修正案将容忍种族隔离，只要为两个种族提供的设施在名义上是平等的或相似的设施。在采取这个立场的过程中，联邦最高法院给自己免去了调查隔离政策的实质性影响的麻烦。但这种立场暗示着如果进行了这种调查，而且发现了实质性的不平等，这就会

[1] *Philosophy and Opinions of Marcus Garvey* (1933; New York, 1967) 1:140.

[2] 笔者在牙买加发现这个情况。

[3] Harold R. Isaacs, *The New World of Negro Americans* (New York, 1963), 135—45.

[4] James Baldwin, *The Fire Next Time* (New York, 1963).

成为一个应予关注的宪政问题。尽管联邦最高法院显然对自己解决了问题感到满意，它的眼光实际上略微超出了程序和管辖权的问题。而在以前，实质上正是这种程序和管辖权的问题引导着它的运作。

对于种族问题，联邦宪法第十四条修正案保持沉默。[1] 它是联邦宪法对合众国公民身份的一般性宣言，旨在保障公民的“特权和豁免权”免受州制定的法律的侵害。它对所有处于美国的管辖范围之内的人给予了平等的法律保护。这里指的是一切法律，而不仅仅是那些某种政府强制实施的法律。这个修正案并未对公民的类型进行区分。确实，这个修正案是国会重建联合委员会在听取有关南部形势的大量证据的基础上制定的，这些证据的绝大多数表
222 明了种族关系危机的存在。然而，通过制定联邦宪法修正案对那种危机的解决，不是要创造新的受保护的公民类型，而是要加强和扩展以往确立的原则。这个修正案赋予它之前的《民权法》宪政地位，并像它一样旨在创造所有美国公民，包括州公民和联邦公民的法律平等，这种平等建立在作为美国现有宪法基石的个人的基础之上。[2] 修正案的第二款是授予国会通过适当的立法实施本修正案的权力。

19 世纪末，当联邦最高法院认定，为了实现联邦宪法第十四条修正案的目标，**可以**按种族对合众国的公民进行称呼时，它强加给这个修正案的语言的解释，超出了修正案制订者们的意图。区别是根本性的。联邦最高法院在 1896 年做的是，在宪法上认可认为个人权利取决于他们属于指定的集团的成员的身份的政策；与此对立的是，认为他们的权利取决于他们在美国的管辖范围内作为平等的个人的身份。那个裁决可以解释为这样的原则：不同的**集团**将受到平等的对待。联邦最高法院作出这种解释的途径既非直接的，也非它

① 第一款规定：“所有在合众国出生或归化合众国并受其管辖的人，都是合众国的和他们居住州的公民。任何州都不得制定或实施限制合众国公民的特权或豁免权的任何法律；不经正当法律程序，不得剥夺任何人的生命、自由或财产；在州管辖范围内，也不得拒绝给予任何人以平等的法律保护。”（本注翻译参照了王希著：《原则与妥协：美国宪法的精神与实践》，北京大学出版社，2000 年版，第 586 页。——译者）

② Laurent B. Frantz, “Congressional Power to Enforce the Fourteenth Amendment Against Private Acts,” *Yale Law Journal* 73:2 (1964), 1353—84, 1354, 1383.

的初衷。而且这个观点并非是新观点，因为在联邦宪法第十四条修正案通过之后的几年里，后来成为美国的法律的观点已经间接地开始展现出来。

联邦宪法第十四条修正案在这个极为关键的时期的历史是一段充满矛盾的历史。一个通过坚持所有的权利都应该平等地被享有来消除对权利的实质性侵犯的措施，可以被解释为程序性问题，而不是实质性问题。这个修正案适合于被这样对待是因为它实际上在任何地方都未能对权利作出界定。它只是说合众国的公民的特权和豁免权（这里也没有确定包括什么具体的特权和豁免权）应免受州的侵犯；而且在未对法律的内容进行界定的情况下规定法律的保护将平等地施于所有的人。对这些问题的忽略并不意味着存在着某种阴险的或弄巧成拙的意图。宪法的存在不是为了界定法律的内容，而是决定法律 223
运作于其中的管辖权和权利的框架。当州和联邦法院开始审查产生于联邦宪法第十四条修正案第一款的诉讼时，它们始终强调这一款包含的主导性原则是"公正的平等权利"。然而为了理解法院的思路，有必要明白这并不一定意味着这个修正案赋予了任何人任何权利，法院也不承认这一点；它的含义至少是，任何联邦政府或各州赋予或认可的权利对所有人都应是平等的。[①]

然而，它包含的含义也许更多。第二款授予了国会实施的权力，也可以认为授予了国会判定应该保障什么权利的权力。修正案的制订者们从那个角度考虑问题可以谅解。而修正案的语言也可以被解释为将确定两个更进一步的问题的责任留给了司法部门，因为修正案的语言中并未对这两个问题提供明确的答案：第一个问题是，公民权利起源于联邦政府还是州政府（如果不是源于自然）？第二个问题是，哪个部门应负责实施这些权利？

在内战期间，联邦政府对中央政府在紧急情况下的权力扩张给予了相当一贯的支持。[②] 然而行使这些权力的理由是拯救联邦，而不是在一些新的强化的原则基础上重建联邦。只要美国在实际上仍是一个联邦，一个各州保留

① William E. Nelson, *The Fourteenth Amendment: From Political Principle to Judicial Doctrine* (Cambridge, Mass., 1988), 151.

② Stanley I. Kutler, *Judicial Power and Reconstruction Politics* (Chicago, 1968).

了许多自治特性的联邦，那些被委以维护联邦的职责的法官们会普遍倾向于设法维护与国家主权的根本问题不矛盾的州的特权。这种对纯粹宪政的关注的结果是，所有有关实质性的个人平等的问题要首先由确立这种平等的权力机关来决定。尽管如此，这不是说联邦最高法院对于正义的伸张漠不关心，而是说，作为联邦法官，其成员们认为他们的职责是保证由那些拥有适当的宪政
224 权力的人来伸张正义。然而，有效地“缓冲”了联邦宪法第十四条修正案的实质性意图的一系列裁决，对于未来任何类型的平等的长远的影响都是重大的，因为这些裁决的影响是从国家政策的议事日程中划掉了对民权的保障。

在一个具有重大影响的诉讼案件中，联邦最高法院第一次在一个并不涉及黑人美国人的利益的案件中援引联邦宪法第十四条修正案。路易斯安那州议会将新奥尔良市的屠宰业的垄断权授予了一个公司，一些没有特权的屠户作为原告对此予以反对，给出的理由是这种垄断剥夺了他们作为合众国公民的特权和豁免权。[①] 有了这样一个界定管辖权问题的机会，联邦最高法院通过法官塞缪尔·米勒先生着手从两个方面进行论证，这两个方面都将产生深远的宪政影响。首先，米勒否定了原告们认为他们的案件与联邦宪法第十四条修正案有关的观点，指出这个修正案的本意只适用于保护黑人的权利。“我们深为怀疑不是在以种族为由对作为一个阶级的黑人的歧视的指导下的任何州的行为应该被认为属于这个条款的管辖范围。很显然这个条款是在紧急的情况下为黑人种族制定的，要适用于其他的人需要有充分的理由。”[②]

正如我们看到的，联邦宪法第十四条修正案确立了适用于所有人的一般

① 有关的法案并未将他们驱出屠宰业，而只是要求所有其他的屠户去垄断权的受益者那里租用柜台。有关这个问题的疑点重重的内部政治在此不予讨论。

② *The Slaughterhouse Cases*, 83 Wall. 16 (1873), 81. 对这部分案例的解释我对麦克尔·莱斯·本尼迪克特(Michael Les Benedict)和威廉·内尔森(William Nelson)的评论深致谢意。他们影响了我的思想，但不应对我的结论负责。接下来的很大一部分对本书的第一版的解释进行了重大修订。

性原则。这就是为什么正如我们所注意到的，它并未提及“作为一个阶级的”黑人，或者提及任何其他阶级。对于任何要批评米勒的观点的人来说，依据普通法进行裁定的传统可能表明，出于任何原因偏离这个规则需要更充分的理由。但这并非问题的全部。而米勒的第二个偏离在于极为重要的管辖权的范 225
围。问题与“特权和豁免权”条款的含义和范围有关。他断定，这些特权和豁免权只适用于“因为联邦政府及其全国性特征、其联邦宪法或其法律而存在的”权利。这种权利不可能包括太多，其实例包括公民与联邦政府进行贸易往来的权利。由此作出的划分是由联邦宪法第十四条修正案明确保护的免于州侵犯的合众国公民的权利，以及完全处于州的管辖范围的州公民的权利这个更为广阔的领域。

这些观点满足了联邦最高法院中的微弱多数(5∶4)，在恢复显露出来的州管辖权的边界的方向上走得很远。联邦最高法院愿意宽容对联邦宪法第十四条修正案的语言作出严格解释需要付出的代价，尽管这种解释与这个修正案通过和批准的档案记载格格不入——所有生活在那个年代的人都能够很容易地确认和熟知这种历史事实。这个裁决是司法立法的一个重大举措，这个趋势将在有关公民权利的裁定中发挥日益重要的作用。[①] 它对于黑人美国人的利益的影响是间接的，但是是严重的。联邦最高法院削弱了联邦公民身份的保护性豁免权，在裁定有关歧视针对的是州的公民而不是合众国的公民时损害了黑人美国人的自卫能力。后来许多涉及公民权利的案件表明，这并非仅仅是一种抽象的可能性。

无论对联邦宪法第十四条修正案的价值造成多大的伤害，联邦最高法院的裁决符合那种希望加强受到损害的州的自治原则的普遍情绪。联邦最高法院现有的五个法官都是林肯任命的、都反对奴隶制、而且除了斯蒂芬·菲尔德之外都是共和党人的事实，表明了这种情绪之强烈。然而米勒的观点产生的形势与联邦宪法第十四条修正案产生时的形势或这个修正案造成的形势不

---

① Nelson, *Fourteenth Amendment*, 156—59 指出米勒进行的是“有意识的司法立法”;also, Frantz, “Power to Enforce,” 1381—82.

同。法官菲尔德在他撰写的一个强有力的反对意见中暴露了米勒观点的不
226 堪一击。在反对意见的一开始，菲尔德承认州可以管理联邦政府保护的权利，只要它们的行为平等地适用于所有有关的人员。这在新奥尔良市的垄断案中远非如此。他接着正面提出他的观点：联邦宪法第十四条修正案的含义是，合众国公民的特权和豁免权与合众国本身一样广阔，此后不能被任何形式的州立法限制。如果这个修正案没有这样的含义，那么"这个立法就毫无意义，没有达到任何目的，毫无必要地令国会和人民在它通过时为之兴奋"。国会在早些时候制定了《1866 年民权法》，表明它将合众国公民的权利扩展到联邦的每一个州的认真和决心。然而在不满意于此的情况下，在联邦宪法第十四条修正案通过以后国会在 1870 年再次通过了那个法案，并略加修订，相信这个修正案消除了有关这个法案的合法性问题的任何疑虑。[①] 菲尔德的反对意见更为引人注目是因为他自己致力于维护州的自治权。这种努力而不是他反对屠宰场案的裁决的观点，证明与联邦最高法院后来的思想趋势较为一致。

国会制定法案，联邦最高法院推翻法案

平等主题的诸种表现一直是整个重建年代公众辩论的核心问题。专一地探讨一个主题只能在短暂的时期之内吸引一个复杂的政治制度的兴趣。北部的政客们受着多方面问题的困扰，在这些问题之中，前南部同盟诸州的种族公正的问题开始占据次要的地位。然而共和党人不愿放弃斗争。在 1874 年中期选举之后，他们的政党失去了对众议院的控制，而跛鸭国会的共和党多数派作出了最后的但是具有深远意义的努力。《1875 年民权法》是所通过的法案中对平等权利最为全面的维护。一直到 1957 年依然如此。即便如此，法案的发起者们不顾他们自己的信念采取的预防性措施是，在法案的条款中略
227 去了实行黑白合校教育的规定，部分原因是皮博迪基金会的强烈抵制。这个

① 83 Wall. 16 (1873), 96.

慈善基金会为南部的教育事业提供了大量资金。[①]

法案的前言中所宣布的原则在理论上具有重大意义。法案宣布它的目标是保障法律面前的平等,而法律本身却是要让人平等地享有一切公共服务和设施。换句话说,这里是在法律的内容上明确界定法律上的平等的旧有原则。为了实施联邦宪法第十四条修正案在法律面前的平等,也许出于对联邦最高法院已经初露端倪的限制性倾向的担心,议案的草拟者们加入了一个条款,保障公民参加陪审团的平等权利。民主党反对派企图删除修正案中的这一规定。来自俄亥俄州的民主党参议员艾伦·瑟曼反驳说,法案修正案并未授予公民这种权利。国会就平等保护的内容开始产生重大分歧,这从根本上说是一种党派分歧。认为这一规定并不涉及在法庭本身的平等的思想很可能是曾经提出的有关权利的最为极端的消极观点。在另一方面,共和党参议员马修·卡彭特认为,鉴于"屠宰场案"的启示,有必要确立一项法律权利。[②]

当瑟曼打断了支持《1875 年民权法》议案的马萨诸塞州共和党人乔治·鲍特维尔,并说联邦宪法第十四条修正案中并未提及"种族、肤色或以前的奴隶身份"时,他触及到了问题的核心。对于此,鲍特维尔回答说,平等是一种针对个人的东西,与阶级或种族无关;既然这个修正案赋予所有人同等的权利,就没有必要提及种族或肤色。共和党人奥利弗·莫顿问道,如果不允许黑人参加陪审团,是否就能说他享有了平等的法律保护。在南卡罗来纳,他显然并未享受到平等的法律保护。在南卡罗来纳这样一个黑人占据人口多数的州,如果地方性的选择过程阻碍了白人参加陪审团,他们一定会根据联邦宪法第十四条修正案要求他们的权利!他坚持认为,由同辈人审判的权利是一种普 228
通法权利。(补充指出在现有的情况下黑人并非南部州白人的"同辈人"是多

---

① Forrest G. Wood, *Black Scare: The Racist Response to Emancipation and Reconstruction* (Berkeley and Los Angeles, 1970), 139; Alfred H. Kelly, "The Congressional Controversy Over School Segregation, 1865—75," *American Historical Review* 64 (1959), 553—54.

② *Congressional Record*, 43d Cong., 2nd sess. (1875), 1792, 1863.

余的)[1]

一场具有重大思想意义的辩论探讨的一些问题,在一个世纪以后当平等再次成为政治的一个主要主题时会再一次显露出来。瑟曼指出,莫顿所接受的财产资格限制,同样是不平等的。莫顿回答说,州不能对一个种族而不对其他的种族强加财产资格限制。而瑟曼批评共和党人的思路检验了他们的自由主义观点。他说,《1875 年民权法》议案禁止以种族为由的歧视,但却允许以其他理由的歧视。[2] 共和党人立场的关键是,权利与个体性要素结合在一起。当情势变化的时候,而法律的原则却保持不变。尽管一个人的居住地、经济地位甚至他的文化水平等特征会发生变化,但是他的种族永恒不变。弗蒙特州共和党参议员乔治·埃德蒙兹在辩论的后期紧紧抓住这些问题来应答民主党国会议员。联邦宪法创造了国家公民身份;不能剥夺一个公民属于他作为一个公民的特征的任何东西。如果法律对黑人和白人区别对待,为什么不对法国移民和德国移民或不同教派的人区别对待?民主党国会议员极力回避这个观点,尽管种族歧视的反对者们多次阐发了这个观点。这个观点将在 1896 年“普莱西诉弗格森案”以及一个世纪以后产生反响。

如果讨论涉及了美国法律的原则,种族上的保守派人士可能会认同这些观点。他们对群体认同的观念没有持久的兴趣,对于群体的特权更是如此。当然,民主党人并无普遍敌视构成美国准则一部分的各种平等的记录。相反,他们具有支持平等原则的良好声誉。然而,他们认为具有或者部分具有非洲血统的男人和女人们属于一个完全不同的人种类型。在这方面他们继续秉承首席法官坦尼的路线。坦尼将具有非洲血统的人排斥在构成联邦宪法的“政
229 治大家庭”之外。在涉及黑人的地方,白人种族至上决定了宪法的轮廓。那些种族主义的保守派们真正想要的是一个反映了一个等级制社会结构的联邦宪法。[3] 埃德蒙兹从一个现实的角度暗示了通过一个民权法的必要性。他警告

---

① Ibid., 1793—94.

② Ibid., 1794, 1866.

③ Ibid., 1870.

国会说，民主党人打算开始一个“反动”的时期。“反动”威胁到了南部州，体现在束缚黑人劳力的法律之中。根据一项当时即将通过的立法，如果一个人违背了合同，他要用他将来的收入为抵押偿付所有损失，这意味着“那个人永远被抵押”。这是一种强制劳役的死灰复燃，是改头换面的奴隶制。

《1875年民权法》的通过只是证明民主党人阻挠将公民平等的法则写入法律条文的努力的暂时失败。隐藏在这种抵制的理论分析背后的是一种深深的忧虑：担心一旦黑人在平等的基础上进入了司法程序，一旦他们参与构成日常政治生活的家常便饭的任命与任职的活动，等级制的壁垒就会坍塌。北部和南部的白人至上主义者们同样直觉地感到，国家的政治生活与社会生活难以分离。社会的习俗和惯例几乎与它的法律难以区分，因为它们会很快转化为隔离的学校教育、白人儿童享受高水平的教育、将黑人排斥在陪审团以及（不用说）公职之外的社会布局。这些白人原始的本能与救赎者们在19世纪70年代中期控制他们的政府之后南部州采取的政策相一致，同时也深入地解释了这种政策。

只要黑人的选票对于救赎者或民主党在南部的利益还有用，黑人就会被允许拥有这种权利，尽管这种权利很难得到行使。然而到19世纪末，当变动的政治格局给这些政党带来反叛的白人平民党人和黑人农场主的新联盟的威胁的时候，南部旧的统治者们为了保持政治主导地位，利用种族这个政治问题煽风点火。黑人美国人本身永远不能指望平民党人会成为他们忠诚的盟友。他们中的绝大多数对建立一个真正的种族联盟的兴趣是有限的，时常认为吸收黑人民众是为了让他们投票反对他们的阶级敌人。尽管各州的情况各异， 230
但是在这个世纪末叶黑人最终被赶出政治生活的方式上简直异曲同工。[①]

在19世纪70年代中期，当白人至上主义者们信心十足地控制了南部的“至高

---

① 对这种总的发展情况的分析，参见 J. Morgan Kousser, *The Shaping of Southern Politics: Suffrage Restriction and the Establishment of the One-Party South, 1880—1910* (New Haven, 1974)；较新的但分析略有不同的是乔尔·威廉森的著作《种族的熔炉》(Joel Williamson, *Crucible of Race*)，尤其是第二章。

点”的时候，全国性的政党失去了进行争取对南部的统治权的无休止的斗争的信心，撤出了阵地。那个时期的一个重要而且负面的特点是，国会几乎完全保持沉默。确实，南部不能沾沾自喜地仰赖这种局势。国会中的共和党人时不时地威胁着要唤醒北部的责任，尤其在教育领域。1888 年本杰明·哈里森当选为共和党总统是又一次令人惶恐不安的时刻。而南部之所以能够避开这些危险，相当重要的是因为北部的政客们现在更加关心的是与南部的和解，而不是恢复内战时期的敌对状态。在证明没有国会的进一步干预和没有总统的领导的情况下，对解释国家实施有关平等的政策的责任几乎完全落到了司法机关的身上。[①]

正如我们所注意到的，联邦最高法院总体上的指导原则是，它感到它的首要职责是维护州和联邦权力之间的适当分界，实际目的是保持州的制度不变。而且联邦最高法院也关心对权力的划分进行解释，以便维护国会管理州际贸易的合法权力。这种关心在“赫尔诉德奎尔案”中产生了一种矛盾的但是在这个时代又非常典型的影响。这个案件产生于在密西西比河汽船上发生的一个种族隔离事件。路易斯安那州的重建议会在 1869 年通过了一个法令，要求交通工具为所有的旅客提供类似的座位，明确禁止以种族为由的歧视。德奎尔夫人在沿密西西比河北上的旅途中，在留给白人旅客的区域被阻止进入一个
231 客舱。她起诉船主，指出“这个事件对她所造成的心理和生理上的痛苦”。尽管她自己的旅程的起止都是在路易斯安那州内，这艘船沿河继续其到达密西西比州的旅程。这意味着这艘船航程的所有阶段都受到了影响州际贸易的原则的制约。有关这个问题有着有力的先例。在 1824 年“吉本斯诉奥格登案”中，首席大法官马歇尔裁决说，任何州不应侵犯根据联邦宪法的州际贸易条款保留给国会的领域，即使国会未能在其中采取行动。在本案中，首席大法官莫里森·韦特在为法院拟订裁决意见时承认，要在国会权力和州的权力之间划定一条明确的分隔线面临着种种困难。但他评论说，密西西比河畔有 10 个州。如果要求运营商在一次航行中符合 10 套完全不同的规定，会造成难以忍

① Nelson, *Fourteenth Amendment*, 151.

受的负担。他宣布："如果公共利益需要这种立法，必须由国会而不是州来制定。"①

这个裁决与联邦最高法院在最近的一个不涉及种族问题的案子中的裁决是一致的，这个裁决有力地维护了国会管理州际贸易的各个方面的权力，即使部分业务是由完全属于某个州的代理人进行的。② 尽管德奎尔夫人的不满不涉及种族问题，这个案子仍然可能依据"吉本斯案"这个有力的先例来裁决。这个案子有力地说明，联邦最高法院首要关心的是管辖权的问题，而不是保障实质性的平等，但它对这种立法的价值并未发表反对意见，如果国会愿意通过这种立法的话。③

首席大法官韦特的裁决意见的语言在种族问题上保持中立。对未来具有 232
更大的意义的是法官内森·克利福德的赞同性意见。克利福德在界定平等保护的限度时宣布，"平等并非等同"。两个人，无论他们属于哪个种族，都不能占据同一个座位。联邦最高法院只是尊重船主为了维持他自己的船上的秩序作出他自己的安排的权利，但是克利福德对那种秩序的同情暴露无遗。他说："为了维持秩序和规矩、避免接触和产生于天生的或众所周知的习惯性的反感造成的冲突，对旅客的座位进行安排，并非不合理的规定。因为不经他们的同意将白人和黑人簇拥在一起，可能造成骚乱。"④

当然众所周知的是，白人对黑人所持有的这些"天生的或众所周知的习惯性的反感"(这种措辞使人考虑到有些反感可能不是天生的)要比黑人对白人

---

① 95 U.S. 485 (1877), at 490.

② *The Daniel Ball*, 10 Wall. 557 (1870).

③ 结束了首席大法官的裁决意见的这个评论是适时的。无法从最高法院的报告中确定影响德奎尔夫人的事情发生的确切日期。当案子提交到联邦最高法院的时候，国会已经通过了《1875 年民权法》。这个法案当然明确了民权应该受到平等的保护的人际交往的方面，但它并未具体地适用于州际贸易。这也许被认为是多余的，因为这个法案适用于联邦之内所有的州。联邦最高法院没有提及问题的这个方面，可能严格依照 1869 年的情势作出裁决。这一年路易斯安那州通过了它自己的反隔离法。然而即使联邦最高法院愿意提到《1875 年民权法》，它也很可能会认为它没有权力使国会的立法追溯既往地让以前州的立法生效，即使州的规定和国会的立法类似。

④ *Hall v. DeCuir*, 503.

持有的反感要强烈得多。(实际上,尽管有白人虐待黑人的记录,在美国的历史上极少有有关黑人表达对白人种族的反感的记录)可以合情合理地推断,在克利福德看来,在很难确定适用法律的地方(韦特曾承认存在这种情况),对白人的偏袒总是多于对黑人的。但是按照克利福德的观点,仍然可能根据这些反感为隔离辩护,而不会违背平等保护的要求。有关这个问题的有趣之处在于,克利福德愿意被引导超出联邦最高法院对管辖权的关心,去对实质性的问题作出裁决,并根据自己的好恶驳回了德奎尔的诉讼请求。

克利福德正是在本案中宣布了平等不是等同的裁定,对此他参照了内战前马萨诸塞州的"罗伯茨诉波士顿市案"。这种联系发人深省。因为"罗伯茨案"的裁决是在奴隶制废除之前作出的,当然也是在联邦宪法第十四条修正案通过之前。按照克利福德的观点,内战和重建时期通过的联邦宪法修正案并未在种族关系问题上造成任何实质性的变化。而克利福德单刀直入,指出平等保护的理论遇到的某些较为普遍的困难,让人想起了瑟曼在参议院所发表
233 的观点。"有色种族"并非涉及的唯一一种人。例如,并未坚持认为不同性别的学生必须在同一个学校接受教育。他接着提出了当代的一个有趣的问题:如果严格设施平等的保护,可能提出拥有不同的智力能力的学生享受平等的机会的问题。

克利福德的种族观点以及它们显然注入了他对联邦宪法强制履行的义务的解释,很可能不能为他在联邦最高法院的一些同事所接受,他们当然也不应对这些观点负责。而克利福德很清楚他的目标。他提出实质性的平等的问题是为了阻止让未来的诉讼从关注程序平等转向关注实质性的平等。如果说平等并非等同,那么隔离并不一定就是剥夺了平等的机会。因此,在 1877 年,他就预见到了将在 1896 年流行的原则。

那些坚持应优先考虑管辖权的人以及那些主张实质性的平等保护的人各唱各的调并非无缘无故的。直到 1890 年,在情况完全相反的情况下,联邦最高法院支持了密西西比州在其铁路上对旅客实行隔离的权利,采用的语言并未触动"赫尔诉德奎尔案"的裁决。联邦最高法院发现密西西比州要求铁路公司为黑人和白人旅客分别提供车厢的规定只适用于州内贸易,而德奎尔提出

诉讼的理由是路易斯安那州的隔离的交通运输超出了州的界线。其暗含的意思是，如果密西西比州将其法律适用于州际贸易，它也将超出法律允许的界线。而且联邦最高法院尽力避免直接面对隔离和黑白融合在涉及州际贸易时所提出的与法律冲突的问题。即使在这个时期，案件中悬而未决的一个理论可能性(这个可能性会很快被消除)是，州在州际贸易中强制实行的种族隔离可能会以与"赫尔案"同样的理由被裁定为违宪。[①]

这些分析都不能打动法官哈伦先生。他也注意到了"赫尔案"。他不能理解为什么一个要求跨州的交通工具对白人和黑人实行隔离的州的法案属于对州内贸易的管理，而禁止这种隔离的一个类似法规却不是对州内贸易的管理。[②]可以认为哈伦就像他之前的克利福德一样，关注的是法案产生的结果。234
二人的区别是，哈伦想利用联邦宪法实施种族平等，而克利福德想要剥夺联邦宪法影响种族之间的实质性关系的任何权力。

联邦最高法院对直接产生于违背公民权利的案件的裁决在总体趋势上相当一致。所有的美国人都享有同样的公民权利，尽管这并未确切地指出这种权利包含哪些权利——这首先是一个属于州的问题。根据这种观点，各州之间的公民权利可能不同，只要它们在各州内作为平等的权利始终受到平等的保护。与此相应的观点是，认为各州自身具有绝对的义务给予它们的公民联邦宪法第十四条修正案的平等保护。这个时期的案件中没有一个否定这种观点。州不能为它的不同的公民群体提供不同水准或类型的保护。如果那样做了，或者一个州通过它的某个官方的机构违背了平等保护条款，仅凭这一条，联邦最高法院才能干预。[③]"克鲁克香克案"对这个原则的严格应用很难找到

---

① *Louisiana, New Orleans and Texas Railway Company v. Mississippi*, 133 U. S. 587 (1890).

② Ibid., 592—95.

③ 83 Wall. 16 (1873), 81. 在 *U. S. v. Reese* (92 U. S. 214 (1876))一案(这是一个剥夺选举权的案子)中，联邦最高法院发现与案件有关的法令是违宪的，因为这个法令**超出**了选举权问题。如果这个法令是一个独立的有关选举权的法令，案件就属于它的管辖范围。联邦最高法院宁愿将法令的合法和非法部分一起推翻，而不愿实施实质性的平等选举权，这可能不是联邦最高法院在本案中的唯一选择。首席法官莫里森·韦特(Morrison Waite)所关心的是，对一个刑法法令的解释必须使公民知道他是否违法了。本来应该**可能**根据"里斯案"的原则设计一个合法的法令，但是南部的政治权力已经易手，这样的

235 能与其媲美者。[①]在一场选举的结果引起白人的普遍不满之后发生了对黑人的大屠杀。在这个案子中，联邦最高法院的裁决是，联邦宪法第十四条修正案本身如果没有国会立法的支持，对个人的私人行为不负宪政责任，由此将伸张正义的自主权留给了各州。法官约瑟夫·P. 布拉德利代表联邦最高法院裁决道，对白人的起诉是违宪的，因为这些起诉剥夺了州采取自己的补救措施的机会。他还指出，和平集会的权利并非联邦公民身份的特性，除非那种集会与联邦政府的职能有关，如向国会请愿。"屠宰场案"中的司法立法在本案中已经发展为一种成熟的做法。

这些原则在黄色而不是黑人种族身上反映得更为清楚。在西海岸对东方人的敌视超过了对黑人的敌视。然而当旧金山市通过了旨在剥夺华人洗衣工的生计的法令的时候，联邦最高法院却愿意干预。联邦最高法院指出，问题涉及的是一种专横的权力，与平等保护的原则不相符，尽管法令的措辞在表面上看来是公正的。联邦最高法院驳斥了被告认为州是它自己的立法的最终裁定者的观点，并将有关法令斥责为"阶级"立法。[②]有些类似的影响华人的先例并未逃过法官们的眼睛。他们在大约 70 年以后提出了反对州控制的学校实行种族隔离的理由。[③]在一个极为重要的意义上，这些案件并不完全类似。剥

事情不会再发生。法官们不会没有意识到这一点。参见弗朗茨《实施权》(Fantz, "Power to Enforce")一文第 1360—1361 页。弗朗茨评论道，有关《民权法案》的裁决依照的是"里斯案"所确立的模式。以前的评论家们评论道："联邦最高法院认为那一条款没有规定禁止以种族为由的歧视，尽管这种限制也包含在法案的其他条款之中。" Will Maslow and Joseph B. Robinson, "Civil Rights Legislation and the Fight for Equality, 1862—1952," *University of Chicago Law Review* 20:3 (Spring 1953), 372 n. 28. 对联邦宪法第十四条修正案所赋予的权力作出最低限度的解释从而有效地使受到伤害的黑人在法律上得不到任何实质性的补偿的其他案件还包括：合众国诉哈里斯案(*U. S. v. Harris*, 106 U. S. 629 (1883))，本案推翻了《1871 年三 K 党法案》(the Ku Klux Klan Act of 1871)中的一个关键条款，理由是不能利用联邦宪法第十四条的条款限制私人的行为(即私刑)；还有鲍德温诉鲍德温诉弗兰克斯案(*Baldwin v. Franks*, 120 U. S. 678 (1887))和霍奇斯诉合众国案(*Hodges v. U. S.*, 203 U. S. 1(1906))宣布 1870 年联邦实施法的第 16 款无效，已经确立起来的理由是，联邦宪法第十四条修正案不能干预"私人的行为"，这里指的是黑人订立合同的权利。

① *U. S. v. Cruickshank*, 92 U. S. 542 (1876).

② *Yick Wo v. Hopkins and Wo Lee v. Hopkins*, 118 U. S. 356.

③ Kluger, *Simple Justice*, 120—22.

夺人们的生计实际上是对其生存的打击;使他们遭受隔离就是要让他们生活在不同的条件下。确实,在理论上,影响白人和黑人的条件仍然被认为是平等的,尽管是隔离的。这种比较的另一个方面值得注意:联邦最高法院反对针对某个"阶级"的立法,但是它并不反对对黑人美国人作为一个阶级的不同的待 236 遇,尽管待遇的性质不同。

在 19 世纪 70 年代的案例中已经凸显出来的这些原则,非常清楚地表明了联邦最高法院在后来审理产生于《1875 年民权法》的一系列案件中将采取的路线。所有这些案件都产生于娱乐、旅馆或一等火车车厢等设施排斥黑人的事件。[①] 已经产生的一种势头是联邦最高法院思想风格的内在逻辑,而那个特殊群体缺乏强大的动力去扭转这种势头。而他们对那种逻辑的内在的一致性的关注使他们免于为每一个裁决的具体后果承担宪政责任。

法官布拉德利先生撰写了联邦最高法院对 1883 年这些民权案件的裁决意见。他同意"联邦宪法第十四条修正案无疑保障了"绝对的权利和豁免权。他未使用"创造"这个词,但效果是一样的。他接下来的分析所立足的观点是,享有平等的设施和特权的权利是一个公民的最为重要的权利之一,任何州不能予以剥夺或干预。与此相对照的观点是,哈伦在对"民权案"裁决的反对意见中宣布,联邦宪法第十四条修正案创造了一项新的宪政权利——"通过赋予合众国的黑人公民联邦公民身份保障"他们免受种族歧视的权利。[②] 这两种观点都越过管辖权问题直接触及公民权利的内容。然而对于布拉德利来说,他的声明只是一种假说,因为他声称这种权利在实际上是否存在的问题与本案无关。

布拉德利指出,《1875 年民权法》适用于犯有侵害了公民自由的罪行的人。换句话说,法案直接介入了个人行为的领域。因此对于联邦最高法院来说,问题不是持有种族偏见的个人行为的正确与否,而是国会是否有权制定《1875 年民权法》这样的法律,在公共场所保障实质性的平等权利?布拉德利

① *The Civil Rights Cases*, 109 U. S. 3 (1883).

② Ibid., 19, 36—37.

将他的目光从公民权利的内容问题移开，重新盯住陈旧的和具有局限性的管
237 辖权问题。（联邦宪法第十四条修正案第二款）授予国会的权力是通过适当的立法，纠正被禁止的州的法律和州的代理人的行为的后果。他说："这就是授予国会的立法权，仅此而已。它并未授权国会对属于州的立法或州的行为范围之内的问题进行立法，而只是有权禁止修正案提到的那种州的立法或行为。修正案并未授权国会制定管理私人权利的地方性法规。"[①]在对法案的第一款作了这种狭义的解释之后，裁决提出了对《1875 年民权法》的反对意见，理由是它未能提及哪些行为可能违背了联邦宪法第十四条修正案；它也未给各州留出时间制定它们自己的政策，并且平等地适用于"拥有有关公民的个人权利的最为公正的法律的州"。

联邦最高法院要考虑《1866 年民权法》以及它最近根据联邦宪法第十四条修正案所作出的裁决。不必问刚刚废除了奴隶制和受奴役的标志的联邦宪法第十三条修正案是否已经授权通过早些时候的那个法案，注意国会那时并未打算调整人们的社会权利就足够了。近期的一些重要案件也影响到了法律面前的平等。当州政府的代理人（本案中是一个法官）在选择一个全为白人的陪审团审判一个黑人囚犯时违背了平等保护的条款之后，即使是司法独立的原则也不能违背联邦宪法。[②]（菲尔德与克利福德二人都持反对意见，理由是这个裁决对州的独立性构成了严重威胁）根据联邦最高法院的意见，在那个案件中，联邦宪法第十四条修正案正确地得到了运用，纠正了州的不适当行为。相反，他们面前的法案要占据那个地盘，不管州是否制定了它自己的民权政策。按照联邦最高法院以前持有的观点，其结果是剥夺了联邦宪法第十四条修正案实际上要求州履行的一项职责。

238 这种对维持州法律的最大程度的独立的坚持表现在双重公民身份，而双重公民身份反过来反映了联邦制共和国的思想。在这一时期这还被用来允许

① Ibid.，9—11.

② *Ex Parte Virginia*，118 U.S. 356 (1880). Similarly, *Strauder v. West Virgina*，100 U.S. 303 (1880).

州在企业影响到公众利益时管理企业的经营。[1] 如果在这各种各样互不相干的案件中的任何一个损害了各州的权力，就会开启损害州的整个权力的先例。然而这种反思并不能给那些种族迫害的受害者们带来多少安慰，他们的不满包括在公共场所遭受隔离的不舒服和社会的羞辱、得到的是劣等的服务以及被杀害甚至是大屠杀。[2] 联邦最高法院的裁决忽略解决的问题是，黑人们在剧院和火车上所受到的许多伤害是按照政府颁发的某种许可证进行经营的个人所造成的。这些在州的（或地方的）法律权威下进行的经营活动理所当然地应该受制于这样的规定：它们的服务设施应该符合平等保护的原则。

联邦最高法院还要应对律师提出的观点——种族歧视是奴隶制的遗俗，因此违背了联邦宪法第十三条修正案。然而这个问题并未长期难住法官们。联邦最高法院的裁决解释道："如果将奴隶制的观点运用到个人认为适当的每一个私人的歧视举动中，那就太过分了。"[3]布拉德利用一种对白人和黑人来说会有不同理解的语言指出，当一个人摆脱了奴隶制之后，必须进入的一个阶段是，"他不再是法律的特殊宠儿；他作为一个公民或一个人的权利将以其他人的权利受到保护的普通的方式受到保护。"[4]这些评论可以被解释为没有种族歧视的内容，但是不一会儿，布拉德利无意说出一句发人深省的不切题的话。他说，在奴隶制下，许多自由黑人受到歧视，但是"在那时，没有人认为那是对他作为自由人的个人身份的侵犯。"法官布拉德利先生如何熟知内战前自 239
由黑人的心理活动的不得而知。而联邦最高法院一位法官最近依靠"罗伯茨诉波士顿市案"的记录来证明原则的连续性，法院可能已经注意到了那个案件

---

① *Slaughter-House Cases*, 83 Wall. 16 (1873), and *Munn v. Illinois*, 94 U. S. 113 (1877)；引自 *Nelson*, *Fourteenth Amendment*, 193—95。在"商标案"（*Trade-Mark Cases*）(100 U. S. 82 (1880))中，被告因为伪造的商标似乎曾在州际贸易或对外贸易中使用而被起诉。然而，联邦最高法院接受了认为有关法令超出了国会的权力范围的辩护，因为对法案的语言的解释不能掩盖它超出了国会的权力范围的事实。Henry Paul Monaghan, "Over-breadth," *The Supreme Court Review* (1981), 10 n. 36.

② 参见 *U. S. v. Cruickshank*, 92 U. S. 542 (1876).

③ 109 U. S. 3, 838—44.

④ Ibid at 25.

出现的社会背景。罗伯茨只是努力为他的女儿争取到平等的受教育机会。不必将联邦最高法院对联邦的裁判程序的诸种问题的宪政敏感性都归因于种族偏见，然而从它对某些问题的优先考虑的偏向中能够合情合理地看出，它对种族偏见的心理后果和道义影响的微妙但普遍地缺乏敏感。

法官哈伦是唯一提出反对意见的法官（他以前曾偶然做过肯塔基州的奴隶主）。他的意见否定了联邦最高法院的核心观点。正如我们所看到的，在有关实质性的权利的问题上，他断言，联邦宪法第十四条修正案确立了一项新的宪政权利——免受种族歧视的权利。从语言表达上来看，这种观点似乎与布拉德利的观点相去不远。然而，布拉德利有效地限定了联邦政府保护那种权利的权力。哈伦在承认了这种权利之后，他找出了布拉德利否认的保障那种权利的权力的宪政先例。早在1842年的“普里格诉宾夕法尼亚州案”中，联邦最高法院就裁定说，国会拥有足够的权力实施国会有关追回逃奴的意图。[1] 法官约瑟夫·斯托里先生对本案的裁决意见中的重要段落是：“适用于所有的类似案件的根本性原则似乎是，根据目标的需要会提供实现目标的手段，而当委以重任的时候，就会认为受委托的官员具有履行责任的能力。”[2]哈伦不能接受联邦最高法院多数派有关联邦宪法第十三条修正案的观点。他认为这个修正案不仅废除了奴隶制，也消除了奴隶制遗留的标志。美国奴隶制的特点是，它完全建立在种族劣等论之上。这在他看来意味着联邦宪法第十三条修正案确实有必要保护黑人免受
240 种族歧视。[3] 他还利用“礼让条款”来证明所有的公民都应该受到统一的待遇。这是对联邦宪法的那个条款通常进行严格解释的偏离。[4]

联邦最高法院承认了有责任保护作为“公民身份的要素”的那些权利。布拉德利实际上指出，生命、自由和财产是“人拥有的所有权利”。[5] 与此相反，哈伦所宣称的新的宪政权利必须从两个方面来考虑：它是对“作为公民身份的

---

① 16 Pet. 539.

② 109 U.S. 3, 28, 29, 30.

③ Ibid., 36—37.

④ Ibid., 47—48.

⑤ Ibid., 22, 13.

重要”权利的补充;这种权利源自联邦宪法,而不是各州。这是以维护联邦的名义剥夺了州干预公民权利的最后一点权力。由此他接着清除了联邦最高法院在“屠宰场案”中采用的任何限制。在他看来,各州从来就没有任何权力剥夺合众国公民的特权和豁免权;联邦宪法第十四条修正案对州的歧视性法律的禁止是对州的权力的明确限制,但却从未打算降低国家在保护联邦宪法保障的权利中的权威。①

哈伦根据最近的“弗吉尼亚案”中指出,州对公民权利的平等的剥夺就是对平等的法律保护的剥夺。而在他论证的话语结构中最为毁灭性的一击是使用联邦最高法院自己的武器库中的武器打出的,因为在“赫尔诉德奎尔案”中,联邦最高法院指出,如果在州际贸易中公众利益需要这种立法,“这种立法必须来自国会而不是各州。”这个观点中有一个漏洞,因为国会实际上从未认为有必要界定州际贸易中的一些问题。这也许是因为,国会已经走得够远和做得够多的了,非常明确地界定了对所有州个人的公民权利进行总体解释的职权范围。在那种意义上说,立法来自国会。哈伦略带尖刻地利用国会和司法 241
机关维护奴隶主的权利的漫长历史(整个这种历史提供了它们拥有保护公民权利的足够的宪政权力的重要证据。)尖锐地指出:“在对其他人的意见完全尊重的情况下,我坚持认为,国会有权在不超越联邦宪法的限制的情况下采取措施保护人的自由,就像以前它在这个法院的认可下保护奴隶制以及奴隶主对逃奴的权利一样。”②他警告说,黑人可能不是种族歧视的惟一受害者。他颇有远见地称种族歧视是一种新形式的阶级暴政。

无论哈伦的宪政观点有什么价值,他的长篇意见是对限制联邦宪法第十四条修正案保护平等的个人权利的作用的深层影响的较早的警告之一,也当然是第一个来自联邦最高法院的警告。合众国一直由各种宗教、社会、甚至不同的

① Ibid., 54—55.

② Ibid., 53.

社会等级组成，只是由有限的几种共同信仰、理想和法律松散地联结在一起。在几乎整个西方世界，19 世纪的趋势是走向国家主义——有理由相信亚伯拉罕·林肯洞察到了这个事实，内战也将美利坚合众国导向这个方向。联邦最高法院在裁定民权问题时的理由仍然基于一种离心和分散的权力。而联邦最高法院的观点彻底地限制了重建时期通过的联邦宪法修正案的国家化作用。

巨大的困难在于美国价值观的核心冲突远远超出了平等的思想范围。美国人从英国人和美国人的历史中所学到的一切都教他们相信，当中央政府被授权介入地方社会生活的时候，自由就会受到威胁；自由与地方自治紧密地结合在一起。然而地方自治并不一定会保障地方人民的权利。当联邦最高法院为了解决这个非常现实的两难问题支持各州的地方自由的古老传统时，它遵循的是美国的主流传统。可以说，19 世纪美国几乎与外部世界力量隔绝的地
242 缘政治因素使这种政策颇具魅力。而这种政策的一个结果是，当美国在 20 世纪涉足国际关系的危险世界的时候，美国政府管理国内事务的权力却小于任何其他的主要工业国家。

在国内社会关系方面，如果听任划分为不同集团的趋势在平等保护的名义下继续发展，直到联邦内分离的社会结构变得更为凝固、更深地植根于他们地方的习俗和法律之中，那么未来的美国人可能要让自己习惯对他们的社会流动的某些限制。这种限制可能不仅是以种族和肤色的名义，还会以宗教和民族血统的名义，甚至可以想像的是以地域和阶级的名义。这些考虑尽管在"民权案"裁定之时还属推测，却是在哈伦的警告中提到的可能性的自然发展。联邦最高法院"版本"的联邦宪法第十四条修正案给他们提供的保护并不保险，可以用联邦最高法院自己的语言对这种保护提出质疑。在哈伦发表反对意见时已经开始的新一代人中，那些可能性将演变为更为具体和看得见的形式，并影响其他的各种少数族裔群体。①

---

① 这种先见不单纯是推测，也不是源于非理性的恐惧。1948 年联邦最高法院在一个极为不同的社会气候下最终推翻的限制性财产契约（restrictive property covenant），受益者除了黑人外，还包括土著美国人、犹太裔美国人、华裔美国人、日裔美国人、墨西哥裔美国人、夏威夷的美国人、波多黎各裔美国人、菲律宾裔美国人以及其他的美国人。*Shelly v. Kraemer*, 334 U. S. 1 (1948).

有关陪审团的案件证明,联邦最高法院能够站到划分联邦权力和州权的狭窄界限的国家一边。然而即使在这些案件中,联邦最高法院所关注的问题不是法律面前的实质性平等问题,而是在这些案件中,州是否未能履行它们的宪政职责。不容否认的是,其结果是充满矛盾的。在南部州未能给予实质性的平等保护并非需要特别关注的罕见的脱离常轨,而是事件的正常发展过程。可以毫不夸张地说,在民主党重掌南部政权之后,那种做法反映了南部的政策。在这些案件中,联邦宪法第十四条修正案被视为否定了白人社会偏见的非法后果,同时容忍了州内代表着对那些偏见的正常的和一贯的表现的那些做法。联邦最高法院用以表达其观点的字斟句酌、一言九鼎的语言不能完全消除一个疑问。这个疑问可以通过这样一个没有答案的问题表达出来:如果 243
南部的情况是,黑人主导的州议会、黑人法官和地方政府的黑人官员也像白人实际上对待黑人一样对待白人,那么法院的白人法官们自己在思想上是否会以同样的管辖权和同样的程序性理由来进行裁决呢?没有答案的问题不一定就是无足轻重的问题。

问题确实很棘手。联邦最高法院致力于以一种能够维持某种社会秩序的方式实施联邦宪法。它不希望强行解决种族问题,而在内战后白人至上的统治中寻求秩序。哈伦讥讽地把他的同僚们的观点描绘为"狡猾而巧妙的文字游戏"。在他看来,联邦最高法院否定了联邦政府适当履行其保护性职责的权力。《1875 年民权法》因为抢占州的权利而被裁定为违宪。然而,从布拉德利的观点中也很难看出他是否期望国会在州未能给予公民平等的保护之时制定新的法案予以干预。这种做法在政治上是不切实际的。结果产生了一种奇怪的不正常状态,使美国可能成为世界上独一无二的国家:在联邦政府的法律义务与它履行这些义务的合法权力之间存在着一道鸿沟。

即使是已经取得的有限的成果也被联邦最高法院在同年的"民权案"中破坏。1850 年当每十年一次的人口普查的统计资料第一次使用"黑白混血儿"(Mulatto)这个词的时候,它承认了一种普遍发生的现象。在内战期间,一位仇恨黑人、反对共和党人的讽刺家给这种现象起了个名字叫“黑白混血”(miscegenation)。[1] 重建的社会结果之一是黑白种族在正式的场合似乎可以更为自由地交往，而在私人场合变得更加不自由。无论如何，在民主党重掌南部政权之后的初期阶段白人和黑人之间的关系更加疏远。[2] 1883 年“佩斯诉亚拉巴马
244 州案”打到了联邦最高法院。一个白人男子和一个黑人妇女因为通奸罪被判重罪，提出上诉。可能因为二人已经住在了一起，出于法律上的考虑，这个案子被作为一个黑白通婚的案件处理。

法律同等地适用于每一个种族的成员。在这个基础之上，联邦最高法院沾沾自喜地认为任何一个种族不能抱怨受到了不平等的对待；平等的法律保护的规定并未被违背。这可以被视为涉及人的性关系问题时会激起强烈感情的证明。即使在支持这个裁定的哈伦的思想里，种族认同超过了个人平等这个更为根本性的原则。

正如哈伦所熟知的，联邦宪法第十四条修正案并未提及种族。它只是提到公民和人。换句话说，只提到了个人。因此要确定的问题可以有多种解释。有关的州的法律剥夺了这些个人——一个男人和一个女人——在私生活的隐私领域作出他们自己的感情上的抉择的权利。值得怀疑的是，联邦最高法院是否会支持一个规定个人不能与他的居住区、信仰的宗教或经济阶级之外的人结婚的法律。它支持这种限制的理由是有关法律给予了这些被认为是平等的个人平等的保护，它是从种族群体的角度来考虑的。联邦最高法院的裁决把“黑人”视为一个可以采取立法行动的阶级，就如可以对妇女、儿童、外国人或疯子进行区别以制定相应的立法一样。(同样，“白人”也可以被视为一个阶级，尽管没有人这样考虑，因为他们是其他的阶级在种族上与之进行区分的标准。)似乎可以公平地指出的是，其他的种族集团不会像非洲裔美国人一样被挑出来给予这种待遇，尤其是考虑到仅仅三年后联邦最高法院强烈谴责“阶

---

① [David Croly, George Wakeman and E. C. Howell], *Miscegenation: The Theory of the Blending of the Races Applied to the American White Man and Negro* (New York, 1864).

② Williamson, *Crucible of Race*, 40, 51—52.

级"立法对加利福尼亚华人的影响。如果一个州可以禁止黑人和白人之间的性关系或通婚,无法理解什么能阻止它禁止犹太人和非犹太人或天主教徒和新教徒之间的交往。"佩斯诉亚拉巴马州案"表明,义务与履行义务之间的鸿沟被填平的时刻终将到来。克利福德的论断"平等并非等同"指出了它到来的方向。当联邦最高法院在"普莱西诉弗格森案"[1]中通过宣布"隔离但平等"的 245
原则解决了剩下的模棱两可的问题之时,它实际上只是完成了一个早已经拟定好草稿的"遗嘱"。

隔离但平等:巩固宪政多元化的基础

"普莱西案"的出现不是偶然。如果不使制定吉姆·克罗法的新浪潮成为南部各州的固定习俗,必须在联邦最高法院对其提出挑战。一个反种族隔离委员会挑选霍默·A. 普莱西的部分原因是因为他是八分之七的"白人",要求享有白人的权利和特权。案件发生在路易斯安那。这个州最近推翻了重建时期的政策,通过了一个法令要求在火车上实行种族隔离。阿尔比恩·图尔热被聘为律师。他以前是一个北方人,重建时期在北卡罗来纳担任了几年法官,曾写过一本很受欢迎的小说《傻瓜的差事》。正如图尔热所理解的,本案关系重大。尽管时间的选择似乎不利,但是官司即使打输了也会产生持久而深远的影响。[2]

普莱西声称他作为白人的名誉受到了伤害并未打动联邦最高法院,法院认为他没有做白人的权利。普莱西的申诉也未能打动多少黑人,因为他们怀疑这样一个裁决会增强联邦宪法的肤色意识。联邦最高法院立即否定了根据联邦宪法第十三条修正案提出的诉讼请求。"显而易见和勿庸置疑的是",隔离不能再被视为奴隶制的标志。实际上,如果这个诉讼请求得到了支持,那么

---

① 163 U.S. 537 (1896).

② Charles F. Lofgren, *The Plessy Case: A Legal-Historical Interpretation* (New York, 1987), esp. ch. 8; Jack Greenberg, *Litigation for Social Change: Methods, Limits and Role in Democracy* (New York, 1974), 12—15.

黑人美国人就会享有双重保护的不同寻常的宪政地位，因为多数形式的歧视或偏见不是种族奴隶制的派生物。反犹主义可能不能只追根溯源到犹太人在埃及受奴役的时期。然而联邦最高法院并不关心这些考虑。在1883年，涉及联邦宪法第十三条修正案的问题被认为值得认真的研究。到1896年，尽管哈
246 伦仍然认为以肤色为由的歧视是奴隶制的标志，联邦最高法院的其他法官却认为这种观点无关紧要。

法官亨利·比林斯·布朗先生[①]（一个马萨诸塞本地人）发表的联邦最高法院的裁决意见，标志着23年前在"屠宰场案"中初露端倪的一个思想的登峰造极——联邦宪法可以被合法地适用于社会意义上的群体，而不是独立而平等的个人。鉴于此，并非没有长期的意义的是，这个裁决涉及平等的实质性内容，而不是像许多以前的案例一样仅仅涉及管辖权的问题。如果说隔离的待遇可以是平等的待遇，联邦最高法院这样说也就似乎解决了争议。

布朗承认联邦宪法第十四条修正案的目标"无疑是保障黑白种族在法律面前的绝对平等，但是理所当然的是，其意图不是要消除二者以肤色为基础的差别，或是保障与政治平等不同的社会平等，或是要让两个黑白种族在令双方不满意的条件下搅和在一起"。[②] 布朗认为损害原告的观点的一个根本性的错误在于，"认为对黑白种族的强制隔离给有色种族打上了低人一等的烙印。"他用一种换个角度很容易被视为是一种讥讽的语言接着指出："如果是这样的话，不能归咎于那个法案，而只是因为有色种族愿意对法案作出那样的解释。"[③]而在驳回普莱西作为白人的声誉受损的申诉时，这个裁决承认"主宰性的种族"有权提出这样的诉讼请求。[④] 然而如果一个种族处于主宰地位，那么另一个种族必须处于从属地位。有色种族所选择的对法案"解释"似乎与联邦最高法院有关事情的实际情况的观点完全吻合。

然而，应该从整体上看待联邦最高法院的裁决意见。无疑解决那个棘

---

① 在纽约大学法学院的大厅里悬挂着一张他的制作精美的肖像画。

② 163 U.S. 537，544.

③ Ibid.，551.

④ Ibid.，549.

手问题的办法是，承认白人种族的主宰地位并不构成一个社会问题，因为那是"理所当然的"。因此在法律上找不到解决问题的办法。鉴于此，重要的是记住布朗承认政府确实应该保障"其每一个公民在法律面前享有平等的 247 权利以及改善社会地位和取得进步的平等机会。"①将平等权利和"取得进步的机会"联系在一起具有重要意义。布朗的裁决意见实际上是对平等的机会源于平等的权利的相当充分的承认。在这里，布朗从主宰以往裁决的主要内容的关注群体的权利过渡到显然承认公民作为个人的权利。因此，从表面上看，这个裁决反映了原则的内在冲突，而令联邦最高法院满意的是，平等机会的要求得到了满足。这种满意可以解释为法院相信，按照"隔离但平等"的原则的有关规定，黑人在分配给他们的生存领域内拥有充分的改善个人地位的机会，这种领域代表着他们的先天能力之所及。这种"理所当然的事情"表达了一种自然的法则。"普莱西诉弗格森案"符合那个时代的思想气候。在那个时代，自然法则的含义深受达尔文进化论的种族适应环境思想的影响。非洲人以及他们的后裔如今被视为在进化的标尺上劣等于欧洲人。②

至此这种裁定的反对者们常常指出针对群体立法的危险影响，而联邦最高法院要回答律师的警告：州的理由不仅可以被利用证明白人和黑人的区分是合理的，而且会被利用证明对不同民族或长着不同颜色的毛发的人的区分是合理的。对此，布朗回答说，州对治安权的行使必须是完全"合理的"。③ 联邦最高法院的多数法官似乎并未预见到，在几年的时间里，南部白人将打着"合理性"的旗号对日常生活的细枝末节都强制进行了这种区分，结果白人和黑人在不同的候车室候车、在不同的售票处买票、从不同的入口进入同一幢大楼，形成了奴隶制结束以来最为全面和严格的隔离模式。1935 年一个杰出的宪政史学家得以断言（显然有些如释重负）："在其制订者考虑的主要目的上，[联 248

① Ibid.，551.

② Lofgren，*Plessy*，101—02；110—11.

③ Ibid.，549—50.

邦宪法第十四条]修正案显然彻底失败了。"然而他满意的是,州的立法并未干预公民自由的要素。[①] 然而在案件裁定之时,法官哈伦先生又一次发表了反对意见。

哈伦在13年前的"民权法案"中明确而详尽地论述过他的观点。实际上,他没有多少可以补充的,而且早些时候的那个裁定意见很可能在论证上更有力。尽管他在"普莱西案"中的反对意见已经成为美国最为著名的宪政文献之一,它却仍然存在着逻辑上的缺陷。为了消除白人毫无道理的恐惧,他指出6000万白人不会受到800万黑人的威胁。[②] 这种话旨在缓和白人的歇斯底里,然而他的观点在黑人人口居多数的南部地区不会有多少作用。然而,人口比例决不会影响宪政立场,即使黑人在整个国家都占据多数当然它也会别无二致。但那确实是哈伦观点的核心。他将联邦宪法与它统治的社会结构联系起来,说的话家喻户晓:"这个国家没有等级之分。我们的联邦宪法是色盲。"[③]联邦宪法不知道也不认可阶级或肤色划分,因此不能允许官员们进行以此为基础的划分。[④] 哈伦敏锐地意识到了这个裁定会给南部带来的伤害。他正确地预见到了新形式的隔离的出现。对于他的多数同僚所赞同的观点,他不乏坦率地指出:"为旅客在火车车厢内提供'平等'的设施的薄薄的伪装不会欺骗任何人,也不会减轻今天所犯下的过错。"[⑤]

---

① Andrew C. McLaughlin, *A Constitutional History of the United States* (New York, 1935), 727.

② 163 U.S. 537, 560. 洛夫格伦在《普莱西案》(Lofgren, *The Plessy Case*)一书中的分析揭示了哈伦(Harlan)反对意见中的结构性缺陷(第191—195页)。See also J. Morgan Kousser, *Dead End: The Development of Nineteenth-Century Litigation on Racial Discrimination in Schools* (Oxford, 1986).

③ 163 U.S. 559.

④ Ibid., 554.

⑤ Ibid., 562. 对布朗的裁决意见的辛辣批评参见 Robert J. Harris, *The Quest for Equality: The Constitution, Congress and the Supreme Court* (Baton Rouge, 1960), 101。在本书中,他把布朗的裁决描绘为"拙劣的逻辑、拙劣的历史、拙劣的社会学以及拙劣的宪法法的结合。"这些观点有力地反映了联邦最高法院在"布朗诉教育委员会案"(*Brwon v. Board of Education*, 347 U.S. 483 (1954))的裁决中所确立的准则。这个裁决宣布,(公立学校内)隔离的设施"从本质上说是不平等的"。

尽管黑人以及他们的盟友认为这个裁决极为重要，但是它在北部并未引 249
发重大的抗议。在那里它实际上并未受到普遍的评论。其他本来实际上应该感到受到“普莱西案”所确立的原则的潜在的隔离势头的威胁的少数群体，如犹太人和天主教徒，对此案的裁决也敬而远之。然而本案的整个意义并非像表面上看起来，或者如多数的历史研究成果所指出的那样简单。“普莱西诉弗格森案”将美国宪法之下的社会等级制度合法化，但并未同时认可相应的法律或政治制度。这留下了一个缺口，实质性的平等的原则以后将顺着这个缺口卷土重来。

仅仅两年后，这些薄弱的界线就受到了威胁。在“密西西比州诉威廉斯案”中，联邦最高法院同意州有权要求对选民进行文化测验，只要这种要求不是具体以“种族、肤色或以前的奴隶身份”为由排斥公民。正如我们所看到的，这种发展在有关联邦宪法第十五条修正案的辩论中就已经被准确地预见到了。密西西比州的法律只是在表面上没有在选举中实行种族歧视。联邦最高法院承认这些法律实施中的“弊病”可能使它们成为进行歧视的工具。在那种情况下它们似乎仍然无法经受住联邦宪法第十五条修正案的检验。1915 年俄克拉何马州的“祖父条款”就是这样被推翻的。然而在这个时期，联邦最高法院对调查一个法令的实际实施情况还没有形成惯例。它听任各州凭“诚信”处理这些问题：在密西西比州是选举权问题；在路易斯安那是火车上“平等的”座位的规定。

只要司法机关不去调查事情的实际情况，联邦最高法院就能在“隔离但平等”和“改善社会地位和取得进步的平等机会”之间保持某种平衡。达到这种效果的手段是完全否定平等的保护意味着完全和平等地参与更为广阔
的美国白人世界的平等的机会。换句话说，也就是否定联邦宪法第十四条 250
修正案的实质性内容。然而正是南部州的实际情况造成了有关隔离的法律。如果黑白两个种族的成员作为个人在“改善社会地位和取得进步的机会”、政治权利、尤其是在作为个人相互尊重方面确实能够平起平坐，那么很难想像种族隔离法会产生。而在这种情况下，联邦最高法院也不会有这些问题需要解决。而且如果法律在其他方面把黑人视为劣等的人，黑人根本

就不可能获得平等的保护(尽管在技术上也许是可能的),至少在适当的程序方面不会。

联邦最高法院的观点清楚地反映了广大白人美国人的直觉,而其中的冲突和矛盾也表明维持“受尊重的平等”和那些与“公民身份的要素”有关而且造成了法律上、政治上和机会的平等的“权利的平等”之间的区分的思想困境。当然,支持法律面前的平等的联邦宪法第十四条修正案以及支持有限的政治平等的联邦宪法第十五条修正案都未提及难以捉摸的“受尊重的平等”。布朗的裁决意见或多或少地承认了享有“机会平等”的权利,这个权利是从整个“权利平等”中派生出来的。对于某些时期来说,思想的困境和矛盾似乎离日常生活很遥远,然而它们有办法重返现实政治,即使这个过程需要几代人的时间。这个过程花费了大约半个世纪。

南部州的白人主人们从未主动给予黑人“受尊重的平等”,不论他们是否公民。至此他们重新设计他们的州宪,以便设立不可逾越的障碍,阻挡黑人参与政治。这种发展在1890年以密西西比州为开端,过程是逐步的、复杂的和一点一点做的,每个州都稳步地进行,而且给出的理由各不相同。然而,回过头来看,结果如出一辙,大同小异。然而不仅仅是黑人公民被粗暴地扫进被政治遗忘的角落,建立在人头税和文化测验基础之上的种种限制以及参加选举的复杂过程也剥夺了南部的一些贫困的和没有受过教育的白人的选举权。这使占据优势地位的党派经纪人能更稳妥和更容易地控制选举。

251 另外,想当然地认为美国的政治思想的出发点是所有被认可的共和原则都一定代表某种平等的类型是错误的。我们已经看到在杰克逊时代辉格党人明确反对社会平等思想,杰克逊主义者们也是如此,因为詹姆斯·费尼莫尔·库珀自称是一个杰克逊总统的支持者。这些思想在内战之后令人不快的插曲之后被一些改革家复兴,他们主要关心的问题是净化美国的政治。美国扩张的反对者们声称,不能将那些劣等的民族(如多米尼加共和国的人)纳入合众国,因为他们“太卑贱了”,无法享有公民身份。查尔斯·弗朗西斯·亚当斯这样的改革家认为主张平等的思想是感情用事,缺乏科学性。这里没有人希望把联邦宪法视为在社会上对种族或阶级进行融合的工具。① 随着 19 世纪 90 年代种族主义立法的猛增，几个南部州的一些发言人和作家提出了进一步的要求。他们又回到以前时期的观点，要求将政治权力交回有能力和具有社会责任感的人的手里。②

美国宪法在一些重要方面一直是一个支持多元化的文献。斯蒂芬·道格拉斯反对林肯的理由是，认为美国宪法的多元化是在一个政治屋檐下容纳构成合众国的各种习俗和道德准则的重要条件。随着美国政治、法律和宗教界的领袖们对"隔离但平等"的原则的默认，多数民众似乎通过他们的全国性机构认识到，国内的安宁要求国家容忍地域性事务和种族关系中的隔离。正如哈伦在"民权案"的反对意见中所指出的，普莱西的律师所说的以及哈伦在那个案件的裁定中再次指出的，这个原则可以很自然和很容易地被扩展到其他的少数群体，或使其他的社会的或宗教的差别体制化。正如我们多次在前面的分析中所看到的，天主教徒和新教徒、外国人和土著美国人、犹太人和非犹 252
太人自己可能会被法律安排在隔离的位置之中。这很快开始出现在居住区，有时在教育领域。不容置疑的是，绝大多数白人美国人接受了"普莱西案"裁决的社会学观点（尽管多数人没有听说过裁决本身）——认为不同种族之间看得见的差别是"理所当然的"，从这些差别中会产生某些具体的后果。布朗的这种观点仅仅是重复了许多以前的类似的断言。

为了理解为什么人们普遍接受了"隔离但平等"的原则，重要的是理解认为这种原则与自然的秩序是一致的根深蒂固的认识。对思想的一致性的某种夸大似乎是使联邦宪法容纳冲突的原则要付出的可以容忍的代价。"隔离但平等"的原则本身产生于内战前，是解决问题的一个巧妙办法。而习惯性的社会安排，无论它们是怎么起源的，都很容易具备自然的秩序的特点，尤其是对于那些受益者来说。这种原则与 20 世纪 60 年代末期出现的族裔分离主义并

---

① Eric Foner, *Reconstruction: America's Unfinished Revolution* (New York, 1988), 496—98.

② Kousser, *Dead End*, 144, 151, 160, 164, 169.

不矛盾。那种分离主义开始表现出与自然的秩序一致的迹象,是民权运动在“平等的结果”的原则的激励下的激进发展。自然权利本身似乎也确实源于自然秩序。

当这种解释方法被用来证明不同族裔或宗教群体之间的隔离的合理性的时候,它无法最终与联邦宪法个体主义的假定相协调,也无法与当涉及其他类型的“阶级”时联邦最高法院看待联邦宪法的方式相协调。在“普莱西案”裁定前一年,联邦最高法院首次裁定了一个联邦征收所得税法案的合宪性问题。裁定意见的大部分与直接征税和类似问题的性质有关,而法官菲尔德先生提出的有意思的支持意见很好地解释了其思想背景。他说,所得税法“对那些年收入 4000 美元的人以及那些不到 4000 美元的人进行了区别对待。”他认为这种区分是随意的,因而是危险的。[①] 一种强大的甚至是过时了的个体主义主
253 宰了联邦最高法院有关政治经济学的思想。10 年以后这在“洛克纳诉纽约州案”中又一次表现出来。在这个案件中,一个限制面包房工人工作时间的州法律被裁定为违宪,因为它干预了签订合同的自由。[②] 而在种族主义的社会学中,同一个联邦最高法院宁愿让个人的权利服从于他或她被认为所属的群体的权利。这两种情况都被认为符合自然的秩序。这种矛盾深深地植根于美国历史之中。

---

① *Pollack v. Farmers' Loan and Trust Company*, 146 U. S. 429 (1895), 596—97.

② *Lochner v. New York*, 198 U. S. 45 (1905).

第九章　公司权力与社会多元化 254

三重矛盾的出现：个体主义的意识形态、经济垄断与社会多元化

从19世纪70年代约翰·D. 洛克菲勒巩固了对位于宾夕法尼亚州油田上的美孚石油公司的控制开始，美国的主要工业的巨头们无情地长驱直入，垄断了他们企业经营的整个权力。大批企业因此倒闭。经营企业冒着很大的风险。那些历经风险留下来的企业为企业经营的经济世界与达尔文描绘的“适者生存”的图画（这种理论很快从生物学中渗透到社会思想之中）提供了令人信服的类比。托拉斯（实质上是允许联合管理多个企业的法律手段）和大规模的企业的迅速崛起改变了整个国家经济权力的平衡。当小企业在与大企业的灭绝性的竞争中落败、而大企业的规模无休止地膨胀的时候，“平等机会”的思想似乎失去了它的力量。托克维尔在美国发现的他最喜欢的东西——地位的平等，只是杰克逊时代以来的一个幻影。个人的平等权利依然是联邦宪法的核心。然而当公司压倒了个人的时候，个人只能通过建立新的组织（工会是最突出的形式），他们才能维护重视个体价值的旧的价值观。此后在法律上平等的个人争取权力的斗争将主要由团体组织的代表们来进行。

然而在同一时期，由于另一个突出的历史悖论，大规模的移民浪潮将各种 255
各样而且多半是新的群体汇入了美国的人口。这些民族来自地中海沿岸、巴尔干半岛和东欧的国家，对于现有的美国人来说很陌生。他们的民族血统、地域来源、宗教信仰、外在的生理特征以及语言千差万别。他们共同的不利特征

是:他们的母语不是英语。我们已经注意到联邦最高法院给“隔离但平等”的原则加上了一个正式的伪装,这在实际上可以被解释为一种有弹性的宪政多元化。与此同时的吸纳人口创造了形成一个新的、丰富多彩的和多种多样的社会多元化的条件。实际上,这并非美国所经历的新情况。社会多元化是美国历史的一个重要特征。然而,新一轮的接纳人口的规模和速度及其对现有人口的吸收能力的影响都是前所未有的。

从表面上看,平等的原则似乎与这些发展没有多少关系。然而它们一直隐藏得不是很深。“隔离但平等”本身被解释为联邦宪法第十四条修正案对平等的要求,而社会、宗教和族裔的日益多元化使人们拥有充分的理由相信,联邦宪法的个体主义基础未能给予联邦宪法领导下的人民充分的考虑。一个以个体为基础的联邦宪法统治着一个多元化的民族。矛盾在于,在经济领域,个体平等的原则要面对企业合并提出的考验;而在群体关系方面,它要面临族裔多元化的考验。在经济领域,对传统平等的维护再次团结在“机会平等”的原则下;而在群体关系方面,作为平等保护的核心的个体主义原则在个人被界定为属于某个族裔群体的成员时是否能够得到足够的保护这个基本问题,导致了旷日持久但没有定论的辩论。在这些辩论中,争论的各方看到的是对立的原则。简单明了的平等观念无力决定这些问题的后果。对于这个时期美国政治中的平等原则充其量可以说,那些问题以及它们的后果总是通过平等的语言表达出来,这不是一个无足轻重的问题。

256 黑人美国人,无论是获得解放的奴隶以及他们的后裔或是以前的自由黑人,只是纷然杂陈的种族、宗教和族裔群体中的一些群体。这些群体的成员交叉,但是利益各不相同;在经济上求生存的共同利益却令他们四分五裂。从重建初年,经济问题一直主宰着其中许多社会群体的目标。其新的迫切性推动了劳工运动的复兴。政治平等成为首要的问题。它成为日益残酷的经济生存斗争的工具。

在重建时期,尽管参议院中的查尔斯·萨姆纳以及众议院中的撒迪厄斯·斯蒂芬斯等激进共和党领袖们诚心诚意地努力赋予美国的种族平等以实质意义,但是他们在经济问题上的分歧如天壤之别。而政府的经济政策必然影响平等的其他方面的前景。萨姆纳是曼彻斯特经济学派所倡导的不加干预的竞争的坚定的拥护者。在他看来,政府没有权力以总体政策的名义承担干预人民的经济活动的责任。它的存在是服务于人民,而不是控制或限制他们。政府要履行的职责是让人民自由放任,应严格规定政府应对人民听之任之。而斯蒂芬斯将他对种族平等的强烈信念与一种强有力的经济民族主义结合了起来。[①] 二人都认识到有必要没收前叛乱者的地产。这样就能避免他们认为其贪婪和顽固造成了奴隶制和内战的那个阶级重新控制南部或者进入联邦国会。而他们的土地将分给获得解放的奴隶,作为他们赚得的对他们过去劳动的补偿,并作为他们未来取得经济的和政治的自由的最低限度的必要条件。

抛开南部问题不论,萨姆纳这个平等主义者服膺公平竞争的经济学。他对种族压迫的谴责与这些原则完全一致。他的目标是通过所需要的政府行动将奴隶制的受害者们置于与其他的竞争者们平等的地位。当萨姆纳 1874 年去世的时候,这些原则的结果尚未完全展现出来。史蒂文斯六年前就去世了。257
然而他的功利性的民族主义本来应该最终证明是将平等原则互不相干的因素连为整体的有力工具。史蒂文斯深信政府是塑造这个共和国的特性的适当力量,并想将它运用于经济政策和种族正义。然而当激进共和党人分给自由人土地的措施失败的时候,这种失败对选举权这个政治武器的效用发挥施加了一个沉重的负担,尽管联邦宪法第十五条修正案的通过将选举权交到了黑人的手里。平等的选举权满足了其他共和党人的要求。他们立足于政治个体主义,而未能仔细考察选举权行使的社会环境。实际上,"自由民"的多数盟友确信黑人仅仅有了选举权就能满足他们其他的需要。像温德尔·菲利普斯这样坚定地争取种族平等的人深信选举权的力量。他在表示支持联邦宪法第十五条修正案时说:"手里拿着选票的人就是形势的主人。他就明确了他的其他权

---

① David H. Montgomery, *Beyond Equality: Labor and the Radical Republicans, 1862—1872* (New York, 1967), ch. 2 and pp. 84—85; Kenneth M. Stampp, *The Era of Reconstruction, 1865—1877* (London, 1965), 106.

利。还没有给他的东西，他就可以自己争取了……选举权是机会、教育、公平的待遇、担任公职的权利以及自由活动的空间。"①

然而，选票却给了美国劳工一点珍贵的小权力，可以用于解决与资方的斗争中的问题。而多数北部州对实行真正的普选权没有特别的兴趣，直到联邦宪法第十五条修正案像对南部一样强制它们实行。而且，劳工组织也不喜欢黑人全面参与公民生活的各种制度。1866 年召开的内战后第一次劳工大会通过决议非常泛泛地宣布要实现种族和宗教团结；最后的结语是："如果这些原则是正确的话，我们必须寻求与美国的非洲种族的合作。"②然而一年后，这种语言不再能为人接受。1867 年新成立的全国劳工联盟在芝加哥召开大会时决定将黑人问题留到下一年讨论，原因是"尽管我们感到这个问题的重要
258 性，并认识到了黑人技工未来与我们竞争的危险，但是我们发现这个问题还不明朗，而且我们的会员对于它的意见分歧很大，我们认为这次全国劳动大会不宜就这个问题采取行动。"③

这个议案的提出引发了激烈的辩论。一个会员问是否工会可以接纳"黑人"，并指出"一些正派的黑人技工"一直被排斥在外。另一个会员表示不愿看到使用"黑""白"这样的词；白人劳工应以手足之情对待黑人工人；黑人证明他们自己是勤劳的，能够改善自己的地位和取得社会进步。这些话似乎多少回应了我们所看到的南部的黑人希望人们不再谈论肤色问题的愿望。另外一个会员就这个问题表达了他自己的理解：他们的目的是"争取有利于合众国整个劳工社会的立法"。他接着表示反对黑白劳工团结的提法。他认为黑人自己将组织起来，无需白人的协助；白人不应该总是想着用肩膀背着黑人。他淡然说道"祝他们好运"，但未能明确指出他希望他们努力的方向。美国第一位伟

---

① In *The National Anti-Slavery Standard*, 20 March 1869, quoted in William Gillette, *The Right to Vote: Politics and the Passing of the Fifteenth Amendment* (Baltimore, 1969), 87.

② John R. Commons and associates, *A Documentary History of American Industrial Society*, 10 vols. (Cleveland, 1910) 9:158—59.

③ Ibid., 185.

大的劳工领袖威廉·H. 西尔维斯回答了所有这些以及类似的演讲。他说，在南部，问题已经初露端倪。白人们正罢工反对雇佣黑人。这造成的对抗可能将工会一个一个地毁灭，除非白人劳工与黑人劳工的关系得到巩固。他指出："不必隐瞒的事实是，如果我们不能控制黑人，黑人控制工厂的时刻终将到来。如果南部白人种族的工人不能安抚黑人，黑人会投票反对他们。"[1]然而西尔维斯的同代人并未准备好面对这些分析的后果，而只是满足于隔离的种族组织能够同样好地服务于劳工的利益的观点。在雇主雇佣黑人劳工来压低白人罢工者的工资的艰难时刻，这种观点被证明是错误的。然而这不但未能教会工会会员们改正他们的错误，相反，黑白种族的工人之间的冲突造成了相互之间更加对立。

工会对妇女们的要求也没有多少同情，有一两个表达同情的也被人们淡 259
忘了。从宪政的角度说，没有享有选举权的利益的白人妇女们要比黑人男性更远地被排斥在政治过程之外。妇女们的要求——当然完全是白人妇女们的要求——在 1868 年的劳工大会上引起了异常激烈的辩论。在这次大会上，工会会员们拒绝对选举权这个广泛的政治问题作出任何承诺，而只是愿意支持妇女们作为他们的工人同行应该受到平等的待遇的原则。1869 年的劳工大会通过了类似的决议。[2]

黑人们对这种情况了如指掌。他们有这样的经验优势。1869 年，他们在华盛顿召开了一个全国黑人劳工大会，大会通过的决议在自然权利的单子中增添了一项——在自己力所能及的领域劳动的权利。这实质上是说平等的机会是一项自然权利。当然它几乎可以无限地延伸为通过接受教育发现自己所擅长的领域的权利。大会通过决议认为劳资关系"利益和谐一致"，由此断然否定了阶级对立的社会主义原则。决议还强烈反对酗酒，倡导建立"不论种族、信仰或性别的"普及而免费的学校制度。大会还赞同建立合作制工厂以及建

---

① Ibid., 185—88.

② Ibid., 198, 233.

筑和贷款协会。[①] 而大会通过的决议也最为伤感地表达了非洲裔美国人的感情，宣布国家乃全体人民之共同财产，并强烈谴责白人工会排斥黑人的做法。

尽管劳工组织内部在种族问题上存在着分歧，劳动大军本身是新的工业经济的产物。所有在生产领域受雇的美国人中有三分之二是雇员。有关平等的基本问题已经确定，但是它们在未来的实践要适应变化了的工业和社会秩序。劳工要求“地位的平等”，并像他们在杰克逊时代的先辈们一样，要求“受尊重的平等”。然而旧式的自由主义的思想家们不一定欢迎这种“入侵”。自
260 由主义的知识分子、《国家》杂志的主编 E. L. 戈德金从中看到的是对美国的价值观以及建立在这些价值观之上的雅致的文明生活新威胁。看到马萨诸塞州共和党人在 1872 年的选举中对劳工的诸种要求所作出的让步，戈德金评论道，劳工问题“所包含的种子将毁灭我们的基督教文明”。为什么这样说？因为“对民众似乎现在正在得到的地位的平等的追求以及将地位的平等抬到最高的政治利益的高度”的过程，“证明对艺术、科学、文学和法律的影响是致命的。”这种观点与查尔斯·弗朗西斯·亚当斯的观点如出一辙。正如我们所看到的，亚当斯将平等的思想视为感情用事和不合时宜。[②] 二人的思想的结果差别不大，因为二人都不想看到工人阶级运用集体的力量赢得戈德金所说的“地位的平等”。然而戈德金自己至少相信一种更为传统的美国人权利的平等。他认为阶级活动的新表现正是威胁到了这种传统的权利平等观。换句话说，戈德金的立场植根于个体主义的平等权利。戈德金与他的同时代一些有头脑的知识分子一起，反对一切“特殊的”或（所谓的）“阶级”立法。这些知识分子有曾在联邦财政部供职的戴维·A. 韦尔斯，波士顿纺织业制造商和慈善家爱德华·阿特金森以及包括耶鲁大学的威廉·格雷厄姆·萨姆纳在内的一些社会学家和经济学家。这些政策极其令人讨厌，不仅仅是因为它们偏待

① Commons, *Documentary History* 9:243—52.

② Eric Foner, *Reconstruction: America's Unfinished Revolution, 1863—1867* (New York, 1988), 497—98.

劳工、农业或制造业，而且因为它们以公众利益为代价偏待选定的群体。这种自由放任的立场要确立起它对平等权利和古典经济学的规律的权威。[①]

自从早些时候一位欧洲人观察到平等的地位是美国社会生活的基础以及不仅仅是美国，而且从长远来看也是欧洲所走向的目标已经过去很久了。整个观点现在已经发生了变化。戈德金正确地评论说，平等的地位在他自己的 261
时代并不存在。而在杰克逊时代的经济中依然潜在的阶级关系现在更具威胁性地表现出来。现在是组织起来的劳工以及组织起来的农场主正威胁着戈德金的自由世界自由主义的和自由放任的秩序。只有在那种秩序中像他这样的人才能设想到自由市场中作为个人的特性的平等。戈德金对“平等的地位”深怀恐惧，是因为他害怕看到阶级平等的普遍发展。在这个过程中，工会可能将劳工的平等强加给已经分化明显的社会。在这样一个社会他看不到美国的文明已经取得的进步有什么未来。正是这一点威胁到了社会稳定的基础。他宣称他发现的争取平等的地位的风起云涌的运动对于共和国的思想和道德特质来说简直是一场灾难。这表达了他对未来美国社会秩序的忧虑。

这些自由放任的思想家们没有表现出他们感到控制着局势的迹象。相反，关照特殊利益的立法，尤其是关税法，在历史上曾经令一些人大获其利。利用立法权力来偏待特殊的利益对于戈德金以及他的同事们来说简直无异于社会主义甚至共产主义。[②] 戈德金小心翼翼地描绘的有关“地位平等”的思想最为明确地阐释了他那一代人所面临的核心问题：“地位平等”的理想并非（如一些人想像的那样）平等的权利最理想的结果，而应被视为平等的权利最阴险的敌人。一种思想强调群体权利，一种强调个体权利。一个多世纪之后这些思想将在群体平等和个体平等之间的冲突中得到遥远的回应。

像戈德金这样的自由放任的自由主义者无法理解或同情在这种工业秩序中劳动人民以及他们的家人们在生存斗争中个人要付出的代价，更不用说争

---

① Michael Les Benedict, “Laissez-Faire and Liberty: A Re-Evaluation of the Meaning and Origins of Laissez-Faire Constitutionalism,” *Law and History Review* 3:2 (Fall 1985), 293—331, 305—06.

② Ibid., 309.

取受教育的机会以及改善他们的子女的地位所要付出的代价了。他们不愿意考虑这样一种可能性:直接深入社会的基础的种种不平等影响到了他们信奉的正规的平等的含义和价值。而工人和农场主改革家们似乎没有使用"平等
262 的地位"的语言——正如我们已经指出的,这种语言听起来已经过时了,但是他们当然不会认为他们与雇主的斗争会造成社会动乱。自由放任的自由主义者们强加给他们一些连他们自己都不承认的目标。即使他们进行的是集体斗争——那是他们能够做到的一切,他们也仍继续使用体现"个体平等"的精神的语言。农场主们也是一样。他们在19世纪70年代召开的大会唤醒人们对平等、公正以及平等分配劳动成果的理想的憧憬;[①]而当劳动骑士团的会员们宣布他们的目标的时候,他们所阐述的主题让人想起了劳工在早期争取认同的斗争中所形成的防御性的阶级意识。他们宣布:"我们要维护劳动的尊严,宣布所有遵循'你必汗流满面才得糊口'的神谕生活的人都是尊贵的人。"然而这种伤感的对"受尊重的平等"的要求却以倡导劳资利益和谐一致而告终。[②]这与戈德金想像的劳工运动的动机和结果——"阶级战争"大相径庭。

实际情况是,现在备受尊崇的美国平等的观念已经影响到了劳工领袖们的思想。资本主义企业的成功典范以及在学术界备受推崇的自由竞争原则为资本主义制度提供了一个极富表达力的理论。这种情况的思想后果被转化为经济的后果;改革家们的分析充斥了马克思主义者、社会主义者以及欧洲的劳工组织的许多发言人等资本主义的反对者们所谓的"阶级斗争"的观点。然而,美国劳工的公开宣言一次又一次地重复强调着劳资之间的相互利益。惊人的是,其语言有点像资方发表的有关同一个问题的假仁假义的声明。美国的工人是由来源极为复杂的人组成的,包括一大批新近踏上这个国家的土地的移民。这样的人不会轻率地漠视他们在迁移美国的过程中所作出的感情的和经济的承诺;移民的态度很容易接受目前用来服务于工业秩序的平等的概念。

---

① Commons, *Documentary History* 10:47—48, 61.

② Ibid., 24.

然而，这些价值观并未能避免国际工人协会（第一国际）北美工人联合会于1871年8月在致位于伦敦的总委员会的信中的批评。工人们尤其是移民 263
们受到了一种思想的欺骗——他们本来受雇时被戴了枷锁，但他们赞美它为自由。北美工人联合会评论道：

> 我们遗憾地指出，尽管工业取得了很大的发展，但是工人们从总体上说对他们自己应该对资方采取的立场还不清楚，出于以下的原因还不愿与他们的压迫者斗争：
>
> 第一，北部州的绝大多数工人是来自爱尔兰、德国和英格兰等国家的移民（在加利福尼亚还有通过签订合同输入的苦力），他们离开祖国的目的是寻求他们在母国得不到的财富。这种幻想本身成为一种信条，而在此前发财致富的雇主们、资本家们和暴发户们小心翼翼地在他们的雇员中间维持这种自欺欺人的想法。

资本家们使发财致富的目标越来越不可能实现。而建立在通过资本主义企业发财致富的思想和幻觉之上的工会组织现在发现那是使它们跌倒和灭亡的绊脚石。这封信接着严厉地谴责"所谓的改革党"，它们一夜之间冒出来，又在一夜之间消失，倡导"诱人的教育措施、慈善协会和宅地协会"以及其他的计划。书信还批评了劳工运动本身的错误导向。劳工活动所瞄准的改革以投靠"统治阶级（资产阶级）的政党之一"而告终。①

这些话很显然不同于美国言辞的一般性传统。它们漠视作为这个国家的基石的理想，对劳资和谐毫无兴趣，而且忽视了个人平等的理想。从这种马克思主义者的立场上来看，这个理想证明是圈套和欺骗，误导工人们相信他们享有或将来会享有这种社会制度，而实际上它的整个趋势是剥夺他们辛勤劳动的成果。重要的是，那种普遍的意识形态如此深地渗透到了那些劳工代言人的头脑里，以至于他们普遍接受了对经济制度的称呼，说它是"自由劳动"制度 264

① Ibid., 9:361—66.

而不称它"资本主义"制度。[①] 还有一个重要问题是,美国劳工的代言人们确实使用了美国具有历史意义的平等语言,但这不是作为一种策略上的武器,而是他们与其他的美国人共同使用的一种语言。

适者生存的经济学

内战结束之后不久,经济发展开始呈现出新的形式和新的规模。大规模的公司个人财产的积聚造成了这个国家历史上最为引人注目的不平等(奴隶制以及继续存在的种族等级制姑且不论)。这些不平等尽管不是不言自明的,一旦经过亨利·乔治、艾达·塔贝尔、亨利·德马雷斯特·劳埃德以及其他进步主义运动的先驱们的曝光,一定会令人们明显地感觉到。早在 1868 年,亨利·乔治就宣布:"资本的积聚将一些资本较小的人排斥在外,完全挫伤了不太成功的民众的个人独立性和开拓精神。"到这年为止,他已经觉察到了日俱增长的丰裕之中的民众与日俱增的痛苦的悖论。[②] 劳埃德与传统的美国政治思想偏好强调地方的权力相反,是较早的崇尚国家权力的美国政治宣传家之一。他不像他同代的多数改革家们一样那么专注于平等的思想,尽管他曾经批评美孚石油公司毁灭了独立的经营者——这种观点的道义力量源自机会平等的理想。他不把他的分析与乔治的思想搅和在一起。他认为乔治的错误在于继续宣扬自然平等的神话。这个神话已经完成了其历史的使命,应予以摒弃。[③] 然而所有这些宣传家都促进了公众对经济权力新的集中的关注,这推动了 19 世纪 80 年代初政府的调查研究,如参议院对糖业托拉斯的调查。

265 这些巨大的资本积聚以及它们在整个国家所行使的权力是对传统的共和原则的挑战。而至少有一位新崛起的巨人安德鲁·卡内基很快利用将达尔文的进化论运用于社会的这种取法自然的理由将他所属的阶级武装了起来。与

---

① Montgomery, *Beyond Equality*, 14.

② John L. Thomas, *Alternative America: Henry Goerge, Edward Bellamy, Henry Demarest Lloyd and the Adversary Tradition* (Cambridge, Mass., 1983), 49.

③ ibid., 144—45.

通过自然选择适应环境适者生存的理论相联系的这种社会伦理与早期有关自然权利的理论没有多少共同之处。然而，其主要的受益者们表现出非凡的能力重塑环境（尽管他们适应他们的环境的能力并未如此非凡），以服务于他们自己的利益。如此解释他们创造新形式的公司企业组织以实现对资源、对创造财富的手段以及他们产品的销售的垄断性控制至少不是不公平的。而联邦宪法第十四条修正案被解释联邦宪法的律师们用来为这些工业组织做辩护。

然而那些"不适于生存者"并不愿心安理得地接受失败。随着人口迅速增长，竞争性和机械化农业的发展，迅速但毫无计划的城市发展以及主要是来自非英语国家的大规模的移民的涌入，失败的经历和破灭的希望造成的只能是不满和怨恨。1892 年当平民党打出它的旗号的时候，它再次回到了美国平等权利和平等权力的主题，这不只是偶尔采用华丽的辞藻。平民党人宣布："今天团结起来的改革力量永远不会停止前进，直到每一个错误得到纠正，以及这个国家所有的男人们和女人们的平等的权利和平等的特权得到牢固地确立。"他们要"将这个共和国的政府重新夺回到'平民'的手里，因为政府的权利源自他们"。[①] 他们宣称他们的目标与联邦宪法中所宣示的目标是一致的。在他们提出的具体的经济和政治政策中，累进所得税将最终最有力地恢复他们感到失去了的财富分配的平等。这个声明的基础是对人们的自尊极为重要的一种民间信仰，这些人们感觉自己是新的工业的和金融的暴政的受害者。平民党人深信，是美国的"平民"缔造了美国。这些美国的自耕农与英格兰的自耕农 266
一脉相承，有着相似的道德品质。这种信仰与另一种历史的观念联系在一起，这种观念认为，独立革命是由一些大体上平等地分享了国家的资源的人民发动的。

全国农场主联盟在情绪和政治取向上与平民党运动联系紧密，也同样强调这些主题。为了"在共和政府形式下恢复和维护这些权利，应该禁止以投机为目的对公众必需品的私人垄断，无论是对生产方式、分配还是流通的垄断。"当这些公用设施落到垄断者的手里的时候，应该利用国家的征用权进行征用

① The Omaha Platform, 1892. Norman Pollack, ed., *The Populist Mind* (Indianapolis, 1967), 59—66.

(应给予适当的补偿),并以有利于“全体人民”的方式进行经营。1896 年,这个声明被补充到了平民党人奥马哈原则宣言的初稿中。它让我们清楚地注意到平民党抗议运动要求平等的要点中的公有制因素。[①]

因此平民党的宣言将具有根本性意义的两个平等的主题结合在一起。它依靠美国的历史来证明他们对平等的要求的正当性,将共和国的道义内涵运用到当前的危机中。它展望未来,倡导采用征收联邦累进所得税作为重新分配财富的一种工具。其目标是纠正工业化和公司经济造成的不平衡,重申这个共和国的道义的和物质的基础。个人的权利是这一切的基础,因为垄断权和特权危及了“机会平等”的基础。个体的平等不是平民党人所关注的最为迫切的问题。他们的道义力量以及他们对政治的力量所怀有的希望都源于他们深厚的社会责任感,这种感情部分地源于独立革命。

267 重建时代的公民权利运动关心的是将现有的权利扩及被剥夺了这些权利的部分人口,但从未涉及普遍的社会政策。平民党人的计划可以被视为安德鲁·杰克逊时代以来,也可以说是自独立革命以来最为雄心勃勃和最具深远影响的争取平等的政治计划。它也复兴了作为一种抗议思想的“平等的观念”。然而,从政治上说,平民党运动是一个失败的运动。

恢复以往近乎原始的价值观的想法在亨利·乔治的思想中尤为突出。对他来说,自然的正义与公平分配土地联系在一起。这证明是将法国的重农主义传统运用于美国的现状的最后一个时期。乔治在 1879 年出版的《进步与贫困》,提出了解决这个国家日益严重的弊病的具体方案。他这样做的动力是,感到有必要在现存的较为复杂的社会状态下争取“在蒙昧的状态下通过平等分割土地、并将土地分配给能够从中获取最大利益的人所保障的那种平等权利。”[②]这种“平等分割土地”是否实际上存在过,对于乔治有关由国家通过对所有土地的地租征收“单一税”的办法没收土地的建议的道义基础并不重要。

---

① Lawrence Goodwyn, *Democratic Promise: The Populist Moment in America* (New York, 1976), 467.

② Henry George, *Progress and Poverty* (1879; London, 1931), 286; Thomas, *Alternative America*, ch. 3.

然而，相信美国人曾经生活在一个更为公正的秩序下无疑有助于使他的计划显得更为合理。因此他的计划与美国的传统较为一致，目标是纠正独立革命以来所产生的不公正。

乔治的书中充斥着平等权利的语言，尽管他并未将权利的平等与取得相似的成就混为一谈。他认为，合作的行动（他称之为“联合”）会推动进步，而不平等使进步成为“退步”。他称“平等的联合”是“进步的法则”。接着他通过一个重要的插入语几乎把平等界定没了，称平等等同于“正义或自由，因为这些术语指的都是同样的事情——对道义法则的承认。”[①]这种随意的评论提醒我们不要认真对待乔治阐述的作为国家的道义基础的平等观念。乔治在这里是举例说明，平等时常被用作一种同义词来描绘独立和自尊这种价值观。然而无论人们怎么看待平等的类型以及它们与自由或正义等概念的关系，它们一 268
定是不能互换的；而将他们视为等同的东西削弱了从任何具体的平等类型的角度考察任何一个社会目标的希望。

乔治得到了新近建立的劳动骑士团的支持。这个组织相信乔治的土地改革计划将有助于使每一个人成为他自己的雇主。这完全是一个个体主义的目标，与马克思主义或社会主义没有任何共同之处。乔治与社会主义者不同的观点是，劳工不应抱怨资本家，而应抱怨垄断。他还反对马尔萨斯的观点，认为“人口越多，对财富的公平分配会给每个人带来更多的安逸”。然而他的设想的缺陷在于过于简单化。学术界的经济学家们拒绝拿他当回事。在伯克利经历一场小规模的争论之后，他访问了英国。在牛津大学他败在艾尔弗雷德·马歇尔手下。马歇尔不费吹灰之力地证明（尽管不能令乔治满意），经济的运作通过更为复杂的关系的互动，并非乔治所想的只依靠土地的价值。回到美国以后，哥伦比亚大学经济学家 E. R. A. 塞利格曼向他提出了类似的棘手问题。实质上，乔治是一个道德主义者。他那时（现在也许仍然如此）比那些影响了这个学科发展的主要的经济学家们更著名。而且单一的思想常常

---

① Thomas, *Alternative America*, 359.

比对复杂的现实的复杂的描绘对公众有着更大的影响。[①]"单一税"的思想得到了美国的公众生活中的一些著名人物的支持,包括《公众》杂志的创办人、后来成为劳工部长助理的路易斯·F. 波斯特,以及最为著名的进步主义者之一和曾经担任纽约移民专员的弗雷德里克·C. 豪。[②]更为重要的是,这些人的职务并不能使他们影响到联邦政府的政策。

乔治的"单一税"是为人们捞回从地价的上涨中产生的一切利润的极好方法。他的有关在独立革命时期土地得到了平均分配的观点在19世纪后期改
269 革家们中间十分流行。这是一个美国神话,有点像有时能在欧洲看到的有关中世纪农民过着幸福的生活的神话一样。爱德华·贝拉米是这些改革家中的一个。他在1888年出版他最为著名的小说《回顾》之前,他花费了几年的时间思考当代社会令人困惑的种种不公正,作了多本充满道义的和政治的反思的笔记。显然在内战后几年中的某一天,他开始反对竞争的伦理观。他评论道:"如果你或者是你的压迫者是一个从下层社会崛起的白手起家的人,那有什么用呢?他的麻烦要比那些生而富贵的人还要大。"[③]这是贝拉米对那些接受了资本主义制度的经济学和伦理学,而只是要求恢复平等的机会的众多改革家们的回答。然而,农业社会秩序不会主宰未来。因此贝拉米设想的是一个完全实现机械化的社会。这个社会采用的方法有一天会被称为"自动化"。贝拉米的方法酷似不久H. G. 韦尔斯采用的方法,在小说中将科幻小说与政治学结合在一起。当他的小说的主人公在公元2000年一觉醒来的时候,他发现自己身处一个科技带来的优雅而非个性化的世界。对工人的激励机制仍然采用了向个人颁发奖励的做法,因为贝拉米认识到,即使在完全实行集体制的社会制度下,个人的抱负仍然发挥着作用。而这个国家由若干个尊贵的公民来管理。他们完全摆脱了牟取利润的动机,只是从良心出发。普遍的免费教育构

---

① Ibid., 184, 109, 201, 326.

② John A. Thompson, *Reformers and War: American Progressive Publicists and the First World War* (Cambridge, 1987), 42.

③ John L. Thomas, Introduction to Edward Bellamy, *Looking Backward* (Cambridge, Mass., 1967), 19.

成了设想的社会的一个重要因素，主要进行工业的和职业技术的训练。因为这个社会的所有根本性问题都通过协商来解决，所以没有必要制定法律。政府已经成为进行日常管理的形式。

爱德华·贝拉米旨在创造一种经济平等就像他认为已经实现的政治平等一样为所有公民正常享有的制度。他同意亨利·乔治和亨利·德马雷斯特等他同时代的改革家的观点，认为私有财产的占有应该与自然的不平等相对应。他并不在乎的事实是，他设想的制度并非完全是合作制；需要一个比大众有着更高尚的道德情操的核心管理者阶级带着新教地方行政官曾经表现出来的道 270
义等级制的强烈味道。后来的人会称之为“精英政治”。他像那些中产阶级的改革家们一样，对没有文化的新的移民群体充满忧虑。在他刚刚完成的一本自传体小说中，他描写工人们像“披着人皮的公牛”一样涌出工厂的大门，有些人还开着“粗俗的玩笑，喋喋不休地说着粗俗的话”。目睹这一切的主人公心想，这些狭窄的额头中囚禁的是他们黑暗的心灵。“如此的监狱！如此黑暗的地牢！”这些态度在选举中不可能为他赢得多少选票，但并不妨碍他拥有一批崇拜者。《回顾》一书出版的第一年卖掉了大约 6 万册，第二年销售量达到 10 万册，并在英国、法国和德国同时出版。[①]

在美国，贝拉米接着发起了“国家主义”运动，旨在在不造成社会动荡的情况下进入充满希望的时代。他在为他的运动创办的报纸《新国家》上发表一系列文章和社论解释说，国家主义（这个名称指的是他的组织的全国性规模，而没有后来这个词拥有的与其他国家竞争的含义）纯粹是一种植根于独立革命的政治平等思想的美国的计划。对于他以及对于许多其他人来说，声称自己的观点与美国的传统一致具有极为重要的意义。贝拉米声称他们一派是真正的保守派，致力于维护和保持共和国的真正目标。[②] 为了让这个国家回到其真正的理想，平等是道义上的必要条件。在后来的两年中，贝拉米参加了平民党运动。起初这个运动似乎能够实现他的目标，或者至少采取了实现他的目

① Ibid., 50; Thomas, *Alternative America*, 169, 234.

② Thomas, Introduction, 76.

标的步骤。然而他的政治生涯并不如意。1897 年他又回来出版他的最后一本书,简单明了地称作《平等》。贝拉米花费了大量时间在宗教中冥思苦想,并决定以将美国的平等传统与这个国家进行宗教复兴的巨大能力结合在一起为目标。他认为,基督教福音运动将延续独立革命开启的传统。[①]

贝拉米的国家主义运动很快为人们所淡忘。它的西部因素为在政治上更
271 有希望的平民党运动所吸收。在东部它几乎失去了其重要性。[②] 在西部和东部都涌现出一些国家主义俱乐部,无疑它们有助于政治意识的提升以及激发其他运动的活力。然而它们从未协调为一种政治力量,而且贝拉米并不适合作它们的领袖。然而是平等的伦理启发他使美国人形成了统一的构想。那很可能是最后一个类似的构想。除了对不同性别的职能做了区分之外,贝拉米并未将平等划分为不同的类型,或者对"法律面前的平等"、"机会的平等"以及其他种类的平等进行区分。他没有感到进行这种区分的必要,那会破坏他纯一的主题。尽管存在着对核心主题的偏离,然而需要这些偏离来为它们自己偏离的主导性的伦理观作辩护。尽管对社会更为尖锐的剖析会增强他的计划的锋芒,但是这也会遮挡他的视线。

对经济民主的威胁

不足为怪的是,20 世纪初年所强调的主要的平等主题是机会的平等。无论是在法律上还是在政治上(在政治上个人的平等被界定为通过选举权来行使权力),这些原则早已经得到了确认。然而,这些原则中没有一个在这个国家经济发展突然出现的重大转型中发挥任何直接的作用。这些转型可以被描绘为三者的结合:工业化、国有化和垄断。只有非常庞大的公司能够创造一种全国性的经济。当然是横贯大陆的铁路的建设使这成为可能。而全国性市场的形成为大规模的经营提供了充分的经济理由。然而,这种巨大的规模似乎

---

① Ibid., 82—83.

② Robert H. Wiebe, *The Search for Order, 1877—1920* (New York, 1967), 70—71.

对人们珍视的通过经济平等保障个人的独立的美国的价值观构成了各种全新的威胁。一浪接一浪的危机困扰着旧的世纪最后十年。1891 年的统计报告宣布在历史上具有重大意义的自由土地的边疆不复存在，无疑造成了超出其实际意义的心理上的久远影响。1893 年开始的工业生产的严重滑坡造成了新的恐慌，因为它提出了这样的问题：如此大规模地转向工业生产的经济是否 272
具备解决其内部问题的手段。与此同时，尽管移民势头的增强自然表明伟大的美国试验为外部的世界展现了充满希望的前景，但是这为美国人提出的社会吸收的问题，对于许多美国人来说是在形式、规模和速度上都是史无前例的。在这种情况下，共和国的状况成为最引人注目的道义问题。那个时代许多思想深邃的思想家，尤其是年轻一代记者、政客以及其他宣传家们，感到有责任竭尽全力去诊断他们那个时代的病征。

与平等有关的思想如此广泛和灵活，足以容纳不同的观点和不同的解决方案。然而在那个时代并非所有著名的思想家都希望这个国家继续用过去的平等的语言证明它存在的合理性。主宰了耶鲁大学社会学教学的威廉·格雷厄姆·萨姆纳不喜欢平等的观点。他指出在 17 世纪最优秀的人都认为应该将巫觋烧死。他将这些看法与“认为人人是平等的、在这个国家一个人应该与另外一个人享有平等的权力的教条”相比较，认为后者是 19 世纪的政治教条和社会哲学的登峰造极。[1] 那些不像萨姆纳一样对于经济斗争的后果感到心安理得的改革家们发现，很难就“机会的平等”提出的确切要求达成一致，更难把那种原则转化为通过法律实施的社会政策。

近几年社会发展的主导性趋势不能不令人惊慌。正如弗雷德里克·C.豪所指出的，美国农业的发展经历了两个相关的现象：租佃制和较大的农场的规模日益扩大。到 1900 年，所有耕种着的农场中有四分之一在 1000 英亩以上，而 25%的农场面积由 0.006%的人拥有。这反映了农场所有者与劳动者以及土地所有者与佃农之间差别悬殊的等级关系。他以真正的杰斐逊的风格指出，本来可以将 1000—2000 万人安置在每个 50 英亩大小的农场之上。然

---

① William Graham Sumner, *Folkways* (1906; rpr., New York, 1940), 66.

273 而豪的批评不仅仅限于农业。他也注意到城市中日益兴起的租赁制。他说在城市,拥有住房的人很快消失,只有29%的住房为人完全所有,没有债务之累。豪担心美国会很快变得像爱尔兰。[1]

尽管许多进步主义者关心经济不平等的社会后果,而豪却不同寻常地坚持认为,财富分配的不平等以及与此相伴随的不断发展的差别悬殊的权力等级制本身才是公众应该关注的。他说:"我们对财富的分配几乎一无所知。"大学对这个问题保持沉默,而政治学也漠视这个问题。[2] 制定一项政治政策的困难在于协调这种忧虑和提升个人社会地位的抱负。这促使豪的同代人查尔斯·霍顿·库利评论说:"这种几乎必然的双重问题的必然结果是,一个人尽管真正希望在特权方面得到更多的平等,他还是要努力提高他自己、他的家人以及他的阶级的地位。"这种奇特的"特权的平等"的观念发人深省。特权按定义来说就是一种形式的不平等。也许美国人希望对处于不利地位的民族表现出一种天生的特权上的优越感,或者说那是"机会平等"的同义语或起码近似"机会的平等"。然而,库利愿意为阶级情绪做辩护。他认为,在美国,阶级并非意味着世袭性的等级制。这种等级制令人反感,因为它与商业发展格格不入。主要的目标是自由的选择机会。在这里他回到了传统的美国主题。然而,他所说的"自由的机会"与"机会的平等"似乎还不完全是一回事。而在这样一个竞争激烈的社会,他的说法可能更切合实际,也是对符合实际的抱负的表达。[3] 进步主义者对财富分配不平等的问题极为关注。豪是他们的代言人。他对人口普查资料的核算的结果是,如果分配公正的话,就会有足够的财富分给每一个人。然而他们对经济制度的弊病的诊断并未清楚地指明重新分配财富是解决问题的办法。控制或限制托拉斯是一种不太直接的干预性政
274 策。斯帕戈和沃林等社会主义者较为容易接受这一点,因为他们并不怀疑经

---

① Frederick C. Howe, *Privilege and Democracy in America* (New York, 1910), 75—87.

② Ibid., 185.

③ Charles Horton Cooley, *Social Organization* (1909; rpr., New York, 1962), 265—67.

济的不平等的根源在于资本主义的性质。[①] 在进步主义运动的语言中反复出现的平等的主题,其意义和运用倾向于强调机会和个人。这是对平民党运动深切关注社会的价值观的偏离,或至少是与后者主要强调的重点不同。

然而,在全国范围走向工业化经济的趋势不可逆转。1870 年,约有 70% 的劳动人口仍然在他们自己的农场上或生意中劳动,而一个世纪以后,这个数字是 5%。[②] 反托拉斯法并未改变工业控制和经济管理制度的基本性质。然而这些困难并不意味着任何种类的平等都不能实现。那个时代的真正需要是在一个工业化社会重新界定那些问题。大规模的工业具有增值的作用,能促进小的供应商和相关工业的发展。这一点在今天比在大企业发展的早期得到了更为明确的理解。而且,大规模的企业如果经营成功,会创造与它们的规模相称的新的就业机会。在重工业化时代并未出现走向一个更为严格的、收缩的社会结构的明显趋势;大多数工人阶级的青年成功地爬到了比他们的父辈们更高的地位。[③]

尽管如此,贫困经常代代相传。移民几乎总是处于不利的地位,而中产阶级的移民要比中产阶级的本国人更难将他们自己的劳动成果传递给他们的子女们。总是有相当大的一部分劳动大军永远不能从认可的贫困状态下摆脱出 275
来。没有多少理由相信,工业社会内部拥有缓解相关的贫困的办法。实际上,黑人的地位直到 20 世纪 40 年代没有多少改善。[④]

---

① Thompson, *Reformers and War*, 42.

② Richard Sennett and Jonathan Cobb, *The Hidden Injuries of Class* (Cambridge, 1972), 57.

③ Stephan F. Thernstrom, *The Other Bostonians* (Cambridge, Mass., 1976), 92, 249. 这些观察并不局限于波士顿。作者对它们进行了具体的归纳,发现社会流动性的模式相当稳定(第 221, 239 页)。塞恩斯特罗姆所研究的工人阶级的父母们似乎宁愿安于现状,也不愿为他们的子女们作出牺牲。一个世纪以后,这种态度完全改变了。第二次世界大战之后的时代的工人阶级的父辈们是经历了经济大萧条的一代。他们将用自己的生活警示自己的孩子,而不是把自己作为孩子们的典范,而且他们表现出强烈的愿望和意愿作出牺牲,以保证他们的子女们职业上的流动性。因为他们感到,他们自己被剥夺了这样的机会。Sennett and Cobb, *Hidden Injuries*, 127—28, 166.

④ Thernstrom, *Other Bostonians*, 45—46, 73, 77, 84, 119—24, 194.

无论是相对的繁荣或贫困意味着什么，无疑权力的问题本身再一次凸显出来。在新的工业巨头中间，甚至一个合众国总统有时也感到自己的处境十分像“自谋生路”的封建君王，被迫在他们的封臣中间纵横捭阖，确立权威。而美国的进步主义者们只能仰赖国家制度的力量来驾驭大型的私人公司的力量。一个值得注意的事实是，在政治和政治学上观点相左的人，如西奥多·罗斯福、伍德罗·威尔逊、赫伯特·克罗利（他的《美国生活的承诺》一书使他在罗斯福的众多顾问中占据显赫位置）以及他的更为激进的同代人沃尔特·韦尔，或是因为出版《孩子们的痛苦哭喊》而一举成名的社会主义者约翰·斯帕戈，还有年轻的沃尔特·利普曼，都认识到扩大国家的权力的重要性。

当法国的启蒙思想家们希望争取更大的平等以作为抗议“旧制度”的不公正的方式的时候，他们试图加强君主制，并让它明确它应该对整个国家所担负的责任。如果说那个策略终将失败，直到几乎最后的时刻，那似乎是成功的唯一希望。进步主义者也从同样的角度来理解他们国家的问题。许多事情必须依靠总统任职的特点以及行政政策的推行；那个时代的相当一部分政治躁动和争论围绕着总统选举和政治展开。然而，美国还有一个敬奉某些平等的原则的联邦宪法。与任何以前的国家或任何其他国家不同的是，它的联邦最高法院是其价值观的永久卫士。

在联邦最高法院的集体思想中所表现出来的某些重大的矛盾表明，在大
276 致从重建结束开始一直到 1914 年欧洲的“伟大战争”爆发之间的企业合并、大规模移民以及普遍的社会抗议的时期，正是需要重新界定国家应该优先解决的问题的时期。这还表明，联邦最高法院的法官们认识到了他们自己在那个过程中所应担负的责任。在种族问题上，联邦最高法院准备认可“群体称谓”在宪政上是合法的。在经济关系上，它从一个强烈支持为了公众的利益行使政府权力的立场，转向对私人的或公司的利益给予更多保护的态度。直到大约 1890 年，在政治经济领域而不是在公民权利方面，联邦最高法院愿意支持州政府或联邦政府行使不可或缺的权力，以维护更为广泛的公众利益。然而很多问题取决于联邦政府如何行使其权力。1890 年法官斯蒂芬·菲尔德先生撰文解释了司法机关的立场，旨在扼守着自由放任的原则的要隘，抵御迎面

而来的公司权力的队列。他写道:“随着人口和财富的增加,随着人与人之间在地位上的不平等变得越来越突出和令人不安,随着某些公司巨额财富的聚集引起人们担心它们的权力将主宰这个国家的立法机关……联邦最高法院坚决实施联邦宪法的每一项保障日益成为它义不容辞的责任。”[①]这里的要点容易被误解。它不是要反对公司的集合权力,而是将这些权力以及其他形式的集合权力(如劳工和农民)视为对自由放任价值观的威胁。因为这些权力都极力想让政府服从它们的意志。因此更需要维持联邦宪法禁止利用政府权力重新分配财富的有关规定。这种观点的基点是那些联邦宪法的禁止条款要保护的个体权利的平等,尽管到此为止这依然有些渺茫。在 1877 年的“芒恩诉伊利诺伊州案”的裁决中包含着一个更加具有社会取向的平等的承诺。在本案中,联邦最高法院支持了州规定储存粮食的价格的立法。裁定指出,如果一个人在利用他的财产时影响到了整个公众的利益,他要“服从公众的控制,在他所创 277
造的利益的范围之内服务于公共利益。”[②]为了纠正经济权力的悬殊差别,州曾经利用立法的权力保持“机会平等”的渠道畅通无阻。而那时联邦最高法院并没有认为那种政策违宪。

因此,认为自由放任的经济学原则主宰着立法的精神,或者说司法机关正是通过这个原则对联邦宪法进行解释是错误的。在 10 多年里,联邦最高法院持之以恒地支持州管理影响公众利益的私人经济活动的权力。在一个这类案件中,宾夕法尼亚州曾经禁止生产麦淇淋作为黄油的替代品。在许多其他的案件中,影响到的是铁路公司的利益。数百个州的案件的裁定都遵循了同样的模式。[③]

---

① “The Centenary of the Supreme Court of the United States,” *American Law Review* 24 (1890), as quoted by Morton Keller, *Affairs of State: Public Life in Late Nineteenth Century America* (Cambridge, Mass., 1977), 367. Keller 把这视为面对日益增强的公司权力的司法能动主义的范例。

② 94 U.S. 113.

③ *Powell v. Pennsylvania*, 127 U.S. 678 (1888); *Missouri Pacific Railroad v. Mackey*, 127 U.S. 205 (188); *Stone v. Farmers' Loan and Trust Company*, 116 U.S. 307 (1886); *Wabash, St. Louis and Pacific Railroad v. Illinois*, 118 U.S. 557 (1886); William E. Nelson, *The Fourteenth Amendment: From Political Principle to Judicial Doctrine* (Cambridge, Mass., 1988), 171, 192—93.

在一个重要的刑事案件“赫塔多诉加利福尼亚州案”中，联邦最高法院接受了确定在杀人案的审判中是否遵循了正当的法律程序的认定权，并裁定说，陪审团的审判本身并非正当的程序必不可少的要素。在一个类似的案件中，它宣布任何州无权剥夺任何人或任何一类人“在法律下平等而公正的正义”。① 然而，尽管首席大法官梅尔维尔·W. 富勒宣读了这个裁决，正是在他的领导下联邦最高法院的观点发生了转变。1895 年推翻征收联邦所得税的裁定更多地表现出富勒领导下的联邦最高法院的个体性保守主义的特点。这个观点在著名的“洛克纳诉纽约州案”中揭示得淋漓尽致。在本案中，联邦最高法院推翻了一个限制面包房的工人工作时间的州法令，理由是它干预了签订私人合同的个人自由，而不是从保障公众健康的温和角度考虑问题。② 尽管如此，联
278 邦最高法院继续在大约四分之三的私人利益挑战州的法律的案件中支持州议会。③ 一个支持如此广泛地行使立法权力的联邦最高法院在“公众利益的社会哲学”最终超越了“私人利益的社会哲学”的时候，还会这样做。

从构成进步主义运动的政治哲学的有些繁杂的头绪来看，或者是对于它们在后来的时代中的更为激进的继承者们来说，平等的主题总是若隐若现。然而，具有更为直接的重要意义是，联邦政府的权力可能用以实施被认为符合多数的公众利益的政策。而联邦最高法院是这个过程中的工具。如果说重新界定平等的过程及其缓慢，那也不足为怪，因为贯穿整个美国历史的因素复杂而且充满冲突。在这些冲突中，对一种或是另一种平等的要求绝未从改革的议事日程上消失。它以后会以新的形式出现，而不是仅仅恢复原样。

新的背离与旧思想的消逝

对于新世纪的改革家们以及他们在法国的思想先驱们来说，平等并非一

① 110 U. S. 516(1884).（加利福尼亚州的州宪规定根据治安官提供的证据定罪。）*Caldwell v. Texas*, 137 U. S. 692, 697; Nelson, *Fourteenth Amendment*, 193.

② 198 U. S. 45 (1905).

③ Keller, *Affairs of State*, 368—69.

个具体的目标，正如我们所指出的，而是一个抗议的方式。这种比较有助于解释为什么尽管平等的思想以这种或那种形式被普遍接受，但是它在推动制定实质性的政策方面作用有限。美国的政治思想在其基本的取向上正经历着一个深刻的转变。联邦最高法院在种族问题上相信的"群体认同"的观念似乎被以极为类似的方式运用于社会秩序和政治经济。当如潮水般涌入的移民所定居的社区逐步表现出社会的、宗教的以及经常是语言的认同的时候，美国人日益倾向于通过群体的称呼来思考他们的社会。[①] 尽管可以利用伊斯雷尔·赞格威尔的"大熔炉"观念猛烈地反击这种趋势，然而却没有把握它有能力赢得 279
这场战斗（赞格威尔是英国人。他后来回到了他的祖国定居）。

某些平等的原则已经被牢固地确立为联邦宪法的原则。例如"政治平等"（通过[男性]选举权平等地行使政治权力）和"法律面前的平等"（平等地到法庭申诉，并受到法庭的平等对待）。然而，现在这些要求的宪政基础在于联邦宪法第十四条和第十五条修正案；人们很少再诉诸《独立宣言》或原始的联邦宪法的政治伦理。实现这些原则的障碍在于联邦制度的性质。当州仍然是它们的保护者的时候，当联邦最高法院对保护州的管辖权的独立性比保护个人的权利表现出更大的热情的时候，种族不宽容的受害者们的经历就对这些公开宣布的原则构成了嘲讽。但这并不是说这些平等已经被从美国的权利准则中抛弃了。妇女们的平等问题已经写上了少数派的议事日程，然而，只有当未来的形势能够利用源于过去的思想的道义力量来斗争的时候，这个问题才会产生其影响。

那个时代最为活跃的平等的主题是"机会的平等"。这种思想的蛛丝马迹确实在18世纪末期能够找到。而且，可以认为它蕴含在联邦宪法的个体主义基础之中。然而，正如我们所看到的，尽管"机会的平等"的观念以"权利的平等"为基础，其很大一部分驱动力源自工业资本主义的发展。尽管享有"平等

---

① John Higham, *Strangers in the Land: Patterns of American Nativism* (New Brunswick, N. J., 1955); Higham, *Send These to Me: Jews and Other Immigrants in Urban America* (New York, 1975); Michael Novak, *The Rise of the Unmeltable Ethnics* (New York, 1972).

的机会"的权利可能是一个联邦宪法保护的权利，但是其力量源自经济的发展。19 世纪初叶以来美国的政治思想所发生的真正变化是，在联邦宪法制定之时所未能预见到的经济和社会结构的种种深刻变革召唤人们作出新的未能预见到的反应。具有个体属性的权利基于联邦宪法和《权利法案》，而这些反应的宪政基础主要从重建时期通过的几个联邦宪法修正案中去寻找。所有这一切都表现在 20 世纪初的进步主义者对社会的剖析以及其言辞之中。他们没有兴趣复兴令以前吸引数代人的那种受欢迎的平等原则。克罗利认识到："所有的美国人，无论他们是职业政客或是改革家，是'掠夺成性的'百万富翁
280 还是普通民众，是政治哲学家还是小学生，都认为'所有人享有平等的权利、任何人不能拥有特权'的原则是美国民主政治制度绝对必要的规则。两大政党的党纲证明了这一点。"[①]与这种立场一致的是，西奥多·罗斯福在 1904 年接受他的党的总统候选人提名时宣布(他不担心与现实的矛盾)："作为这个政府的基础的根本性原则是，每一个人无论他的职业、他的种族或是他的宗教信仰是什么，都应该受到作为人应有的待遇，不能因为他的地位的任何偶然的因素受到偏待或歧视。"[②]

获胜的总统候选人一般对美国的政治制度很满意。罗斯福在总统离任之前评论道："在政治上可以说我们已经实现了我们的民主理想。多亏了我们的公立学校，在教育问题上也是如此。"[③]在罗斯福的第一个声明中，他也援引了"受尊重的平等"这个重要的平等类型。然而并非所有的美国人像他一样满意于美国的政治制度。它的作用只是令平等的理想的方方面面更受欢迎，并使它成为一个未能完成的议事日程，而不是一个已经完全实现的思想。如果政治平等不能被利用来促进经济政策的平等，那么它就毫无意义。而有效力的权力本身才是值得尊重的。尽管非常突出的事实是，进步主义者们认为美国历史上的价值观正受到了威胁，平等仍然是政治行动和社会行动的活跃的组

---

① Herbert Croly, *The Promise of American Life* (New Yor, 1909), 151.

② A. B. Hart and H. R. Ferleger, eds., *Theodore Rooselvelt Cylopedia* (New York, 1914), 167.

③ Ibid., 167—68.

织原则。然而，政治形势的一个明显的矛盾是，西奥多·罗斯福能够在同时宣称令他满意的是，这个国家主要的平等目标已经实现了。

然而正是在政治和政策的关系问题上，克罗利摒弃党派政治，对民众耽于平等的观念进行了极为尖锐的批评。在克罗利的分析中，较难分清由于民众误解造成的错误以及那些平等原则本身的错误。按照克罗利的说法，平等权利原则的弱点在于它掩盖了一个矛盾：享有平等的起点的权利以及享有平等 281
的成就之间的基本矛盾。他评论道，只要这个国家的经济机会还未得到开发或利用，这种矛盾就会一直被掩盖着。而“继续忠实信奉一个充满矛盾的原则将摧毁健康的公众情绪和舆论”。都是这个原则本身的错，而不应仅仅责怪对它欠考虑的信奉。“平等权利的原则鼓励人们之间的相互猜忌和背叛。它总是把个人或社会的不幸归咎于个人做错了事，而实际上经济的和社会的原因通常应该在很大程度上对此负责。这样，它激起和增强了任何社会都很明显的个人的和阶级的仇恨。”①

然而克罗利有力地宣布了他自己对社会平等的信念。用一种与前面的批评并不完全一致的语言，他将“美国生活的流动性和灵活性特质”以及能够得到经济机会归因于“民主性的对任何真正的社会劣等性的暗示的厌恶”。如果说美国制度的灵活性容许目前的财富集中到“少数不负责任的人的”手里，未来的任务是将权力集中到联邦机构来应对他们，并承担起“在道义上和社会上令人满意地分配财富”的责任。在这个计划中，他看到了“一场革命的开始”。②

美国人总是不满足的精神特质渗透到了改革家们的思想之中，这表现在约翰·斯帕戈撰写的论述社会主义的原则及其实践的两本书中。他否定了原始的人类平等观念。他解释道：“社会主义的实质不是争取人类的平等，而是主张通过机会的平等避免特权造成的人为的不平等。”③无论这种观点正确与

---

① Croly, *Promise*, 183—85.

② Ibid., 14, 23—24.

③ John Spargo, *Socialism* (New York, 1906), 236.

否，很难认为这就是欧洲的社会主义信奉者们所理解的社会主义的实质。它是一种他自己没有意识到的社会主义的美国变种。斯帕戈在后来的书中表明，他认识到了人的天赋是不平等的；他否认社会主义意味着报酬的平等；不能将平等混同于等同。他引用了并赞同莱斯特·弗兰克·沃德所宣扬的观
282 点："所有的人在智力上是平等的含义是，如果随机从不同的社会阶级中抽样调查，抽出来的不同阶级的人在天赋和能力方面可能是平等的。"这让人想起了"角色互换"的思想，如果说这不是对这种思想的复兴的话。斯帕戈反对当前的社会制度的原因是，其不平等的机会抑制了潜在能力的发挥；消除这些不平等将使智力水平的提高得到比现有的更多的平等机会。[1] 这种构想中所缺乏的正是社会主义者对人进行合作并共同取得成就的潜力的坚定信念。斯帕戈的理想与克罗利的似乎没有多少共同之处，然而二人殊途同归：他们都想要恢复个人对自己的生命的某些控制权以及某些实现自我价值的权力；二人都认为是公司剥夺了他们这些权力，而且二人都认为国家是恢复这种权力的力量。倾向于杰斐逊的思想的吉福德·平肖是美国第一次重大的保护自然资源和娱乐设施的斗争的领袖。他也信奉机会平等的观念。他宣布机会平等是"我们的法律和制度追求的真正目标"。机会平等也是美国的法律和制度存在的道义理由。如果背离了机会平等的原则，经济秩序就会造成"严重的道义错误"。[2] 沃尔特·韦尔也是一个致力于自然资源保护的活动家。他在这个问题上深入到了社会组织的总体原则问题。他认为有理由希望实现"消费的社会化"。韦尔支持通过减少相比较而言成功人士的报酬，来提高社会最低层人士的生活水平。他像斯帕戈一样认为："一个社会化的民主所需要的不是人与人之间的平均，而是机会的平等。"[3]

---

① Spargo, *Applied Socialism* (London, 1912), 171—74. 这本书的标题让人想起了莱斯特·弗兰克·沃德的《应用社会学》(Lester Frank Ward, *Applied Sociology*)。斯帕戈(Spargo)是一位英国移民，他关心的问题是将社会主义解释为与美国的理想相一致的意识形态。

② Gifford Pinchot, *The Fight for Conservation* (London, 1910), 24, 69.

③ Walter Weyl, *The New Democracy* (New York, 1912), 352.

稍后一些的沃尔特·利普曼在威尔逊总统时期也撰文发表了自己的看法。他像赫伯特·克罗利一样想要左右时代的发展趋势。他如他的同代人一样,认为人人应该享有平等的机会这个普遍的权利,尽管他因为精明没有对它进行界定。而他所面对的是一个缺乏连续的社会目标的糊涂总统的"范例"。利普曼引用威尔逊的原话说:"我支持建立大企业,但我反对托拉斯。"利普曼评论道:"这种区别非常微妙,太微妙了,以至于我怀疑任何人为的立法都不能够将它们区别开来。二者区别是:大企业是经历竞争保留下来的企业,而托拉 283
斯是一个旨在废除竞争的组织。"[①]威尔逊希望恢复自由竞争的条件,这让人想起了安德鲁·杰克逊,而不是人们所期盼的现代国家的政策。无论他的政策会如何发展,它们被美国参加第一次世界大战打断。

大战促使联邦政府得以行使进行经济动员的权力。终于有一天,它也会被迫取得进行社会立法的权力。对于那些至少在那时主要关心运用联邦政府的权力控制经济制度的所有人来说,极具讽刺意味的是,一场海外的战争要比尚未解决的国内危机更能统一人们的目标,并促使他们采取有力的行动。既然从这个立场上看这场战争是一个错误的危机,不足为奇的是它导致了错误的后果:平等的思想被淹没,要等待另一代政客和另一次战争才能卷土重来。

---

① Walter Lippman, *Drift and Mastery* (New York, 1917), 138—39.

284

第十章　个人平等与族裔认同

移民与种族观念

除了与州权相联系的宪政原则之外，与一种或另一种多元化相关的模糊原则从未展现出明确的形式。地区与经济利益的多元化可能与宗教和民族血统的多元化相交叉，也能各自独立。而尽管这些多元化的组成部分可以清楚界定，任何一个群体都必然是由个体组成的。在美国就像一些较为传统的社会一样，一个有关个人认同的不容回避的事实是，人们在社会上界限明显，而且他们的认同感在很大程度上来自他们所属的群体。这些社会群体被论及，并在人们的思想中成形，似乎它们是实在具体的形式。而实际上应该把它们理解为一种概念，而且是非常笼统而不明确的概念。一个南方人在面对北方的集体认同时可能会感到他与其他的南方人拥有共同的认同感。而一个弗吉尼亚人与一个密西西比州的人感受会不同。如果那个南方人是一个男性，他与妇女的认同感在某些方面会不同；如果他是一个黑人，他与白人的认同感也会不同，反之亦是如此。这些不同的、变动的和无法界定的集体认同在美国的宪法中没有固定的地位。正如我们所看到的，联邦宪法在不考虑州的问题的时候，它只认个人。

285 在平等的问题上，两方面的重大发展造成了个人与群体之间新的紧张关系。一个是我们所看到的，联邦最高法院愿意容忍“群体称谓”得到联邦宪法的正式承认。另一个重大发展是移民的新的规模与特点以及同样重要的是其内部定居模式的特点。在定居和就业模式上，移民和社会分群的不可阻挡的现实是使多元化在成为理论之前就已经成为了现实。然而，联邦最高法院在

"普莱西诉弗格森案"中所受到的警告是，在某一领域具体的种族主义的隔离政策可能会造成其他类型和以其他人为目标的隔离的出现。尽管这种结果是附带的，但并非无足轻重。当白人社会思想家和宣传家们从似乎无法解决的"黑人问题"转移视线的时候，他们开始日益关注来自各种新的来源的大规模移民的影响。

本国扎下根基的白人美国人对于新的大规模的移民的反应相对他们对于黑人的总体偏见来说更为多样和混乱。白人和黑人的划分是人们所说的"种族"的最为明显的例子。用最为流行的话来说，种族意味着有色人种。① 美国民众具有明确的概念的其他种族还有美国印第安人和东方人。这两个群体都是特例，几乎总是在特定的地理区域定居。然而，随着起初似乎没有什么与众不同的个人从聚居在一起的民众中凸显出来，并以不同的外表、语言、饮食和社会习惯来确认自己的身份的时候，新的种族概念开始在忧心忡忡的本土主义者们的思想中成形。这些观察只能看清大体的轮廓。而涉及移民的特点的更为微妙的个人细节问题一直是模糊不清的。填补这些空白的是道听途说的传闻和先入之见的解释。

如果将美国人对大规模移民的反应描述为纯粹的惊恐和敌视是极为错误的。如果要让美国人接受美国社会不能吸收外国民族的令人沮丧的论点，那 286
么他们必须摒弃他们国家的很大一部分历史。1883 年甚至是极力主张限制移民的费城《新闻界》报评论道："美国文明的巨大胃口会、而且无疑会最终消化和同化这群令人厌恶和反感的人……他们最终会理解这个国家的精神，并且成为这个国家具有重要价值的因素。"②这个"令人反感的人群"的血统是美国在很大程度上还不熟悉的。然而直到 19 世纪 90 年代中期，所有移民中的

---

① John Higham, *Send These to Me: Jews and Other Immigrants in Urban America* (New York:, 1975), 45. 然而，需要补充的一点是，种族是官方对人口进行分类的正常标准。直到第二次世界大战以后，申请美国移民签证的人必须申明他们所属的"种族"，尽管这仅仅指的是"荷兰人"或"法国人"。

② John Higham, *Strangers in the Land: Patterns of American Nativism* (New Brunswick, N.J., 1953), 62—63.

大约有80%仍然来自西北欧这个较为传统的地区。[①] 只是在从1899年开始的九年中统计数字开始令人们产生"新移民"的概念。然而在那个时期,来自东欧、俄罗斯的欧洲地区、巴尔干半岛、意大利和西西里的移民的惊人增长,改变了人们对接纳移民所涉及的问题的一切先前的看法。早在人们面对这样的现实之前就已经有了一些印象。而这些人头攒动的年代的影响是加剧了人们对同化问题的古老忧虑。[②]

这些忧虑在旧的世纪之末变得日益强烈,因为与此同时一系列的冲击震动了美国传统而自信的民族主义。自由土地的边疆的终结,1893年的经济恐慌和萧条,以及劳工和雇主之间时常发生的暴力冲突,似乎使新世界的特点越来越像旧世界。早在1883年,只是在某些方面是一个改革家和人本主义者的亨利·乔治就看到了预期中的边疆的终结与移民的继续之间的危险联系。他问道:"我们的人渣得到选举权是否有助于改善我们的处境?"五年后,美国经济协会(其赞助人与经济改革的措施有联系)发起了以"论不加限制的移民的恶劣影响"为题的论文竞赛。1891年,塞缪尔·冈珀斯请求新成立的美国劳工联合会大会将移民问题列入大会的议事日程。1893年经济恐慌之后,在遭受经济危机打击较重的南部和西部地区,限制移民的情绪开始不断增强。[③]

287 否认这些问题在极为短暂的时间内就达到了史无前例的严重程度是毫无意义的。那些富有改革精神的知识分子和劳工领袖们真正关心美国民主的未来,尤其是关注阶级结构和经济权力的集中,同时他们又最为担心毫无限制的移民的恶果。这个事实并不能够证明他们致力于的改革是隔靴搔痒或是虚伪的,也不能说明他们的人性有瑕疵。这相反表明他们对美国民主的性质和前景的基本信念建立在某种尚未揭示出来的观点之上。这些观点中最为基本的是相信民族特质能够实现普遍的同质性。另外一个观点是"美国人的角色可

① Ibid., 88.

② Ibid., 158—59.

③ Ibid., 35—43, 71, 73—74.

以互换"的陈旧观念的微弱残余。这种观念使可以在一个竞争性的社会中维持机会平等的信念显得顺理成章。

这些观点源于对美利坚合众国的建立的传统性的历史描述，也很清楚地表现在相互竞争的两个主要政治人物西奥多·罗斯福和伍德罗·威尔逊的身上。这两个人都认为，美利坚民族的性格在1776—1787年间固定了下来，而且受到了美国独立之前的英属北美殖民地历史的决定性影响。所有后来的人口混杂是一个不断同化到原始的人口类型的过程。尽管人口的数目增加了，原始的人口类型得到了丰富，但是它却保持了它在法律、教育和宗教等根本性问题上、在政治义务和责任感以及社会和个人风格的某些方面的基本特征。[①]进步主义运动的宣传家们也持有类似的观点。他们在这里值得引起我们注意，是因为他们提出了实现那些已经对现有的制度不满并对其进一步发展充满疑虑的人所设想的那种平等的可能性。威斯康星学派的一个进步主义者、研究劳工运动的一个较早和主要的历史学家约翰·R. 康芒斯解释那个问题时提到，美国人一直拥有共同的语言。这是他们"利用教育和社会环境有意识 288
地改善他们的社会地位"的便利工具。使人类团结在一起的不是生理上的融合而是心理上的认同。他宣布："要成为一个伟大的民族，这个民族并非一定都得由同一个血统的人构成，但必须是由同心同德的人构成。"康芒斯接着强调，每一个人都应该拥有"平等的机会展示其自己的才华，去从事他们自己愿意从事的任何职业并取得很高的地位"。这里宣扬的是一种典型的机会平等原则。按照这个原则顺理成章的是：同样重要的是，不仅法律和制度要创造这种机会，而且所有的公民尤其应该平等地参与法律的制定和实施。[②]

三种类型的平等融汇为一种传统的模式："机会的平等"是所有的美国人都应享有的权利，但是它只有通过其他更为根本性的平等类型才能得到保

① 我这些评论参照米尔顿·戈登的《美国生活中的同化：种族、宗教和民族血统》(Milton M. Gordon, *Assimilation in American Life: The Role of Race, Religion and National Origins*)(New York, 1964)一书的第122页。请与亨利·詹姆斯在《美国人》(Henry James, *The American*)(波士顿，1877)一书中对"美国范式"的描写进行比较。

② John R. Commons, *Races and Immigrants in America* (New York, 1907), 20.

障——那就是法律面前的平等和享有平等的政治权利。人们对这些问题实际上的一致看法使平等被确立为衡量美国人的正义感的重要准则,因为正是通过参照这些准则才能判断美国制度的运作情况,而美国的制度也正是通过这些准则来对自己作出判断。

然而在新的惊人的情势下,这些信念面临着一个新的问题:是否应该根据他们将来同化的可能性来确定是否应该将外国人接纳为美国人?正是在这种气候下以及由于这些问题,美国的种族观念开始表现出新的多样化的政治形式。然而同化并非一个自我界定的过程。对于一些移民和居民来说,它意味着融入他们的种族的、民族的或宗教的先辈们已经确立的或多或少独立的社会的、居住区的和经济的结构。当然,这种过程对于那些想要保持和维护他们的原始群体的习俗、有时是宗教的人们来说是最为重要的。而这与克雷弗克提出的旧的传统相对立。这种传统历经数代的社会融合而被加强。在这种旧的传统中,以前的认同混杂和融合在一起。还有些美国人以他们古老的优等的血统为自豪。他们担心,汇入一个同质的整体的那种较传统的同化方式将会造成他们的民族认同的优良品质的丧失。

289 当亨利·卡伯特·洛奇和查尔斯·沃伦(二人都是马萨诸塞人。前者是一个政客及亚历山大·汉密尔顿的生平的作者;后者是联邦宪法研究的开创者)领导的一些显贵本土主义者大约从1905年开始形成一种基于"新"移民和"旧"移民之分的思想之后,越来越清楚的是人们正在讨论的是两种同化概念。一种是文化和政治的:外国人只要接受并用规定的有关礼仪、作风和举止的规则来约束自己就可以说他们被同化了。保守的显贵们和进步主义改革家们同样相信,这种事情在整个美国的历史上一直发生着;而共和国的安全要求以这种观念确定未来一切移民的规模和特点。第二种同化概念是种族的或基因的。然而在逻辑上说,种族问题先于文化的问题,因为它对某些生理的或基因的类型是否能够适应规定的规则持有一些怀疑。

无论美国的社会分析家们对于政策问题持有什么样的看法,他们在阐述生理类型与文化成就之间的联系时立场却较为一致。19世纪的民众和科学家们从小就被灌输这样的知识:在历史上曾经存在着不同的文明;然而,无论它们曾经达到多高的发展水平，都最终化为尘土。[1] 人们常常根据其民族的外表特征和性格来区分文明。在有关进化的过程可以是社会的进化或是生物进化的观点中没有多少太新的东西。在美利坚共和国建立的年代，欧洲的社会进化论者们普遍认为，所有民族具备先天的能力使它们最终达到欧洲人和欧洲裔美国人的文明高度。杰斐逊正是参照这种观点对非洲人种心存怀疑。

从那时起，生理人类学在人类的生理差别方面，尤其是在脑量方面搜集了丰富而详尽的资料。人类文化学的创始人、英国的人类学家 E. B. 泰勒认 290
为，欧洲人的大脑的机制比非洲人的大脑得到了更为全面的发展。然而他似乎也认为，原始的发展阶段是高度文明的古老储备。他把野人和未开化的人比作“我们的祖先以前的状态以及我们的农民仍然处于的阶段”。19 世纪 70 年代将在文明的进步中被阻碍在原始阶段的欧洲农民比作“野人”的观点，揭示了那个时期种族观念的变动性。接受了这些观点的美国的进步主义者们决不是后来意义上的文化相对主义者。他们完全接受了支持标准的欧洲人的观点的证据：西方的历史确立了西方人的文化优越性。[2] 这让人很容易将生理的和文化的人类学与拉马克的原则结合起来。这个原则认为，人类在与环境的接触中所形成的特点能够被传递给下一代。如果说种族特点是可塑的、而种族类型是不可改变的，那么种族在将来有希望改善状况。国外的野人和国内的农民都能够走向文明。而地质学也并未停滞不前。它对地球上真正古老的生命有了进一步的认识。其结果也许是矛盾的：泯灭了人类种族在任何可

---

① 可以看一下 Thomas Cole 史诗般的系列油画“帝国之路”。它描绘了从狩猎、农业到文明的辉煌的文明发展历程，随后因为外族入侵和毁灭而成为荒凉的废墟。油画原件收藏于纽约历史协会(the New York Historical Society)。

② George Stocking, *Race*, *Culture*, *and Evolution* (New York, 1971), 129—30. 作者对改革派达尔文主义者(Reform Darwinists)作出了这种评论。这些人指的是那些赞同将达尔文的进化论观点运用于社会的社会改革者们，但他们认为应努力改变人的社会环境来改善人的社会地位。这更为普遍地适用于进步主义政治家们，无论他们是否关心将达尔文的理论运用于社会。在这里，可以看一下康芒斯对“优等”和“劣等”种族的划分。他认为华人在先天的能力上是优越的，但是却处于文明的落后阶段。Commons, *Races and Immigrants*, 211.

以想像到的一生中会取得进步的希望；不可能期望美国的决策者们会等待国外种族的基因达到共和政府的要求。

当有关文化的相容性的探讨涉及这些问题的时候，生理人类学发展的形式造成了倡导基于文化适应性的开放的社会政策的充满矛盾的挫折。在1890年之后的20年里，奥地利僧侣格雷戈尔·孟德尔在1865年阐述但被遗
291 忘的遗传学规律被新一代的优生学家们重新发现。他们的论著很快取代了拉马克的观点。[①] 基因特征遵循着内在的遗传规律、而与有机体在世界上的经历无关的发现，强化了生理的或"种族的"特征不可改变的观念。这种发展使优生学的概念大行其道。

优生学运动的周围笼罩着一种仁慈的改革主义的迷人气氛。运动的倡导者们的特长是能够准确地描述在基因上得天独厚、在历史上得到证实的盎格鲁-撒克逊种族优越性的水平，这种优越性赋予他们评判其他种族的专断权利。如果他们繁殖出劣等血统的人，然后再把这些人提高到他们自己的水平，他们似乎极为糟糕地把自尊和科学结合在了一起。这个运动不可能指望会吸引"劣等种族"的代表，而且它自己内在的缺点是未能提出令人信服的种族类型。然而，它确实提出了种族纯粹主义者趋之若鹜的核心原则，并为他们提供了可以站在上面向公众讲话的讲台。在这个运动中，1918年优生学家们在纽约建立了高尔顿协会，其会员仅限于被认为在人类学上、社会上和政治上健全的本土美国人。[②] 他们的观点通过麦迪逊·格兰特以及《周六晚报》在20世纪20年代广为流传。这些观点认为，种族混血一定会造成种族退化："白人与印第安人杂交生出来的是印第安人；白人与黑人杂交生出来的是黑人；而欧洲的三个人种与犹太人的杂交生出来的是犹太人。"美国由于沉迷于糊涂的感情

---

① 但在世界范围并非如此。在斯大林执政期间，苏联的官方生物学通过李森科（Lysenko）对谷类作物的研究倡导拉马克的观点，并残酷迫害那些反对官方观点的优生学家。*International Encyclopedia* 14:403. 西格蒙德·弗洛伊德（Sigmund Freud）似乎终生信服拉马克（Lamark）的观点。Joseph Frank in *The Times Literary Suppulement*, 18 July 1975.

② Higham, *Strangers*, 149—52; Stocking, *Race*, *Culture*, 289.

用事，正在被拖向“一个种族的深渊”。①

相对来说较新的应用心理学倾向于促使人们相信种族决定性格。第一次 292
世界大战给心理学家们提供一个机会在士兵们的身上大规模进行新设计的智力测验。那个时代的主要的应用心理学家之一威廉·麦克杜格尔竟然根据“智商”测验的结果对历史作出种族主义的解释。部队智力测验的结果对于黑人美国人来说极为有害。他们在经济、营养、教育以及合理的希望方面长期被剥夺了平等的机会，因此最缺乏应对这种挑战的条件。而测验者的结果只是证实了白人对黑人种族能力低下的传统怀疑。②

如果把任何形式的平等视为一种基本的道义原则，这些趋势中所蕴含的固有的危险是显而易见的。如果从基因学上说被认为劣等的种族的成员**无法**达到具有优等的欧洲血统的美国人所能达到的高度，那么机会平等的整个观念也就毫无意义。而且人们也可以对法律和政治中的平等原则的正当性提出严肃的质疑。尽管约翰·R. 康芒斯在很多方面是一个典型的进步主义者，他认为黑人美国人在证明自己具备了民主的素质之前不应拥有选举权。康芒斯承认他们是奴隶制的受害者，相信他们能够改善自己的社会地位，但是他未能解释人们在实际上不能在政治生活中承担责任的情况下，如何证明自己的能力。然而，他尖锐谴责南部州剥夺了他们受教育的机会，指出南部的学校体系花在每位黑人学生身上的钱是 2.21 美元，而花在每位白人学生身上的钱是 4.92 美元。③ 康芒斯显然保持了美国人对教育的那种乐观的信念，认为它为在社会上处于不利地位的人提供了改善处境的光明前景。

---

① Oscar Handlin, *Race and Nationality in American Life* (Boston, 1957), 176—77; Higham, *Strangers*, 201, 265; Madison Grant, *The Passing of the Great Race* (London, 1917), xv, 11—12, 15—16, 77, 228. 格兰特的书在 1916 年出版时并未取得特别的成功。他的出名得益于 *The Saturday Evening Post* 在 20 世纪 20 年代的宣传。

② 智力测验作为能力的指标的准确性在 1912 年艾丽斯岛上对新移民能力的测验中大打折扣。检验结果是，85%的犹太人、80%的匈牙利人和 79%的意大利人“智力低下”。Philip Green, *The Pursuit of Inequality* (New York, 1981), 72.

③ Higham, *Strangers*, 275—76; Stocking, *Race, Culture*, 267; Commons, *Races and Immigrants*, 44—45. 康芒斯强调，充满敌意的环境是黑人落后的一个原因(第 39—62 页)。

293 即使是那些社会主义者(他们在美国的城市社会中取得的进步超过了他们在后来的美国历史上所能够维持的)也未能给黑人美国人带来多少安慰。他们以白人的改革家们特有的方式,对那些未能有幸成为盎格鲁-撒克逊人的人采取了一种总体上高人一等的态度。密沃基的社会主义运动领袖维克多·L. 伯杰认为世界的各个民族天生不平等,而黑人在生理上是劣等的。① 而社会主义党倾向于怀疑黑人具备获得平等的潜力;除了少数活跃的持不同意见者以外,它并未积极努力将黑人的平等问题写上其政治的议事日程。然而,那些少数人并不是无足轻重的人物。查尔斯·爱德华·拉塞尔和威廉·英格利希·沃林(肯塔基州一个殷实之家的成员)都是全国有色人种协进会的创建者。南部的社会主义党并非无所事事。在一个社会主义者活动的主要州俄克拉何马,社会主义党自始至终争取黑人享有完全的选举权;而社会主义者也在得克萨斯、路易斯安那和佛罗里达也展现出他们的力量。1917 年,雄心勃勃的黑人领袖 A. 菲利普·伦道夫和钱德勒·欧文加入了社会主义党,并建议黑人选民投社会主义者的票。伦道夫利用他在 1917 年创办的《信使报》,敦促纽约市的黑人投票支持希尔奎特竞选该市市长,因为他代表着劳动人民,而“99%的黑人是劳动人民”。他补充说,希尔奎特所代表的社会主义党即使在南部也没有种族偏见。1920 年,伦道夫作为纽约市社会主义党的候选人竞选该州的审计员职位。这是 20 世纪第一位竞争州级职位的黑人候选人。黑人加入社会党无疑在种族问题上教育了白人社会主义者,然而非洲裔美国人作为一个集体从未对废除资本主义表现出多少兴趣。②

种族决定论之外的思路

在泯灭黑人美国人的希望的各种权利剥夺中,对他们的心理以及他们的

---

① Paul Buhle, *Marxism in the U. S. A. from 1870 to the Present Day* (London, 1987), 95. 这不是说伯格(Berger)可以代表社会主义者对种族的看法。然而社会主义者们并未突出而积极地表达种族平等的思想。

② James Weinstein, “The Problems of the Socialist Party: A. Before World War One,” in John M. Laslett and Seymore Martin Lipset, eds., *Failure of a Dream? Essays in the History of American Socialism* (New York, 1974), 308—10.

社会抱负危害最大的是对他们"受尊重的平等"的剥夺。这种来自外部的伤害从不间断,以至于融入了个人的心理。而且这种外部的伤害固有的趋势是再 294
造维持这种伤害的外部环境,因为不能尊重黑人的白人不会认为他们有责任提供给黑人改善社会地位的机会。而黑人似乎总是处于外部环境的受害者的地位。在19世纪末期对非洲内地、澳大利亚和塔斯马尼亚岛的探索的不应有的有害影响是,将非洲裔美国人与欧洲人想像的原始社会的起源与野蛮的习俗联系在一起。[①] 如果泛泛而论,可以毫不夸张地说,欧洲和北美工业文明的兴起的结果是,加大了西方文明与没有想到"进步观念"的土著民族的文明之间的明显鸿沟。

实际上没有明显的原因可以解释,为什么先天不平等的观念会仅仅着眼于欧洲种族与非洲种族之间的差异。如果说民族性格的形成力量是种族方面的,那么研究的方向应该是探讨不同种族的历史。当美国的社会思想家们研究这些问题的时候,他们首先要面对的是浩繁的欧洲人的著作。这些著作宣布确认了三个主要的欧洲种族:北欧的日耳曼人、阿尔卑斯人和地中海沿岸的高加索人。美国的社会学家和经济学家威廉·Z. 里普利在他的著作《欧洲的种族》一书中确认了这一点。然而他的路子与极端崇尚高加索人的麦迪逊·格兰特不久将要走的路子不同。许多事情激起了里普利的怀疑:所发生的无法解释的种族混杂;有关种族观念的历史档案的完全不确定性和缺乏说服力;传统的推测所依赖的生理类型与社会行为之间缺乏任何确切的相关性。他在对离婚、艺术天赋和自杀率(据说条顿人的自杀率很高)等各种问题研究之后,得出结论说:"必须考虑的不是种族,而是物质的和社会的环境。"[②]

如果认为关心移民的长期影响的这一派社会学家陷入了一种狭隘的种族 295

---

① 约瑟夫·康拉德所著《漆黑的心》(Joseph Conrad, *Heart of Darkness*)是通过文学形式表达这种观点的典型代表,出版于1902年。但是也请注意书的开头描写的是一个站在"泰晤士河湾"号(Thames Estuary)船上的水手在思考:英国也曾是罗马文明的边缘上一个遥远的地区。尽管康拉德的思想中不乏种族类型的概念(参见他的书 *Under Western Eyes*),他的思想中带有相对主义的因素。

② William Z. Ripley, *The Races of Europe* (New York, 1899), 527.

决定论是错误的。他们观点的取向是文化的而不是种族的。然而，因为他们坚信美国在其整个历史上通过教育和联邦宪法维护的价值观是优越的，他们认为没有理由怀疑他们自己的职责在于找到为美国不可限量的未来维持那些价值观的途径。而在他们看来，那种职责并不是要使美国重复世界其他地区的种族的、宗教的和社会的复杂问题。

爱争论的威斯康星派进步主义者的成员之一以及大企业的直言不讳的反对者爱德华·A. 罗斯在看到移民来源国家持续的人口压力时，用一句话表达了他对整个问题的看法。他说他怀疑"所有的种族都有平等的权利享受美国的各种机会"。[①] 罗斯利用"种族的名称"支持他对无限制移民的反对，然而他的观点是政治的和文化的，而不是种族的。"种族"充其量是一个可以用于指代用"民族"一词无法界定的群体的一个不太好的描述性名称。尽管可以引述一些罗斯发表的听起来具有反犹意味的言论，如果仔细阅读他的话可以很清楚地发现，他对最近来自俄罗斯的犹太移民浪潮的敌意，像许多其他的人一样，是由于他不喜欢犹太人的经营方法和社会态度。可以对他的观点与另一位"老一些的"美国人 W. E. B. 杜波依斯的观点进行比较。杜波依斯抱怨说，在一些南部州，俄罗斯犹太人夺取了黑人们终生耕耘的土地。[②] 而罗斯认为犹太人给美国的文化带来了最好的还有最坏的外来因素。他将 19 世纪 80 年代第一波的俄罗斯犹太移民与"我们的归化为美国公民、有益于美国的政治的英国人、斯堪的纳维亚人、条顿人"相提并论。[③] 罗斯在种族问题上绝对没有排他性。他将美国描绘为"很可能是犹太分离主义曾经遇到的最强大的溶剂"。他欢迎与犹太人通婚以消除独特的族裔血统，并吸收有益于社会的犹太
296 人的品质。[④] 他更为关心爱尔兰移民显然无力适应美国的法律观念的问题。他认为，"朋友之间还讲什么联邦宪法？"这种态度与大众政府的原则格格不入。他指责"凯尔特部族的原则"应该为美国市政管理中糟糕的供水、糟糕的

---

① Edward A. Ross, *The Old World in the New* (New York, 1914), 227.

② W. E. B. Du Bois, *The Souls of the Black Folk* (Chicago, 1903), 126—33.

③ Ross, *Old World*, 263.

④ Ibid., 166.

住房、恶劣的卫生条件以及肆虐的罪恶所造成的惨重损失负责。[①] 他在斯拉夫移民中间找到了虐待妇女的证据，在其他各种移民中找到了教育水平低下的证据。[②] 完全理所当然的是，他并未对来自北欧以及整个信仰新教的白人美国人的习俗和道德准则作出批评。而罗斯所觉察到的问题并不仅仅局限于19* 世纪初期。两次世界大战之后，在纽约州通过了第一个反歧视法的情况下，社会学家亨利·普拉特·费尔柴尔德仍然在1947年问道，是否民主已经扩展到了那些具有千差万别的社会习惯、风俗、理想、标准和价值观的人。这些话实际上直指犹太人，而且据他本人说这是从社会学而不是种族的角度提出的。而另一方面，他确实指出黑人问题基于种族特征。[③]

从这种观点来看，美国人决不会怀疑的是，盎格鲁-美国人人种是判断世界其余所有人种的优秀准则，尽管这种观点的社会的与思想的影响与它代表的人数不相称。当然也有从另外的角度看待世界的办法。正如我们所看到的，大约在1870年，爱德华·泰勒已经开始准备提出一个全新的概念——也即当代人类学意义上的"文化"概念。当泰勒写道"原始文化"的时候，他使用的是一种全新的原创性的语言。弗朗兹·博厄斯似乎是1900年之前第一位使用"文化"一词的复数形式的学者。他是一位德国犹太裔移民，1882年来美国定居。他通过他超凡的智力和盛气凌人而粗暴的个性影响了几代人类学家。[④] 在博厄斯的笔下，对各种文化的研究也就是从整体上研究每一个可以 297
分开的族裔群体。他终其一生的研究工作始终极为尊重其他不同文化的价值。他深刻地认识到了这样的真理：每一个族裔群体都拥有反映其自身认知和经历的技术、信仰和语言。

1894年，博厄斯担任美国科学促进会的副主席以及该协会的人类学部主任期间，他发表了一个演说，阐述了他的基本立场。他在1911年出版的他最

---

① Ibid.，260—63.

② Ibid.，138—39，167.

* 疑应为"20"。——译者

③ Henry Pratt Fairchild，*Race and Nationality*（New York，1947），148—49.

④ Stocking，*Race*，*Culture*，69.

有影响的著作《人类的心智》一书中更为全面地阐述了他的观点。尽管这本书几经修订，他的学说的主题始终不变。他指出："在原始人和文明人的思维方式之间并不存在着根本性的差别。种族与个性之间的紧密联系并未得到证实。科学论著中普遍使用的种族类型概念令人误入歧途，需要在逻辑上和生物学上重新界定。"[1]1910年他撰写了"国会移民委员会报告"(被称为"迪林厄姆委员会")中的很大一部分。在报告中他介绍了将生物统计学应用于人类的研究，认为人类有机体具有可塑性。通过这些方法，博厄斯惊人地发现最近美国人头形的变化，认为他的研究结果表明，一种长着相同的"美国人的"脸的"美国人种"已经出现。

这种发现尽管似乎未经经验的证实，这无疑是他正在探求的科学发现的一个例证。而博厄斯所公布的研究结果具有重大的意义，因为头形被普遍认为是种族的一个最为稳定的指标。[2] 旧的同质性的消失、转而支持一种新的同质性的的可怕前景立即造成了盎格鲁-撒克逊种族纯粹主义者的惊恐。[3]尽管博厄斯正教育民众摒弃种族恒定不变以及种族决定论的思想，他的方法并未能将民众的思想从头的形状及其生理结构与智力有关的观念中解放出
298 来。主宰博厄斯那一代人的教育的是生理决定论。他在为新的人类文化学概念作出他的贡献的时候，他所使用的材料正是通过他努力取而代之的旧的方法得到的。博厄斯的研究很容易受到批评，因为他自己一直尊重颅骨指标的测量数据。[4]

文化人类学家们所面临的教育任务对于未来美国的平等观念富有重大的意义。因为这种任务是要消除民众怀有的这样的信念：世界上不同的种族和民族所处的地位、他们的思想和技术成就以及无论有多"先进"的政治制度，都归因于他们的先天遗传因素；这些方面在政治上任何现实的时间范围之内都是无法改变的；社会政策应该直接依照这些原则来制定。因为世界各个种族

---

① Franz Boas, *The Mind of Primitive Man* (1911; rev. ed., New York, 1963), 8.

② Higham, *Strangers*, 125.

③ Grant, *Passing of the Great Race*, 15.

④ Fairchild, *Race and Nationality*, 97—103.

中的相当惊人的一大部分都在如今的美国有其代表，国内的态度一定会受到美国人相互之间看法的影响。

然而他们可以依赖另一种更为根本性的传统。美国个体主义的某些方面以及美国人对阶级和等级思想的拒斥，一直可以追溯到共和国的起源，提供了一个具有重大历史意义的美国基地。并通过这个基地，来应对造成隔离和排斥的进化论原则。然而复兴个体主义的原则的前景不必依赖共和国的首要原则。正如博厄斯(他从杰斐逊和麦迪逊那一代人身上得到的并不多)所表明的，新的科学研究成果能够摧毁陈旧的种族观念。莱斯特·弗兰克·沃德是一位主要靠自学成才的出类拔萃的社会人类学家。他逐步迫使学术界恭敬地倾听他的观点。作为博厄斯的同代人，他从19世纪80年代起，就在他的观点中贯穿了一种博厄斯的论点中缺乏的美国经历。沃德如博厄斯一样反对那种认为个人和阶级之间能够观察到的巨大差别产生于种族、肤色或民族的差异的观点。他像博厄斯一样认为，任何先天的不平等本身都不应阻碍机会的平等。[①] 人与人之间以及男人与妇女之间现有的差别是环境造成的，不是阶级、 299
种族或血统造成的。他说："没有更优秀的或更尊贵的血统，也没有劣等的民族。只有不发达的民族或发展受阻的民族。这对个人也是一样的道理。"沃德由此利用美国最为强烈和最受尊崇的思想信仰来支持机会的平等会造成智力的平等的信念。[②] 同样，博厄斯在最为棘手的国内问题上形成了同样的主题思想。他指出，无论体格的差别如何影响黑人的活动(这是一个有些不确定的问题)，都不会妨碍黑人参加美国的社会组织，也不能证明:黑人种族的劣等性。他说："我们不知道有解剖学或民族学的证据能够证明现代生活中任何对人身或思想提出的任何要求超出了他(黑人)的能力所及。"他从比较文化思想的角度补充说，黑人的特性从历史和社会地位的角度已经得到了充分的解释。[③]

---

① Lester Frank Ward, *Applied Sociology* (Boston, 1906), 95.

② Samuel Chugerman, *Lester Frank Ward, the American Aristotle* (Durham, N. C., 1939), 431, 433, 436—38.

③ Boas, *Mind of Primitive Mind*, 240.

1913年当沃德去世的时候，博厄斯的影响尚未达到它的巅峰；而且还远未确定的是，反对生理和种族决定论的论点在科学界会不会占据上风。博厄斯活着时看到了那场战役取得了巨大的胜利。到20世纪20至30年代，至少整个国家的大学的人类学系的要津均为他的学生所占据。然而如果将大学的系所等同于公众舆论就是一种毫无道理的乐观主义。在争取经济生存的斗争的冷酷世界中，族裔憎恨结出的是另一种不同种类的果实。

到第一次世界大战结束的时候，工会组织争取限制移民的斗争已经进行了大约30年。他们面对的阻力包括需要廉价劳力的雇主的反对、相信这个国家的同化能力的进步主义者以及不愿让这个国家否定其过去乐观的理想主义的伍德罗·威尔逊总统。非常廉价的劳动力的大规模移民尤其对熟练的工人
300 们构成了威胁。雇主们发现雇佣移民劳工要比购进昂贵的新机器成本低。而移民工人们的到来使制造商免于安装新的机器确是以熟练工人们为代价的。激起劳工组织对移民的敌意的不是恐外情绪，而是生存的经济学。[①] 第一次世界大战以后，无疑在不愿承担国际义务的孤立主义情绪的潮流的推动下，国会连续通过了限制移民的法律，将单个国家的移民限额与它们的侨民在早期美国人口中的比例联系起来。1921年移民法规定移民配额根据1910年的人口统计资料确定。经过进一步的斗争，标志性的日期被推回到1890年，因为这一年被认为可以公正地代表老血统的美国人，同时不会歧视新移民。

移民法打算逐步实行，到1929年完全实施。这个移民法给了西北欧的国家的移民巨大的便利，那无疑向所有新来的移民暗示说，他们是加入美利坚民族的不受欢迎的候选人。[②] 早在1929年之前，随着国会辩论的结束，这个问题就已经从公众辩论的突出位置跌落下来。然而如果想像这在极为多样而且主要是罗马天主教徒的大批移民以及少数主要是来自南欧和东欧的少数犹太人以及他们的后代子孙们的思想中并未留下任何印记是错误的。其后果对于

---

① Richard Sennett and Jonathan Cobb, *The Hidden Injuries of Class* (Cambridge, 1972), 12.

② Maldwyn A. Jones, *American Immigration* (Chicago, 1960), 247—77; Higham, *Strangers*, 317—24.

美国社会历史的结构有着深刻的意义，而其政治影响尚有待评估。深深地感到没有充分的理由要求加入美利坚民族使西奥多·罗斯福所说的“归化了的”美国人只能寻找另外的途径满足他们对民族认同的需要。民族血缘的认同成为通过集体的抱怨产生自豪感的源泉。这奠定了一种将与“大熔炉”这个旧的愿望相矛盾的多元化的基础，并在以后融入民权运动，使新的多元化政治提出了在平等权利的基础上得到考虑的史无前例的要求。[①] 我们不难看出，这种 301
要求背后的驱动力与力量源泉，正是对“受尊重的平等”的要求。

有一个美国人感到没有必要犹豫前往或者为公开的种族主义情绪辩护的地区是西海岸。在这里美国与远东遥遥相望。反对华人移民的暴力鼓噪与本土主义的其他方面没有原始的联系。联邦政府屈于这种鼓噪早在1882年就通过了《排华法》。排斥华人表现为反对一种异类和劣等的文明，以保卫白人的文明。1904年，华人遭到彻底的排斥，禁止华人移民直到1943年才废除。[②] 20世纪初，西海岸又发现了另一个敌人——日本人。他们因为成为成功的农场主而处境恶化。日本人是作用有限的《1907年移民法》的主要受害者。第一次世界大战以后掀起了反对日本移民的新一轮狂热。在欧洲移民方面，主张限制移民的那些人长期以来一直认为“新”移民是美国无法“消化”的移民类型。而反对日本移民的美国人认为日本人更糟：他们代表的是另一种文明，完全是“非美国的”，而不仅仅是不可同化。1918年以后他们反对日本移民的情绪开始在东部和南部突出地表现出来。对亚裔美国人的这种粗暴的反感表现在《1924年移民法》加入的完全排斥条款。这显然表明日本人和华人都被划为与受到限制但并未完全禁止的欧洲人完全不同的类型。美国的亚裔人未能经历他们的同类新移民带来的更新，这反过来削弱了他们与欧洲血统的人相比较而言的政治地位。随着20世纪30年代日本军事帝国的崛起，对他们的

---

① 这是麦克尔·诺瓦克的《不可熔化的少数族裔的崛起》(Michael Novak, *The Rise of the Unmeltable Ethnics*)(纽约，1972年版)一书的主旨。他试图要在20世纪60年代在种族或语言上显而易见的少数群体所争取的界限内，为美国来自中欧、东欧和南欧的天主教少数群体确立一个位置。

② R. M. MacIver, *The More Perfect Union* (New York, 1948), 34.

敌意变得更为不祥。1941年当合众国本身与日本开战的时候，反对日本人的情绪将使美国宪政平等的原则受到最为严厉的检验。

各色主张限制移民的人需要经过艰苦而长期的斗争才能将他们的观点转化为法律。他们的政策以及他们的社会态度，如果从某个角度来看，可以被认为否定了美国历史的意义。到20世纪20年代末他们会想这场斗争耗费了几乎半个世纪。他们很清楚的是，他们要面对的不仅是亨利·乔治所说的"人渣"已经取得了选票，得到了平等的参政机会事实，而且他们还要与另外一种社会学抗衡。

302 这种社会学实际上并不是新的。然而时势使它得到了新的应用。实际上可以说，"角色可以互换的原则"适用于整个世界——任何人都可以成为美国人。这是一种基于信仰的看法。然而要将"角色可以互换的原则"运用于已经移居美国的那些人的确是一项非常艰巨的任务。当社会学家A. L.克罗伯在1915年宣布文化人类学必须假定"所有种族和血统绝对的平等和相同"时，他表达了他对这种原则的普遍适用性的信念。[①] 莱斯特·弗兰克·沃德也坚信这一点。他的观点类似克罗伯的普世主义。要赢得争论，有必要取代种族在生理特征上的表现决定着人的性格模式与潜力大小的普遍观点。

即使赢得这场争论也不能解决所有的问题，或是满足可以互换角色的平等的要求。在谈到种族问题的时候，人们的观点总是含糊其辞。对于像康芒斯或罗斯这样的老于世故的社会分析家们来说，"种族"的概念只不过是一个方便的简要表达方式。仍然十分棘手的问题是，当具体的群体——最为突出的例子是瑞典人、波兰人、犹太人、爱尔兰人、欧洲大陆上的意大利人和西西里人——通过继续主宰其语言、经济行为、宗教活动以及它们与其他族裔群体之间的关系的强大的凝聚力团结在一起的时候，本土主义者们仍然可以反对说，这些群体特征使他们不适合于同化美国生活。归根结底，争论的问题涉及的

---

① 然而克罗伯(Kroeber)的信心很快因为在部队进行的智力测验的结果以及他与刘易斯·特曼(Lewis Terman)合作在斯坦福大学设计的一种不受文化因素影响的智力测验的结果而动摇。Stocking, *Race*, *Culture*, 298.

其实不是先天的能力，而是群体心理及其对群体行为的影响。在任何层次上，人们在这些问题上所持有的信念影响着“机会的平等”和“受尊重的平等”的前景，即使争取政治平等和法律平等的斗争已经取得了决定性胜利。

随着移民及其人口统计学的后果形成日益固定的模式，随后的地方生活的现实没有表现出多少符合“角色可以互换”的思想的迹象。相反。他们形成了文化和社会结构的多元化的复杂模式，并争取他们在宪法之下应该享有的 303
权利。

作为一个积极原则的多元化

盎格鲁-撒克逊种族主义者令每一个人确信，他们认为任何形式的同化从遗传学上说只能导致人种退化，而从社会行为上说，是不受欢迎的。[1] 然而他们不是对盎格鲁-撒克逊的文化和种族遗产持一种排斥性态度的唯一的群体。

文化人类学派在近几年确立了权威的地位，由此产生的一个必然结果是文化多元主义的发展。作为一种学术理论，这个学派对所有不同的文化采取了一种宽容的观点，倡导它们之间的和谐和相互接受。盎格鲁-撒克逊文化在其中占有自己的地位。而多元化本身具有成为一种文化分离主义的潜力。其主要的早期阐释者是犹太裔社会哲学家和早期的犹太复国主义者霍勒斯·卡伦。1915 年，他在《国家》杂志上开始阐释他的观点。卡伦急切地想要维护犹太文化免于美国环境的侵蚀性影响，就像麦迪逊·格兰特要使美国的文化免于犹太文化的侵蚀一样。伊斯雷尔·赞格威尔的著名剧作《大熔炉》深受欢迎显然令他感到不安。1908 年这个戏剧在纽约成功地多次演出。[2]

赞格威尔的这个剧本是献给西奥多·罗斯福的。他通过戏剧的形式，阐

---

① 不知是一个高度的原则问题还是出于生理上的厌恶，联邦最高法院的法官詹姆斯·麦克雷诺兹(James C. McReynolds)先生不愿与他的犹太裔同事布兰代斯和卡多佐握手。

② Israel Zangwill, *The Melting Pot*: *A Drama in Four Acts* (rev. ed., New York, 1914).

述了美国社会未来的熔合理论。这种思想可以追溯到克雷弗克的观点。然而，尽管克雷弗克的观点中包含着对"角色可以互换"的潜在信念，这种思想在他的时代以来的美国社会哲学中只是发挥了断断续续的作用。大熔炉的作用对于强大的群体认同自然是毁灭性的。为了反击这种观点，卡伦指出，一个自由社会的政府的特殊职责是，致力于解放人的能力，允许族裔群体的自由发展。这种观点赖以为基础的信念是，个人的幸福"包含在他的祖上的天赋之
304 中"。这种观点反映了卡伦自己的感情之中充满着对祖先的深深的情感的事实。他评论道："人们可以或多或少地改变自己的衣服、自己的政治、自己的妻子以及自己的思想，"但是，他补充说——似乎要一锤子定音，"他们无法改变他们的祖先。"[①]

卡伦在相信种族对于性格有着主要的影响方面与盎格鲁-撒克逊种族主义者如出一辙。而且，他使用的是那个概念的生理学意义而不是其较为宽泛的族裔学上的意义。那些持有卡伦的犹太人认同观点的人与反犹太人的种族主义者的基本差别在于，他们属于不同的种族，他们中的每一方都最爱自己的种族。直到卡伦在1924年将他的观点结集出版，另外一个犹太裔作家对他的观点进行了彻底的批判。

艾萨克·B. 伯克森的观点更为充分地强调个人选择的自由，同时不偏离他的犹太人意识和传统的深深的根基。在论及平等的机会的时候，他强调说，这需要为个人提供多种多样实际的选择机会。社会必须认识到个人的独特性。它必须开放多种可供选择的机会。同时，个人也必须认识到他们之间的相互依存关系。这些是衡量民主的准则。他接着分析了四种同化入美国生活的过程的可能性理论。第一种是"美国化"——被完全吸收进以前就已经存在的盎格鲁-撒克逊核心；第二种是大熔炉，这最终会产生一个新的准则。他认为这两种理论都应受到反对，因为它们要求毁灭以前的族裔认同。他接着分

① Quoted by Issac Berkson, *Theories of Americanization, A Critical Study with Special Reference to the Jewish Group* (New York, 1920), 79. See also Higham, *Send These to Me*, 198—208.

析了卡伦的“民族联盟论”——他可能会称之“不可毁灭的民族”。这种观点因为主张永久基本保持原有的族裔群体而冒犯了伯克森主张个人选择自由的感情。他称卡伦宣称人们无法改变他们的祖先纯属诡辩之辞。他回答说，祖先的作用是在心理上，而不是生理上；人们的态度甚至他们对他们祖先的记忆都会改变。无论如何，一个人与他的群体之外的人结婚就会改变他的子女们的祖先。伯克森喜欢第四种观念——社区论。这个原则允许人们优先关心他们 305
自己群体的利益，并使这些群体对出生在他们群体内部的个人没有多少社会的和教育的利益关系，同时避免了种族决定论或道德决定论之嫌。民主政府的职责是为拥有不同的文化传统并对广泛的美国社会作出不同贡献的群体的继续存在提供有利的条件。[①]

当卡伦有关多元主义的观点在最初发表大约40年以后，他将其文章再次结集出版时，书中很少保持早期的结构，但他仍然保持着对维护犹太文化认同的强烈兴趣。[②] 直到20世纪50年代中期，新的研究为经济上和文化上“多元化”对个人的意义提供了更为贴近现实的信息。经济和文化的多元化实际上影响到了美国选择的自由。R. M. 麦基弗在第二次世界大战结束后不久撰文对反犹主义的后果进行了评论。他说，我们所看到的犹太人群体重视经商和教育，证明的与其说反映的是他们特有的能力和兴趣，不如说证明存在着“将这个群体与社会分开的深深的鸿沟”。他不仅仅局限于评论犹太人，而是接着分析了贫困以及永久性地将华人、墨西哥人和黑人从改善经济地位的机会中排斥出去的影响。他还描述了限制性契约的发展将广大的称人心意的土地和财产封闭起来不让不受欢迎的少数群体居住，并指出限制性契约的最新趋势是加重了隔离。这反过来加剧了不同群体之间的紧张关系和骚乱。在这种不祥的形势下唯一能够力挽危局的特点是，公众日益关注种族偏见以及受到伤害的少数群体日益抵制这种偏见。[③]

---

① Berkson, *Americanism*, 32—39, 54—65, 73—79, 88.

② Horace M. Kallen, *Cultural Pluralism and the American Idea: Studies in Human Relations* (Philapelphia, 1956).

③ MacIver, *More Perfect Union*, 33—35, 41—42, 43.

从个人自由或机会平等的角度来看，多元主义的困境显然在于，一个群体的自愿性的分离会被转变为另一个群体对它的非自愿的排斥。在麦基弗看
306 来，各种形式的排斥使大约 4000－5000 万美国人感到他们并未完全融入社会。大约四分之一世纪以后，政治社会学家麦克尔・诺瓦克分析了这种被排斥在外的感觉及其毁灭性的影响。这种被排斥感表达了人们强烈感受到的不满。[①] 在麦基弗撰写著作之后大约 15 年，丹尼尔・帕特里克・莫伊尼汉和内森・格拉泽分析了 20 世纪 60 年代初期纽约市的社会结构。他们发现的是一个在民族血统、宗教和族裔名称方面外表突出、可以清楚确认的群体构成的社会。他们的结论是："只有时间并不能解散群体，如果它们远离盎格鲁-撒克逊核心的话。"[②]

同化似乎仍然被界定为消除将少数群体与盎格鲁-撒克逊核心分开的各种差别。因此，美国的平等将根据这些少数群体将自己吸收到那种受到尊崇的核心之中的成功程度来衡量。然而至少在理论上，还有另外的路子已经出现。在某种能为人接受的多元化主义下，平行的族裔的"柱子"可能会达到相当的高度，而互不干预，并保持最低限度的接触。在这种情况下，属于不同群体的个人可以合情合理地期望在那个群体维持的企业、教育、职业和社会的结构中拥有机会。

这种形式的多元化，尽管只是结构上的而不是真正文化意义上的，是分析第二次世界大战结束时所出现的社会（而不是此前的社会）的一种方式。尽管这种图画的轮廓看起来很清晰，其实不然。而一个更为严格的多元主义概念与这种不断变化的图画根本就格格不入。它不是一个大熔炉的问题，得到确认的有三个熔炉。这三个熔炉不是与多元化的族裔相应，而是与三个据信只是主要的族裔群集的主要信仰相应——它们是新教、天主教和犹太教。但是还有第四种群体的迹象——他们是一种边缘化的男人和女人们，主要存在于

---

① Ibid., 26; Novak, *Unmeltable*, passim.

② Daniel Patrick Moynihan and Nathan Glazer, *Beyond the Melting Pot: The Negroes, Puerto Ricans, Jews, Italians, and Irish of New York City* (Cambridge, Mass., 1963), 20.

新的知识分子和艺术家的独立阶级，以及各种新闻媒体、娱乐和通讯等行业中。他们有意识地从族裔背景的限制和排斥中摆脱出来。[①] 在主要的族裔- 307
宗教群体的成员之间，作为旁系流动性的主要指标之一的通婚似乎一直很少。而更为细致的分析表明，上面提到的宗教中的男人和女人们倾向于以民族血统而不是宗教信仰来认同自己。一个斯拉夫家庭的天主教徒与一个意大利或爱尔兰家庭的天主教徒通婚属于一个宗教信仰内部的婚姻，而这种完全不同的民族群体的成员之间的通婚显然可以作为个人选择自由的一个较为重要的指标。[②]

在这种复杂的、变动的和不明确的情况下，保持下来的任何形式的多元化都很难成为宪法保护的强有力的"候选人"。然而可以在一种较陈旧的多元化原则之中找到支持这种多元主义的根源。根据"普莱西诉弗格森案"的原则，设想隔离的垂直结构中的个体的平等是合理的。每一个隔离的结构在理论上都能给予各自的成员所有美国人享有的平等的法律保护以及个人改善社会地位的平等机会。这在第二次世界大战之后不久实际上成为许多南部州的官方目标。那时它们从华盛顿吹来的微风中闻到了平等的气息。

当哈里·S. 杜鲁门总统的民权委员会在 1947 年发表其报告的时候，它宣布隔离与平等是格格不入的。这个原则将在七年后联邦最高法院在"布朗诉教育委员会案"的裁决中重新出现。[③] 然而这种声明并未消除出现另一种复杂的多元化的可能性。报告的很大一部分强调现有的条件的不平等，列举了南部诸州花费在白人和黑人教育上的税款的巨大差异以及各种物质条件上的严重不公正。很明显的事实是，"隔离但平等的"原则从未得到实施。这个结论本身足以揭示这个重大原则的不真实。而其历史也不能作为其逻辑的结

---

① Milton M. Gordon, *Assimilation in American Life: The Role of Race, Religion and National Origins* (New York, 1964), 67, 80—81, 105—14, 157—59, 172—73, 194—216.

② Ceri Peach, ed., *Urban Social Segregation* (London, 1975).

③ *To Secure These Rights: The Report of the President's Committee on Civil Rights* (Washington, D.C., 1947).

论性证明。哈伦在1896年警告联邦最高法院说，“普莱西案”将为得到法律认可的新形式的隔离的出现开辟道路；在随后的半个世纪中许多这种隔离形式
308 发展起来，充斥了美国生活。至少可以说，宪法本来应该能够适应那些情况。文化和结构上的多元化在历史上就确立了它们作为实现个体平等的另一条真正的理论途径的资格。至少直到第二次世界大战以及（在某些方面）之后的几年里，可以根据联邦宪法第十四条修正案以及可以互换的个体权利的原则要求联邦最高法院利用其权力保护多元化。

直到1951年，杜鲁门的民权委员会发表其有影响的报告已经过去了四年，冈纳·梅尔戴尔研究美国的种族问题的著名的两卷本《美国的困境》[1]也被广为接受，1948年杜鲁门建立了公平就业实施委员会，而民主党不顾其南部一翼的极力反对以支持民权的政党自居。就在这种情况下，国会仍然在一个资助联邦机构的教育的议案中规定尊重这些机构所在的州的法律。这就是意味着南部的联邦机构可以开办实行种族隔离的学校。杜鲁门总统否决了这个议案。在这个过程中他两次将“平等权利”与“机会”联系起来。他的有关种族平等的信念表明他奉行了他的政党的政策，而不是开了其政党政策的先例。然而还不清楚共和党人会采取什么样的路线。一个共和党的国会曾经鼓励了种族隔离主义者。也许沿着“隔离但平等的”路线的某种发展可能会成为未来美国的历程。

对于种族的或族裔的隔离主义者或者文化多元主义者来说，这种情况所提出的问题将表明，这个原则在实践中可能不会违背平等保护的含义。尽管时代的潮流可能与他们背道而驰，但是实际上仍然有一部分宪法支持他们。他们的有利条件还有，美国社会的很大一部分结构反应了他们的偏好和偏见，以至于需要各种力量的非同寻常的结合才会造成根本性的变化。然而，这种力量存在着，而且还很强大。支持它们的是持续不断地侵蚀着正式的限制性
309 制度的无限的和不确定的社会的、地理的和经济的流动性。自20世纪初期以来这些力量在一个法律的和政治行动的计划中是如何结合的是下一章要探讨

---

① Gunnar Myrdal, *An American Dilemma* (New York, 1944).

的一个主题。

而主张个体平等的人们面临着的是一个相反的问题。他们要让许多普通的美国人相信,任何形式的武断的群体排斥和隔离都违背了平等保护的精髓。这里的"武断的"排斥的观念与根据种族、宗教或民族血统称呼个人的做法紧密地结合在一起。在其进程的这个阶段,一切似乎要比以后看来要简单一些。对政府政策的"中立的"原则(根据这种原则,对群体的公平就是对个人的公平)的探求,很快会成为公众争论的一个主要问题。[①]

根据流行版本的宪法,个体平等和群体平等的界线摇摆不定,而且平等保护尚未突破其狭隘的法律界限。正如麦基弗在二战结束后不久撰写的两部倡导性著作中所坚持认为的,需要做的是将政府政策的视野从法律的平等扩展至机会的平等。[②] 这个观点的起点是承认:尽管政治和法律上的平等是必不可少的基础,它们本身只是争取平等的成就的机制。族裔歧视是对享有麦基弗所谓的"公共机会"的平等机会的剥夺,这指的是那些政府政策有权保护的那些事务和职业。

在两次为争取民主而战的世界大战期间的似乎很漫长的一代人的时间里,美国理想的宣传家们从未怀疑美国致力于平等的机会。即使在联邦宪法第十四条修正案通过之前,法官菲尔德先生就借一个宣誓检验(旨在阻止前南部同盟的人进入某些职业)案之机,极为引人注目而坚定地宣布,联邦宪法保护平等的机会:"我们的政治制度立足的理论是:人人具有某些不可让与的权利,其中包括生命、自由和追求幸福的权利;在追求幸福的过程中,所有的职 310
业、所有的荣誉和所有的位置同样向每一个人开放;在对这些权利的保护中,人人在法律面前是平等的。"[③]第二次世界大战以后的问题是,是否机会的平

① Herbert Wechsler, "Toward Neutral Principles of Constitutional Law," *Harvard Law Review* 71 (1959).

② 在这两本书中,麦基弗在某种程度上预见了这本书中所采用的分析方法。

③ *Cummings v. Missouri*, 4 Wall. 277, quoted by Thomas R. Adam, "Isotes; or Equality Before the Law," in Layman Bryson et al., eds., *Aspects of Human Equality* (New York, 1956), 172.

等能够成为一项应该受到法律的平等保护的权利。在至少 20 年的时间里，有关这个极为重要的问题的答案一直在形成中，而且受到了政府各个部门的某些鼓励。然而在杜鲁门总统时期，还无法准确地预言它的结果。

第十一章　重建宪政环境 311

变革的社会地质学

《圣经·传道书》写道：勒索使智慧人变得愚妄。拉尔夫·邦奇曾经说过，对于那些被剥夺了不可让与的权利的人们来说，渐进主义永远不足以解决问题，因为人在死后就无法享有那些不可让与的权利。① 然而任何要恢复平等的原则在国家政治议事日程上的优先地位的现实的策略在于，接受渐进主义的必然性。必须非常认真和耐心地奠定基础。然而习惯性的谨慎本身也包含着诸种危险。那些小心翼翼地推行着他们的渐进主义的方法的人如果不能抓住眼前的机会，就很可能失去他们的耐心换来的成果，因为抓住时机是至关重要的。

这种时机的把握直接推动美国参加了第二次世界大战。而使这种时机的把握成为可能的情势却是美国人口的种族结构和分布日积月累、世代交替的变化。当联邦最高法院在19世纪末认可种族隔离的时候，90％的美国黑人居住在南部。造成朝这种方向的决定性变化的是国家事务在两个方面的重大发展。第一个是黑人的国内迁徙，这首先是1917年美国参加第一次 312
世界大战的结果。尽管美国参战时战争已经进行了三年，这个举措需要大规模地动员资源，其规模超过了这个国家自内战以来所需要进行的任何努力。由于战争的原因，移民几乎完全中止。南部的黑人开始大规模迁移到边界州、东北部和中西部。这些地区对劳力的需求是史无前例的。第一次

① 出自1952年笔者在普林斯顿大学参加的一个演讲。

世界大战结束后不久，由于出现的一个不相关的情况，移民法向广大的欧洲移民关闭了美国机会的大门；而持续发展的工业吸引越来越多的南部黑人进入北部的城市。这个过程被大萧条打断，但在经济繁荣恢复以后重新开始，并受到第二次世界大战北部工业需求的刺激。而20世纪40年代初拖拉机以及其他种类的机械的采用以及60年代棉花采摘机械的发明，逐渐减少了南部传统的植棉州对田地劳力的市场需求。这些与战争无关的工业的发展，削弱了将劳力束缚于土地的旧的纽带，解放出来的渐进而巨大的移民洪流涌入据信在北部向黑人召唤的劳力市场。[①]（这也削弱了世代维系南部黑人和他们的土地所有者的关系的纽带，间接地增强了进行争取民权斗争的潜力。）

在半个世纪的时间里，其影响是巨大的。到1960年，住在纽约州的黑人超过了联邦中的任何其他州；伊利诺伊州的黑人超过了南部四个州以外的所有州，而宾夕法尼亚和加利福尼亚的黑人人口分别超过了南卡罗来纳和弗吉尼亚。[②] 黑人分布到全国正应了重建时期北方人的担心，而白人通常描述为"黑人问题"的种族关系所提出的问题已经成为全国性的问题。

第二个重大事件是1929年旧的、不加管制的资本主义秩序的崩溃。这残
313 酷地暴露了这个制度的基本的不公正。这场危机中产生的第一需要是救济，然后是在联邦政府权力范围以前从未经历过、也从未设想过的规模上重建生产的机制。在初期阶段，大萧条普遍地被视为一种紧急状态，而不是一个机遇。富兰克林·罗斯福在1936年第二次接受竞选总统候选人提名时发表演讲，动情地提到"经济秩序的保皇派"。六个月之前，他在致国会的国情咨文中谴责"我们华丽的经济独裁"。然而他未使用主张平等的语言，而且从

① C. Vann Woodward, review of Nicholas Lemann, *The Promised Land: The Great Black Migration and How it Changed America* (New York, 1991), in *New York Times Book Review*, February 24, 1991.

② Alan P. Grimes, *Equality in America: Religion, Race and the Urban Majority* (New York, 1964), 67.

未使“新政”成为一个致力于经济平等的计划。[①] 然而，在“新政”的名义下，将如今持有选票的第二代移民和组织日益强大和激进的劳工队伍拉入民主党的阵营的著名的各种利益的联盟，在一些重要的方面为那些因素未来再次合作争取更大程度的经济平等作好了准备，而这暗含着重要的社会意义。对未来同样重要的是，联邦政府利用国家的权力渡过了这场危机。以后会越来越难将合众国视为一个拥有主权的、关心自我利益的州的联盟。

在共和国的初年，一种非常强大的思想流派认为，要使共和政府持久，必须向人民灌输共和原则；而如果存在着巨大的财富上的不平等，共和原则就不能维持下去。美国的经济思想以及社会改革在很大程度上已经忽视了那些理想。进步时代的辩论很少会提到遥远的古典共和思想。威尔逊和西奥多·罗斯福的言辞中回荡着机会平等的理想，这实质上是一个十九世纪的原则。十分重要的是，尽管这两个党派领袖想要约束垄断企业的运作，他们对重新分配财富或征收累进所得税没有多少兴趣。正如我们所看到的，罗斯福满足于相信，主要的目标已经实现了。而威尔逊感到，美国的成就和理想正面临着最为 314
严重的危险。“一战”后不久，本身在许多方面是一个老式的进步主义者的赫伯特·胡佛，表达了对美国个体主义理想的黯然失色的关注。然而，他在让大企业进行某种自我调节之外，没有更为有效的解决方案。[②]

然而，在富兰克林·罗斯福的最密切的顾问中，费利克斯·法兰克福特和约瑟夫斯·丹尼尔斯曾经批评过共和党早期的税收政策，认为它在社会上讲是不公正的，在经济上是没有效用的，并曾向罗斯福力陈抓住时机采用更为进步的税收制度的必要性。[③] 1935—1938 年间，他们说服总统呼吁国会对税收

---

① John Major, ed., *The New Deal* (London, 1968); Samuel H. Beer, “Two Models of Public Opinion: Bacon's ‘New Logic’ and Diotima's ‘Tale of Love,’” *Transactions of the Royal Historical Society*, 5th ser., vol. 24 (1974), 94—96. 比尔(Beer)指明，罗斯福在意识到这次大会的充满火药味的情绪之后，在他接受再次获得提名时所发表的演说中使用了这个短语。我感谢约翰·罗威特(John Rowett)让我注意到了这一点。

② Herbert Hoover, *Individualism* (New York, 1922).

③ Larry G. Gerber, *The Limits of Liberalism: Josephus Daniels, Henry Stimson, Donald Richberg, Felix Frankfurter and the Development of Modern American Political Economy* (New York, 1983), 315—24. 对后面一段的评论参考了这本书。

法规进行重大改革。然而，法兰克福特的思想并未让人想起早期共和国的纯朴。他的“处方”建立在对当代经济世界的分析的基础之上。[①] 他坚持认为：“当代世界的财富不仅仅产生于个人的努力。它是

> 个人努力以及社会对那种努力的多方面的利用相结合的结果。而个人并不是用他自己的双手创造了他辛勤劳动的成果。他利用了许多大规模生产的工艺和力量满足国内和国际市场的需要。因此，尽管在我们的国家生活中个人的努力和独创性极为重要，作为整体的民众必然促进了巨大的财富的形成。

这些建议可能比“新政”的任何其他方面都更为近乎将经济平等的主题写上政治的议事日程。然而法兰克福特和丹尼尔斯遭遇到了强烈的阻力，这种阻力不仅来自国会的敌人，而且也来自罗斯福自己的阵营。很可能是罗斯福最富有也是他最密切的顾问之一伯纳德·巴鲁克正面攻击平等问题。他说，如果征税能够实现“公正和公平”，他不一定会反对增加税收。然而不应利用征税权力“惩罚人，或去均等自然或上帝都不认为应该平等的东西”。不可能使人
315 们在他们的努力的结果上实现平等，正如不可能使“运动员、猎人、律师、歌唱家或其他人”平等一样。巴鲁克最大的担心似乎在于，为了重新分配财富的税收将破坏人们的积极性，收缩投资和企业。而富有影响的亨利·斯廷森也与巴鲁克一起反对任何形式的为了重新分配财富的税收。他对经济学的看法没有像凯恩斯一样对用于投资的储蓄和不用于投资的储蓄进行区分。《1935 年税收法》大大提高了对富人个人所得税的征税标准，通过累进所得税处罚大公司，并提高了财产税额。接着国会通过了一个非分配性利润税法。然而，这些

① 1933—1934 年间，法兰克福特(Frankfurter)在牛津大学的巴利奥尔学院(Balliol College)担任“伊斯门教授”(Eastman Professor)。他利用这一机会与那时在剑桥大学担任国王学院(King's College)的研究员的约翰·梅纳德·凯恩斯(John Maynard Keynes)交换了意见。在那个尚未进行改革的时代，一条铁路将这两个古老的大学城联系在一起。

措施对于个人的或公司的财富的积聚没有产生长期的影响；在整个 20 世纪 30 年代，个人收入的分配在很大程度上处于停滞状态。总而言之，构成“新政”的部分成就的税收改革尽管并非微不足道，也是有限的，并在某些情况下是昙花一现。1938 年，国会废除了对资本收入的累进税。还不能说直到 1938 年共和党人在国会中期选举中获胜，“新政”一直致力于雄心勃勃的再分配原则，也不能说它期望朝向实现经济平等进行进一步的改革。它在很晚才开始的反托拉斯活动，由瑟曼・阿诺德以极大的热情推行，但也对公司企业的结构或权力未能产生多少长期的影响。[①]

罗斯福政府对于经济平等的贡献既不突出，也不直接。瑟曼・阿诺德的反托拉斯运动在法庭上大获成功，打赢了多场官司，使国民更加认识到经济权力的垄断性集中从本质上说是非民主的，与民族精神和国家利益相抵牾。而且在罗斯福的领导下，经济增长在战时得以恢复。“新政”的遗产是一种补偿性政府的遗产。这个政府被赋予了管理经济的运行的沉重政治责任。既然“新政”使美国政府比以前更加强大，并对经济承担起更为沉重的责任，其间接 316
的结果是使那个时代的两党政府更清楚地意识到财富分配的明显不公正。凯恩斯的思想使福利国家的观念转变成为一种能够将利益归还社会的持续经济发展的广阔前景。[②]

民主党得到了这个国家希望在经济改革中寻求救赎之路的各种力量中的很大一部分的支持。然而民主党更善于吸引满怀希望的支持，而不善于满足它的选民的期望。而且它的领袖们对持续萧条的原因并未作出清晰的分析。在这种种失败的情况下，不足为怪的是，在那些致力于改善民众的总体处境的社会改革家们中，一些最出类拔萃的思想家充满希冀地转向马克思主义，而且

---

① Athony J. Badger, *The New Deal: The Depression Years, 1933—1940* (London, 1989), 102—04; Mark Leff, *The Limits of Symbolic Reform: The New Deal and Taxation, 1933—1939* (Cambridge, 1984).

② Alan Brinkley, "The New Deal and the Idea of the State," in Steve Fraser and Gary Gerstle, eds., *The Rise and Fall of the New Deal Order, 1930—1980* (Princeton, 1989), 105—10.

不仅仅是浅尝辄止。旧的秩序似乎已经崩溃了。而通过政府现有的机制使之更加公平和更为繁荣的企图只是取得了部分的成功。如果不是第二次世界大战直接造成的经济复苏，有理由相信美国事实上会在不确定的未来习惯于把二流的生产和分配水平视为资本主义经济运行的常态。将个体主义的精神与垄断经济熔合起来的传统失去了它以前向民众分配物品的力量，甚至不再把他们的需要作为主要关心的事情。而很难将一场预期要发生的，但所有的美国人都希望避免的战争视为挽救这个国家的经济的最大希望。而斯大林在苏维埃俄国付诸实践的马克思主义或是流亡的托洛茨基提倡的马克思主义，都不能在美国人民中间得到众多人的支持。然而它们在几年的时间里确实吸引了一些想要找到实现经济的和社会的平等的更为具体的方案的人，他们在智力和道德信念上并不比这个国家的领袖们差。

第二次世界大战对国内的形势造成了根本性的改变。受到伤害的少数群
317 体长期以来一直认为他们自己拥有一些这个国家的道义责任未能满足的要求。而如今，他们第一次能够利用道义的和政治的力量对法律和立法的过程施加影响。在这个意义上说，战争对于确认美国社会的道德和意识形态的作用要超过“新政”。可以说这个国家的外部敌人像它的领袖们一样强调应践行美国的意识形态。美国人被他们的敌人们强迫重新审视他们自己的社会。纳粹种族至上的意识形态及其对未能服从国家的规定的所有个人和团体的精神上的、思想上的和生理上的自由的践踏，很显然与美国人极力自称是他们的遗产的传统相对立。当然存在着广泛而众多的例外情况。然而越来越多的情况是，将这些例外略带辩护地解释为历史的偏差(如在南部)，或解释为特定的文化特性(如在北部对反犹主义或其他族裔偏见的解释)。在战争的直接影响下，洛克菲勒基金会委托瑞典经济学家冈纳·梅尔戴尔对美国的种族关系进行研究，研究结果在1944年*以《美国的困境》为题发表。这本书在美国的平等理想的承诺和成就之间的“断层”中发现了一种精神病态因素。这是一种来自美国之外的开明的观点。而南部白人的民意普遍认为现有的对种族问题的

---

* 原书作者误写为1948年。——译者

解决方案是正确的和顺理成章的。当这个问题的解决方案从全国的权力中心降临到他们的头上的时候，他们怒不可遏地抵制改革。

而受害的少数群体受到了激励，迫切感到了寻求解决问题的途径的必要性，也看到了解决问题的机遇。来自每一个方面的不满都被认为是不平等。这种不平等表现在参与政治的机会上，尤其在南部；表现在法律上，同样尤其在南部；表现在经济机会上，是整个国家和涉及无数少数群体的问题；而也许首要的是，表现在各个方面的受尊重的问题。而在政治和法律上，将平等重新确立为实际政策的基础正在被小心翼翼地奠定着。新的力量的重组以及新的舆论气候中固有的可能性使依据联邦宪法第十四条修正案对平等进行更为全面的界定变得可能，但是它们并未确定这种重新界定会产生的特定结果或是将要采取的形式。

有力地促使战时的平等情绪的高涨的是少数群体的利益，尤其是犹太人 318
和黑人。其中黑人有充分的理由怀疑他们国家的战争目标。那些认为整个冲突是“白人的战争”的黑人美国人都是最为坚定的孤立主义者。[①] 然而，黑人很快发现了战争为他们创造的策略上的时机。1940 年 12 月表达激进的黑人观点的主要喉舌《危机》杂志宣布：“这不仅仅是争取穿上军装的斗争。这是一场争取地位的斗争，一场将民主从羊皮纸上拿下来并赋予其生命的斗争。”[②] 然而，当美国在一年后参战时，在武装部队中维持了黑人在公民生活中早已厌倦了的种族隔离。而在国内战线上，他们对上层的政治权力施加他们自己的影响的有利地位超过了重建以来的任何时期。战争创造了另外一种危机，应对这种危机需要采用与几年前应对经济灾难不同的方式。全国有色人种协进会的领导们在 A. 菲利普·伦道夫的推动下，威胁要发动黑人向华盛顿进军。1941 年 6 月，罗斯福在美国历史上第一次宣布建立一个联邦公平就业实施委

---

① Address by John Hope Franklin to the convention of the Organization of American Historians, St. Louis, 1989.

② Richard M. Dalfiume, "The 'Forgotten Years' of the Negro Revolution," *Journal of American History* 55 (1968), 92.

员会，勉强避免了这个运动。这个委员会在整个战争期间一直发挥作用。[①] 1946年选出的第八十届国会终止了它的活动。这是杜鲁门常说的“不中用的第八十届国会”的档案中的少数几个法案之一。

使机会的平等成为一种法律的目标

没有什么比第一次世界大战之后与第二次世界大战之后的国内改革的前景的差别对于目前搅动美国社会的潮流来说具有更重大的意义。在如今的改
319 革家们的背后，逐步积累起来的宪政判例的历史支撑着他们的希望。而且，他们代表着多种少数群体利益的联盟。而这些少数群体的参与、资源和选举权的力量比以前的任何时期都令人刮目相看。

攻击的目标暴露在美国生活的整个表面。在从20世纪第一个10年中期到20世纪60年代中期民权法和选举权法通过的漫长时期，运动的主要的目标地区是南部。问题是要确立涉及国家的原则的平等（通常是通过联邦宪法第十四条修正案），并使国家的原则对某些地方性的法规施加影响。南部诸州为了奉行“白人至上”的终极逻辑，在20世纪初期实行的隔离要比以前任何时期所实行的隔离都更为严密和严厉，并且扩展到了居住区隔离。然而，当这种原则不仅得到了实践的认可，而且得到了法律的保障的时候，它们必然会限制个人处理他（或她）的财产的自由。问题的提出是在第一次世界大战之前。肯塔基州路易斯维尔市的当地白人组成了一个协会，争取通过了一项城市法规，对黑人的住房进行隔离。重要的是，惊慌很快传播到他们意图中的受害者之外的人群中间。早在20年前法官哈伦先生就评论道，如果白人和黑人可以被合法地隔离，那么其他类型的人也可以被隔离。不足为奇的是，当地的犹太人开始怀疑正在确立的先例的长期性后果。1916年路易斯维尔居住区协会的

---

① Richard Polenberg, *One Nation Divisible: Class, Race and Ethnicity in the United States Since 1938* (New York, 1980), 33—34. 然而新建立的公平就业实施委员会并未被赋予实施它自己的命令的权力。武装部队的种族隔离一直保持到朝鲜战争，由此无意地印证了民众中间流传的一个谚语“再坏的风也会给一些人带来好处”。

主席不厌其烦地向附近的犹太人领袖们保证说，居住区隔离的法令从未考虑要在犹太人中间实施。[①] 而如果这个原则被接受，很难理解犹太人或其他少数群体如何能对他们的自由居住权进行合法的保护。然而，正是其直接的受害者黑人将官司一直打到了联邦最高法院。而联邦最高法院发现很容易根据联邦宪法第十四条修正案作出又有利于黑人的判决。城市法规显然剥夺了受害人取得、使用和自由处理财产的权力。这违背了财产权和受到法律平等保护的权利，有关合法地行使治安权的辩护不能成立。法官查尔斯·埃文斯·休斯宣读了法院的裁决。裁决强调群体分类和个人权利是两码事。具有重要 320
意义的是，裁决引用了最近的一个涉及火车旅客的案件。在这个案件中，铁路公司指出，旅客交通流量不能抵偿提供平等的设施的开销。而最高法院的裁定宣布："有关旅客交通流量的说法对于我们来说没有什么价值。因为它使宪政权利取决于可能被歧视的人的数目，而宪政权利的实质是一项个人权利。"[②]尽管裁定的绝大部分涉及的是财产权利的绝对性，这种对宪政权利的个体性的强调所蕴含的丰富意义将在未来的民权运动中产生回响，也应该像遥远的钟声一样响彻南部。

要赢得运动的胜利并非易如反掌。联邦最高法院拒绝保护路易斯维尔市的律师所谓的"种族纯洁"，然而律师们很快设计出了限制性契约。根据这种契约，住房财产的购买者要承担的合同义务是，不将房产卖给指定的那类人，甚至不要让他们受到在某些情况下在居住区住房内过夜的礼遇。犹太人的担心证明是有充分的理由的，因为限制性契约经常将整个居住区不仅留给白人，而且留给"高加索人"。[③] 州是否应该卷入对指定的不同类型的人（对这些人的称呼与采用的手段并无实质性的关系）不公平的各个层面的安排，显然为平

---

① Winston L. McIntosh, "The American Negro Faces European Competition, 1830—1924," Ph. D. thesis, Cambridge University, 1970, 199—200, citing *The Crisis*, April 1916, May 1916.

② *Buchanan v. Warley*, 245 U. S. 50 (1917); the citation is from *McCabe v. Atchison*, 235 U. S. 151.

③ As indicated by the Supreme Court in *Shelly v. Kraemer*, 334 U. S. 1 (1948), 21 n. 26.

等最为基本性的原则提出了棘手的问题。对传染性疾病进行检疫隔离是一回事，而依据种族或宗教对人进行检疫隔离是另外一回事。这些人可以质疑，他们是否享有平等的法律保护。

问题极为复杂。合同毕竟一般纯粹属于私人的安排，而支持合同履行的法律对于合同的内容可以保持中立。法律的机制实际上介入了遗嘱的执行。
321 人们一般认为，私人通过遗嘱具有处理自己的财产的近乎神圣的权利。在这种情况下，法律可能被用来保护最为怪癖的偏见。而第二次世界大战与第一次世界大战不同的是，它改变了人们对种族偏见的态度。这反过来促使联邦最高法院在具有里程碑式的意义的"谢利诉克雷默案"中重新审视限制性契约的宪政意义。谢利一家是黑人，正争取拥有一处种族主义的限制性契约限制的房产。而联邦最高法院被告知，受到这种限制性契约排斥的还包括印第安人、犹太人、华人、日本人、墨西哥人、夏威夷人、波多黎各人、菲律宾人以及其他群体。本案所涉及的广泛的少数群体的利益具有心照不宣的政治意义；而联邦司法部副部长参加了案件的审理确定无疑地证明了联邦政府对本案裁定结果的关心。美国现在已经成为了联合国的总部所在地。它对世界各民族的代表的礼遇前所未有地关系到它的国际声誉。

本案的一个极为重要的方面是，联邦最高法院援引了以前的一些有关民权和财产权的案件的裁定，以致追溯到"屠宰场案"。在那个案子中所宣布的一个原则是，联邦宪法第十四条修正案具体旨在保护黑人种族(那时联邦最高法院认为它只是为了保护黑人种族)。法院在裁定中回顾了这个修正案通过的历史背景，指出它意在确立基本的公民的和政治的权利的平等，反对州出于种族或肤色的考虑采取的歧视性行动。1883 年"民权案"裁定，"一切州的歧视行为"都在联邦宪法第十四条修正案所限制的范围。[①] 法官布拉德利先生未能考虑到的一种可能性是，一些私人的行为经过州的批准之后就成为了州的行为。然而，他的语言支持了目前联邦最高法院作出的解释。正如 1880 年"弗吉尼亚案"的裁定所宣布的，州只能通过其代理人采取行动。这个情况适

① 109 U. S. 3 (1883).

用于目前的情况。[1]“布坎南诉沃利案”显然涉及的是个人的财产权。[2] 1927年，联邦最高法院一致推翻了一个不经某个住宅区绝大多数的居民的书面同意黑人在那里不能购买房产的法规。[3] 首席大法官弗雷德·M. 文森代表法 322
院作出的裁定是模棱两可的：私人的协定将指定的群体排斥在外并未违背联邦宪法第十四条修正案，然而，其平等保护条款禁止州利用任何代理人实施这种规定；限制性的契约并非非法；它们只是在法律上是无法实施的。作为私人协定，它们继续被广泛地采用。[4]

在受到伤害的少数群体能够集中他们的集体的力量的地方，立法机关与法院相对而言的魅力在于能够带来更为快捷和更为积极性的结果。族裔多样化和富有政治活力的纽约州提供了通过第一个州的立法规定建立一个永久性的委员会监督和实施公平就业的场景和机会。这意味着要消除雇佣、晋升和工作分配中的种族歧视或宗教歧视。“艾弗斯-奎因议案”通过期间引起了公众的关注，经常与盟军攻打欧洲的报道竞争报纸的版面。它受到了一些尊贵的公众团体的反对，包括纽约州商务部、铁路兄弟工会、西塞德商业协会以及城市公园专员罗伯特·摩西。然而这个州的人口已经发生了深刻的变化。甚至共和党的战略家们也认识到在他们以前感到可以随意置之不理的少数群体中间恢复立足点的必要性。不久成为总统候选人的州长托马斯·E. 杜威洞察到这些政治信号，介入并支持议案的通过。产业工会联合会也把推动议案的通过当作它自己的事情去做。新教徒、天主教徒、犹太人和黑人的代表都参加了议案的反对者们在奥伯尼组织的听证会。这个听证会的结果适得其反，几乎保证了议案的通过。最后，正如《纽约时报》用一句蕴含着深刻的社会意义的话报道说，反对派“今天在曾经出现的支持单个立法建议的最为强大的政

---

① 100 U.S. 303 (1880).

② 254 U.S. 50 (1917).

③ *Harmon v. Taylor*, 273 U.S. 660 (1927).

④ J. Harvie Wilkinson III, *From Brown to Bakke: The Supreme Court and School Integration, 1954—1978* (New York, 1970), 143—44.

治力量结合的压力下分崩离析”。艾弗斯-奎因议案在两院以绝对多数获得通过。①

323 议案的支持者们强调从本质上说具有美国特点的谋生的权利。为了支持有关就业和挣钱能力的观点，它们正式诉诸平等的正义和《独立宣言》。然而，那些辩论表明，议案的支持者们对自己的成功远远没有把握。他们极为担心的是，如果战争带来的推动力消失，如果预期的战后经济衰退造成失业问题，那么受到伤害的少数群体的斗争不仅会失败，而且他们将来的社会地位会受到进一步的削弱。这种危险使把握时机的问题变得十分重要。法案的通过对整个北部州的少数群体的利益都是一种鼓舞人心的信号。

而且可以说这在平等的史册上确立起一个新的原则。因为现在可以说，“机会的平等”已经成为了法律保护的一个目标。根据个人的能力、资历或潜力而不是种族、肤色或宗教受到雇佣的要求，已经被转化为一种法律权利。然而至此这个权利在法律上只是给了男性。而且劳工组织阵营内部根深蒂固的种族反感不会轻易地或者体面地接受自由主义理想促成的立法。种族主义在劳工运动中依然很普遍。②

纽约公平就业委员会在随后的几年里成为其他州类似机构的原型。它的权力被定期增强。这表现在它的名字被从反对歧视委员会改为人权委员会。在后来的 20 年中，这个委员会并未认识到它的反对者们最坏的担心，也未能实现其发起者们的最崇高的愿望。它主要依靠调解，很少通过法庭或通过它自己最终的执行权提起法律诉讼。这个委员会的一个较有重要意义的成就是，它的调查和报告将存在的埋藏极深、极为复杂的歧视性和排斥性做法的网络大白于天下，引起公众的注意。这个网络决定着种族的和宗教的少数群体在经济的、居住区的、社会的和休闲生活中所能够得到的机会的限度。许多这
324 些做法一直较少受到触动，尤其在对选择居住地的限制方面。偏见已经被大

---

① *New York Times*, *Februrary* 7, 8, 12, 13, 14, 15, 16, 17, 18, 19, 21, 22, 28, March 1, 5, 1945.

② Paul Buhle, *Marxism in the U. S. A. from 1870 to the Present Day* (London, 1987), 63—64.

量消减，但并未连根拔起。[1]

然而，新的和根本性的原则已经被确立起来。州权力的逐步扩展，表现在政府机构逐渐承担起努力维护享有就业、培训、住房、公共设施和娱乐设施的平等的责任。这暗示着美国在社会应该对其个体的成员承担的责任的观念方面正在经历着深刻的转变。政府有责任保障机会的平等已经成为一个陈旧的原则。裁定"普莱西诉弗格森案"的联邦最高法院接受了那个原则，但并未对事实上的对它的践踏提出解决的办法。现在不同了。按照对这个问题的旧的观点，至多能指望政府做的是，当个人受虐待的事情起诉到法庭的时候来核实这些事件。而一个新的发现是，履行这种责任是一个需要政府不断的干预、监督和执行的过程。这无异于美国政府的一个新的原则。

争取公民权利：策略与情势的结合

在多数民主国家，法律上的改革是通过立法机关进行的。这当然也是联邦宪法通过之时的一种普遍的愿望。[2] 而联邦宪法不同寻常的三分权力的结构提供了另外一种可能性。在重建时期联邦宪法修正案通过之后的几年里，受到各州管制经济的立法威胁的各种利益团体开始发现它们可以通过法庭保护自己。这个过程的最为熟悉的方面是通过粮食储存和铁路管理等措施挑战公司以及其他企业的利益。而当黑人以及他们的盟友们挑战法律强制实施的种族歧视的时候(最为突出的是通过"普莱西诉弗格森案")，他们实质上也利用了同样的程序。

将这种程序为一个积极的运动所用只需要将强调的重点进行不大但微妙 325

① Morroe Berger, *Equality by Statute* (New York, 1968), 169—215; New York Executive Department, *Annual Report of the State Commission Against Discrimination* (1956); Jay Anders Higsbee, *Development and Administration of the New York State Law against Discrimination* (University, Ala., 1966).

② 想一下麦迪逊的话："在共和政府下，立法机关的权力必须是主导性的。"《联邦党人文集》第五十一篇。

的改变。在所有的南部州,没有通过立法机关取得任何进步的希望;平等保护的原则和禁止在选举权方面实行种族歧视的问题可以拿到法庭上讨论。早在20世纪30年代,利用司法机关的运动就开始在美国生活中发挥作用,这不同于其他国家的任何司法程序。在"新政"历史的最初期,美国自由联盟和它的全国律师委员会就通过法庭来反对"新政"的经济改革。而早在1929年,一个称为美国公众服务基金会的组织就给了全国有色人种协进会一笔钱,旨在检验不同种族之间教育经费分配的不平等。起初,提出这个策略的政策备忘录中的基础是,认为美国是一个划分为不同种族的国家;"隔离但平等"必然一直会成为它的法则。直到"布朗案"的诉讼,全国有色人种协进会的谋略家们一直担心的是,实施"隔离但平等"的原则可能是他们能够从法庭上取得的最大结果。[①]

然而,在20世纪30年代初期,全国有色人种协进会的一些律师在对问题进行了仔细的研究之后得出的结论是,在一个隔离的制度下,永远无法实现平等,因为不能指望学校的管理者们会平等地分配资源。而问题不仅如此。代表律师们撰写报告的内森·马戈尔德指出,隔离本身是"教育领域的弊病的心脏,这正是我们的运动应该针对的。"马戈尔德的观点立足于一些宪政案例。这些案例表明,隔离一直是不平等的同义语。马戈尔德的策略的一个先例是1886年联邦最高法院的裁定。这一次是华人洗衣工而不是南部的黑人成为
326 种族歧视的受害者。[②] 全国有色人种协进会的三个主要律师查尔斯·休斯

---

① Jack Greenberg, *Litigation for Social Change: Methods, Limits and Role in Democracy*, Benjamin N. Cardozo lecture before the Association of the Bar of the City of New York (New York, 1974), 9—11. Richard Kluger, *Simple Justice: The History of Brown v. Board of Education and Black America's Struggle for Equality* (New York, 1977), ch. 24, pp. 290—91, 520—21. 按照先例,在北部各州实施隔离但平等的原则没有宪政上的障碍。而黑人与白人处于不同的居住区所造成的事实上的隔离实际上非常具体地实现了隔离的目标。如果在北部采取了这样的行动,政客们就会不得不考虑他们黑人选民手里拿着选票的事实。

② *Yick Wo v. Hopkins*, 118 U. S. 356 (1886). 案件分析见本书第235页(英文原书页码)。

顿、威廉·黑斯蒂和瑟古德·马歇尔不久在方向上进行了另外一次调整。[①]新的策略是打击敌人防线的最薄弱之处——挑战南部法学院在招生中的种族歧视。法学院最为贴近法官们自己的经历和兴趣；而且在法学院，对平等的录取机会或平等的设施的剥夺，最为明显地标志着对具有类似资格的人的平等待遇的根本剥夺。不平等的法学教育很难造成法律面前的平等。正是在这些涉及法学院的案件中取得了决定性的胜利的情况下，全国有色人种协进会的谋略家们才将他们的注意力转向敏感得多的领域——南部公立学校的招生问题。

尽管法律有时具有一种方向感，但是它的作用是缓慢的。越来越可以肯定的是，联邦最高法院对于那个难以捉摸的概念会进行比以前更为现实的界定；而且，至少有一些闪烁不定的迹象（尽管不能将它们视为确定的事情）表明，联邦最高法院的裁定的内在逻辑将最终把它推向维护联邦宪法的个体主义基础。正如首席大法官查尔斯·埃文斯·休斯在1938年“盖恩斯诉卡纳达案”中措辞有力的裁定意见中所强调的，核心性的问题是，在法学院接受教育的权利是一项个人的权利；密苏里州称盖恩斯的种族中很少有人要求这种权利，并不能改变这个事实。[②] 而且联邦最高法院也不再被表面的假象所欺骗。当得克萨斯州为了避免麻烦建立了一所黑人法学院，并且在州法院认为这个新建法学院与得克萨斯大学现有的法学院平等时，教育领域平等的观念受到了细致的审查。首席大法官文森现在代表意见一致的联邦最高法院宣布，新的法学院在其师资、课程的多样化和最为重要的是在“那些无法进行客观的衡量但却使一个法学院著名的品质”方面是劣等的。[③] 法官们知道他们在说什 327
么。这种品质包括师资的声誉、学校本身的传统与信誉以及校友的影响等无形的东西。这个裁定以及其他的裁定的潜在的含义（尽管尚未完全揭示出来）是，联邦最高法院反对以不能允许的理由分配学生的政策。这些理由是种族

---

① Greenberg, *Litigation*, 17.

② 305 U.S. 337 (1938), 634.

③ *Sweatt v. Painter*, 339 U.S. 629 (1950), at 634.

的而不是根据合理的学术的资格和潜力。现在进入联邦最高法院的思想的主题是，不仅学校的质量对于宪政目标是重要的，而且分配学生的理由也很重要。而在南部的白人的“铁卫团”看来，这些案例的最为不祥的方面是，隔离的事实正成为确定劣等待遇的实质性问题。在“盖恩斯案”裁定的同一天，当联邦最高法院命令俄克拉何马州停止歧视一个黑人学生时，这一点被更为坚定地指出。那个黑人学生在被该州的法学院招收之后所受的隔离的待遇显然影响了他的学习。[①] 隔离的结果是违宪地剥夺了平等的待遇；而不平等的待遇与平等的保护格格不入。

联邦最高法院对这些案件的裁定依据的是提供的证据的价值，而尚未触及隔离的设施实际上可能是平等设施的原则。那种发现暗含在对个人权利的维护上。然而，当南部诸州将它们的资源投入到为黑人学生建设新的、明亮的和设施良好的学校的时候，其结果仍然捉摸不定。如果说提供的资源在所有有形的方面的效果都是平等的，如果按照图书、实验室、建筑、体育馆和教师的培训等标准衡量，隔离的学校表面是平等的，那么，隔离的事实本身是否就是不能允许的对平等的保护的剥夺？在一个制度多元化的结构下是否可以维持“平等的机会”这个原则？

这是1954年5月17日作出的“布朗诉堪萨斯托皮卡教育委员会案”的著名裁定所涉及的核心问题。这是几年前起源于南卡罗来纳的几个学校的一组案件*。不难证明提供给黑人学生的设施是劣等的，然而，瑟古德·马歇尔领导的全国有色人种协进会诉讼小组进一步利用儿童心理学家提供的证据证明：
328 隔离的设施实际上是不平等的，在心理上具有极为有害的影响。他们还指出，种族划分是不合理的。随着案件审理的进展，越来越强调的观点是，隔离是非法的，因为它自然是不平等的产物。这个观点本身表现在首席大法官沃伦代表观点一致的联邦最高法院宣读的裁定：“在公立教育领域，‘隔离但平等’的

① *McLaurin v. Oklahoma State Regents*, 339 U. S. 637 (1950); Greenberg, *Litigation*, 18—19.

* “布朗案”涉及弗吉尼亚、特拉华、哥伦比亚特区和堪萨斯的五所学校。联邦最高法院把五个案件合称“布朗案”。这里作者显然搞错了。——译者

原则没有立足之地。隔离的教育设施从本质上说是不平等的。”[①]如果说正如内森·马戈尔德在 20 年前所指出的，隔离是不平等的同义词，现在的情况完全相反，黑白合校成为平等的代名词。

这种逆转对于美国的宪政史来说具有极为深刻的意义。然而沃伦对那个观点的解释，在很大程度上依靠对“从本质上说”这个短语的含义的解释。而在联邦最高法院的命令要求以“审慎的速度”推动南部的学校沿着朝向黑白合校的道路仅仅迈出几步之后，至少在某些地区复兴的黑人分离主义提出的问题是，隔离是否在所有情况下都反映了不平等。[②] 这里涉及一个极为重要的问题。杰出的黑人心理学家肯尼思·克拉克公布的研究结果表明，隔离损害了黑人学生的信心。而托皮卡教育委员会的律师（手里拿着克拉克发表的文章）指出，南部学校的黑人学生要比北部黑白合校的黑人学生表现出更多稳定的迹象。在首席大法官弗雷德·M. 文森仍然担任法官期间（“布朗案”的诉讼在他担任法官期间开始），瑟古德·马歇尔就对推翻“普莱西案”的裁定的策略心存顾虑，担心他们最大的希望是得到一个改头换面的“隔离但平等”的原则。[③] 然而，有两个关键性的问题可能会加强沃伦的观点。第一个问题是，当一个种族未经协商或同意就将隔离强加给另外一个种族的时候，隔离就 329
成为不平等的标志或印记。而这个观点可能会在理论上为修正的“普莱西案”的裁定提供余地，因为它暗示着黑人公民构成一个集体的存在，可以通过某种方式与他们进行协商并征得他们的同意。第二个而且更为重要的未指明的问题（压倒了第一个问题）是，种族不能被作为分配学生学校的一个合理的准则，因为种族这个概念在教育上没有什么合理的意义。无论在特定的地方或特定的历史时期种族与其他的社会考量之间存在着什么联系，单单种族本身不能

① 347 U. S. 483 (1954), at 495; Kluger, *Simple Justice*, ch. 26.

② *The Autobiography of Malcolm X*, with the assistance of Alex Haley (London, 1966), esp. ch. 14; Abigail M. Thernstrom, ed., *Harvard Encyclopedia of American Ethnic Groups* (Cambridge, Mass., 1980), 619—28. 他指出，在 20 世纪 60 年代末，黑人代言人们一致反对黑白融合的价值观（第 621 页）。

③ Kluger, *Simple Justice*, 290—91.

成为个体的学生教育潜力或需要的决定性指标。

尽管联邦最高法院裁定的语言气势恢弘，但是令人不解的是对这些案件的裁定的结果如此有限。它的命令并未让任何一个孩子立即进入任何一所学校。州被命令要“以完全审慎的速度”结束学校隔离。人们发现按照这种速度将需要许多年。而种族隔离以及由此暗示的种族性选择，如今已为联邦宪法所禁止。联邦最高法院紧接着在一系列案件的裁定(并未给出裁定的理由)中将这个原则运用于允许公众使用的几乎所有场所。[1] 从公立教育领域扩展到高尔夫球场、游泳池、旅馆、公共汽车和休闲公园的裁定不能仅仅依据教育标准。然而主宰学校和学生之外的裁定同样接近于联邦宪法第十四条修正案保护个人免受令人痛恨的分类造成的痛苦的和羞辱性的待遇的原则。这一点出现在沃伦对学校隔离的影响评论中。肯尼思·克拉克曾经写道：“被迫居住在聚居区条件下、并且其每天的经历告诉他们几乎在社会的任何地方他们都不会受到尊重的那些人……将会理所当然地开始怀疑他们自己的价值。”[2]联邦
330 宪法第十四条修正案逐步成为平等的类型中最为捉摸不定的“受尊重的平等”的卫士。

对联邦宪法的一个嘲弄是，联邦最高法院被迫在其他地方寻找适用于哥伦比亚特区的类似原则，因为联邦宪法第十四条修正案只适用于州。联邦最高法院利用时机对它自己的原则进行了更为全面的陈述。首席大法官宣布，隔离并不是为了实现任何合法的政府目标。它未经正当的法律程序剥夺了黑人学生们的自由。联邦最高法院在按照联邦宪法第五条修正案裁定那个案件剥夺了受害者正当的法律程序的时候，它几乎是顺便地承认，平等地行使个人自由理所当然地受到了联邦宪法第十四条修正案的保护。[3] 联邦宪法这个缺

---

① *Baltimore v. Dawson*, 350 U. S. 877 (1955); *Holmes v. Atlanta*, 350 U. S. 879 (1955); *Gayle v. Browder*, 352 U. S. 903 (1956); *New Orleans Park Association v. Delige*, 358 U. S. 54 (1958). Herbert Wechsler, "Toward Neutral Principles of Constitutional Law," *Harvard Law Review* 73 (1959).

② Abigail Thernstrom, "Language," 621.

③ *Bolling v. Sharpe*, 347 U. S. 497 (1955).

失由此揭示了自由和平等的汇合。

“布朗案”在美国历史上是一个不容置疑的分水岭。人们常说法律反映了社会的价值观,而同样,社会也会从法律中汲取价值观。当联邦最高法院通过首席大法官沃伦的话宣布隔离的设施“从本质上说是不平等的”时,这是对隔离原则的谴责,无论这种隔离是怎么形成的。这也赋予了美国社会一种宪政义务:结束使隔离成为美国生活的一种体制性成分的各种做法。

“布朗案”起初是一个关于教育问题的案件。当一个黑人小女孩被一个为白人学生提供更好的受教育机会的学校拒收时,这个案件揭示了对联邦宪法保护的权利的剥夺。联邦最高法院的裁定诉诸“机会平等”的原则,并从这个原则论及“受尊重的平等”。这两个原则现在实际上都被确认为享有联邦宪法保护的权利。而“布朗案”审理的第二阶段表明,学校制度中利害攸关的问题是整个美国社会的种族主义结构问题。这很快会意味着是北部、西部以及南部的问题。

首席大法官的语言并未完全令所有的隔离的反对者们满意。[①] 当时间的推移改变了法律挑战不平等的地位的环境时,短语“从本质上说”的使用证明 331
是一个严重的缺陷。当一个群体以侮辱的方式将隔离强加于另外一个群体的时候,那种不平等当然是本质上的不平等,因为它产生于权力的悬殊差别,并使自由选择的不平等永远存在下去。即使裁定“普莱西案”的联邦最高法院也无疑认识到了这种异议。当联邦最高法院在讨论法学院的平等时,较为容易将问题局限于受教育的机会问题。而当它开始讨论中小学生的教育问题的时候,它必然进入产生于历史上形成的居住区模式这个更为复杂的领域。许多这种模式也是产生于强加的隔离。作为非官方的做法,限制性契约仍然非常广泛地实施着,影响着犹太人、其他少数群体以及黑人。房地产经纪人和住宅开发商们认真地遵守种族和族裔的分界,深信他们的职责是保护财产的价值;

---

① Louis H. Pollack, “Racial Discrimination and Judicial Integrity: A Reply to Professor Wechsler,” *University of Pennsylvania Law Review* 103 (1959—60), 24.

而地方政府的公共政策认可和鼓励了族裔隔离。[①] 产生于族裔和移民的居住区模式远非千篇一律或恒定不变。它们可能在社区的名称的形成中发挥了比实际上更大的作用。而它们实际上存在于许多城市，而且在许多情况下根深蒂固，在一个总体精神强调自由的社会中影响着人们的真正选择。它们当然极为有效地将黑人美国人排斥在更称心如意的居住区之外。这些限制性模式自然反应了阶级结构：穷人居住在贫困的地区。尽管许多穷人是白人，绝大多数黑人处于贫困状态。

在学校内实现种族平衡的目标起初依据的是教育方面的理由。不仅白人学校的设备和教学质量更好，而且隔离损害了自尊和自信，也损害着取得成就的可能性。而学校内部的种族平衡很快表明与取消整个社会的隔离的更广泛的目标几乎难解难分。在近 15 年以后，当联邦最高法院回过头来审视"布朗案"的后果的时候，它发现它带来的变化太小，甚至不足以满足"以完全审慎的
332 速度"的谨慎规定。正是在这个时候联邦最高法院采取了走向干预的重大步骤。严格地说，当它发现了违背联邦宪法的问题时，它就要求具体的纠正措施。而在 1968 年起源于纽约州农村地区的新肯特县的"格林诉县教育委员会案"中，[②]联邦最高法院满足于利用统计数字来说明黑白合校实现的程度。而且，它开始就推进这个进程的方法提出建议。一旦裁定中使用了统计数字，就不可能避免使用它们作为参照。新肯特县有两所学校，一所是黑人学校，一所是白人学校。如果学生离家太远不能步行上学的话，就由校车把他们运送到按他们的种族指定的学校。利用校车实现预先设想的按种族分配学校没有什么奇怪的。在"布朗案"之后，教育委员会允许但并不要求不同种族的学生跨校注册，而调查结果表明，只有 15%的黑人父母利用"布朗案"的原则在白人学校为自己的孩子注册。（没有白人父母为自己的孩子在黑人学校注册。）这使 85%的黑人儿童在黑人学校上学。联邦最高法院正是对这种情况进行了干预，不允许以前的不同种族的学生自愿的跨校注册，而要求跨校注册以实现

---

① Wilkinson, *Brown to Bakke*, 143, 222—23.

② 391 U. S. 430 (1968).

反应着全县黑白种族的人口比例的学生分布。这个过程在北卡罗来纳夏洛特-梅克伦伯格县进行得更为系统。在这个县,联邦法官强制实施了一个详尽而广泛的计划,以实现这个大县全县的黑白合校。反对力量普遍而猛烈,尤其是因为这个县已经采取了一些措施实施"布朗案"的原则。然而联邦最高法院支持联邦法官在"斯旺诉夏洛特-梅克伦伯格县教育委员会案"中所作出的处理意见。[①] 在弗吉尼亚的里士满实施同样的原则实现了希望的统计数字结果,然而却对黑白种族的教育质量造成了重大损失。[②]

然而早期裁定的清晰的轮廓开始让位于事实和原则上的新的复杂性。在厄尔·沃伦退休以后,也是在"布朗案"裁定 20 年后,在首席大法官沃伦·伯格的领导下,联邦最高法院开始收缩作为其近几年政策的特点的积极干预主 333 义。隔离的住房在很大程度上使北部城市的黑白种族处于分离状态,并在数代人的时间里使北部城市的人们避免了与整合相联系的社会紧张和道义困境。在底特律,白人迁移并在郊区定居几乎将整个内城留给了黑人。旧的居住区隔离的问题重新出现,在本市的学校对不同种族造成了新的而非常有效的隔离。联邦地区法院法官罗思发现,教育委员会纵容了这种隔离,提供交通工具将黑人学生运送到指定的、离他们家附近的白人学校很远的黑人学校。他的结论是,教育委员会的政策无异于故意制造学校隔离,并使之长期存在下去。按照"布朗诉教育委员会案"的逻辑,他最后重新划定底特律校区的边界,将郊区包括在那个城市的统一的教育制度之中。这个裁定的基础与联邦最高法院自己最近的政策一致:公立学校的种族隔离是一种应该通过宪政干预纠正的弊病。而这一次联邦最高法院推翻了这个裁定。新出现的观点是,种族混合不再是追求的目标;隔离的设施也不再是"从本质上说是不平等的",而取决于它们是怎么走向隔离的。[③] 对于法院来说日益混乱的局势中一个新的成分是,实际上许多黑人组织现在也持有这种观点,尽管这种观点很可能与底特律无关。

---

① 402 U. S. 1 (1971).

② Wilkinson, *Brown to Bakke*, ch. 6.

③ *Milliken v. Bradley*, 338 F. Supp. 583 (1971); 418 U. S. 717 (1974).

选举权：一种不能发挥作用的平等

共和理论并未一直将选举权视为公民身份的必然要素。除了选举权应由理智健全的成年人行使的要求之外，财产、性别和居住期等条件限制一直是选举权的正常属性。直到 20 世纪 60 年代的造成社会变动的多种事件发生时，美国各州经被统治者同意的合法性实际上一直建立在已经声名狼藉的英国“实际代表权”原则的残余的基础之上。重建时期的辩论重新提出了公民身份
344 的含义的整个问题，并表明，承担重大责任的议员们对于选举权是政治制度中一种固有的权利，还是政治制度赋予具备适当的品质的人的一种特权的问题存在着很大的分歧。这些辩论促成了联邦宪法第十四条修正案，而这个修正案将公民身份的概念引入联邦宪法的实际语言。这些辩论也促成了联邦宪法第十五条修正案；它旨在完成联邦宪法第十四条修正案未能完成的赋予南部黑人选举权的工作。因为南部用以有效地剥夺黑人公民的选举权的各种诡辩显然意在设置种族樊篱，而联邦宪法第十五条修正案为全国有色人种协进会的长期斗争的最初几轮斗争提供了弹药。

俄克拉何马州通过了一项对其州宪的修正案，规定要求想成为选民的人证明他们能够阅读或书写州宪的任何部分。同时为那些可能通不过文化测验的人提供了一个可钻的空子：只要他们在 1866 年 1 月 1 日或此前有资格参加选举，或在那个日期之前住在外国，或他们是这些人的直系亲属，就有资格参加选举。这些通过微妙的方式指定的几类人当然是白人。所有那些被威胁着排斥在外的人都是黑人。选举官员有权决定是否一个申请人已经证明了他有文化。当第一次挑战在 1915 年到达联邦最高法院的时候，法官们仍然一致认为，州可以要求对选民进行文化测验，但是那些排斥性的规定非常明显针对的是黑人，以至于联邦最高法院宣布法案违背了联邦宪法第十五条修正案，认为没有必要再探讨平等保护的问题。①

---

① *Quinn v. U.S.*, 238 U.S. 347 (1915).

反对重建的余波使南部实际上成为一系列一党执政的州。因为在正式的选举中没有竞争，所有有效的政治选择都是在民主党初选中作出的。通过拒绝接纳黑人为民主党的成员而避免他们参加民主党初选，南部的政客们可以避免俄克拉何马州所遭受的打击的影响。因此，全国有色人种协进会下一个步骤是挑战清一色白人初选的合法性。联邦最高法院在1927—1944年间通过一系列案例艰难地探寻的根本性的区分是，南部州的民主党正式程序的正当性与那些程序背后的意图。对于一个自诩为民主政府的国家来说，事实上 335
对一大部分公民的选举权的剥夺很显然是一种不能令人满意的情况；而当那些具体设计的程序很显然是为了实施那种对公民的选举权剥夺的时候，很难指望那种制度会经得住司法审查。这个问题在第二次世界大战快结束的时候最终得到了解决。在“史密斯诉奥尔布赖特案”中，联邦最高法院明确了这种区分。它得出的结论是，当程序的后果与宪政原则不相符合的时候，必须认为这种后果使那种程序无效。初选是政党根据州的法令进行的，而选票上的任何名字都必须经过政党委员会或州政党大会的核准。法官里德先生做出的裁定然后转向根本性的问题：“美国是一个宪政民主政府。它的基本法赋予所有公民参与选举政府官员的权利，这种权利不能因为种族的原因被任何州限制……宪政权利如果能够被如此间接地限制，它们就会变得毫无意义。”①

这个裁定剥夺了白人至上主义者重要的法律支持，但此案本身并未提供向黑人开放参与南部政治制度的途径。正如当联邦最高法院极力保护切罗基

---

① *Smith v. Allwright*, 321 U.S. 649 (1944), at 664. 此前的案例包括：在 *Nixon v. Herndon*, 273 U.S. 536 (1927)案中，联邦最高法院宣布将指定的一类公民群体排斥在外违背了联邦宪法第十四条修正案的平等保护条款；在 *Grovey v. Townsend*, 295 U.S. 45 (1935)一案中，联邦最高法院允许得克萨斯民主党人不接纳非白人加入民主党。这是对似乎将占上风的裁定路线的背离。*U.S. v. Classic*, 313 U.S 299 (1941) 这是一个与黑人无关的选举欺诈案。然而正是在本案中，联邦最高法院对法律背后的意图表现出新的兴趣。NAACP 正确地理解了本案中的教训，开始挑战将黑人排斥在民主党初选之外的做法。*Smith v. Allwright* 案不再诉诸以前的裁定：“*Grovey v. Townsend* 案的裁定被推翻。”

族印第安人的权利时，安德鲁·约翰逊曾经严肃地评论道，最高法院没有实施法律的权力。十年后，“布朗案”的裁定在南部白人中间引发抗议和破坏的猛烈风暴，并伴随着弹劾厄尔·沃伦的无数呼声。南部的州议会在为挫败这个国家的法律而设计的方法上表现出一贯的独出心裁，而南部的黑人继
336 续被排斥在选举之外，黑人学生仍然被限制在隔离的学校。其结果只需一丁点的政治智慧就能够预见：联邦政府必然会被拉回（尽管是逐步的和不情愿的）为那些不能在他们所在的州内获得救济的公民的权利提供直接的保护的领域。

问题主要围绕着平等的含义，并在重建结束以来第一次让美国人民面对为他们宣扬的国家的意识形态找到一种容易为人理解的、在道义上一以贯之的含义的问题。很久以前就已成定论的是，法律面前的平等和参与政治的平等对于美国的政治制度是根本性的和必不可少的。很显然，没有这些，其他什么也谈不上。如果缺了至少11州的很大一部分人口，这些根本性的原则就不会存在。在北部的白人美国人将他们自己与这些讨厌的事实隔绝开来，并宁愿让各州自己去处理这些问题时，南部所发生的事件正撕开北部美国人自愿保持无知状态的帷幕，并迫使他们的良心面对这些问题。而第二次世界大战使整个错综复杂而巨大的历史性问题展现出新的、闻所未闻的形态。不仅仅是美国将其道义的姿态建立在其民主原则的基础之上，而且“冷战”的展开也将那些原则置于不同寻常的国际审查的目光之下。

在最低的层面上，有关种族隔离的宣传的影响令人感到不安。这个国家现在成为无数外交官员的东道国，其中很大的一部分而且越来越多的人代表着非白人人口。而国务院本身不断收到来自外国外交使节的义愤填膺的抱怨，说他们在美国的餐馆和美国的旅馆受到了冷落和排斥。这不仅仅是外交礼仪的问题。污辱常常会比利益的冲突引发的争吵造成更刻骨铭心和更持久的伤害。非洲和亚洲的外交家们——更不用说越来越多未来将在他们自己的国家发挥影响的大学生——发现自己要承受受尊重的不平等的后果，遭受与美国黑人和印第安人一样的经历。但是一个奇怪的矛盾是，与那些不能参加
337 选举也不能为他们的子女在生活中争取平等的机会的美国人相比，他们在背

后拥有更多的资源。[①] 美国似乎掌握着某种世界霸权。然而从长远的观点来看，那种霸权更多地依靠民众的舆论而不是武力。而舆论会随着经历的变化而变化。

美国的行政部门和立法机关越来越清楚地认识到，他们必须承担起被疏忽了的、对于两种紧密联系的根本性权利（法律权利和选举权）的责任，尽管艾森豪威尔总统非常勉强地同意这一点——他不喜欢这些问题。[②] 艾森豪威尔的司法部长赫伯特·布劳内尔违背他的上司的意愿坚持认为，必须利用联邦军队保证阿肯色州小石城接纳黑人学生上学。在那里，州长将州的权力介入其中阻挠实行黑白合校。在艾森豪威尔第二个总统任期期间，国会自重建以来首次采取措施促使联邦政府承担起保护选举权的责任。《1957 年民权法》建立了一个联邦民权委员会，并赋予了它有限的调查和干预的权力。然而其结果却令人失望。1960 年通过的一个法案中采取的一个有力措施是，授权联邦政府向州发布禁令，并设立了一个联邦选举裁判官，受害人可以向其申诉。[③]

南部白人持续的抵制并未因为一个新的民主党总统入主白宫而有所收敛。而现在南部对黑人公民行使在街上和平游行示威的宪政权利的极端的敌意和暴力通过电视在全国播放，在这个国家的整个其他地区造成了一种良心 338
危机。电视对民权运动的作用就像一百多年前哈丽叶特·比切·斯托对反奴隶制运动起到的作用一样。1964 年春一场全国性的从塞尔马向亚拉巴马州

---

① Harold R. Issacs, *The New World of Negro Americans* (New York, 1963), 16—21. 书中引用国务卿迪安·腊斯克 1961 年 8 月说的话："我们在 20 世纪 60 年代的外交关系中背负的最为沉重的一个负担是国内的种族歧视问题。对此不容置疑。"

② Kluger, *Simple Justice*, 664—65; Stephen A. Ambrose, *Eisenhower the President* (London, 1984), 304—05. 艾森豪威尔一直坚持认为，实现种族整合是法院的问题；法官们应该发挥领导作用，因为那个问题不是行政部门的责任。这种有关美国政府各部门的责任平衡的观点不同寻常。这会令联邦宪法的制定者们感到惊讶。艾森豪威尔拒绝就一位名叫埃米特·蒂尔（Emmett Till）的 14 岁芝加哥男孩在密西西比州被私刑发表讲话，也拒绝就 1955 年的蒙哥马利市抵制公共汽车运动发表看法。（Ambrose, *Eisenhower*, 307）他也认识到存在着一个严重的问题，但是他总是极力避免使之成为一个党派问题，主张建立两党成员组成的委员会来解决种族问题。

③ Berger, *Equality by Statute*, 103—05; Noel T. Downing and Gerald T. Gunther, *Cases and Materials on Constitutional Law* (Brooklyn, 1965), 436, 472—78.

的蒙哥马利的进军标志着民权运动的高潮。

公民权利,选举权与个体主义的巅峰

新的民权运动作为一场群众运动的迅速兴起(当然它建立在数年和数代人的专门准备的基础之上),造成的形势在某些情况下类似于地方性的内战的爆发。随着三个年轻的民权工作者于1963年夏在密西西比州殉难,一种感到情况危急的情绪传遍了全国。当年秋天,当一个炸弹炸死了在亚拉巴马州伯明翰的一个教堂的主日学校上课的四个黑人儿童时,这种危机为世界瞩目。整个世界都感受到了它的冲击。1963年11月20日一个新的民权议案被提交到国会众议院。此前肯尼迪政府一直将一种谨慎的实用主义置于原则之上,以致令人怀疑其原则实用的程度。现在他开始对"抗议的政治"做出反应。然而,两天后,约翰·肯尼迪总统遇刺身亡。

年轻的总统的去世在全国造成了一种恐怖和悔恨的气氛,这促使一个本来会遭遇到更为强大的障碍的民权法案很快获得通过。新就任的林登·约翰逊总统的领导对于推动国会通过这个议案的作用不容置疑。1964年7月2日生效的这个法案,使联邦政府重新回到了保护个人权利的领域,其规模自1875年以后是史无前例的。它的作用是使实施那些根本性原则成为联邦政府的责任。没有这些根本性的原则,任何形式的机会平等都显然是不可能的。而许多北部的州政府已经将这些责任吸收为它们的政策的组成部分。[①] 然而
339 立法的势头很难维持。仅仅两年后,一个将规定开放住房列入联邦政府的职责范围的议案证明很难令参议院接受,而北方民主党人和共和党人新近组成的联盟解体了。看来,前一代人发动的几近革命性的运动的振奋精神已经开始衰退。[②]

然而这是对一种早就应该认识到的势头强劲的进步的反拨。而民权联盟

① House of Representatives 7152, *Congressional Quarterly Almanac*, 1964, 338.
② *Congressional Qu. Almanac*, 1966, 450—51.

的分裂和有关运动的终极目标和思想原则的观点冲突的发展使这种反拨更为复杂。通过自富兰克林·罗斯福1941年签署行政命令以来的行政部门的主动性措施以及通过联邦立法所造成的变化是，从根本上扩展了联邦政府保护各种类型的平等的责任。美国机会平等的原则一度依靠经济力量的自由作用，留给政府的有限的职能是做一个仲裁者，或者充其量是一个保证那种作用的公平和自由的守望者。那一切都已经发生了深刻的变化。现在，保障平等的机会至少在原则上被确定为国家政策的一个目标，一个国民放在政府肩上的职责。

在这个意义上说，机会的平等成为拥有个人公民权利的一个标志，并以在法律上和选举权上的平等为基础，并无疑会渴求受尊重的平等。在围绕公民权利的议案的辩论中，没有任何主题比涉及的权利的个体性基础更为突出和醒目。议员们公开宣布的整个目标是确立老法官哈伦先生曾经宣布的原则：联邦宪法是"色盲"；它不熟悉、因此也不能对基于种族的划分的安排给予保护。曾经主宰了在"普莱西案"的裁定的强有力庇护之下的宪政思想的相当大一部分的"群体称谓"的观念，如今已经让位于体现在原始的权利概念之中的更为根本性的个体主义原则。

这种原则不能仅仅依靠推断。相反，在一个需要与北部共和党人结盟来克服南方民主党人的阻力的参议院，这对于那个议案的通过是至关重要的。来自明尼苏达州资深的民主党参议员以及那个议案的主要发起人休伯特·汉弗莱反复保证，一切种族歧视都将被禁止，包括为了实现种族平衡的歧视。"它实际上规定，种族、宗教信仰和民族血统不能被用作聘用和解聘的依据。第 340
七条旨在鼓励根据能力和资历、而不是种族或宗教信仰聘用人才。"来自加利福尼亚州的共和党参议员托马斯·基克尔对此补充说："雇主或劳工组织不能因为一个人的种族、宗教信仰或民族血统而优待或虐待他。在这些问题上……我们面前的议案……是色盲。"[①]在任何其他条件上都不能保证议案顺利通过。

南部白人的顽固抵制也很清楚地表明，如果没有平等地参与政治过程的

---

① 110 *Congressional Record* (1964), 6549, 6564, quoted by Justice Rehnquist in his dissenting opinion in *United Steelworkers v. Weber*, 443 U.S. 193 (1979), 220—21, 238.

权利,法律的要求毫无意义。约翰逊总统决心不错过发挥主动性的机会,他的领导有助于保证1965年一个新的《选举权法案》的通过。① 这个法案并未废除文化测验或者类似的筛选性做法,然而它确实建立起一种机制,授权司法部长决定是否这种测验被用作实行种族歧视的手段,并任命联邦审查官监督选举。这种监督涉及选举过程的每一个阶段。联邦审查官由文官委员会任命,被授权确定联邦、州和地方选举中以及选举政党决策委员会和州政治大会的代表的个体选民的资格。

南卡罗来纳州正式表示反对。当联邦最高法院在"南卡罗来纳诉卡增巴赫案"以及其他类似的案件中宣布国会行使的权力是正当的时候,它实际上为在州未能给予合众国公民的权利平等的保护的情况下的国会干预扫除了障碍。这个过程无异于推翻了1883年《民权案》的裁定,它限制了国会直接在各州发挥作用的权力。这种政府权力的范围的变化与政府政策的目的的变化桴鼓相应。具有同样意义的事件有时被冠以"革命"的称号。

然而这些发展本身并非重新确认平等权利的顶峰。即使在至关重要的选
341 举权问题上,宪政法官们直到20世纪60年代中期才理解了这样的事实:平等本身,作为一个个体的问题,已经成为政府政策的主导性领域的指导性原则。在同一时期,联邦最高法院顺应时势在更为广泛的政治代表权的情境下考虑选举权。

当一个选民在一个自由的选举中投票的时候,他或她投出的是一票,而不是五票或五分之一票。这个观点似乎是一个基本的常识。然而,这种观点很少符合选民的实际数目与他们选出的代表数的的比例的实际情况。当托马斯·杰斐逊在18世纪80年代中期撰写《弗吉尼亚札记》时,他抱怨各县的代表权不平等,这使沿海低洼地区的在州议会的选举权占据优势。② 在随

① Senate 1564; HR 6400, *Congressional Qu. Almanac*, 1965, 533.

② William Preden, ed., Thomas Jefferson, *Notes on the State of Virginia*, "Query VIII: Constitution," (Chapel Hill, 1955), 119—29.

后的近50年里，弗吉尼亚州议会并未认真对待这种不满。杰斐逊想当然地认为，公平的代表权就是平等的代表权，这种平等指的是个体选民的平等，而不是依据利益或优越的权利等其他较为抽象的原则确立的平等代表权。

政治个体的平等原则被转换为在大体平等的选区一个男人一张选票（后来换成“一个人，一张选票”），这在联邦宪法中有暗示，但并未明确宣布。选举权的安排留给了各州。它们可以做出各自不同的规定（经常规定财产资格的限制）。而制宪大会上的辩论以及这些辩论所发生的政治背景暗示，选区的选民数事实上应该大体相等。[1] 联邦最高法院在170多年后碰到同样的问题的时候将目光转向了这些原则。

联邦最高法院面临的第一个问题是它对此是否具有管辖权。这是它在1962年的主要案件“贝克诉卡尔案”中紧紧抓住的问题。[2] 在这个问题上有利可图的立法者们总是将划分选区（现在逐渐被称为“按人口比例分配议会席 342
位”）的问题抓在他们自己的手里。最高法院的两位法官哈伦（以前的一代人中最高法院的著名持不同意见者的后裔）和法兰克福特深深地感到，代表权的问题从本质上说是一个政治问题，处于司法机关的权力范围之外。平衡不同的利益是政治生活的精髓。法兰克福特用一个著名的短语指出，这些问题是司法机关应该避开的“政治丛林”。这些丛林好进不好出。在冲突的利益和地方的情势纠纷之中联邦最高法院的角色是参与者而不是裁判者。法兰克福特也抨击了认为平等保护的原则界定着美国代议制政府的特点的观点。他坚持认为，认为按人口比例分配议会席位的原则在美国的制度以及“联邦宪法第十四条修正案维持的……人与人之间的平等的标准”之间建立了联系的看法是“完全错误的”。

法官哈伦的反对意见证明，一种经历美国革命之后保存下来的辉格派思想依然存在，这种思想在共和传统中具有它的地位。他想到的问题是：“有人

---

① 有关这一点参见本书第三章。

② 369 U.S. 186 (1962).

也许会想某个工业县的某地的选举权力需要削弱。”然而问题是，是谁这样想？可能不会是工人们，因是他们的选举权会被削弱。而詹姆斯·麦迪逊在致杰斐逊的信中对未来的城市中的选举权问题曾经提出了类似的观点，很可能会同意哈伦的意见。[①]

“贝克诉卡尔案”的起因是田纳西州议会未能始终如一地按照州宪的要求根据每十年一次的人口普查每十年重新划定一次选区。结果造成农村地区选出的议员过多，而城市地区选出的议员偏少。联邦最高法院将案件退回到州法院，由它们作出裁定。后来的案件“雷诺兹诉西姆斯案”产生于亚拉巴马州歧视性的划分选区。首席大法官抛开“政治丛林和数字泥沼”的观点，指出：“我们的答案是这样的：对受联邦宪法保护的权利的剥夺需要司法机关的保
343 护。”[②]关于问题的实质，他同样一针见血。他说：“议员代表的是人，而不是树木或土地。议员们是选民选出的，而不是农场、城市或经济利益选出的。”针对某些利益应该得到额外的重视的观点，他说：“很难想像，如果州的法律规定在计算选举议员的选票的时候，州的一个地区的公民的选票将被按照两张、五张或十张的选票计算，而另一个地区的人的选票一张仅按一张计算，能够得到联邦宪法的支持。”联邦宪法禁止“复杂的也禁止简单的歧视方式”。

通过一系列涉及州政府和国会选区划分的案件，联邦最高法院坚定地确立了“一个人一张选票”的原则。这个规则的简单明了值得称道。它不允许复杂的地方例外和变种，它未赐予任何人特权，对任何人没有偏爱。问题的另一方面是，哈伦和法兰克福特未能有力地证明自己的观点：对玷污政治地图的无数选区划分不平衡的案件的审理不能适用统一的规则。选区划分不当并非一系列不幸的偶然的历史事件的偶然结果，它反映了议员们在他们负责的问题上的有意识的决定。当司法机关最终将整个问题的决定权从他们的手里夺走

---

① “Observations on the Draft of a Constitution for Virginia,” in Gaillard Hunt, ed., *Writings of Madison* (New York, 1910) 5: 284—94. 可以看到，这些观点与他在制宪大会上支持按人口比例确定代表名额的观点相矛盾。

② 377 U.S. 533 (1964), at 565.

的时候,他们不会感到太惊奇。[1]

而法兰克福特的警告也是正确的:联邦最高法院将被更深地拖入政治过程的细节之中。在几年之内,它将对适用于国会的原则与决定州议会代表权的范围的原则加以区分。合众国的公民似乎必须比州的公民更平等。法官拜伦·怀特先生评论道,国会选区不像州的选区一样充满着地方利益。如果发生了“最低限度的”对平等的法则的偏离,不需要州对此作出辩解;现在原告有责任表明那种偏离是令人反感的。[2] 到1973年,联邦最高法院似乎愿意容忍两个选区之间10%的差别。正如在得克萨斯州所发生的那样,当国会选区划 344
分的目的是为了排斥或将特定少数利益集团的选举权力削弱到最低限度时,这种利益可以要求特殊的保护。这里提到的利益集团指的是非洲裔和墨西哥裔美国人。复数选区的手段对他们造成了伤害,其结果是削弱了少数群体的选举力量。而在单一选区,更大一些的误差能够被接受。这是对最近几年的某些重要案例纯粹依赖数字的偏离。法官鲍威尔、雷恩奎斯特和首席大法官伯格评论道,使用精确的数字可能损害州的合法利益。

最近的一些最坚定地利用精确数字法则的案例并未指明划分选区的合理标准。[3] 这揭示出一个极为令人不安的(如果说不是完全令人吃惊的)矛盾,因为这些裁定被泛泛地解释为允许政党经纪人不公正地划分选区。这显而易见给了人以可乘之机:除了选区必须是平等的之外没有其他的规则指导他们,经纪人们可以自由地恢复使用那种经常将少数群体排斥在外以给予他们最小的代表权或对他们进行划分,使他们选不出任何代表的巧妙手段。在康涅狄格,政治领袖们认为政党本身也是应该享有代表权的利益集团。为了给予公众改变其选择的公平机会,他们设计的一个计划创造了若干个“摇摆”选区。

---

① 有关这些分析参见 Nelson W. Polsby, ed., *Reapportionment in the 1970s* (Berkeley and Los Angeles, 1971) 中的文章。

② *Abate v. Mundt*, 403 U. S. 182 (1971); *White v. Regester*, 442 U. S. 755 (1973).

③ *Wells v. Rockfeller*, 376 U. S. 52 (1964); *Kirkpatrick v. Preisler*, 394 U. S. 526 (1969).

联邦地区法院认为所有这一切都是对平等的保护的剥夺。而联邦最高法院推翻了地区法院的裁定,不同意这种“政治公正”的原则是“出于政治的目的大规模不公正地划分选区”的看法。联邦最高法院法官们一致认为先例表明,如果一个本来能够被接受的法令将种族群体排斥在外、以便剥夺其成员以前拥有的选票,这个法令就是无效的。然而,联邦最高法院如今已经不再迷恋保持完全的政治中立的观点。按照联邦最高法院多数派的观点,在政治上的中立选区划分是没有的,因为所有的选区划分都必然造成某种分组,而这些分组的结果必然具有政治性。联邦最高法院如今宣布:“实际情况是,选区的划分必然具有、也是为了造成具体的政治后果。”①

现在法官们对于中立地划分选区的可能性或是否可取产生了很大的分
345 歧。在相关的“怀特诉里杰斯特案”中,法官布伦南先生提出了反对意见,认为“雷诺兹诉西姆斯案”已经确立了划分选区的“近乎实际可行”的标准,它要求“州秉承诚信尽量实现数学般精确的平等”。布伦南在这里坚持的是个体主义的原则:“我们最为关心的事情是个体的和个人的权利——拥有平等的选举权的权利。”一个人选票的分量不应取决于他所在的选区。② 而在“加夫尼诉卡明斯案”中,联邦最高法院多数派对于实现中立的代表权的实际可能性以及这样做是否合适都采取了完全不同的观点。这种观点认为,政治的考量与“选区的划分和按人口比例确定议员席位难解难分”。不仅是显而易见,而且“绝对不可避免的是,选区的位置和形状可能决定着这一地区的政治局面。实际情况是,选区的划分必然具有也是为了造成具体的政治后果。”联邦最高法院多数派认为中立划分选区的观念是“缺乏政治头脑”。③

像以前一样,问题仍然是平等和如何界定平等的问题。中立是实现严格的政治平等的一个途径。然而这个途径使政党的经纪人们将主动权紧紧地攥在手里。他们熟悉他们自己的政治地盘的情况,以及在不违背选区的人数平

---

① *Gaffney v. Cummings*, 412 U.S. 735 (1973), 311—12.

② Ibid.

③ Ibid.

等的情况下产生理想的结果的手段。为了遏制这种弊病，有必要依赖对地方的了解——了解受到影响的利益集团的身份。然而对这种知识的利用是否总会是“中立的”行动呢？联邦最高法院已经闯入了法兰克福特所说的“政治丛林”，永远避免不了的问题是确定可以允许的划分选区的标准的实际含义。对于政治平等充其量可以说，那些标准总是要以假定的个体的平等为出发点。而对于问题作出解释的责任落到了那些敢于走进选区人数不平等的禁区（或敢于作出不仅仅是几个百分点的差别）的人的身上。

前后不一的中立

正如我们前面所指出的，平等只是一种比喻。然而，一旦联邦最高法院认 346
识到平等是那个时代核心的宪政价值观，它就会较为坚定地使平等的价值观转化为具体而特定的平等类型。在新的公民权利时代，联邦国会承担起确定和实施统一的全国性标准的权力；平等成为“一致性”的代名词，这不是指人与人之间的平等，而是州保障他们享有平等的权利。而联邦最高法院预见到了国会的行动，通过重新界定联邦宪法勾勒出一致性基本原则的轮廓，同时给予国会的行动必要的恩准，证实了联邦政府的各个部门在实现政府的正确目标上是同心同德的，也证实了为了达到那些目标所采取的措施的适当性。

不必感到惊讶的是，观察家们觉察到对这种制度的联邦制特点的威胁。[①] 然而不能得出结论说，司法机关为自己僭取了过度的权力。它所做的首先是确定某种类型的歧视性做法本身是违宪的；除此之外，它恢复了联邦宪法第十四条修正案和第十五条修正案的那些条款赋予国会的权力。那些条款具体授权国会通过必要的立法。

联邦宪法对于个人来说保持中立，也未授权对指定的阶级给予偏向性待

---

① Phlip B. Kurland, “Foreward: Equal in Origin and Equal in Title to the Legislative and Executive Branches of the Government,” *Harvard Law Review* 78 (1964—65), 143—76.

遇。而立法实际上总是对群体进行区分,经常这样做是为了回应特定的需要。那个时代具有特色的趋势是消除产生于种族和宗教偏见(这是属于思想状态的问题)以及产生于贫困和不利的社会地位的令人反感的不平等。不论后者是否一个人自己的错误,它们显然不应影响他或她的宪政权利。

贫困会影响到正义的质量。在沃伦时代的早期,州的法律要求被定罪的囚犯花钱购买用于上诉的审判书正式文本。在这种情况下是否给予了贫困的人们正当的法律程序?联邦最高法院认为这既违背了正当的程序,也违背了平等的保护。[①] 法官道格拉斯先生引用了《圣经·利未记》和《大宪章》。尽管
347 有这些极为重要的先例,尽管法官法兰克福特先生同意多数派的裁定意见,他仍然非常令人沮丧地坚持认为,联邦最高法院正在为合众国确立新的法律规则。[②] 几年后,另一个更为突出的案例表明,在佛罗里达按照法律只有被判了死刑的被告有权享有免费的律师。在本案中,联邦最高法院认为,尽管联邦宪法第六条修正案保障公民在所有刑事诉讼中享有律师辩护的权利,这一规定通过联邦宪法第十四条修正案对各州具有强制性。这些案件在恢复作为一种个体权利的法律面前的平等的承诺上发挥了很大的作用。无论受害者的社会或经济情况如何,这个权利都应得到保障。

《权利法案》在性质上正发生变化。在以前的整个历史中,它一直是一个防范性的工具,保护个人免于政府权力的侵犯。而现在它已经成为一个行动的工具,要求政府干预个人的或社会的偏见所采取的体制性的形式。消除违背了美国历史上所出现和确认的基本的平等类型的不平等已经成为州的职责,即使州没有责任强制实施那些基本的平等类型。

个体主义原则是问题的核心。而在不同种族通婚(弗吉尼亚州的法律禁止几类人通婚)的关键问题上,极为令人吃惊的是,沃伦法院对其政策的总体

---

① *Griffin v. Illinois*, 352 U.S. 12 (1955).

② "你们施行审判,不可行不义,不可偏护穷人,也不可重看有势力的人,只要按着公义审判你的邻舍。"(《圣经·利未记》)"不能出售、剥夺或延迟任何人的权利或正义。"(《大宪章》)

特点进行了惊人的否定。“布朗案”裁定两年以后，联邦最高法院支持了这个裁定，驳回了弗吉尼亚法院的上诉。[①] 这个裁定可以被视为对最高法院的自己的裁定的中心线的偏离，尽管那条中心线仍处于初期阶段，尚未被完全想清楚。在 1956 年就像在 1883 年一样，不能认为只要禁止的事情在种族意义上同样作用于不同种族的成员，他们就受到了平等的待遇；个人而不是种族是宪政保护的适当对象；当个人由于他们的种族而受到的限制旨在阻止他们行使个人自由选择的权利的时候，那些个人就未能受到平等的待遇。联邦最高法 348
院所面临的真正问题是找到可以容许的立法分类标准，推翻对不合理的或武断的标准的使用。在这个时代里，联邦最高法院从总体上说并不愿意承认种族是一个可以容许的标准，除了需要它的特殊帮助以纠正过去的错误。几年后它推翻了自己的裁定，宣布弗吉尼亚州禁止不同种族的人通婚的法律无效，因为它违背了平等的保护以及正当的程序。结婚的权利现在被认为是一种基本的公民权利。[②]

如果说棘手的案件是对法律的最大的检验，而在战时公民权利的观念常常承受着最大的压力。战时日裔美国人的经历表明了至此出现的自由主义思想的限度。对于美国来说，第二次世界大战开始于日本偷袭珍珠港；而在西海岸居住的、长期以来一直是激烈的经济竞争和种族仇恨的目标的大批日裔美国人人口，立即被怀疑可能背叛美国。那个地区的部队指挥官德威特将军下令禁止他们进入某些地区。这些命令使维松先生不能在自己的家居住。在拒绝服从命令之后，他被逮捕。他把官司一直打到联邦最高法院。[③] 作为一个合众国公民，他不能被归类为敌侨。这个案子对美国公民的公民权利进行了检验。

法官雨果・布莱克先生在联邦最高法院的裁定的开头以坚定的口吻表达了一种模棱两可的观点：“迫切的公众需要有时会使这种限制具有正当的理

---

① *Naim v. Ham Say Naim*, 197 Va. 80; 350 U. S. 985 (1956).

② *Loving v. Virginia*, 388 U. S. 1 (1967).

③ *Korematsu v. U. S.*, 323 U. S. 214 (1944).

由，而种族对抗永远不能。”联邦最高法院多数派觉察到了实在的军事危险。他们并不怀疑那位将军有权采取他认为必要的任何措施保卫这个国家领土的完整。然而，棘手的问题是“迫切的公众需要”是从“种族对抗”的角度看到的。德威特将军在他自己有关疏散西海岸的日裔居民的最终报告中称日本人是“一个敌对的种族”，所有日本血统的人都“具有颠覆性”。他并未拿出可靠的证据来证明这些观点。而萨利纳斯山谷种植业者—托运商协会的经营秘书奥斯汀·费尔普斯揭示了这个问题的许多内情。他说：“我们被指责出于自私的
349 原因要赶走日本佬。”他坦率地补充说：“我们确是如此。这是一个是让白人还是黄色人住在太平洋海岸的问题。他们本来来到这个山谷工作，他们却留了下来要占据这个山谷……他们在劳力市场上以低于白人的价格出售自己……当战争结束的时候，我们也不想让他们回来。”①

法官罗伯茨、墨菲和杰克逊的反对意见非常清楚地表明，军事需要并非是联邦最高法院应该考虑的唯一问题。罗伯茨否认存在着任何紧急情况，尽管他承认，如果事实提供了正当的理由，他也会同意排斥性的命令。然而，他发现政府歪曲了揭示出来的事实，这是造成维松被要求离开他的家的其中一个原因。墨菲看到的是一个明显的种族歧视的实例。他引用了刚才引用的证据。而杰克逊提醒人注意禁止以叛国罪进行“血统玷污，或对已经被褫夺财产和公权的人进行罚款”的宪政规则。一个令人不安的事实是，在以前的一个案件中，联邦最高法院曾经允许以种族为由的宵禁，这实际上确实是一种种族歧视的行为，尽管其影响相对来说不大。而如果他们在那个问题上曾经坚持他们的立场，那么后来更为严重的案件将会变得更为明确。其结果是，在那一类案件的一个决定性的案件中，美国留下来的一个裁定，并未在一切可能的情况下，禁止把种族作为一个“可以容许的”歧视性行为的目标。

战争总是造成棘手的案件。而联邦最高法院的裁定依据的更多是那些紧急情况、而不是平等保护的要求。在紧急情况下，法制被暂时中止，要等紧急状态过去之后才予以恢复，并纠正不公正的做法。然而，联邦最高法院确实极

① 这些评论出现在法庭案卷中。同上引书，第236、239页。

力掩护自己的侧翼，否定了种族偏见可以是歧视性行为本身的合法理由的观点，而采取了可以以其他理由进行权利限制的立场。

对日裔美国人的待遇与当时和后来涉及美国少数族裔的案件格格不入。一旦平等的思想被再次放出盒子，它就会像“魔法师的弟子的扫帚”* 一样迅速增殖和分化。大约从第二次世界大战结束前的阶段开始一直到 1980 年罗纳德·里根当选为美国总统之间的时期里，所发生的一系列事件是划时代的， 350
但并不完全一致。统一的民权运动时代包括了纽约州通过的艾弗斯-奎因反歧视法以及其他地方通过的类似法案、消除学校隔离的案件、国会有关民权和选举权的立法以及联邦最高法院有关代表权的裁定。这些并不是孤立的事件。它们是构成了一个伟大而暂时统一的历史过程的因素。而那个过程是男人和女人们共同努力创造的，而那种统一性是一种人为的产物。这些事件中的每一个都导致了新的问题以及新的目标分歧。如果说对平等的追求有时看起来似乎追求的是一种幻想，那是因为平等是一个复杂的概念。即使在最为抽象的哲学意义上，它也不能设想或瞄准一个单一的目标。在对平等的追求中赢得新的和更高的阵地的事实本身改变着观察者的视野。然而胜利常常造成模棱两可和欺骗性的结果，因为并非所有赢得的新的阵地看起来与原始的目标相应。在胜利中丧失的是统一的目标。

---

* “摩法师的弟子的扫帚”(the sorcerer's apprentice's broom)的故事源自《小巫师》(或者叫作《摩法师的徒弟》)，是法国作曲家保罗·杜卡(1865—1935)根据歌德的一首诗创作的乐曲，讲述了一名魔法师的弟子因企图偷懒而使用魔法来帮自己干活，结果把事情全搞砸了的故事。——译者

351 第十二章　性与社会性别：平等并非等同的领域

性、社会性别与权力

在基督教时代的第二个世纪里，罗马帝国的特权阶级的青年们所受到的教育让他们自认为是地球上最为美丽的地方和人类中最为文明的部分。他们沾沾自喜地认为他们在各个方面都优越于妇女、奴隶和野蛮人；他们对女人的主宰地位是不可挑战的，因为那是一种自然的秩序。在科学界，妇女们被认为是产生于在子宫中未能形成全面的男性潜力的胎儿。根据盖伦这样的权威，这种造就了女性的不完善是一个更宏大的计划的结果——这种不完善对于使妇女们能够生儿育女是必要的。盖伦从生理学的角度对此进行了详尽的解释。他补充说，如果不是这样的话，男人们会认为“造物主故意在创造整个人类的另一半时使他们不完善和残缺不全”。①

然而，妇女是“残缺不全的男人”的观点似乎在男人们的想像中一直存在了下来。在大约1700年以后，心理分析学的开创者认为妇女们对男性的生理
352 存在着一种基本的嫉妒。同样自然的是，两性具备的特点符合他们的职能，而作为生理学建构的组成部分的有关女性特点的概念也一直存在于医学思想之中。1943年美国出版的一本有关妇科学的教材解释道，做母亲的冲动是妇女

---

① Peter Brown, *The Body and Society: Men, Women and Sexual Renunciation in Early Christianity* (New York, 1988), 9—10. Edward Gibbon, *The Decline and Fall of the Roman Empire* (1776), I, 1.

们具备的根本性的生物学因素,而她们对性的兴趣是次要的,甚至缺乏性的快感。直到 1971 年,另一本医学教材宣布:“构成女性个性的核心特性是,女性的自恋、受虐待狂和被动性。”这些说法显然不仅仅是对女性生理的心理后果的正式描述,它们反映了作者们对两性的自然关系持有的观念,是对男性行使社会权力的解释(如果说不是辩护的话)。①

家庭中以及友人圈子内的个人之间在性别方面的关系极为微妙,而笼统的归纳会威胁到这种微妙性。然而,在具体到社会性别关系的问题上,某种程度的归纳是合理的,实际上也是必要的。尽管社会性别的概念也可以进行复杂而细微的区别,它的历史趋势是最终反映了权力的不平等。在不同的历史时期和在极为不同的经济的和社会的条件下,这种关系被稳定为一些范式,这些范式的作用是对两性的角色和相互间的义务进行理想化的表述。拿一个最为突出的例子来举例说明,人们最为熟悉的一个范式是维多利亚时代的贤惠持家(domesticity)理想,与此对应的是美国南部的种植园家庭主妇的理想。这种范式的基础是妇女弱于男人的古老观念。这种缺陷如今被认为增强了男性保护妇女的必要性,而妇女的非同寻常的美丽很好地弥补了这种缺陷。事实上,妇女们在传统上被称为“美丽的性别”(如果说这不是一种对个人的奉承)。然而这种称呼很难弥补男性持有的认为女性在智力、道德和生理上劣等于男性的信念。妇女在本质上比男人更为高尚,但在智力上不如男人;更具神性,但也许矛盾的是,更容易屈从于她的动物本能;更有道德,但不能很好地控制自己的道德。②

在很长的一段时期内,在社会的重要部分,这种理想看起来似乎是正确的 353
和适当的,因为这被视为自然的秩序在社会上的反映。如果在一些地方它施加了一些限制,需要这些限制弥补自然的冲动危及社会规范和社会秩序的弱

---

① Hellen Callaway, "'The Most Essentially Female Function of All': Giving Birth," in Shirley Ardener, ed., *Defining Females: The Nature of Women in Society* (London, 1978), 169.

② Carrol Smith-Rosenberg and Charles Rosenberg, "The Female Animal: Medical and Biological Views of Woman and Her Role in Nineteenth-Century America," *Journal of American History* 9:2 (1973); Catherine Clinton, *The Plantation Mistress* (New York, 1982); Joan W. Scott, "Gender: A Useful Category of Historical Analysis," *American Historical Review* 91:5 (December 1986), 1068.

点。在这些方面,维多利亚时代盎格鲁-撒克逊社会文化的上层和中产阶级采用了一套社会关系并将之合理化。这些关系从根本上仍然将妇女们置于男人们的股掌之中。对于那些阐释这套社会关系的人来说,这种制度是自然的、稳固的和持久的,但却时常受到人性本身所表现出来的明显的激情和弱点的威胁。然而,这种复杂的思想框架实际上只是历史上的斗争、调和和妥协之下的人为的产物。它在某些方面看来是对自然的某种胜利,但不是自然的一种表现。它只是反映了那些问题在特定的阶级中所产生的后果。与贤惠持家思想相联系的道德和社会的细微差别受着家庭是否雇家庭佣人的问题的影响。白人和黑人工人阶级妇女们可能要走出家庭去工厂或他人的家中劳动,而她们在多数情况下仍要承担她们自己家中的大量家务。没有理由认为维多利亚时代的贤惠持家思想反映在她们的生活方式中;更不能认为这种思想反映在黑人妇女与她们的男人们的关系之中。确实,黑人男性所面对的极具伤害性的情况是,在奴隶制下和在自由黑人的社区,他们经常无力承担性别关系的流行思想所分配给男性的保护妇女和养家糊口的角色。从另一方面说,这种情况造成了黑人男女性别之间的更大程度的平等,这种平等白人妇女们通常是得不到的。[①]

男人们对女人们的主宰采取了多种多样的形式,并依靠各种解释来支持。但是,这种解释很少以正式的政治理论出现。一般来说政治理论不会涉及女
354 性,无论是在国家的建立中,还是在代表权和经被统治者同意的理论中。[②] 柏

---

① Suzanne Lebsock, *The Free Women of Petersburg: Status and Culture in a Southern Town, 1784—1860* (New York, 1984), 109—10. 作者观察到,黑人男性对黑人妇女道义上和经济上的价值不大,这使黑人妇女比她们的白人姐妹们有较少的理由服从自己的丈夫。这也许造成了黑人中间较多的家庭冲突。

② Quentin Skinner, *The Foundations of Modern Political Thought*, 2 vols. (Cambridge, 1978)认为没有必要分析妇女们在国家概念中的地位。在 J. G. A. Pocock, *The Machiavellian Moment* (Princeton, 1975) 所追溯的公民人文主义传统(civic humanist tradition)中,妇女们只是具有象征性的位置。更早的一部著作(现在常常被认为已经被取代了),乔治·萨宾的《政治理论史》(George H. Sabine, *A History of Political Theory*) 第34—35页指出,当阿里斯托芬(Aristophanes)在他的剧本《伊克里西苏塞》(*Ecclesiazusae*)中(大约在公元前390年上演)讥讽妇女权利的时候,他很可能正在评论柏拉图的《理想国》中的公有制社会(尽管年代不清楚)。不管是否如此,那些思想显然已经在流行了。

拉图在《理想国》中倡导让适合的妇女们接受平等的教育，承担平等的政治责任（尽管这种观点建立在观察的基础之上，并在他后来的著作《法律篇》中有些模棱两可地再次提出来），但在他的时代以及以后的时代没有留下多少痕迹。确实，洛克曾说过："人类第一个社会是男人和女人组成社会。"然而对于洛克来说，社会不是政府。"男人与女人之间的自愿性契约"同样构成了"婚姻社会"，但这同样不是政治社会。而洛克坚定地强调父亲在家庭中的权威。丈夫和妻子之间，"其中一方应该具有最终的决定权，也即支配权。"这种权力自然属于男人，因为他"更有能力，更强大"。[①] 这些片断比多数理论著作都更为关注妇女们，但并未分配给妇女们任何政治角色，即使在国家的形成中。可以说，在当代学术研究出现之前，所有有关国家的正式著作都是男人们写成的。[②]

社会秩序的各个层面的权力关系反映了父权制的权力关系。国王们是他们的臣民的父亲。詹姆斯一世曾经指出，可以将一个国王比作一个家庭的父亲，"因为一个国王确实是一国之父，是他的臣民的政治之父。"这种形象被带到了殖民地，并被正式地接受了。在那里，乔治三世最终受到的强烈谴责是态 355
度从一个"父亲"变成了一个"杀人犯"。[③]

---

① John Locke, *Two Treatises of Government*, *ed.* Peter Laslett (Cambridge, 1964) II, ss. 77, 78, 81, 82, pp. 336—39. 分析见 Linda Kerber, *Women of the Republic*: *Intellect and Ideology in Revolutionary America* (Chapel Hill, 1980), 17—19. 这些观点很可能与亚里士多德的观点具有不容置疑的一致性。他的关于社会起源的必不可少的概念实际上更多地谈到妇女们在家庭和家务中的作用。亚里士多德尊重妇女们发挥的良好作用，也不怀疑男性在推理方面的优越性（尽管有柏拉图的观察），并因此在家庭中享有的权威。他赞同并引用索福克勒斯（Sophocle）的话"谦逊地保持沉默是妇女的桂冠"。《政治学》（*Politics*），第一卷，第8页，第10段。

② 在美国独立革命时代就出现了女性历史学家：英国方面的凯瑟琳·麦考利（Catherine Macaulay）和美国的默西·奥蒂斯·沃伦（Mercy Otis Warren）。这两个作家对于政治持有强烈的观点。从本质上说，她们利用她们的历史写作支持辉格党的事业。

③ Ruth H. Bloch, "The Construction of Gender in the Republican World," in Jack P. Greene and J. P. Pole, eds., *The Blackwell Encyclopedia of the American Revolution* (Oxford, 1991). 俄国罗曼诺夫王朝最后一个沙皇得到了一个可能被误导的人民的爱戴，被称为"小父亲"。不会扭曲这种形象的一点补充是，约瑟夫·斯大林也向人民展现了同样的形象，被称为"同志"。

雅各布·布克哈特（Jacob Burckhardt）指出，文艺复兴使妇女们"处于与男人完全平等的基础之上"。《意大利文艺复兴时期的文化》（*The Civilization of the Renaissance in Italy*

在社会性别的词汇中可以被如此清楚地描绘的关系不仅仅局限于权力。人的品质和人格化的理想同样具备性别的认同。自由总是像女性一样贞洁但是脆弱,受到男性侵犯和暴虐的威胁。因此,亟需男性起抵消作用的共和美德的保护。然而,美国的优越品质绝不是单单为男性所独有。当报纸和杂志开始用绘画的形式表现它们的时候,哥伦比亚(Columbia)和米诺娃(Minerva)——智慧女神——总是女性。[①]然而,那个秃鹰却不是如此。它似乎是一只极具男性特点的鸟。

从总体上说,在历史上语言曾经通过性别的象征性意义表达权力关系,并由此使这种象征主义所传达的印象长期存在下去。缺乏男子气概的或女人般的行为以及女人气的举止对于一个男人来说总是不合时宜,而男人或男孩子般的举止或风格也与一个女人格格不入。尽管格格不入,但是不会严重损害她的声誉。在大多数社会里,一个男人穿女人的衣服会比一个女人穿男人的衣服受到不同的和更为批评性的评论。(事实上,在伊丽莎白时代的剧院,女性的角色常常由男孩子扮演,使英国戏剧对可能模糊社会批评的轮廓的男扮女装或女扮男装产生一种容忍。莎士比亚剧作中的女主角在装扮为男孩的时候对男女观众最具吸引力。)这些语言的细微差别和行为趋势中所表达的价值观要比更为明显的权力关系常常更为微妙和重要。哈姆雷特显然在心理不稳
356 定的时刻,责备他变化无常的母亲:"脆弱,你的名字是女人"。莎士比亚剧中的男性角色经常嘲笑女性推理能力差。然而如果仔细观察将注意到,莎士比亚剧中的女性角色常常在争论中占据上风。在不同的时代和形势下,社会性别价值观强调的重点也会发生巨大的变化。莎士比亚剧中的男性人物在哭泣的时候会因为自己的这种女性的行为而自责。而在18世纪,菲尔丁书中的人物汤姆·琼斯一再泪如雨下,但并未遭受书的作者或者书中其他人物的指责。(奥德休斯在哭泣中度过了他在卡吕普索岛上的大部分时间。不会有多少人

[1860])。而较新的研究推翻了这种观点,认为中世纪的上层妇女们是骑士精神和彬彬有礼的爱的真正的受益者。所有这一切在文艺复兴时期国家主宰的文化中不复存在。Joan Kelly, "Did Women Have a Renaissance?" in *Women, History and Theory* (Chicago, 1984).

① Bloch, "Construction of Gender."

羡慕他在岛上的处境。）然而在19世纪，男人流泪再次被视为缺乏男子汉气概的表现。在直到第二次世界大战的整个漫长的时期里，性和社会权力深切地反映在衣着的问题中。女人穿裤子被认为在性上具有挑逗性，在社会上是不合时宜的。然而，当英国大批招募妇女担任公共汽车售票员的时候，方便开始压倒传统，发给他们女衫裤套装。而英国武装部队让女兵穿着制服裙。在大约同一时期的美国，工厂的工作和部队服役也似乎侵蚀着这些屏障。

男性和女性表现自己的风格的改变在语言中没有多少留下印象。直到20世纪60年代以来重新兴起的妇女运动谨慎地掌握了语言的问题的时候，语言用法的社会性别含义才表明它们不仅仅是中性的描述。新的运动不仅采用了“Ms.”的称呼，而且使“主席”（chairman）等官员们的正式称呼的社会性别含义被废弃，如果说不是使之中性化，并对阳性代词可以用于男性和女性的说法提出了挑战。这个计划的目标是造成一场意识革命，并通过意识革命对以性别为基础的权力分配进行一场革命。

殖民地抵抗的政治思想形成于一种已经正在发生变化的道义环境，这种 357
环境以对父权制思想和世袭的政治特权的一切合法性要求的广泛批评的表达为特征。① 然而这些有关人类的适当关系的观点在任何特定的意义上都不是美国形势的结果，它们也不是美国所特有的。美国的情势处于启蒙运动的氛围之下。美国人分享了启蒙运动的思想，也对启蒙运动作出了他们自己不同的贡献。② 数代的美国人一直在阅读洛克有关教育和认识论的著作。洛克教

---

① Pauline Maier, "The Beginnings of American Republicanism, 1753－1776," in *The Development of a Revolutionary Mentality* (Library of Congress, Washington, D. C., 1972); Jay F. Fliegelman, *Prodigals and Pilgrims: The American Revolt Against Patriarchal Authority, 1750－1800* (Cambridge, 1982). 下面的一段参考了 Fliegelman 一书的第 20－64 页。

② Henry F. May, *The Enlightenment in America* (New York, 1976); Donald H. Meyer, *The Democratic Enlightenment* (New York, 1976); J. R. Pole, "Enlightenment and the Politics of American Nature," in Roy Porter and Mikulas Teich, eds., *The Enlightenment in National Context* (Cambridge, 1981). Henry Steele Commager 的 *The Empire of Reason* (New York, 1977) 提供了一个充满活力的版本的美国启蒙运动，认为它是美国的天才在美国的环境中努力的结果。

育人们尊重独立的个人意志和判断力，补充了他对罗伯特·菲尔默爵士有关父权制的论述的批评。美国独立革命的参加者们的父母们都读过有关鲁宾逊·克鲁索的小说，并用克鲁索来教育他们的子女。那本小说是有关茕茕孑立的个人争得生存的最伟大的著作。奥列弗·戈德史密斯极受欢迎的小说《威克菲尔德的牧师》在1772年才能在殖民地买到，然而小说中洛克时代的负责的和慈爱的父母的理想与至此已经很流行的信念是一直的。以弗朗西斯·哈奇森（亚当·斯密的老师）、詹姆斯·伯格（作为辉格党的小册子和历史的编纂者，他的书也为人广泛阅读）以及英国的同代人的学说为代表的苏格兰启蒙运动在很大程度上吸收了洛克有关教育的观点，并将其纳入基督教，重新重视父母对他们的子女的义务。这些学说在殖民地抗议英国议会政策的躁动的年代深入到了美国的家庭。

不是这些观点造成了美国革命，没有它们革命照样会发生。然而，它们深刻地影响了发动革命的那些人的心态，并因此影响到了他们所进行的革命的性质。正是部分地在后洛克时代一个普遍的仁慈的宇宙的观念的影响下，部分地在通过英国、法国和美国社会的较有思想的社会圈子传播的哈奇森的共
358 同的道义感原则的影响下，这个时代成为一个家庭成员相互间的义务和爱在成人的感情世界变得日益突出的时代。例如，有人注意到，大约在1780年之后，全家福的家庭画像开始将所有的成员安排在同一排，而不是按照以前的做法，将父亲安排在最高或最显著的位置，将家庭中的女人安排在低于他的位置，将孩子们安排在低于母亲的位置。①

美国也出现了这样的趋势。这削弱了家庭中以及成人世界正式的等级制观念。增强了的个人地位感，加以城市生活的竞争性以及美国社会多数地方的人际关系的密切和不拘礼节，更加凸显的一个结果是，形成了一种对压迫的威胁的近乎反常的敏感心理。即使在没有英国的任何挑衅的情况下，在城市和乡村也经常爆发抗议和骚乱。不足为奇的是，构成了殖民地人口的一半，并是任何家庭（无论其社会地位或经济状况如何）的不可或缺的一部分的妇女们

---

① David Hackett Fischer, *Growing Old in America* (New York, 1977), 94—95.

本来应该开始感受到和产生同样印象。

然而,妇女们缺乏任何形成群体意识的论坛,更不用说抗议了。只有那些受过良好的教育或者养尊处优的妇女能够自由地表达自己的感情,也许甚至可以形成自己的思想。最为突出的一个例子是阿比盖尔·亚当斯。阿比盖尔·亚当斯在阅读英国历史学家和政治宣传家凯瑟琳·麦考利的著作时受到很大的影响。早在1774年,她给麦考利写了一封不同寻常的信,提出要就美国的事务与她进行通讯交流。亚当斯夫人向她的丈夫约翰提出了著名请求——男人们在制定新的法律法规时应该"惦记着女士们",不要将毫无限制的权力放在丈夫们的手里。她在不久以后再次重复了这句话。这是呼吁对男人们的权力要加以限制。这还不是一种对任何形式的政治权力的要求。然而,她的语言表明她知道和憎恨(为了女性而不是她自己)法律赋予男人对他们的妻子行使暴虐和威严的权力。① 很显然,她知道,那种权力经常被滥用。阿比盖尔·亚当斯也仅仅是对皇家的暴政和男性的暴政进行类比。

战争使妇女们承担起一系列新的职责。妻子们以前很少被邀请参与私人 359
财产的管理或生意经营。在这些方面她们很少或者没有经验。第一次离开自己的丈夫,她们中的许多人痛苦地发现她们自己能力不足和局限。然而,随着她们逐渐习惯了处理有关家庭生意的事务,并在丈夫不在眼前的时候作出决定,她们的自信心似乎得到了提高。② 那些观点保存下来的殖民地的妇女们,普遍贬低自己的能力和价值。确实,白人女性人口中仅仅只有大约一半能够在遗嘱上签名的事实,一定深深地抑制了她们的能力和她们的自尊。③ 独立战争让无数的妇女走出家庭。她们中的许多人跟随部队承担起护士、洗衣工、厨师和安慰工等必不可少的角色。她们承担的一些责任很难得到华盛顿将军毫无条件的赞赏。随着战争日益深入美国生活,妇女们对战争的进行给予了

---

① L. H. Butterfield, ed., *Adams Family Correspondence: Volume I, December 1761 — May 1776* (Cambridge, Mass., 1963), 177—79, 369—71, 402—03.

② May Beth Norton, *Liberty's Daughters: The Revolutionary Experience of American Women, 1750—1800* (Boston, 1980), ch. 7.

③ Ibid., xv.

重要的支持。这种支持是那些男性革命领袖们的社会地位显赫的妻子们推动和主宰的。埃斯特·德波德·里德(她的丈夫约瑟夫·里德是宾夕法尼亚的主要政客之一)和萨拉·富兰克林·巴奇(本杰明·富兰克林的女儿)领导了一场募捐运动,募集了30万元大陆券,价值大约相当于7500美元的硬币。费城妇女协会正式承担起了这项任务,并在为部队提供衣服方面发挥了重要作用。新泽西州的妇女也参与募集了大批捐款。[①]

美国妇女们对战争的体验完全不同于英国妇女。美国的妇女们被卷入了美国独立战争以及后来不久发生的法国大革命和拿破仑战争,而英国的妇女
360 却没有。[②] 作为独立战争的一个直接的结果,美国的妇女们意识到了他们自己在一场远远超出了她们自己的家庭范围的共同斗争中的作用。约翰·亚当斯后来雄辩地问他的朋友默西·沃伦:"每一个壁炉旁不正是一个政治的舞台吗?"家庭经济本身不仅得到了增强,而且通过参与战争在一定意义上成为公共领域的一部分。[③]

然而,没有任何论坛可以用以宣扬女性的重要作用的思想。实际上,只有少数私下表达的观点(如阿比盖尔·亚当斯)带有挑战社会性别关系的总体秩序的倾向。如果说一些妇女已经开始认为她们自己有能力参与政治或法律,她们似乎只是在自己心里这样想。美国成功地取得独立结束了动员起了许多未使用的资源的紧急时代,恢复了妇女们对男人们的政治的和经济的霸权的正常依赖。

除了一个例外,新制定的州宪与殖民地时代的特许状相比,并未为妇女们提供更多的机会。那个例外是新泽西。这个州匆匆草就的州宪似乎允许妇女参加选举,因为州宪的语言在未提及性别的情况下赋予了该殖民地自由"居

---

① Ibid., 177—87.

② 简·奥斯汀(Jane Austen)的小说常常被作为证据引用。例如,在《劝导》(*Persuasion*)中,船长温特沃斯(Wentworth)是一个较为贫困的海军军官。他在捕获敌船中大发横财。这笔横财使他得以结婚,也使他未来的妻子过上了安逸的家庭生活。但是,她的贡献却是悲哀和被动的。不能认为简·奥斯汀完全赞成这种结局。对她的观点的更为明确的表达,参见她撰写的《诺桑觉寺》(*Northanger Abbey*)。

③ Kerber, *Women of the Republic*, 41—42。然而,我扩展了她的解释。

民"以选举权。[①] 这个条款的制定的背后没有曾经进行过一场女权运动的证据。这个条款只是使用了代词"他",而不是如果有意将妇女包括在内时应该使用的"他或她"。直到1790年选举法中才使用了"他或她",而且这很可能受到了教友会的影响。[②] 在几年后的一场激烈的辩论之后,法官威廉·格里菲斯在报纸上发表文章对由那些"甚至对这个问题没有任何判断力的"人滥用神圣的选举权表示反感。然而,他补充说,澄清大约一万名寡妇和成年的未婚女子的权利是很重要的。[③] 这一点有些意思,因为它暗示着与普通法规定的财 361
产权的某种联系,尽管选举权根据州宪和州的法律得到了行使。在新泽西,妇女积极行使选举权的时期持续了大约17年。无论州宪的意图是什么,妇女选举权在1790年的确立并非一个偶然的事件。在那时,共和原则的含义正在得到检验。然而,妇女参加选举似乎并未影响那个得到普遍认可的原则:在政治中没有妇女的地位。它之所以继续得到允许很可能是因为,这增加了民主共和党人和联邦党人以及在法院的设置地点上发生争执的不同城市之间在激烈竞争的选举中获胜的希望。格里菲斯借1807年埃塞克斯县法院选举丑闻发动起一场废除妇女选举权的运动。在大约22000名居民总数(未达到法定的选民年龄的居民很可能约占一半)中有近14000张选票投票支持废除妇女选举权。而外国人、黑人、妇女以及孩子的选举权(他们中一些群体的选票多出了好几倍)受到了腐败的或冷漠的选举官员的控制,选举制度似乎要崩溃。因此,讨厌妇女选举权的改革家们不费吹灰之力地通过了一个选举法,将选举权局限于成年男性,当然指的是白人成年男子。[④]

① L. Q. C. Elmer, *The Constitution and Government of the Province and State of New Jersey... with Reminiscences of Bench and Bar* (Newark, 1872), 32; E. R. Turner, *Women's Suffrage in New Jersey, 1790—1807*, Smith College Studies in History, vol. 1, 1915—16, p. 169.

② New Jersey session laws, 19th sess., 1st sit., 925—26; Turner, *Women's Suffrage*, 168.

③ William Griffith, *Eumenes* (Trenton, 1799), 33—34.

④ New Jersey Session Laws, 32d sess., 1st sit., 14. Newark *Centinel*, Feb. 24, 1807; *New Jersey Journal*, Feb. 24, March 3, 1807.

尽管新泽西的插曲不容忽视，也很难把它纳入分析之中。它似乎保持了它的地方特色。很少有人公开讨论那些问题，它也并未对其他的州产生影响。对选举法的修订的通过没有引发多少评论的事实表明，人们承认整个事情有些不正常。

妇女与共和国的观念

独立革命的更为广泛的后果可以最贴切地被描述为，那些参与确立适合于共和政府秩序的原则的男人们以及极少数的妇女们开始认识到一个重要原则。这个原则未能得到奠定了西方政治哲学的传统的以前的大多数思想家们
362 的足够重视。不同的政府形式可以被视为不同的理想类型，而每一种政府形式都与社会的秩序相关。通过将妇女们容纳进那种秩序，新的美利坚共和国的社会思想家们更为贴近现实地描绘了社会的各种重要功能。然而，他们并不仅仅满足于描绘。他们的目标是将共和原则运用于新社会的缔造。对社会的现实主义的描绘（很快会被称为"社会学"）充满了各种理想化的目标。涉及的问题至关重要，因为他们深信，如果不吸收与女性相关的价值观，共和国就不能存在下去。随着经济上的斗争变得日益激烈，这个洞见的意义将变得更加紧迫。如果说这并未意味着让妇女参与政治，但是，它至少意味着，政治秩序有义务承认妇女们在维护共和社会的基础中的作用。

妇女在共和社会中的作用其中最为基本的是做母亲。人们普遍认为，共和政府的存续必须依靠具备嘉德懿行的公民。而那些承担起启迪民众的职责的人开始指出，母亲而不是父亲应该承担起塑造他们的子女的性格、陶冶他们的思想的责任。费城医生和哲学家本杰明·拉什极为重视公众利益的观念。1782年他指出："应该教导我们的学生，告诉他他不属于他自己，而是公众的财产。应教育他热爱他的家人，同时也要教育他，当他的国家的福祉需要的时候，他必须抛开甚至忘掉他们。"这句话中的学生是男性，然而很快清楚了的是，教授这些重大的真理的人是他的母亲。拉什在第二年撰写的另一本小册子中解释道："教育子女的问题自然落到了妇女的肩上。"既然妇女们同时也是她们的

丈夫的财产的管理员和监护人，对她们的教育必须教她们履行这些责任。

拉什的论著针对的是中产阶级。他希望美国的女士们比英国的女士们更加顾家。对于美国女士们来说，这并非出于感情的原因，而是有必要这样做。因为他观察到，美国的家庭佣人不像英国的家庭佣人那样顺从。除了英语语言和写一手好字以外，女性教育的适当课程应该包括地理、天文学和自然哲学（后来被称为“科学”）。教她们自然哲学的作用是抵制迷信。她们还要学习唱歌。学跳舞也“不是不妥当”。让她们阅读历史、游记、诗歌和进 363
行道德教育的文章都会使她们受益匪浅。[①] 拉什极力向费城新近开放的青年妇女文实学校的主管人员们宣扬这些观点。这个文实学校在第一年就招收了一百名学生。拉什所关心的不仅仅是共和国的妇女们的心理福利。他像富兰克林一样认为，女性的影响能够塑造男人们中间流行的行为举止和道德准则。这从本质上说是妇女们的一种共和责任。[②] 大约十年之后，塞缪尔·哈里森·史密斯在费城出版的小册子中坚持认为，社会必须承认自己教育其中所有的孩子的职责。但他承认他并不主张女性教育。他解释说，因为妇女们已经取得了快速的进步，而且“未来的前景会平等地满足她们最为雄心勃勃的愿望。”[③]然而，那个博学的作者可能并不清楚那些愿望将达到的程度。

那个时期的最为坦率和具有创新性的论著表明了这一点。而那些书恰恰出自妇女之手。最为著名的书为英国妇女玛丽·沃斯通克拉夫特所著。她的《维护妇女的权利》于1792年在伦敦出版之后不久又在费城重印。沃斯通克拉夫特非常清楚自己具备的超凡的智力和能力。社会对妇女们的思想、举止和道德准则的经常性的贬低令她感到非常气愤。因为这种贬低不仅使她们臣

① Benjamin Rush, *A Plan for the Establishment of Public Schools and the Diffusion of Knowledge in Pennsylvania*...(Philadelphia, 1786), 14—15; idem, *Thoughts on Female Education* (Boston, 1787), 27—30, in Frederic Rudolph, ed., *Essays on Education in Early America* (Cambridge, Mass., 1965).

② Kerber, *Women of the Republic*, 211.

③ *Remarks on Education: Illustrating the Close Connection Between Virtue and Wisdom* (Philadelphia, 1798), in Rudolph, *Essays on Education*, 190, 217.

服于男人们，而且也使她们成为造成了对她们自己的贬抑的帮凶。她呼吁女性的行为要进行一场革命(她使用大写字母写成的“革命”表示强调)。她在妇女教育问题上颇有见地，认为如果男孩子和女孩子在同一所学校上学，她们会学会相互尊重，而不顾及性别的差异。如果首先充分承认她们是有理性的人和自由的公民，妇女们会证明自己是男人们的更好的伴侣。

在她曾经计划撰写的三卷本著作的其中一卷中，沃斯通克拉夫特并未接
364 着要求在财产和政治参与方面的平等权利(尽管她也许想要这样做)。我们看到，她的目标是使妇女们成为好妻子和好母亲的结论似乎是一种倒退。然而她的一以贯之的观点和精神的基础是要求受尊重的平等。她不喜欢受到男人们的庇护，她也不喜欢看到其他的妇女们接受男人们的庇护。[①] 美国的中产阶级知识渊博的妇女们很快认识到她们自己以前未能表达出来的思想。[②] 沃斯通克拉夫特和几年后的美国人朱迪思·萨金特·默里(以笔名“康斯坦莎”发表文章)都坚持认为，妇女们应该被作为与男性智力平等的人来对待。默里指出：“我们认为，在这个开明的时代，妇女能力低下的观点是完全不能容许的。”使妇女们“分享平等”将消除妇女们进步的各种障碍。然而在什么方面实现平等呢？默里一方面严厉批评男性的庇护，另一方面奇怪地愿意使她的目标符合男人的需要——她保证，她的改革的结果将在妻子们和母亲们身上培养“温存善良”和“矜持可人”等女性的美德。然而，她最终比沃斯通克拉夫特(她承认她受到了沃斯通克拉夫特的影响)更进一步，要求给予妇女政治权力。她引用历史上的例子证明妇女们具备参与政府的能力。然而，当她举出曾经表现出“男性一样的理解力”的妇女的例证的时候，她毫不犹豫地采纳了男性的形象。[③] 通过这些论著的发表，并且在拉什的早期论著的帮助下，在从女性

---

① Mary Wollstonecraft, *A Vindication of the Rights of Woman* (London, 1792), 324, 370—90, 412, 447—49.

② Kerber, *Women of the Republic*, 222—24.

③ Judith Sargeant Murray (“Constantia”), *The Gleaner, or Miscellaneous Production in Three Volumes* (Boston, 1798), 189, 191, 206, 211—12. 默里利用大量的篇幅举出了在被认为属于男性的成就的许多领域中发出耀眼的光辉的妇女的了例证，包括勇气、爱国主义、口才、哲学和文学。这本书是献给法学博士约翰·亚当斯的。

的立场公开提出平等的要求上迈出了第一步。[①]

当然,女性们所作出的不触动男性们普遍的感情、不去为妇女们要求完全的政治权利的有力决定也许包含着一种策略性因素。例如,默里对于妇女们的选举权没有具体的要求。对于她以及她的同代人苏珊娜·罗森以及本杰 365
明·拉什来说,共和国妇女的典范仍然是一个母亲。他们并未打算断绝一个妇女与她的家和家人的自然联系。他们为女孩子们所规定的教育和阅读材料旨在使她们适合于在一个公众生活将继续由男人们左右的共和国中承担起教育和养育子女的女性职责。默里甚至希望,教妇女们拉丁语的基础不会看起来"不符合女性的特点"![②]而第二次大觉醒运动的兴起掩盖了女性们在公众生活领域占有一席之地的前景。在这场强大的新教冲动中,没有让妇女们发挥公众作用的余地。[③]

尽管有证据证明数千年轻的妇女们受过共和教育,但也不能认为这种思想状况反映了绝大多数美国妇女的实际生活方式。当然对于女奴们来说,这与她们毫无关系。而对于自由的黑人妇女们来说,她们中的绝大多数被有意地剥夺了接受基本的教育的机会,而且她们很可能在多数的情况下湮没无闻。然而至少在白人中产阶级以及上层阶级的家庭与更为广大的社会的关系方面正发生着种种变化。而在城市和乡村较为贫寒的家庭中,快速发展的经济所提出的要求对于家庭的凝聚力产生了瓦解性有时甚至是解放性的影响,这种影响波及了男人们和妇女们。生活中充满了种种不确定的因素。丈夫们经常年纪轻轻就去世了,未能为她们的妻子们提供生活的保障。而让年轻的妇女们作好进入她们父母的家庭之外的世界准备的需要显然增强了进行女性教育的必要性。拉什以及他的同代人的努力并没有白费。他们的观点为不断增加的女子学校的发起者们所采用。这些女子学校的发起人强调妇女对男子的影响。这可能由此会对男性的独立性特点提出质疑。然而,女性文实学校以及

---

① Nancy F. Cott, *The Bonds of Womanhood*: *Women's "Sphere" in New England*, *1780—1835* (New Haven, 1977), 201—02; Kerber, *Women of the Republic*, 227—28.

② Murray, *Gleaner*, 6.

③ Cott, *Bonds of Womanhood*, 203.

它们的发起者们一直强调，女性教育应符合女性的特点。[①] 这种观点与沃斯通克拉夫特的观点之间存在着重要差别。沃斯通克拉夫特的观点并不承认男
366 女性别具备不同的特点。她认为，人们所观察到的性别差别是现存的教育结构、两性举止的差异以及社会制度向两性灌输的不同的道德准则的结果。她确实承认的的差别是，两性承担着不同的社会角色。然而这种分工至少要建立在完全的相互尊重的基础之上。如果她活的时间足够长，她很可能在此基础上提出妇女们终将在女权运动中提出的其他要求。[②]

日益增多的从事女性教育的机构所采用的教育训练产生了长期的重要影响。妇女们最终走出家门，担当起教师的职位。这是她们在职业认同上迈出的第一步。[③] 能够读写的白人妇女大大增加。根据报道（也许太乐观了），到1840年，能够读写的白人妇女已经非常普遍了。有关妇女的适当作用的辩论已经不知不觉地转向了一个新的阵地。妇女们在智力上劣等于男人的观点，在17世纪似乎很少得到人们的质疑。在独立战争及其之后很长时间内，支撑它的是对妇女们的教育机会或实践经验的几乎是普遍的剥夺。但是，它在妇女们的积极进取和努力的有力证据下逐渐让位。然而，那些对其他人的生命行使权力的人很少会因为他们最初的理由已经站不住脚了而放弃这种权力；男人们仍然需要女人们在一个男性社会中从事一种实质上的服务性工作。当妇女们开始表明她们对公众生活的立场的时候，多数男人不愿改变他们习惯性的信念。这场斗争还在进行着，直到近两百年以后才在面临顽强的抵抗的情况下赢得了阵地。

独立革命只是在非常间接的意义上造成了妇女们地位的改变。甚至妇女们生

---

① Ibid.，115—21.

② 沃斯通克拉夫特（Wollstonecraft）对校长和老师的评论值得引用："在这个王国中也许没有比盘踞在大学和公立学校的迂腐的暴君们更为教条或奢靡的一伙男人了。"（*Vindication*，370）

③ Lebsock，*Free Women of Petersburg*，172—75；Richard H. Chused，"Married Women's Property Law，1800—1850，" *Georgetown Law Review* 71（1983），1417.

活于其中的、并最终创造了新的机会和新的问题的社会环境的逐步而深刻的变化，也只能以一种间接的、有时是含混的方式被归咎于独立革命本身。独 367 立革命确实提供给她们一种自然权利的语汇。她们敢作敢为的领袖们抓住了它，并用来反对普通法的传统。然而从另一方面说，倡导女性教育的多数理由以及有助于女性集体意识的形成的许多情况，仍然建立在那种认为男性和女性之间的生理差别可以被描述为女性偏离了男性的标准的陈旧观点之上。支撑这种区分的是男性仍然是人类的准则的原则。正是这种男性和女性生理差别的观念为男性和女性承担完全不同的和独立的社会角色的自然基础提供了正当的理由和解释；完成这种角色符合上帝和自然的意图。这种观点招致了沃斯通克拉夫特、默里以及她们的一些同伴的抨击。然而，她们无力搬动惰性的大山，也未能使用很快被用在种族问题上的“隔离但不平等”的语言来批评女性的地位。这种语言对于多数男人、也很可能对于多数妇女们来说完全文不对题。无法通过人为的手段使自然的差别消除；平等只能适用于那些在自然的世界中平等的事情。存在着与种族的神话进行类比的空间。这个神话将不同的生理特点归于不同的种族。妇女们将来会对这种联系进行探讨。

正义永远不能与道义秩序分开。大约在19世纪最初前30多年中逐渐为人所知，或至少能够为人所知的对妇女在社会中的作用的重新界定，尽管存在着一些突出的例外情况，仍然普遍接受了对妇女角色的自然的划分，为她们自己争取的公正对待并未对男性在公共领域中的主导地位提出挑战。当衡平法院支持已婚妇女保有她们自己的财产的要求的时候（她们越来越多地提出了这种要求），法院的裁定不是建立在对平等权力的要求或承认的基础之上。到19世纪末，女儿们继承的她们故去的父母们的财产的份额超过了从前，但是她们仍然无法与她们的兄弟们持平。[①] 公平的观念在一个男女性别存在着根 368 本性差异的范式中将公正的原则与法官们的杰出才能结合起来。在任何可能

① Joan Hoff, *Law, Gender, and Injustice: A Legal History of U. S. Women* (New York, 1991), 85.

导向建立在个体权利基础之上的政治平等方面不会作出任何让步。[①]

如果妇女们要想得到在角色互换原则(正如我们所看到的,它是独立革命之后出现的一种男性信念,是一个与法律和政治中的个体权利相应的原则)上的平等,对她们的处境的基本要求现在至少明确了:倡导她们的权利的男性和女性们必须首先打破妇女不同于男人的观念。每一位个体的妇女不仅在法律面前,而且在家庭、社会以及最终在经济秩序中作为一个不同的个体而出现,只应受到应该给予每一个个体同样的保护的法律的保护。[②] 在美国企业资本主义激烈竞争的条件下,一些人的前景是令人振奋的,而另一些人的前景肯定是令人沮丧的。在这样一个充满暴风骤雨的世界里,相当多的妇女害怕将来被赋予保护自己的也仅仅是男人们大声反对的"个体"权利。随着目标变得似乎唾手可得,那些给予妇女平等权利的倡导者们以及主张确立一种会给予妇女保护的权利观念的倡导者们之间在感情上和思想上的分歧会变得越来越大和越来越明显。[③]

一般来说,妇女们的希冀一直通过男性界定的标准来检验。我们已经看到了关心共和国的伦理和美德的男人们承认妇女们影响着男人们,并塑造着他们的性格的证据。重要的是,在强调男性的主导作用的同时,不要忽视女性的观念影响对男性特点的界定的方式。当男人们表现出女性一般的脆弱、情感或依
369 赖性的时候就会为人所不齿。确实,男人们总是有主宰生活的希望,而女性们却没有;而男性特征的概念以及具有男子气概的美德都是围绕这些希望的理想和形象形成的。在任何竞争中,"王牌"总是攥在男人们的手中。然而这一切加在男人们身上的一个沉重的负担是,要维持划归他们的男性特点。而这又使他们

---

① Norman Basch, *In the Eyes of the Law: Women, Marriage, and Property in Nineteenth Century New York* (Ithaca, 1982), 135—38.

② 尽管"平等保护"的短语只是在1868年通过第十四条修正案被写入了联邦宪法,这个原则在很大程度上早已经存在于普通法中,也在许多州通过的议案或权利宣言中得到了暗示。

③ 霍夫(Hoff)在他的书《法律,社会性别和不公正》(*Law, Gender, and Injustice*)中通篇对这个主题进行了详尽的探讨。

要时常暴烈地展现男子汉气概和肉体的勇气，而缺乏谨慎或睿智。男人们要总是提防着不要丢失他们的“王牌”。尽管一个具有诗人气质的男人的“近乎女性的”敏感可能得到赞美，而妇女们仍然可以被视为“残缺的男性”，然而对于美国的广大男子们来说更为重要的是不要表现得像“残缺的女性”。[①]

在本书的研究中，平等被细分为某些基本的类型。其中之一是“性别的平等”。如果妇女的平等在历史上被在个体的基础上接受了，那么可能没有必要将性或社会性别视为像“法律面前的平等”一样的一个平等类别。本书的研究有意没有将种族或民族作为单独的类别进行研究，因为本书的基础是认为平等的个体性观念要求构成这些群体的个体被作为个体来对待。笔者将采用个体的原则，并将前五个平等的类别放在一边，来考察平等的第六个类别，实际上也是研究妇女的历史地位、妇女地位变化的社会的、心理的和思想的条件以及她们争取完全的个体平等的运动的希冀和挫折。

妇女与宗教

正如我们已经看到的，宗教平等产生于多种教派的冲突。那是由教派而不是为个人所要求的一种法律和政治自由的状况。而这些教派的存在维护了某种个体选择的自由。身为最早的清教徒移民之一的安妮·哈钦森的宗教教 370
义以及她对性别角色的公然蔑视令她在17世纪30年代中期的男性同代人感到反感。她在流离失所的时候，怀的孩子可悲地流产了。对此，男性基督徒们猜测是罪有应得，其中表现出来的仁慈少于基督教对他们的教诲。即使她是一个男人，哈钦森的唯信论教义也会造成不安。作为一名妇女，她威胁到了社会秩序。毕竟是另外一名清教徒约翰·弥尔顿后来对这些关系作出了正确判断。他这样分配亚当和夏娃各自相应的神学地位：“他是为上帝创造的，而她

① 这一切在19世纪的南部州尤其突出。入木三分的描绘参见 Bertram Wyatt-Brown, *Southern Honor: Ethics and Behavior in the Old South* (New York, 1982)。

是为上帝和他创造的。”①

然而，当18世纪30年代所发生的宗教复兴的气息搅动了沉寂的神权政治的空气的时候，妇女们的参与以及她们时常采取的主动性很突出。大惑不解的乔治·怀特菲尔德承认：“必须承认，我们中间的一些大呼小叫的女人们所带来的东西是看得到和摸的着的。”②有时实现了一种心理的释放。妇女们通过它能够宣泄蓄积的怨恨。这出乎男人们的意料之外，搅乱了他们的洋洋得意。妇女们不仅为大觉醒运动增添了精神的力量，她们也有时在私下里或公开的场合以非同寻常的尖刻的语言与她们的牧师们说话。③

“新光”派给予了妇女们在宗教事务中发挥较为突出的作用的机会，超出了旧的教众会允许她们发挥的作用。然而，妇女们看到了给她们规定的界限：
371 她们似乎并未撰写大觉醒运动中的任何文章。这也不足为怪，因为多数的这些文章都是以布道词的形式出现的，而没有任何教派允许妇女担任牧师。然而，她们的活动并未随着大觉醒运动的第一次冲动的衰退而消失。在弗吉尼亚浸礼会教徒中，妇女常常占据多数。她们在教会事务上投票，有时担任规劝

---

① *Paradise Lost*, IV, 299. 玛丽·沃斯通克拉夫特(Mary Woolstonecraft)责备弥尔顿这样描述夏娃：“上帝是你的法律，你是我的法律/ 知道这些就够了/ 这才是令女人最幸福和令她们得到赞誉的知识。”她评论说，她常常对孩子们这样说。而亚当理解平等的好处：“如果人与人之间不平等/ 在这种社会能够找到什么和谐和快乐呢?”*Vindication*, 35—36. 可以补充说明的是，弥尔顿十分清楚受尊重的平等在独立革命政治中的影响：
那位失位的大天使说道：“难道
这就是我们用天堂换来的地盘?
换来的就是这片土地，这个疆域?
天上的光明只换得这可悲的幽冥?
也罢，他如今既然是统治者，
他想要怎样就怎样安排吧。
论理智，他和我仿佛，
论实力，却超过他的侪辈，
像这样的家伙，离开得越远越好。”《失乐园》，第一卷，第242—49行。(本注释的翻译参照了朱维之译弥尔顿《失乐园》，上海译文出版社，1984年版，第14、156页。——译者)

② Alan Heimert and Perry Miller, eds., *The Great Awakening: Documents Illustrating the Crisis and its Consequences* (Indianapolis, 1967), xxviii.

③ Philip Greven, *The Protestant Temperament: Patterns of Child-Rearing, Religious Experience and the Self in Early America* (New York, 1977), 129.

员。有几个妇女在领导地方性的宗教复兴中发挥了突出的作用,并在面对男性的反对的情况下维持了这种领导地位。① 然而,只是在教友会教徒中间,妇女平等似乎被完全确认为基督教原则的核心中所固有的东西。

如果说作出自己的道义选择,或者在自己的心灵中回应上帝的声音的自由是一种平等的标志的话,在得到法律承认的妇女权利到来之前的漫长时代中,美国妇女们在宗教方面对与男性的某种平等的接近超过了生活的任何其他方面。然而这种自由的行使常常要受到男人们的反对,而且其行使的范围反映了男性处于主宰地位的总体秩序。妇女们可以去激励、组织和照顾别人,但是它不能担任正式的牧师职务。她们似乎也并未进入发表神学演说这个公共领域。而美国社会的开放性对于新的教派具有吸引力,这种吸引人之处几乎可以被描述为倾向于一种宗教机会的平等,尽管这个短语不是19世纪为人熟知和使用的那个短语的含义。这种情况有利于一个担任精神的和组织的领袖的新的女性群体的出现。其中包括安·莉。她是一个英国铁匠的女儿,形成的信念认为耶稣第二次降临人世时会以女身的形象出现。而她就是耶稣的化身。她在独立革命前夕与她的一伙追随者移居美国,在纽约州北部的奥伯尼附近建立了震颤教基地。杰迈玛·威尔金森是一个殷实的教友会农场主教徒的女儿。她建立了一个教派,自称是"普世公众之友"。在她活着时,这个教派一直存在着,尽管不是很兴盛。尽管教派内部存在着纷争和土地问题,在她1819年去世以后,一些信徒继续聚会。②

确实,宗教选择的平等对这些教派的信徒们实际上是开放的,也是他们争 372
取实现的。无数的教派在这个新生的合众国繁荣发展,其享有的广泛的自由很少是由于在联邦宪法中所宣布的自由信教的权利。妇女们在19世纪初期寻找家庭之外的角色中所组织的大量的慈善活动都与教会有关,尽管英国作家哈丽雅特·马蒂诺用一种怀疑的但具有洞察力的眼光看待这些问题,并不

① Norton, *Liberty's Daughters*, 126—32.

② Sydney E. Ahlstrom, *A Religious History of the American People* (New Haven, 1972), 492—96.

怀好意地评论说，宗教充斥了美国妇女们的空闲时间和思想。[1] 当妇女们的头在传统的教会中撞上男性的顽固之墙的时候，她们没有任何组织可以求助。当宗教信仰使她们沿着反对奴隶制的公开道路走下去的时候，就同时产生了建立妇女组织的必要和机会。到那时，问题变成了政治性的问题，并在后来与“政治平等”的平等类型融合在一起。

平等和法律：程序与保护

英属北美殖民地并非政治理论或法律理论的产物，在它们的法律基础中也很少存在理论化的内容。它们从一开始就要符合这样的简单要求：它们不能制定任何与英国法律相抵触的法律。然而，它们却被给予了相当大的自由，可以根据需要制定它们自己的法律。在18世纪初，英国贸易委员会的律师宣布，英王的海外臣民受着英国普通法的保护。[2] 而普通法主要是亨利二世在位时得到国王批准以来积累的司法判例，在很大程度上是英国法官们的裁定意见。[3] 在18世纪中期以前，英国的司法原则就开始以近期的判例的形式传
373 到了殖民地。殖民地的法院在任何时候都能毫不费力地接收到有关妇女们的地位的普通法原则。

在法律上的妇女问题（尽管妇女问题也许不仅仅表现在法律上）首先是婚姻问题。社会一致把结婚视为成年妇女的正常状态。主导性的普通法原则认为，婚姻将两个灵魂融合在一个人中，按照威廉·布莱克斯通爵士的说法，这

---

[1] Lebsock, *Free Women of Petersburg*, 224—26; Cott, *Bonds of Womanhood*, 137—38.

[2] Elizabeth Gaspar Brown, *British Statutes in American Law* (Ann Arbor, University of Michigan Law School, 1964), 11.

[3] 约翰·福蒂斯丘爵士(Sir John Fortescue)在回答亨利六世的问话时所使用的语言可能会给予美国联邦最高法院的首席大法官查尔斯·埃文斯·休斯(Charles Evans Hughes)荣誉：“先生，我说法律是什么就是什么。因此，它是法律开始以来所确定的。我们有几种被认为是法律的固定形式，并以充分的理由被拥有和使用，尽管我们不能记得那些理由。”Shannon C. Stimson, *The American Revolution in the Law* (Princeton, 1990), 17.

个人就是丈夫。[1] 妇女一旦结婚，就把她的所有财产移交给她的丈夫。她在法律上完全成为一个依赖和从属于她丈夫的人。重要的是，她不能以她自己的名字起诉和被起诉。这给她丈夫增加的一个非常现实的负担是要为他妻子的经济行为负责，而给法律增加的一个责任是保证她承担法律义务的权力也要相应地有限。

从18世纪中期一直到共和国早期，报纸上拥挤的广告版表明有一大批妇女经商。她们中的多数人出售女帽等小商品，可能是她们自己家里制作的。妇女们从事着30种不同的买卖和手工艺，包括制作银器、生产枪炮、鞣革、酿酒、烤面包、制作马具和承办丧葬。[2] 还有些女性当老板的突出例子。以前印刷商的遗孀克莱门蒂娜·林德在独立革命前的数年里拥有和印行着弗吉尼亚惟一的报纸《弗吉尼亚报》。少女时代的伊莱扎·卢卡斯·平克尼为她不在当地的父亲经营着至少三个南卡罗来纳的种植园，然后才结婚，谢天谢地地卸下了其中的一些负担。她因为创业精神和在引入靛蓝的种植中所表现出来的能力而广受赞誉。小镇中的一些小业主无疑是未婚的老女人，另外一些是寡妇。而已婚妇女只能对她丈夫所有的受法律保护的企业进行经营。如果她们负债了，丈夫要依法负责。一个妻子不能因为负债而被监禁，非常重要的原因是她的丈夫依法应该享有她本人的陪伴。（而一个丈夫却可能因为负债而被监禁。她的妻子对他的陪伴的需要不具法律权利的力量。这种差别有力地揭示了法 374
律的男性偏向。）

共和政府的建立并未直接改变这种情况。当处于世界商业及其日益发展的工业中心的伦敦的法庭在首席大法官曼斯菲尔德勋爵领导下，悄悄地在改变普通法，以便让已婚妇女为她们自己经营的企业负债承担责任的时候，美国各殖民地法院并未承担这种责任。没有发生什么事情动摇妻子不能作为一个

---

① Sir William Blackstone, *Commentaries on the Laws of England* (London, 1765), I, 430—33. 在这本书中，这位博学的作者还评论说，女性是英国法律的宠儿（前引书，第二卷，第433页）："丈夫和妻子在法律上合而为一，因此在婚姻状态下，妇女的存在就被中止了，或被完全与丈夫的存在融合在一起。" Basch, *In the Eyes of the Law*, 17, 22—23.

② Hoff, *Law*, *Gender*, 88.

独立的个人而行动的观点，这个观点是对她在法律上不能拥有和控制财产的必然推论和解释。这与老辉格党人提倡的一个在社会中有利害关系的人必须被认为具有独立的意志的原则完全一致。在美国的思想中发挥突出作用的、在政治上界定的"个人"的特点是，预先假定这些个人处于独立的状态。但是在事实和假定之间存在着某种固有的矛盾，在法律上的强烈倾向是歪曲事实而不是理论。然而，如果认为美国人（男性和女性都包括在内）在独立革命中所宣布的他们笃信的共和原则应该成为妇女解放的新浪潮的源泉是错误的。直到1824年，马萨诸塞州的已婚妇女不能以受她托管的财产为抵押取得贷款。[1]

在从独立之前一直到19世纪中期妇女们自己宣布的女权运动开始之间的漫长而难以界定的时期里，影响妇女们地位的各种变化很难描绘，因为它们缺乏展示自己的公开舞台。经济多样化的、商业以及后来的工业企业的迅速增加、人口的巨大变动、宗教复兴的浪潮、自由选择婚姻伴侣的发展以及家庭内更为自由的关系，都在很大程度上影响到了妇女的活动，或者本身就是妇女们活动的结果。但是，所有这一切之中没有一个以改变妇女的地位为主要目标。但是这些变革并非偶然或随意发生的。它们是法庭或大或小的裁定的结
375 果。它们也对法庭在具体的案件中的裁定所造成的社会秩序的变革发挥了重要的作用。那些需要救济的妇女们在寻求法律援助时主要依靠衡平法，而不是普通法。[2] 而这种救济的目标绝不是要造成妇女社会地位的更高水平的普遍平等。到18世纪末期，所发生的这种变革确实为那些在清偿债务的具体条件上能够据理力争的妇女们提供了更大程度的财政独立，但是赢得这一点的代价可能是在它丈夫死后失去他丈夫的不动产的支持。因为妇女们常常比她们的丈夫们长寿，这是一种模棱两可的既得利益，表明妇女们争取权利运动伴

---

① Marylynn Salmon, *Women and the Law of Property in Early America* (Chapel Hill, 1986), 15, 42, 45, 137—38.

② John D. Johnston, "Sex and Property: The Common Law Tradition, The Law School Curriculum, and Developments Toward Equality," *New York University Law Review* 47:6 (December, 1972), 1052. 这篇文章指出，衡平法最终造成了：(1)全面履行婚前的合同；(2)妻子享有独立的财产；(3)她在清偿债务时与男人的平等地位。然而，这一切并非都是美国的产物；第一条可以追溯到1581年的英国法庭。

随着许多不确定性因素。[1]

常常吸引法庭的同情和干预的是妇女们的需要,而不是妇女们的权利。在竞争激烈、没有保障的企业资本主义世界里,妇女们日益需要保障独立的财产免受丈夫或(更为重要的是)他的债权人的侵害。目标是保障财产安全,而平等可能是更大程度的法律上的独立的一种附带结果。但是,它是一种结果,而不是一个动机。[2] 当丈夫破产的时候,如果已婚妇女不能控制或保护她们结婚时带来的财产,以及她们在家庭的生计中没有决定的权利,受害的不仅是妻子们,而且还有孩子。普通法中已婚妇女的地位看起来不仅不公正,而且也不正常。当允许已婚妇女控制她们的财产的法律开始出现的时候(1835 年阿肯色州率先制定了这种法律;接着是 1839 年密西西比州更为著名的案例),它们直接的目标是保护妻子和孩子们免受丈夫的债权人的侵害。[3] 然而另外一个更为微妙的动机产生于经济的波动状态。这种状态经常造成对投资资本的需求或对偿付眼前的债务的现金的需求。而需要得到已婚妇女的同意才能让渡她的财产的普通法程序在这些情况下是一种障碍。而法律的改革给予这种 376
妇女对其财产的控制权,能够释放所需要的资本。[4] 保护妇女财产权以及立法的动议尽管有利于阐明立场和清除不平等,但是它们的动机不是实现性别平等,尽管它们可能会间接地产生这种结果。[5]

然而,妇女们在争取她们自己的权利上变得日益积极,越来越能明确表达自己的想法。而男性议员们都有妻子和女儿。1848 年纽约确认了妇女们在婚前没有任何协议的财产。但是直到 1860 年,纽约州才才赋予了妇女以她自己的名字起诉的权利。同年纽约州通过了《已婚妇女收入法》。随后一些州通过的立法尽管是零散的和不系统的,但它们在 19 世纪末之前已经得到了相当

① Ibid., 1057.

② Lebsock, *Free Women of Petersburg*, 69, 72.

③ Salmon, *Women and Property*, 185; Johnston, "Sex and Property," 1052.

④ Basch, *In the Eyes of the Law*, 112.

⑤ Ibid., 115—19.

全面的实施。[①] 至少在财产权问题上，妇女们接近于一种法律赋予的平等地位，而不仅仅是法律面前的平等。

在后父权制世界里，男人们发现越来越难维护伤害或威胁他们的妻子们的各种安排。但是，男性的主导地位不会轻易地被放弃。感情或开导都不是能够撬动权力之门的强大杠杆。情况变得日益混乱和难以界定，因为家庭本身经济安全的需要要求给予妇女保护她们的财产的某些权力，而这却与父亲权威及其合理性依靠他自己保护他的家庭的义务所支持的观点相冲突。产生于时常进行的局部改革的混乱留下了一些艰难的选择，没有一样能够令所涉及的各方利益满意。

正如在殖民地时期一样，共和国的法庭并未剥夺妇女们在法律面前的程序平等。妇女们可以平等地去法庭提起诉讼，享有作为诉讼当事人和见证人的平等地位。然而，男性保护妇女的观念将妇女们排斥在陪审团之外。男人们认为陪审团的成员们的经历不适合让女性们去体验。然而，当从程序性的
377 问题转向实质性的问题的时候，法院对妇女们适用的法律与它们对男人们适用的法律不同。法官们和议员们可以像布莱克斯通赞美英国的普通法一样自以为美国的法律给予了作为一个社会性别集体的成员的妇女们的特殊。然而当一个个体的妇女站在民事法庭之上的时候，尽管她可以总是期待享有适当的程序，但是即使联邦宪法第十四条修正案的通过也并未保证她从平等保护的原则中得到实实在在的安慰。

当伊利诺伊州一位妇女申请参加州律师协会的时候，这个观点得到了证实。她在各个其他方面都有充分的资格；她主编着一份法学杂志。但是，尽管她是合众国的公民，在原则上不能被剥夺那种地位享有的任何特权，但是联邦最高法院按照与同一时期审理的"屠宰场案"相同的理由作出了裁定。联邦最高法院认为涉及的问题只是州公民的问题；联邦最高法院不能借第十四条修正案介入州与其公民之间。后来在"民权案"中代表联邦最高法院宣读裁定意见的法官布拉德利先生在另外的场合所发表的赞同意见，揭示出联邦最高法

---

① Johnston, "Sex and Property," 1061—62, 1066; Basch, *In the Eyes of the Law*, 73—114.

院多数派要保护的社会学。他解释说："根据神的意志理所当然地构成的家庭组织表明，家庭范围是女性发挥其作用的适当领域。属于或应该属于家庭制度的利益和观点的和谐（虽不能说'一致'），与妇女从事一个与其丈夫不同的和独立的职业的观点相抵触。"①除了未能考虑到妇女们不是总是拥有丈夫之外（尽管本案的妇女有丈夫），联邦最高法院显然像布拉德利一样坚持一种超越了个人权利的自然秩序。"理所当然"将在法官布朗先生在"普莱西诉弗格森案"中宣读的裁定意见中再次使用。"性别"因此像"种族"一样正式地成为了执行歧视性立法的合法理由。

政治平等：一扇紧闭的大门

在独立战争期间，马萨诸塞一个名叫威廉·马丁的效忠派从这个州迁走，378
他的财产被以没收的形式剥夺了。他的妻子安娜无论是出自信念还是对她丈夫的忠诚，也随他而去。独立战争以后，他们的儿子小威廉·马丁提起诉讼，要求返还那份财产，理由是他享有对他母亲的财产的继承权，而她的财产不应被没收。这个案件以一个复杂的形式展现了已婚妇女原则的一些政治含义。马丁的律师是后来成为本州的首席大法官的杰出律师西奥菲勒斯·帕森斯。他辩护说，安娜作为一名已婚妇女，"像一名外国人一样与本州没有任何政治联系"。这个观点挽回了他的当事人的财产，但是付出的代价是使已婚妇女们成为政治上的外侨。那个观点的实质是，她不能因为她丈夫的叛国罪而受牵连，因为她没有自己的政治意志。马萨诸塞州法院赞同这一说法，将安娜的财产归还给了她的儿子，因为这个州不能容忍对这个州的反叛，也不能要求一个妻子背叛她的丈夫。②

---

① *Bradwell v. Illinois*, 83 U.S. 130 (1872), 445—46.

② Kerber 重新找到了这个案件，并在 *Women of the Republic* 的第 132—136 页对有关问题进行了详尽的分析。更为彻底的分析参见 Kerber, "The Paradox of Women's Citizenship in the Early Republic: The Case of Martin vs. Massachusetts, 1805," *American Historical Review* 97:2 (April 1992), 349—78。

用普通法的话来说，安娜·马丁是一个已婚妇女。这个观念主导了她儿子的诉讼。而在政治生活中，可以毫不夸张地说，已婚妇女的观念主宰着整个女性，包括已婚的、未婚的或寡居的。所以这不是一个依靠男人的妇女们没有她们自己的意志的问题。她们拥有自己的意志，但是她们的意志没有能力处理政治问题。这种弱势被普遍地与她们歇斯底里的倾向、在性格上的缺乏稳健和坚韧以及不能清晰地、深入地和冷静地思考问题联系在一起，而相反的这些品质却使男性适合于承担领导政府的庄严职责。

人们甚至不希望18世纪有教养的妇女谈论政治问题，或思考政治问题。像阿比盖尔·亚当斯和默西·沃伦这样受过良好的教育和富有辩才的妇女在相互间的通信中表明，她们很清楚，当她们谈论政治问题的时候就会碰到一个问题，而这个问题包括要冒招致她们的男人们的反对的危险。朱迪思·萨金特·默里试图挡开这种批评，解释了她"表现出男性特点"的原因。这暗示着
379 她在写作中涉及政治问题时的畏手缩脚，而对此她可能自己感觉不到。[①] 但是绝大部分女人们感到了这种畏缩。而这种表面的畏缩无疑应在很大程度上对女人们面对男人们树立的自信的外表时的胆怯负责。在男人们创造的公共场所，女人们只是缺乏表达她们自己或控制局面的最为基本的经验。然而，当公众场所与家庭汇合在一起的时候，她们对于男人们的活动的成功极为重要。南卡罗来纳商人和独立革命的领袖克里斯托弗·加兹登坦率地承认了这一点。他评论说，非常重要的是，停止输入英国的商品的实施需要征得他们的妻子们的同意："没有她们的同意，我承认这个政策不可能取得成功。"[②]妇女们对独立战争的许多方面的非常明显而积极的贡献已经谈到了。但是，从共和国这个更广阔的视野来看，至少同样值得提及的是，这些活动从未被转变为有关妇女们的政治角色的新观念。新泽西的例外绝对是特殊情况。从中没有产生任何结果，其他的州都不让自己受到影响。而在新泽西州，似乎从未暗示可以选举妇女担任政府公职。

---

① Ibid., 82—84; Murray, *Gleaner*, ix.

② Kerber, *Women of the Republic*, 37.

到19世纪20和30年代(这个年代被随意地和不恰当地称为杰克逊时期),在男性世界进行的改革运动的结果开始动摇主导性别限制的意识形态。像玛格丽特·富勒和弗朗西斯·赖特这样出类拔萃的妇女已经正在就政治的和社会的问题发表演讲,参与有关教育和劳工政策的辩论。她们引人注目的能力指向妇女以及她们在美国社会中的地位问题之外的更为普遍性问题的事实,警告男性如果给予妇女们政治权力,他们会看到什么或面临什么可怕的事情。在华盛顿、亚当斯或杰斐逊主掌国家的较早时期,人们不会开始想像会有这种活动。然而即使这些仍然只是例外,也引发了一些好奇而敌视的评论。而在新世纪初年妇女们参与公众事务活动的增加没有影响主导性的男性观点。只要妇女们忙于慈善活动和宗教事务,并且进行一点有限的(但是不断增加的)的教学工作,她们似乎并未不适当地影响政治。然而不应小视这些 380
活动。它们吸收了越来越多有文化的妇女们的能量,而这些妇女又会生养更多的妇女。在面对触及她们的良心的公众问题的时候,她们不会总是在政治上装聋作哑。19世纪30年代有组织的反奴隶制运动的兴起必然会激发起妇女们的感情,推动她们活动起来,尤其是那些父亲身为宗教牧师的那些妇女。

到19世纪30年代末,当南卡罗来纳州一位奴隶主的女儿萨拉·格里姆科和安杰利娜·格里姆科抛舍自己的家移居北部并公开发表反对奴隶制的演说时,他们遭遇到了男性主宰的社会的抵制。马萨诸塞正统教会总会理事会(The Council of the General Association of Orthodox Churches of Massachusetts)(公理会)按照老套子和他们对妇女地位的认识界定了妇女们的地位。他们解释说:"妇女的力量在于她对男人的依赖,这种力量源自上帝为了让男人保护她而赋予她的柔弱……当她以一个公众改革家的身份占有男人的地位并像男人一样说话的时候……她就放弃了上帝赋予她的力量……她的性格就变得不自然了。"[1]在这里妇女对男人的依赖被视为社会对自然秩序的反映。

---

① Elizabeth Cady Stanton, Susan B. Anthony, and Matilda Joslyn Gage, eds., *History of Woman Suffrage* (New York, 1881) 1:81—82.

这无异于上帝的法则。当然,妇女们只是在一个男人们能够不间断地提供那种保护的世界中才能依靠自己的柔弱获得保护。理事会的话在无意中暴露了男人们自己的心理依赖性,依赖女性需要和希望得到他们的保护。[①]

尽管这种观点很普遍,就像历史上的各个时代一样,仍然没有多少可能给予妇女们政治平等。那些充满激情地要消除美国社会的弊病的男人们,对妇女们侵入他们的领域作出了激烈的反应;对女性废奴主义者的嘲讽有时会伴随以暴力攻击。而像威廉·劳埃德·加里森一样坚持要让人们听到她们的声
381 音的妇女们很快觉察到,在她们以及男性废奴主义者们抨击的黑人奴隶制与她们自己与男性世界的关系之间存在着令人不快的相似性。因为许多反奴隶制协会不让妇女们加入,她们就开始组成了她们自己的反奴隶制协会。1837年,萨拉·格里姆科在致波士顿妇女反奴隶制协会主席的信中直接谈到了妇女的地位问题。她说:"整个历史证明,男人们一直让妇女服从他的意志,把她作为一种促进他自私自利的满足感的一种手段而利用,满足他的性快感,让她促进他的安逸。然而,他从未想要把她提高到她生来应该占据的地位。他竭尽全力压制和奴役她的思想。如今他得意洋洋地看着他造成的破坏,并说,他深深伤害的人劣等于他。"[②]只需略加改动就能把这种控诉变成对白人向黑人表现出来的优越感的解释。妇女们开始撰文分析被男人们征服的道义的和物质的层面的社会的和心理的过程。[③] 在反奴隶制运动采取政治行动的越来越明显的需要只能将这些认识推向政治。而妇女们要比男人们更能清楚地看到

① 当然人们认为女奴不需要保护。1851年索杰纳·特鲁思(Sojourner Truth)在俄亥俄州阿克伦召开的妇女大会上发表的演说令人伤感地揭示了这种事实。这个演说的零碎的记录表明它可以与亚伯拉罕·林肯的演说相提并论。

② Judith Hole and Ellen Levine, *Rebirth of Feminism* (New York, 1971), 3—4.

③ 看一下英国来访者巴巴拉·博蒂钦(Barbara Bodichon)的观点。她对她在新奥尔良看到的奴隶制的不公正与对妇女们的不公正进行了比较。得出的结论是黑人奴隶制更坏,但是"它与对妇女们的不公正结合得如此紧密,以至于我看到其中的一个就会想到另一个,感到如果对妇女问题形成了正确的观点,奴隶制就会很快被摧毁。"Babara Leigh Smith Bodichon, *An American Diary, 1857—8*, ed. Joseph W. Weed, Jr. (London, 1972), 62—63. 博蒂钦是一个拥有巨大个人财产的妇女。她用她的钱帮助建立了剑桥的哥顿学院(Girton College)。

这种联系。

机会和受尊重的曙光

缅因的伊莱扎·索思盖特从未表示要“偏离女性优雅和端庄的法则”,她也从未怀疑女人和男人注定要占据不同的活动范围。然而在1802年,索思盖特承认,她“时常想,如果我是一个男人,我应从事什么职业”。她像以后世代的一些妇女一样,表示想当一名律师。[1] 她承认她的意向还谈不上什么抱负。一个妇女没有可能取得从事律师职业的资格,也不可能被接受 382
从业律师。然而能有这种想法就已经是非同寻常了。从她与世隔绝的阁楼,她扫视着禁止妇女们涉足的广阔的田野,她瞥见了驱使男人们在生活中前行、迫切而雄心勃勃地争取成功和荣誉的世界。她从自我省察而不是个人兴趣的角度补充说:“如果我是一个男人,我想我不会感到那种追求荣誉的强烈愿望”。[2]

只要绝大多数妇女们未能感到追求荣誉的动力(弥尔顿称之为“贵人思想致命弱点”[3])的鞭策,她们就不可能去检验“机会平等”观念的限度。这种观念越来越流行,到19世纪中期已经逐渐主导美国经济正义与社会正义的观念。对于多数美国妇女来说,这种限度已经被朴茨茅斯的牧师约翰·奥格登清楚地划定了。奥格登在1793年指出:“按照联邦宪法,每一个男人生来享有被选举担任最高的政府职位的平等权利,而每一个妇女生来享有担任最为显赫的男人的妻子的平等权利。”[4]

正如我们所看到的,有大量的证据表明,大约到19世纪20年代,美国各地的中产阶级白人妇女正在参与各种各样的活动,其结果是使她们走出了她们自己的家庭这个限定范围。有一些活动是慈善性的,没有报酬,有一些是为

---

① Norton, *Liberty's Daughters*, 112—13, 250—52, 296.

② Ibid., 296.

③ Lycidas.

④ Cott, *Bonds of Womanhood*, 109.

了生计的劳动，而教学近乎一项职业性工作。[①]随着妇女们以某种方式进入市场，她们越来越需要法律提供的那种保护，而不仅仅是男性的家长式保护。这些经历的结果不是造成了更大程度的机会平等，而是促使更多的妇女们看到了她们未能享受到机会的平等的事实。可以公平地说，机会平等的观念被认为唯独适用于男人的世界。由于妇女们的目标是核心问题，同样恰当的说法是，上面提到的多数活动并未与家庭是妇女世界的核心的优先考虑产生严重冲突。

383 像阿比盖尔·亚当斯、默西·沃伦、朱迪思·默里以及伊莱扎·索思盖特（仅仅说几个我们已经提到她们的观点的人）等这样的妇女所表达的怀疑，紧紧围绕的是受尊重的问题。无论她们的家庭生活多么温馨，只要她们不能开始获得男人们习惯了占有的教育武器，妇女们作为一个性别很难在男人的世界中拥有自尊。而正在出现的对男人和女人能够在上帝、自然和社会习俗为他们所划定的领域内实现各自的目标的承认，为妇女们提供了在分配给她们的领域范围之内享有一定程度的尊重的机会。当然，那种领域的范围、目的和界限是由男人们决定的。

婚姻是这种世界的目标和核心。然而与妇女的领域相关的一种社会“润滑剂”是，认为婚姻应该是一种建立在感情、相互尊重和角色互补基础之上的伙伴关系。感情不仅仅是婚姻生活的一种令人愉快的序幕，而且也是一种应该享有的权利。前面已经提到，在1776年以后的10年中，马萨诸塞寻求离婚的妇女中有10%声称离婚的理由是缺乏感情，这种理由在1765年之前从未听说过。[②] 这种“伙伴式的婚姻”的观念在共和思想中远非什么新东西。[③] 爱、伙伴关系以及相互支持是西方世界婚姻的古老理想。在美国，清教徒极为注

---

① Lebsock, *Free Women of Petersburg*, 172—75. 该书强调在19世纪初妇女们拥有越来越多的机会担任教师。

② Carl N. Degler, *At Odds: Women and the Family in America from the Revolution to the Present* (New York, 1980), 15—17.

③ 亚里士多德在《尼各马可伦理学》(*Nicomachean Ethics*) 的第八卷(Book Eight)中分析了各种爱，并说“丈夫和妻子之间的爱被认为是双方先天固有的东西”。Trans. J. A. K. Thompson (Harmondsworth, 1955), 280.

重将这种理想变为一种活生生的现实。① 早期的共和思想状态似乎表达出一种更高水准的“受尊重的平等”,超过了早年正式得到承认的程度。在新共和国的社会里,婚姻被说成是一种崇高的友谊,在这种友谊中,“平等的”、“相互的”和“互惠的”等词可以自由地互换。共和国的婚姻充其量被认为是一种平等的人之间的友谊。② 当然,这并不暗示着平等的观念应该运用于公众领域。384
然而妇女的领域的周边并不是完全封闭的。随着杰克逊时代初期企业社会的演进,它的边缘被对来自外界的压力作出越来越多的反应的内部的压力打上了越来越多的洞洞。

女性意识的出现

个体主义是一种男性的理想。它在日益商业化的美利坚合众国的价值观中很快占据主导地位,并在英国和法国的工业社会中逐渐取得合法地位。这个概念是复杂的,曾被运用于人类精神的多种而多样的历史表现。③ 然而,它

---

① David Hackett Fischer, *Albion's Seed: Four British Folkways in America* (New York, 1989), 83—85.

② Jan Lewis, “The Republican Wife: Virtue and Seduction in the Early Republic,” *William and Mary Quarterly* 44:4 (1987), 707. “独立的领域”的观念及其推论“伙伴型婚姻”并非新近学术研究的发现。最为敏锐的观察家阿列克西·德·托克维尔观察到:“美国人将在我们的时代主宰工业生产的政治经济学的伟大原则运用于两性。他们小心地划分了男人和女人的职能,以便于社会的伟大工作能够做得更出色。”那个“伟大原则”当然指的是劳工分工。托克维尔深信美国的妇女们全心全意地接受了这种社会秩序,其程度超过了我们较新发现的证据表明的情况。然而他也看到了正微妙地推动妇女走向与男人的更大程度的平等的社会趋势,以及男人们的命运多舛。J.-P. Mayer, ed., *De La Démocratie en Amérique* (Paris, 1961) 1:209—11, 219—22. 正如上面提到的(英文原书383页上的注),根据男女不同的职能和能力划分独立的领域的较早的清楚的论述参见亚里士多德的《尼各马可伦理学》(*The Nicomachean Ethics*),第八卷(Book Eight),第280页。两性之间的这种自然的感情与他们在能力和权力上的不平等完全相容。

③ 近代社会对个体主义的最具权威性的研究很可能是雅各布·布克哈特的《意大利文艺复兴时期的文化》(*The Civilization of the Renaissance in Italy*)(1860)。鉴于个体主义渗透到了中世纪之后生活的整个结构中(可以说之前就已经在很大程度上这样了),列出一个参考书目将占用几页的脚注,希望上述观点在没有学究式的研究的支持的情况下也能站得住脚。一些介绍性的分析参见 J. R. Pole, *American Individualism and the Promise of Progress: An Inaugual Lecture Delivered Before the University of Oxford* (Oxford, 1980)。

在美国的表现为阿列克西·德·托克维尔所探讨的作为他的时代的美国发展的核心主题的“地位的平等”的一个重要推论。[1] 然而，托克维尔并未谈及美
385 国妇女们的个体主义。如果他主要写的是欧洲的问题，他可能会对那个话题有很多话要说。然而，美国不同地区的妇女们通过她们共同的经历以及同病相怜悄无声息而不引人注目地铸就的同情和姐妹情谊的纽带，加上她们跻身各种各样的市场活动，形成了不同于男性的个体主义的女性思想的条件。然而，这种意识形态的要求不能少于美利坚合众国赖以为基础的基本的个体权利。作为妇女们寻求她们的自我认同的基础的价值观，需要等待某种公开的碰撞才会成为一种个体主义的权利。[2]

安德鲁·杰克逊担任总统期间，托克维尔访问了美国。这个时期的特点是出现了社会动荡的各种表现。正如我们在前面一些章节中所看到的，这对许多旧的价值观开始提出质疑，令不同社会阶层的许多人对未来充满了忧虑和困惑。美国的妇女们只有在她们独立的领域受到特别好的照顾才不会注意到在男性世界正在发生的事情。而且在一个经常使她们暴露于高度个体主义的市场经济的后果的世界中，她们不会不发现她们自己的脆弱。选举权运动的具体的政治目标的形成不是任何一个方面因素影响的结果。它是对杰克逊政府之前的政治的和经济的剧烈变动的一种自然的反应。然而当中产阶级的妇女们（她们中的许多人像加里森一样具有一种强烈的平等主义信念）投身于反奴隶制运动的时候，她们很快为自己发现了将主宰男性政治世界的民主政治的个体主义运用于她们自己的性别的逻辑。加里森废奴主义者自己怀有和激发起人们对一种共同的人性的信念，而她们愿意将这种人性运用到妇女们

---

① 实际上，可以正确地说，**个体主义**是在 1840 年通过亨利·里夫（Henry Reeve）翻译托克维尔的书进入英语语言的。他歉意地表示他不熟悉这个词，但是解释说他不能找到对应的英语词汇。

② Lebsock, *Free Women of Petersburg*, xix; Cott, *Bonds of Womanhood*, passim. 尽管这个主题贯穿了这两本书的大部分章节，两位作者同样都意识到抵抗常常是压倒性的。莱布索克（Lebsock）在他的书的第 26—27 页指出，彼特斯堡生活较为优裕的寡妇们不大可能再次结婚。她们宁愿保持独身，控制她们自己的财产以作为以往婚姻的慰藉。这似乎表明一种非常个人化的女性个体主义。

身上。①

新的反奴隶制运动的主要女性成员们被给予了一种将她们自己的地位与 386
她们想要帮助的那个受压迫的阶级的地位联系起来的不受欢迎的机会。1840年在伦敦召开的世界反奴隶制大会上,柳克丽霞·莫特和伊丽莎白·卡迪·斯坦顿被禁止在大厅就座,被赶到楼座。她们在回国的路上,决定启动一项妇女教育运动,作为争取妇女权利的政治计划的第一步。直到八年后她们才成功地组织了第一次妇女权利大会。大会在纽约州的塞内卡福尔斯镇召开。

这次大会通过了一个《情绪宣言》,正式发动了美国妇女运动。《情绪宣言》小心翼翼地模仿《独立宣言》的话,认为"不言自明的是,所有男人和女人都是生而平等的"。宣言宣布了一系列"男人对妇女们的伤害和对妇女权利的篡夺,其直接目标是确立对她的绝对暴政"。宣言然后"正式向公正的世界陈述了"各种事实。与《独立宣言》相应的是列举了一系列男人压迫妇女的项目:男人们当然迫使妇女们服从她们在制定中没有发言权的法律,使她们"一旦结婚,就在社会上死亡了";男人们垄断了有利可图的职业,只留给她们在教会和国家中的从属地位;男人们"在世界上为男人们和妇女们确立了不同的道德规范,从而造成了一种错误的观点"。列举的项目与初稿中的内容存在着很大的不同,而宣言的起草者们表明她们已经理解了自尊的极端重要性:"他在各个方面竭尽全力毁灭她对自己的能力的信心,削弱她的自尊,使她愿意过着依赖性的卑贱生活。"②

正如少数群体或小群体向一个强大的多数群体要求平等的公民权利的所有运动一样,妇女权利运动的发起者们自然把妇女们作为一个社会统一体来对待。这份措辞谨慎的宣言的要点包括两个方面。第一个目标针对的是美国妇女的良心和意识,在这个意义上说,宣言是一个集体的文件;而"情绪"一词也许会被视为一种女性化的口吻。然而这决不会减弱这样的事实:如今妇女 387

---

① Ellen Carol DuBois, *Feminism and Suffrage: The Emergence of an Independent Women's Movement in America, 1848—1869* (Ithaca, 1978), 32—37.

② Stanton et al., *History of Woman Suffrage* 1:69—71; Hole and Levine, *Rebirth of Feminism*, 5—7.

们所提出的要求在法律上和政治上是一种个体的要求。它将作为个体的妇女与作为个体的男人置于同等的基点之上。当代妇女权利运动的思想基础已经奠定好了，而这些基础将支持角色互换的原则运用于个体的妇女。因此，这暗示着拒绝接受对女性的偏袒或保护。这是在妇女史上至此所提出的最为大胆的要求。然而，随着它的更为全面的含义被揭示出来，它还会证明最具分裂作用。

妇女的权利：妇女的利益？

当人们发现自己的利益受到了某种政府政策或私人侵害的威胁的时候，他们会使用权利的语言来表达他们的不满。这种不满的表达在美国所遭遇的抵抗很可能小于任何国家。权利和利益时常看起来可以互换，至少对于发生争执的对抗者们来说是这样。律师行业因此总是会得到丰厚的报酬。美国有组织的妇女运动的发起者们对这个问题没有怀疑。妇女们的利益远远超出了正式的权利，而它们的完全的含义还有待探讨。然而在政治上，要维护妇女们的利益只能通过赋予妇女们男人们所享有的一切公民权利。尤其当妇女运动接近实现其原始目标的时候，它所暴露出来的关键性矛盾是激进女权主义者们以前所没有观察到的分叉(dichotomy)：那种真正的有效的权利平等，如果转变成为在经济的和社会的关系中的相应变革，实际上可能威胁到一大批妇女们的利益。然而这个问题会在未来出现，在那里等待着妇女们的纵队的先头部队的到达。在19世纪中期的政治世界中，选举权几乎被不加限制地给予了白人男子。妇女们无疑会认为在一个民主社会，首要和最为重要的权利是选举权。

这种政治意识的很大一部分产生于反对奴隶制的运动。而在内战期间，妇女选举权运动的领袖们同意让她们的事业服从于解放奴隶的事业。伊丽莎白·卡迪·斯坦顿和苏珊·B. 安东尼组建的全国忠于联邦妇女联盟征集了
388 40万个签名支持联邦宪法第十三条修正案，这个修正案废除了美国的奴隶制。[1] 然而，妇女们不久发现，她们自己对政治承认的要求受到了冷嘲热讽。

---

① DuBois, *Feminism and Suffrage*, 53.

在重建时代有关公民权利和黑人选举权的辩论中,反对给予黑人公民权和选举权的人利用妇女对选举权的要求为借口,似乎这能够作为不给予黑人选举权的证据。他们的观点的实质一目了然:选举权不是一种权利;它是社会授予具备必要的条件的某些类型的人的一种特权。妇女、孩子、罪犯和精神病患者不能参加选举,但是他们享有符合他们的社会地位的一切公民权利。正如康涅狄格州参议员詹姆斯·狄克逊在有关联邦宪法第十五条修正案的辩论中所说的,州有权进行这种区别对待。[①]

在这些辩论中,保守派的辩论角色让他们援引平等在原则上是不可分割的抽象说法。但这种语言的意图具有讽刺意味,因为最为投入的平等主义者们也采用这样的说法。如果说要给予黑人平等的权利,那么没有任何合理的理由抵制给予妇女们以及其他不为政治关注的群体平等的权利。1869 年,当特拉华州的参议员威拉德·索尔斯伯里在参议院提出一项建议废除一切以肤色或性别作出的区分的联邦宪法修正案的时候,引起了一阵笑声。[②] 在 1875 年民权法议案的辩论中当类似的策略被使用的时候,支持这个议案的共和党人奥利弗·莫顿指责他的反对者"支持女士们"。[③] 然而,多数的共和党人极力避免将联邦宪法第十五条修正案的问题与妇女选举权或妇女的权利纠缠在一起。亚拉巴马州的参议员威拉德·华纳向妇女们保证,等他们采取了一致行动,她们就会得到选举权。尽管他公开表示同情妇女运动,但是这种话可以被认为意味着"在我们的一生中都不可能"。事实上也确实是如此。[④]

激进共和党人以及前废奴主义者集中关注保障黑人的公民和政治权利,不可弥补地破坏了他们与妇女运动的联盟。1866 年 5 月在纽约市召开的"妇女权利大会"决定建立美国平等权利协会,目标是争取黑人和妇女的平等权利。然而 389
不久,斯坦顿和安东尼开始谴责联邦宪法第十五条修正案将妇女们排斥在外。她们实际上开始寻求民主党的支持,而民主党实际上并不比激进共和党人更

① *Congressional Globe*, 40th Cong., 3d sess., 858—61.

② Ibid., 1310.

③ *Congressional Record*, 42d Cong., 1st sess. (1875), 1795.

④ Cong. Globe, 40th Cong., 3d sess., 862.

为同情妇女。在《民权法》通过的那一年，联邦最高法院重申了有关妇女的宪政权利的一般性男性观点，裁定说联邦宪法第十四条修正案并未给予她们选举权。因此州政府有权剥夺妇女的选举权。[①]

面对这些令人沮丧的事情，妇女运动阵营内部出现了剧烈而痛苦的分歧。斯坦顿和安东尼创办了一份女性周报，其毫不妥协的标题是《革命》。她们决心在"男人们，他们的权利不能再多一点；女人们，她们的权利不能再少一点"的口号下全面地争取妇女们的权利。她们的目的是审视妇女们受到负面的影响和不公正的判断的各种制度。男性在影响婚姻的财产法中的主导地位、困扰受到她们的丈夫的虐待的妇女们的种种麻烦事以及在传统上被接受了的性道德的双重标准等等，都被她们仔细地考察过。

1876 年，在《独立宣言》发布一百周年纪念日，是一个举国欢庆的日子。这为妇女领袖们提供了另外一次引起公众关注的机会。她们利用时机发表了《权利宣言》。在这个宣言中她们宣布她们坚信自我管理以及"我们与男人在自然的权利方面是完全平等的"。所谓的独立实际上是女人独立于男人，独立于男人们所创造的道德准则和各种规定充斥的世界。她们宣布："妇女首先是为她自己的幸福创造的，因而她对自身拥有绝对的权利，也拥有绝对的权利享有生活为了她的充分发展提供给她的所有机会和有利条件。"她们否定了女人是为男人创造的教条。不用说，这种教条的权威性来自《圣经》。[②]

斯坦顿很快意识到宗教组织反对对社会或政治关系中的性别结构进行任
390 何改变。神职人员们似乎尤其容易担心，承担男性角色的妇女们将对他们的权威以及通过他们为媒介传达的神意产生破坏性的影响。安东尼在 23 名妇女（其中有三名是宗教牧师）的协助下，为了消除神职人员的这种影响，出版了一本《妇女们的圣经》，从女性的角度对原版《圣经》进行了彻底的批判。上帝创造夏娃的故事被斥为"一个小小的内科手术"；而对女性的压制一直追溯到《创世记》中有关毒蛇引诱亚当和夏娃偷吃智慧果的故事。

---

① *Minor v. Happerset*, 21 Wallace 162 (1875).

② Quoted in Hoff, *Law, Gender*, 180.

斯坦顿作为她和安东尼建立的全美妇女选举权协会的第一任主席,日益关注抵制宗教组织的影响的必要性问题。然而,《妇女们的圣经》被广泛地认为是对神的亵渎,这威胁着使妇女运动陷入声名狼藉。在严格的意义上说妇女运动中更具政治性的一派的代表是露西·斯通。她内战后不久在斯坦顿和安东尼建立协会大约相同的时间里建立了美国妇女选举权协会。斯通的目的是通过仅限于关注明显体面的政治性问题,并回避妇女在社会中的更为广泛的问题来赢得选举权。她相信,当妇女们赢得了选举权并通过正常的政治程序影响事情的时候,就会解决妇女在社会中的广泛问题。这两个组织在大约 20 年中平行发展。直到 20 世纪,在新一代妇女领袖领导下的全美妇女选举权协会才将更为广泛的妇女们的资源汇集为一个主导性的运动。①

妇女选举权运动并不是建立在对经济制度以及支持它的阶级关系的革命性批评的基础之上的。在一定意义上说,《革命》这个标题所提出的要求超出了她们所应该得到的。当斯坦顿表达养尊处优的白人盎格鲁-撒克逊妇女们对被剥夺了选举权的怨恨的时候,一种种族敌意的倾向进入了她的语言风格。因为新近解放的黑人奴隶以及蜂拥而至的没有文化的移民都被赋予了选举权。他们中的许多人在投票的时候甚至都不会阅读或说英文。在重建时期的妇女的代言人们,面对突然给予刚刚解放的黑人奴隶选举权,使用利用白人妇女对黑人的恐惧的语言不足为怪。② 这种社会的和族裔的仇恨非常普遍,并 391
随着移民的进一步大批涌入而变得更为广泛。1906 年弗洛伦斯·凯利在一个选举权大会发表演讲时指出,她"很少听到有关选举权的响亮的演说不提到作为我们的主人的'无知和堕落的男人'或'无知的移民'。人们在谈到这些事情的时候或多或少带着习惯性的仇恨"。③ 1902 年年老体衰的伊丽莎白·斯坦顿表示愿意接受对选举权本身的普遍限制,支持剥夺无知的男性和女性的

① Judith Hole and Ellen Levine, "The First Feminists," in Anne Koedt, Ellen Levine, and Anita Rapone, eds., *Radical Feminism* (New York, 1973), 9—13.

② DuBois, *Feminism and Suffrage*, 178.

③ Degler, *At Odds*, 335.

选举权，只要允许受过适当教育的妇女们参加选举。[①] 这种立场与布克·华盛顿主张给予达到教育或财产资格限制的黑人和同样符合条件的白人"公正的选举权"极为类似。在两种情况下，那些没有足够的条件的都将被剥夺参与政治过程的权利。[②]

当那些诉诸平等是不可分割的观点（这是加里森废奴派一直作为一个信条所宣布的理想；实际上在美国平等权利协会建立时也表达了这种观点）的保守派们有机会看到权利平等的原则的分崩离析，取而代之的是在社会上有选择地分配特权的时候，一定会感到应该报以幸灾乐祸的微笑。保护西部州免受新移民的影响的需要很可能有助于推进妇女选举权运动。在进步主义运动时期妇女选举权运动在西部州取得了最大的进展。老一代的妇女领袖们只是在局部地瞥见了"应许之地"之后退出了舞台，而卡丽·查普曼·凯特和更为激进的妇女领袖们为全美妇女选举权协会中注入了新的生机。在西奥多·罗斯福以及他在 1912 年大选中所代表的进步党的支持下，妇女选举权问题跻身全国政治。1915－1916 年，伍德罗·威尔逊也转而支持妇女选举权。[③]

392 实际上妇女们赢得选举权是在妇女领袖们决定争取通过一项联邦宪法修正案，而不是等待逐州的系列改革之后实现的。不久，艾丽斯·保罗建立了尽管小但目标集中有力的国会联盟（后来改称全国妇女党），集中一切注意力于争取通过一项联邦宪法修正案这个核心目标。正是作为美国参加第一次世界大战的一个直接结果，妇女们得以为她们自己的争取选举权运动作出了最大的贡献。正如在内战时期一样，在男人们参军之后，妇女们来到工厂和农场干起了以前属于男人们的活。她们是必不可少的观点与感激她们对战争进行的贡献结合在一起。现在已经没有像黑人选举权这样需要优先解决的问题挡道。

---

① Andrew Sinclair, *The Better Half: The Emancipation of American Woman* (London, 1965), 299.

② Louis R. Harlan, *Booker T. Washington: The Making of a Black Leader, 1856—1901* (New York, 1972), 302—03.

③ John Milton Cooper, *The Warrior and the Priest: Woodrow Wilson and Theodore Roosevelt* (Cambridge, Mass., 1983), 208—09.

正如在英国(议会通过的一项法案确立了妇女的选举权)一样，妇女选举权是第一次世界大战的一个后果。不管威尔逊在谈到使世界成为“民主安全发展的地方”时脑子中是否想到了这个问题，他对这个结果无可置疑。

随后发生的事情表明，给予妇女选举权本来就没有什么可怕的。美国刚刚获得政治权利的妇女们并未表现出要打乱社会制度的意向。相反，她们在男人们主宰的社会的社会习惯和经济利益所划定的界限之内安分守己。令那些曾经希望政治平等将导致机会的平等的人惊讶和沮丧的是，妇女们在试图进入工厂和职业性工作等男人们占据的位置方面表现得毫无锐气，也非常有限。旧的选举权运动的领袖们认为她们没有责任鼓励如一盘散沙的大批追随者占领企业和教育领域的堡垒。她们中间也许最为显赫的卡丽·凯特一心扑到了和平运动中去。当 1928 年美国签署了凯洛格-白里安条约(签署国宣布放弃把战争作为推行国际政策的工具)时，她也许曾感到她的努力得到了报偿。妇女们也未能在拥有了选举权的基础上增进自己在教育、经济和政治方面的力量，这与早些时候黑人未能在他们自己的解放和获得选举权的基础上获得同样的利益具有奇怪的可比性。权力的社会学证明太深奥、微妙和复杂，不能单纯取决于选票这种简单的政治手段。单单有政治平等似乎还不够。这个发现也许是对政治学的一个重大贡献。也许现在发现这一点还为时未晚。

第一个平等权利联邦宪法修正案：目标的冲突 393

“在整个合众国以及它管辖的每一个地区，男人和女人应该享有平等的权利。国会有权通过适当的立法实施这一条款。”1923 年，艾利斯·保罗和她所领导的全国妇女党通过上述决议，宣布了争取通过一项联邦宪法修正案，以保障妇女们享有早已在理论上保障男人们享有的权利的目标。这个平等权利联邦宪法修正案的语言表明了平等的语言对美国人的思想非同一般的影响。选用“平等的权利”所要表达的意思通过“同等的权利”也能表达出来。可以说对后面的短语不容易作出具有微妙差别的多种解释。“平等的保护”的话毕竟并未使联邦宪法意在保护黑人享有的各种可以想像到的权利免受侵犯。这种语言同时表明在角色互换的基础之上提出的个体主义的政策，旨在使妇女们在有关她们的性别的社会特点以及保障她们自己的利益的最好手段上形成统一的看法。但是，这并未起到那样的作用。

在工厂制度领域保护妇女们的利益的问题成为进步主义时代的主题之一。具备非凡的能力以及奉献精神的妇女们已经开始承担领导职务。就像选举权运动的领袖们一样，她们中的多数来自中产阶级的家庭，受过良好的教育。即使是最为贫困的、有时勉强糊口的夏洛特·珀金斯·吉尔曼，也满怀跻身中产阶级的希冀。吉尔曼像艾达·塔贝尔一样，所表现出来的分析能力不次于她那个时代男人们应该具备的能力，成为经济制度的一位有影响的批评家。赢得最高行政职位的妇女很可能是弗洛伦斯·凯利。州长约翰·彼得·奥尔特盖尔德任命她为伊利诺伊州的首席工厂监察官。凯利也是一名社会批评家。她看到了工业制度与由它产生的社会道德准则之间的联系，从奴隶制的道义遗产中进一步总结出了一个教训。她写道："就像奴隶制伤害了它的同时代的人一样，我们的工业时代侵蚀了我们的道德准则，让我们的心变得冷酷无情，而且对我们的伤害更微妙。有充分的理由担心，这会使我们不适于进入即将到
394 来的文明社会，就像蓄奴使白人种族不适于享有自由和民主一样。这个共和国仍然遭受奴隶制所留下的种族仇恨的枯萎病之害。"①

妇女们在远未赢得个人自由的情况下，又日益成为工厂和工场的受害者。处于激烈的竞争压力之下的雇主们利用她们在劳力市场中没有任何防护的地位，而维持生计的需要、缺乏特殊的资历和别无选择将无数妇女驱赶到了工厂和服装制造厂。1909 年，在纽约妇女工会联盟的领导下纽约市服装厂女工的大罢工，凸显了工会组织即使是为了其最脆弱的成员的权利所能发挥的力量。然而它的作用不仅如此，因为中产阶级妇女们以前所未有的程度认同于她们

① Florence Kelley, *Modern Industry in Relation to the Famlily, Health, Education, Morality* (New York, 1914), quoted in William L. O'Nell, *Everyone was Brave: The Rise and Fall of Feminism in America* (Chicago), 149.

的工人阶级姐妹,参加了她们的纠察线和示威游行,在通常不容易被听到的圈子里传达了她们的运动的信息。[①]

艾丽斯·保罗的平等权利计划对于那些领导这些斗争的妇女们来说没有吸引力。她们的斗争目标与工人阶级的目标是一致的。当阐述共和国的政治语言的政治领袖们和男人们谈到"机会平等"的时候,他们一直指的是男人们的机会;而机会平等对于移民浪潮中拼死挣扎的不同种族或不同地位的工人阶级妇女们来说毫无意义。那些为保护工厂中的妇女而斗争,为了维护受到伤害的妻子们和孩子们的利益而争取禁止出售烈酒(最终成功是在 1919 年通过了联邦宪法第十八条修正案)的妇女们,在平等权利的计划中看到的只是危险。对她们来说,这意味着只是不平等的威胁。

未来的妇女运动将面临的矛盾在联邦最高法院裁定的"马勒诉俄勒冈州案"这个突出的案件中归纳了出来。在这个案件中,一个雇主对一个限定女性雇员每天的工作时间不超过 10 小时的州法律提出了挑战。如果联邦最高法院满足于按照它自己最近在"洛克纳诉纽约州案"中所作出的裁定[②],它可能一定会认为这个法律不正当地干预了签订合同的自由。然而,那个立法的目 395
标是保护妇女们的利益的事实改变了案件的性质。联邦最高法院通过法官布鲁尔先生支持了州法案,并对女性适用了不同的标准:"两性的差异在于身体的结构、双方履行的不同职责、体力大小、持续长时间劳动的能力(尤其是站着劳动时)、精力充沛和身体健康对白人种族未来的福利的影响、使人能够维护自己所有的权利的自立以及在维持生存斗争的能力[具有社会达尔文主义的色彩]等方面。这种差异为立法的区别对待提供了正当的理由,支持旨在弥补加在她身上的某些负担的法案。"[③]除了有关自立的有见地的评论之外,这个显然具有良好的意图的裁定是建立在妇女在根本上劣等于男人和依赖男人的基础之上的,而这被认为是唯一能够为偏离宪政先例提供合法理由的永久的

---

① O'Nell, ibid., 130—33, 141.

② Ibid., 130—33.

③ *Muller v. Oregon*, 208 U.S. 412 (1908), at 422—23.

和自然的状态。然而，那个法官未能随着他的见解深入一步。如果说妇女们缺乏自立，这并不是因为她们的生理条件，而是她们在社会上处于从属地位的结果。布鲁尔明确地认为妇女“自身构成一个阶级”。这些观点与他以前的法官布拉德利在否定了一个妇女在伊利诺伊州从业律师的要求时所表达的观点别无二致。艾丽斯·保罗继斯坦顿和安东尼之后着手反对的正是这种“法律上的隔离”——通过法律将妇女界定为一个特殊的类别。

保罗的平等权利联邦宪法修正案遭到了进步主义运动中最为著名的妇女们的强有力反对，包括卡丽·凯特、开办芝加哥赫尔之家的简·亚当斯和弗洛伦斯·凯利。[①] 她们那一代人正在退出历史舞台，但是她们那一代人对妇女问题的观点却依然存在。这些观点的最为突出的继承者是在“新政”期间担任政府职务的弗朗西斯·珀金斯。她在富兰克林·罗斯福政府担任劳工部长，是第一个出任内阁职务的妇女。尽管弗朗西斯·珀金斯显然是年轻的妇女们众望所归的灯塔，她经常表示赞同妇女的正常位置是呆在家里的传统观点；已
396 婚的妇女不应该为了赚钱抛弃自己的家。[②] 实际上，出去赚钱正是一大批已婚妇女在大危机期间头一次做的事情，尽管她们的动机不是出于赚钱的愿望，而是为了生计。

伴随第二次世界大战并为后来的一系列事件所支撑着的经济的飞速发展，并未在妇女运动中搅起相应的波动。而家用电器市场的巨大扩展的一个重大影响是，使妇女作为一个持家者的价值大大贬值。受过良好教育的殷实的妇女们朦朦胧胧地意识到一种对她们在家庭中的从属地位的与日俱增的不满。随着消费商品的迅速传播，这种心态很容易传播到那些经济上不太宽裕的家庭的妇女们中间。她们所能够得到的机会，尤其是她们的女儿们在20世纪60年代所能够得到的机会，包括一种更高的水平的性自由。机会的平等被普遍认为与经济相联系。而避孕药很快找到了一个巨大的市场，显然是因为

---

① Degler, *At Odds*, 359—60.

② William H. Chafe, *Women and Equality: Changing Patterns in American Culture* (New York, 1977), 104.

对它早已存在着巨大的需求。有更多的自由(不能说这是新生事物)可以控制她们自己的身体以及作出她们自己的性选择,增强了妇女们的权力感。这是一种心理的和生理的解放,标志着在她们生活的最为隐私的方面机会平等的重大发展。男人们毕竟自古以来一直都在享受着这种性选择的特权。那个时代的社会学毫不夸张地说,妇女们的解放正为机会和个体主义的陈旧观念赋予新的内容。而这种新感受到的自由反过来造成了对社会的和经济的限制的更深的怨恨。新女权主义的较早的宣传家们,如贝蒂·弗里丹和凯特·米利特,描写了妇女们所体验到的她们成长于其中的社会精神对她们的微妙的压抑,从而在一堆长期以来慢慢燃烧着的火焰上浇上了油。

处于独立的认同的需要问题的核心的,是尚未表达出来,而且并未得到充分理解的对受尊重的平等的需要。然而,这是一个心理学的问题,由于心理上的受人主宰的历史和后果,这对于妇女们以及其他受压迫的群体来说,都是一个复杂的问题。构成了新的女权运动的第一波的妇女们仍然属于这样一代 397
人——她们(根据对照性的测验结果)倾向于认为男性的工作要比女性们的工作更有价值。[①] 直到 1947 年,一项民意测验表明,所有妇女中不少于 25%表示宁愿做一个男人。[②] 这种心态被贴切地称为"遭受殖民统治的妇女版的自轻自贱"。[③] 新女权运动的具体成果以及它的少数统一和一致的问题之一是,争取通过一个新版的平等权利联邦宪法修正案。修正案的第一条非常简单:"合众国或任何州不能以性别为由剥夺或限制法律之下的权利平等。"这实际上不是一个有力的声明。它的适用范围取决于法庭对联邦政府或州政府的行为的解释;它并未直接介入就业等领域。可以反对它的理由是,它作出的承诺多,但提供的实际利益少。在那个时代的解放运动的气候下,1972 年 3 月参议院以 84 比 8 的绝对多数通过了这个修正案。然而要成为联邦宪法的一部分,那时需要 38 个州的批准。直到 1982 年 6 月 30 日,这个修正案历经周折

① Jo Freeman, "The Building of the Gilded Cage," in Koedt et al., *Radical Feminism*, 142; Jane J. Mansbridge, *Why We Lost the ERA* (Chicago, 1986), 38—39.

② Chafe, *Women and Equality*, 83.

③ Kelly, "Did Women Have a Renaissance?", 80.

才有35个州通过,因而未能被纳入联邦宪法。①

这种改革的倡导者们所利用的论辩的武器是数代人采用的平等的语言。女权运动最终并非完全失败了。联邦最高法院实际上给了她们可能通过那个联邦宪法修正案赢得的大部分重要权利,它这样做也是因为知道那个修正案正在提交给各州批准。平等权利联邦宪法修正案未能被批准实际上意味着一个象征的丧失。如果说是这样的话,它暗示了本书的一个观点:既要理解平等作为一个比喻的价值,又要理解其实质性的含义。

一个过时的比喻

398 新一轮妇女运动的各个层面的推动者们在转变整个国民意识的同时,也要转变女性们的意识。1962年的一次盖洛普民意测验表明了这个任务之艰巨。这个民意测验显示,绝大多数的女性应答者并不认为妇女们受到了歧视。而1974年对类似的问题的回答表明了观念转变之巨大而迅速——2∶1以上的妇女应答者支持为妇女们争取更多的平等的努力。20世纪70年代初进行的另一项民意测验(这一次民意测验是在大学校园进行的,那里的青年人被指望会对最新的社会脉动作出反应)发现,在两年的时间里认为妇女们是一个受压迫的群体的人增加了一倍。在1970年仍然普遍得惊人的观念——认为妇女的位置在家里——处于一种迅速瓦解的状态。在20世纪70年代初期进行的另外一项民意测验表明,绝大多数接受测验的人认为男人和女人在出生时就具备了同样的天赋。而且,在大学里只有三分之一的妇女还认为生孩子是一个重要的个人事情。②

从20世纪60年代初开始,民权运动和越南战争共同作用,震动了美国,造成了社会意识的巨大变革。然而,当妇女们加入学生非暴力协调委员会*

① Mansbridge, *Why We Lost the ERA*, 1.

② Chafe, *Women and Equality*, 139.

* 作者错写为南部非暴力协调委员会。——译者

（以首字母被称为“SNCC”，发音为“snick”）等组织的时候，她们常常发现自己遭受性别歧视，尽管她们参加了争取种族平等的斗争。这种情况是妇女们尤其是黑人妇女们不愿意忍受的。这种经历无疑大大推动了她们致力于争取妇女们的权利的努力。一旦平等权利联邦宪法修正案被提到议事日程上来的时候，这些活动不仅仅局限于充满自信的中产阶级。在工人阶级中间，黑人至少像白人一样可能支持平等权利联邦宪法修正案，而天主教徒要比新教徒更支持这个修正案。①

在平等权利联邦宪法修正案的背后还有几年在联邦政府一级的突出活动。约翰·肯尼迪总统也许是为了缓解对他的政府的压力，在 1963 年任命了一个“妇女地位委员会”。这个委员会的各个研究小组拿出了大量的证据证明在美国作一个妇女所要面临的种种不利条件。许多州的法律在涉及对夫妻财产的控制权、签订合同的权利以及允许妇女从事的工作等问题上仍然歧视妇 399
女。整个委员会的报告要比其各个研究小组的报告较温和，建议总统发布一项在就业领域保障平等机会的行政命令，但认为在有关保障种族问题上的平等机会的现有议案中加上“性别”的概念不合适。这个报告似乎在追求一种男女不同活动领域的概念，因为它支持这样一种婚姻观：“每一个配偶都对家庭作出着不同但同样重要的贡献。”而这个委员会在整个阶段对通过一项新的平等权利联邦宪法修正案的想法不感兴趣。正是在女权主义的律师玛格丽特·雷沃特的压力下，委员会才在其报告的结论中增加了“现在”这个词：“现在不需要通过一项联邦宪法修正案”。② 1963 年《平等工资法》的通过部分地履行了总统对妇女们的政治责任。然而，这个法案的规定中的一些例外情况（包括行政部门、职业界和管理部门的雇员），使它在妇女们可能作出突出贡献的领域不能发挥作用。1966 年这个法案的一些规定内容作了扩展。

下一步是要争取明确规定，性别应该像种族、经济地位和宗教一样，不允许作为歧视的理由。1964 年《民权法》议案的提出出乎意料地提供了一个机

---

① Ibid., 110; Mansbridge, *Why We Lost the ERA*, 15.

② Hole and Levine, *Rebirth of Feminism*, 17—18.

会。这个议案旨在解决种族歧视问题。通过一种非凡的立法“特技”，“性别”被写进了立法，与种族、肤色、宗教和民族血统一起被禁止作为歧视的理由，使保障性别之间机会的平等成为正式的国家政策。这种成功似乎应该主要归功于妇女利益团体的反对者、弗吉尼亚州众议员霍华德·史密斯。他动议把那个条款以联邦宪法修正案的形式通过。尽管他令人难以置信地表白自己的真诚，他的目标是要使整个条款令人反感。

《民权法》最重要的部分第七条并未规定角色互换的原则。在性别被认为是“真正的职业条件”一类工作中可以灵活处理，这些工作包括女厕所的管理员、女性服装的模特和女演员。如果这个法律不承认这些类别的人的特殊情况，那么它就没有希望通过。妇女地位委员会在多年里对界定自己的观点，甚至对行使它的权力踟躅不前，宁愿将这些细节问题留给各个州来处理。然而
400 到 1970 年，平等机会委员会和联邦法院已经把《民权法》的第七条解释为制定保护性的立法无效。而劳工部至此已经开始支持通过一项新的平等权利联邦宪法修正案。[1] 尼克松政府公开宣布的保守主义掩盖了对民权的相当大的扩展。1969 年的“费城计划”要求与联邦政府签订合同的公司从列举的少数群体中雇佣规定比例的工人。而这逐步演变为针对少数族裔经营的企业的所谓“预留”政策，开始造成的形势后来导致了联邦最高法院裁定的、得到广为宣传的“韦伯案”和“富利洛夫案”。1971 年，尼克松将公民权利委员会的管辖权力扩展至性别歧视。[2] 共和党政府公开宣布坚决支持民权运动。

在这种日益高涨的女权主义情绪的基础上提出的这个新的平等权利联邦宪法修正案的很大一部分作用是，激起了人们对那些问题的更为普遍的政治意识，在两性中间都起到了调动民意的作用。至少，男性为主的议员们不可能漠视妇女们所持有的选票。这些选票是平等的选票，它们反映的是政治平等。然而尽管政治平等至关重要，其他的一些群体从未凭自己的能力赢得对他们

---

① Ibid.，28—37；Anna Hobson，pseud.，*The Equal Rights Amendment：How Do I Love It，Let Me Count the Ways*（Pittsburgh，1976）；*Mansbridge，Why We Lost the ERA*，10.

② Hoff，*Law*，*Gender*，235，245.

生活的社会的和经济的环境的控制。正如我们所看到的,有关平等的历史所表明的一个重要真理是,政治平等并非赢得平等的机会、在法律上的平等或受尊重的平等的唯一杠杆。(实际上,妇女史的一个奇怪之处是,在法律上的平等的很大一部分不是利用政治平等赢得的。)成功与否的衡量标准是看在其他这些平等类型中平等实现的程度。只要联邦最高法院接受了这样的原则——按照它审理有关种族的或其他类似的歧视问题的方式,性别也被认为是一个"值得怀疑的分类"——所提议的修正案的实际目标可能会在很大程度实现。而这也仅仅意味着,所有区别对待两性的立法将受到极为严格的审查;只有它被认为能促进从根本上影响两性的极为重要的总体利益,并且对双方的影响 401
是平等的时候,才能允许它成立。

一种令人信服的观点当然可以建立在这样一种普通法和宪政原则的法律推理基础之上:如果说联邦宪法第五条和第十四条修正案能够用来实现种族平等,也应该能够用来实现性别平等。因此可以说,争取平等权利联邦宪法修正案这个代价高昂的斗争分散了解决具体问题的精力,而在这些问题上即使没有这个修正案,也可能取得重要的宪政进步。[①] 如果说联邦最高法院并未完全准备好迈出这一步——正如"弗朗蒂罗诉里查森案"所证明的那样,其理由恰好是那个问题正由各个州作出政治决定——它至少会暗示联邦宪法对这个问题尚无明确的态度。[②] 到 1976 年,联邦最高法院已经差不多跃过了极其

---

① 对这个问题的分析参见 Leo Kanowitz, *Women and the Law: The Unfinished Revolution* (Albuquerque, 1969), 197。

② 441 U. S. 677 (1975). 四个"自由派"法官布伦南(Brennan)、道格拉斯(Douglas)、怀特(White)和马歇尔(Marshall)想要宣布:"以性别为基础所进行的划分,就像以种族、宗教和民族血统为基础所进行的划分一样","从本质上说是值得怀疑的,因而必须受到严格的司法审查。"而最高法院的多数法官却并不愿将性别确定为一个值得怀疑的划分标准。尽管法官鲍威尔(Powell)并不反对将性别加在禁止的分类标准之中,但是他明确表明了自己的上述立场,拒绝"抢先一步采取司法行动以阻挠作出重大的政治决定"。Mansbridge, *Why We Lost the ERA*, 50. 这里的形容词"从本质上说"可能模仿了"布朗诉教育委员会案"中的措辞。然而,从本质上**值得怀疑**要比从本质上不平等好一些。而且不可避免的一个结论是,即使采用联邦最高法院少数派的办法,也会给联邦最高法院带来棘手的案件,也不能划定清晰而明确的界限。是否平等权利联邦宪法修正案在实际上能够使这些界限清楚一些,是一个留有怀疑空间的疑问,而这个修正案未能获得通过,使这个疑问难以解开。

重要的跨栏，尽管它还抓着最上面的横梁。它在“克雷格诉伯伦案”中裁定说，州可以以性别为基础对人进行分类，只要它能够证明这种分类与实现政府的“重要”目标有着“实质的”关系。这些形容词并非随意选择的。如此指定重要目标是因为它们比“合法的”目标更重要，但比不上“迫切的”目标重要；“重要的”关系尽管较“合理”，但是却不是“必要的”。

平等权利联邦宪法修正案至少能使性别成为一个“值得怀疑”的分类标准（这是联邦最高法院为了处理这些神秘的划分刚刚非常巧妙地创造的一个类
402 别），而重要的是，它的倡导者们不敢说它的作用会超过这一点。① 正如涉及宗教和种族的案件一样，每一个案件的结果都掌握在法官们的手里。那种结果涉及如何界定“州的行为”的问题，这个问题很早就出现在设法利用联邦宪法第十四条修正案赋予的权力保护内战后解放的黑人奴隶的公民权利的旷日持久的努力中。宪政问题的相似性不是偶然产生的问题，而是产生于相似的原则。私有部门的活动经常受到州的批准和管理，那是否就是州的行为呢？答案在某种程度上取决于政治气候。1972 年之后，在某些情况下联邦最高法院对什么构成了州的行为观点的界定实际上较为狭窄。从另一方面来说，一个认为在发放养老金时以性别为基础的区分是非法的歧视的联邦最高法院，显然已经深入到了平等权利联邦宪法修正案所涉及的领域。②

联邦最高法院涉足那一领域的结果是，消除了平等权利联邦宪法修正案存在的一些理由。那些对这个修正案的目标普遍同情的人认为，在面对日益强烈的抵抗的情况下，没有强有力的理由继续进行这场长期而痛苦的斗争。到 20 世纪 70 年代末，一系列仅仅以性别为基础划分了父母的角色和权利的有关家庭的法律被依据联邦宪法第十四条修正案推翻了。而这仅仅是反对力量积聚和增强力量的领域之一。只要平等权利联邦宪法修正案的要求被表达为对抽象的权利的要求，它们就能够赢得较为广泛的民众支持；而当人们看到

---

① 这种评论参照了 Mansbridge, *Why We Lost the ERA* 第 80 页的观点，本页描述了上述问题的细节。

② Ibid.，40，引用的案例见第 242—243 页注释 16。

这些权利可能造成人们的生活方式以及他们相互之间承担的道义的和（更为重要的是）经济的责任的真正实质性的变化的时候，它们就很难维持广泛的民众支持。当联邦最高法院将教育平等的抽象权利转变为通过校车接送学生跨学区上学的命令时候，它看起来已经进入了政治舞台。人们还不可能知晓另外一套抽象的权利会造成什么结果。菲利斯·施拉夫利的资金雄厚的组织及其信息服务所尽心煽动的最有影响力的恐惧涉及男女合用厕所、废除在体育运动中的性别划分，尤其是害怕女兵会被派去参加真枪实弹的作战。当行动 403
起来的《圣经》原教旨主义者们诉诸《圣经》中的词句证明性别区分的合理性的时候，反对派积聚起了更为强大的力量。[①]

人们心中残余的无尽的恐惧就像沉淀在平等权利的玻璃杯底的沉渣一样，当玻璃杯搅动的时候，它就会漂浮到水面。这在那些从未离开过家门、从未停止依赖自己的丈夫或者是依靠受到他们的依赖的妇女们身上，体现得尤其突出。当她们想到享有平等权利会造成的更为深层的后果的时候，不禁心生厌恶。这些后果有心理上的，也有物质上的。一位目前的生活状况并不很好的妇女说道："我是一个寡妇，有三个孩子，要去工作才能勉强糊口。"但是，"我还是反对平等权利联邦宪法修正案。我是一个女人——我希望被当作一个女人对待——而不是被作为男人！"[②]因为如果说平等权利意味着完全同样的权利，那么平等的责任也意味着同样的责任、同样的义务，也许也意味着同样的生活经历。当在语言方面赢得的抽象的利益被转变成为实在的事实的时候，与丈夫分离、人到中年还要去找工作以及晚年的孤独可能成为一种现实。所有这一切以前也不是没有发生。问题是，这些坚强、独立、事业心强的青年妇女们利用她们的平等权利想要制定的联邦宪法修正案所容许的一种生活方式，正是那些足不出户的、受到男人们较好保护的妇女们所害怕和憎恨的。对于后面这类人（她们的人数很难估算，但是不乏其人）来说，即使具有象征意义

---

① 前引书第20,28,173—177页非常清楚地对这进行了概括。这一段主要参考了书中的有关内容。

② Hoff, *Law*, *Gender*, 327.

的受尊重的平等也是一种喜忧参半、值得怀疑的赐福。因为它与如今已经被宣布为宪政法则的、在法律上实施的"机会的平等"相联系。在它所代表的当代世界中,她们看到她们的丈夫与新确立的妇女解放的秩序下雄心勃勃的妇女们一起分享工作职位以及其他的工作场所。这些诱惑可能激起对家庭中的配偶的魅力的忧虑。尽管这种考虑的心理学不会给统计学家们带来多少结果,但是在有关象征性的价值观的斗争中不容忽视。

404 挫败平等权利联邦宪法修正案不可能对这一切造成多少不同的结果。这一切早已经在发生着。然而挫败平等权利联邦宪法修正案至少是一种道义上的抗议。它显得尤为引人注目,是因为在事件的发展过程中,它是一种具有象征意义的声明,而不是一种实质性的变革。而这些反对力量之所以显得更为强大,是因为修正案的好多实质性的内容已经被赢得了。如果这个平等权利联邦宪法修正案通过了,那些修正案群情激烈的反对者们的处境也不可能有多坏;没通过,他们的处境也不会有多好。平等权利联邦宪法修正案的支持者们承认,到20世纪70年代末,越来越难以在具体的目标上解释平等权利联邦宪法修正案的含义。①

这些目标中最为具体的目标可以在"机会平等"的平等类型中找到。这种平等的类型的实际含义很容易被表达为同工同酬,而1963年的法案并未实现这个目标。有分析表明,付给妇女们的平均工资只是付给男人的每一美元工资的59%。而运动的最为有力的观点之一是仅仅将平等权利联邦宪法修正案的目标限制在要求消除这种工资差距。② 而机会平等的原则有着更为广阔的前景。到20世纪70年代初,肯定性行动成为一种几乎被普遍接受的应者云集的主旋律。联邦政府、州政府、报刊、电视、广播、企业、大学以及其他的机构将雇佣女性劳力放在了越来越突出的位置,根据能力对女性进行擢升,有时甚至放宽通常的要求以表明它们的友好态度。在专业工作方面,妇女进入法

---

① Mansbridge, *Why We Lost the ERA*, 45. 这是一个平等权利联邦宪法修正案的投入的倡导者对这个事件进行的极为公允的回顾。

② Ibid., ch. 5.

学院是最为突出的指标之一。只有麻木不仁的怀疑主义会贬低这种结果。1969—1974年间,进入法学院学习的女生增加了300%,而从1970—1975年间,获得博士学位的妇女的比例从11%增加到了21%。[①] 当然,所有这一切都是在没有得益于平等权利联邦宪法修正案的情况下所出现的。

对当代史上平等的研究所普遍基于的一种假定认为,男人(后来包括了女人) 405
的自然状态是,在没有平等的方面渴望平等,在平等不完善的地方渴望更多的平等。部分地由于这种假定,"性别平等"的平等类型在分析中提出了如此多棘手的问题。在妇女们看来的平等,常常与历史上男人们的标准有着实际不同的内容。这是平等权利联邦宪法修正案遭受挫败之后重新获得影响力的激进女权运动的一派的基础,这个派别认为那个修正案暗藏着对女性意识和感情的特殊纽带的威胁。[②] 对平等权利联邦宪法修正案的明显的敌意以及激进女权主义者的观点至少是部分地建立在错误的看法基础之上。对与男性的利益在根本上不同的女性利益的尊重的激进要求,并未剥夺妇女们享有那些男人们所要求和为之奋斗的平等的权利,但是很显然,相当多的妇女(不论其特定的阶级、种族或宗教)将那种平等解释为具有不同的社会含义,并认为那种含义会对她们自己的生活造成影响。

另外一个棘手的问题产生于有关那个问题的一个更具根本性意义的情况。法学、政治哲学、科学以及制度的结构在历史上一直认为,在两性之间只有一个准则,用布莱克斯通的话说,那个准则就是男人。妇女运动所经历的许多分裂和压力产生于在妇女是否应该按照男性的准则界定自己或者去寻求独立于男性价值观的其他界定的问题上的分歧,这种分歧常常被强烈地感受到。[③] 然而如

---

① Chafe, *Women and Equality*, 140.

② Hoff, *Law, Gender, and Injustice*. 这本书是在我的这本著作写完之后出版的,对这个观点进行了有说服力的分析。

③ 过了不久这些分歧就变得明显了。Koedt et al., *Radical Feminism* 中提出了各种观点。

果说妇女们既要与男人们生活在一起,充分利用他们,又希望生养孩子,那么她们的另外一项任务是说服男人们也怀有同样的目标。无论达成什么样的调适和妥协,在很大程度上重建家庭生活的准则都是必然的,因为那些准则对将
406 现代经济生活的具有分化作用的个体主义扩展至女性的观点一直并不友好。[①] 结果将取决于无数的私人决定。而作出那些决定的自由本身是历史上为争取政治承认的一系列斗争以及在法律上赢得阵地的私人斗争的结果。

鉴于女人和男人作为两性和个体的人在生理上、也许也在心理上存在着差异,一切妇女运动都要致力于这样的观点:男人和女人在权利上是平等的;而权利的平等从男人们那里夺取的都是他们不应该不让妇女们享有的,给予妇女们的都是她们应该享有的。旧的角色互换的观点,尽管为旧的"保护性"女权运动和新的激进女权运动所动摇,至少在两方面的考虑中可以获得某种安慰:一种是在所列举的权利方面的平等是必要的,无论个体的妇女希望如何利用它们;另一种是,实际上男性和女性并非对立面,他们只是没有间断的"光谱"的相隔很远的两个末端——这在生物学上是一种老生常谈的观点。

在这个"光谱"的女性一端,人们声称妇女们生来具有某些适合养育子女的品质、某些合作的天赋以及某些需要文明社会的政策尊重和考虑的脆弱之处。大行其道的色情作品对女性的贬抑从这个立场上来看是对妇女一种身体上的威胁,更为严重的是它暗含着对受尊重的平等的否定。[②] 另一方面,平等权利联邦宪法修正案的原则基础是断然否定妇女是一个她们与男人们的差别造成的特例。

苏珊·B. 安东尼在她临终前已经清楚而深刻地认识到了这一点。1902年她说道:"在妇女在拥有了代表自己的根本性权利之前,她在任何方面都永远不可能拥有平等,她也绝对不可能永远保持她目前所拥有的权利。这一点是显而易见的,无需解释。"这段话当时针对的是妇女的选举权——也就是政

---

① 卡尔·戴格勒的《针锋相对》(Carl Degler, *At Odds*)一书的核心观点是,公众领域的女权运动和与作为私人生活领域的家庭之间关系的特点是无法减弱的对立。

② Hoff, *Law, Gender*, 332—49.

治平等。然而,“如果从一开始就给予了妇女这种权利,其他的权利也会很快得到。妇女中间的领袖们就不必在过去的半个世纪中不断努力争取她们的公 407
民的和政治的权利,相反可能会对政府的整体建设和力量的增强作出她们非凡的贡献。”①当所有这些权利通过个体权利的美国基本原则的扩展得到有效地赢得的时候,在这种致力于实现角色互换原则的努力同时,一个尚未引起注意的讽刺是,一种新的思想派别出乎人们意料地出现了,并对一直主宰族裔平等领域的个体主义原则提出了挑战。

---

① Ibid., 191.

408

第十三章　一场四分五裂的革命

国民意识的转变

革命总是不彻底的。当一场巨大的社会运动在广泛的公众支持下实现了它最初设定的目标的时候，它不仅会提高无法满足的期望，而且也会创造运动正式的思想无法给予完美指导的新的期望。这些运动的参与者和盟友，不但不会分享胜利的果实，相反他们会陷入怀疑、怨恨和分裂。一种结果是自然要贬低已经取得的成果。而从历史的观点来看进行广泛的比较有优点，也有冒险。平等的理想不可能在美国社会作为一种独立的力量发挥作用，然而它代表着和调动了改变美国政治风景的道义的、社会的和政治的力量。如果对 20 世纪 60 年代中期所看到的政治风景与此前任何时代的政治风景进行比较，所看到的平等原则的力量和突出程度的差异，构成了在机会的社会分配和政府的职责方面的更为宏大的转变，这在独立革命以来的任何时期都是绝无仅有的。在美国的历史上，平等第一次成为政府政策的一个主要目标。联邦政府也是第一次（重建时代自由民局除外）不仅制定了法律，而且确立起各种制度，以贯彻实施保障平等的政策。[①]

409 这些政治成就是国民意识转变的结果，反过来也推动了国民意识的转变。然而，对一个问题的国民意识并不等于国民的意见一致。民权运动（不止一个民权运动）和越南战争一起对国民的良心所造成的分裂程度之深超过了多数

---

① 州政府要早一些。1945 年纽约州成功地通过了《艾弗斯-奎因法》，随后在其他的城市和州也建立了平等机会委员会或人权委员会。参见本书第十一章的叙述。

人记忆中的任何时代。但是对于不同立场的人来说，意见分歧反映了良心的觉醒。在这种新的紧张形式下，美国主要少数群体的领袖们和代言人们开始感到他们在策略上占了上风。

纠正以往不公正的影响的观点难以抗拒。在1965年，美国学习法学的学生中只有1.5%是黑人学生。而在拥有200多万西班牙裔人口的加利福尼亚，直到1969年从这个州的法学院毕业的西班牙裔学生只有三名。与此同时，在拥有大批印第安人人口的犹他、新墨西哥和亚利桑那等州的大学，还从来没有印第安人的毕业生。[①] 情况改观的速度也不容乐观。1969—1974年间，被医学院招收的非洲裔美国人、墨西哥裔美国人和波多黎各裔美国人的总人数只占医学院全体学生的8%。[②] 日益觉醒和深怀怨恨的人口中间的这种严重的事实和重要的数字隐藏在被称为“肯定性行动”的政策的背后。根据这种政策，联邦政府、州政府、多种类型的企业、学院和大学采取措施增加他们招收的少数群体以及它们中的少数群体职员的比例。来自联邦健康、教育和福利部要求增加招收和雇佣妇女的机会的压力也是同一个政策的一部分，也主要基于同样的原则。确实，因为妇女在美国人口中在数目上并非一个少数群体，但是“少数群体”这个词后来被界定为包括了在他们的权利方面处于少数群体地位的所有人。

公众通过多种途径对这些问题有了越来越多的认识。它是一种通过抵抗和镇压的场景的传播所激起的分散的现象。而它从林登·约翰逊总统领导中得到了很多具体的实惠。可能除了马丁·路德·金，约翰逊对这种新的国家 410
责任感的产生所起的巨大作用超过了任何人。1965年夏约翰逊在霍华德大学发表演说时，为他的民权立法的目标起了一个新的名字。然后他说：“这是争取民权的战斗的下一个意义更为深远的阶段。我们所追求的不仅仅是自由，而且还有机会；我们所追求的不仅仅是法律上的公正，而且要使人尽其能，

---

① Nina Totenberg, "Discriminating to End Discrimination," *The New York Times Magazine*, April 14, 1974.

② *Bakke v. Regents of the University of California*, SF 23311, 1976, Superior Court no. 31287, p. 27.

不仅仅要使平等成为一种权利和一种理论，而且要使平等成为一种事实，使平等成为一种结果。”[①]

约翰逊的语言中没有什么看起来与他所主持的民权立法的个体主义前提相冲突。立法的目标是保障机会的平等，而机会的平等从本质上说是个体主义的。它在民权的议事日程里表现为一个旧的美国理想的现代体现。这显然是《1964 年民权法》明确表达的含义。大约 15 年以后，当一个在钢铁工业的培训项目中带有种族偏向的案子打到联邦最高法院的时候，法官雷恩奎斯特先生在他的反对意见中论证他对那个计划的反对立场时，广泛地引用了《1964 年民权法案》通过时的辩论中休伯特·汉弗莱以及支持那个法案的其他国会议员们的演说：不能以种族为由用黑人替换符合条件的白人候选人，也不能以种族为由用白人替换符合条件的黑人。

来自明尼苏达州的资深民主党参议员、后来民主党的总统候选人汉弗莱在 1964 年向参议院保证：“事实是，这一条禁止以种族为由歧视任何人。这就是第七条的简单而全部的情况。”他认为法案中的那些要求旨在实现种族平衡的说法只是一种“唬人的东西”，尽管曾经被提出了十多次，但是是“这种目标不存在的”。事实正与此相反：“实际上，它规定种族、宗教信仰和民族血统不能被用作雇佣和解雇的基础。第七条是为了鼓励根据能力和资格、而不是种族或宗教信仰雇佣人。”来自加利福尼亚州的共和党参议员托马斯·基克尔在对同一个问题发言时指出：“雇主和劳工组织不能因为一个人的种族、宗教信仰或他的民族血统偏待或歧视他。在这些问题上……我们面前的议案……是
411 色盲的。”他否认少数群体应该受到偏待。参议员威廉斯以这些演说中最富有哲理的语言宣布：“平等只能有一个含义。而那个含义对于有理性的人来说是不言自明的。那些说平等意味着偏袒的人就是对判断力的亵渎。”[②]那种不言

① *Public Papers of the Presidents*: *Lyndon B. Johnson* (Washington, D. C., 1966), item. 301, pp. 635—40.

② *United Steelworkers v. Weber*, 443 U.S. 193 (1979), 220—21, 238—40, 244. 110 *Congressional Record* 6549, 6564, 8921 (1964). 联邦最高法院多数派认为，如果这些考虑占了上风，《1964年民权法》的更大的目标就会被挫败。这些更大的目标包括纠正产生

自明的真理曾不止一次地映入观察者的眼帘，而某些真理似乎比另外一些真理更为不言自明。在《1964 年民权法》下可能出现的问题的形式被清楚地预见到了，“韦伯案”（雷恩奎斯特在本案中引用了刚才引用的一段话）的裁定结果也被相当准确地预料到了——本案作出的一个保证是，像他这样的人不会受到任何不利的偏待。这些保证对于保障这一法案面对根深蒂固的怀疑和反对获得通过是非常重要的，而这种怀疑和反对并不局限于南部。

平等的机会和肯定性行动：严重的两难处境

在那个时代群情激愤的氛围里，约翰逊的语言措辞的力量显然促使他的政府致力于取得所有有关的人能够认可的结果。正在进行的革命被推进为一场提高期望值的革命。如果进行分析的话，可以认为约翰逊的语言有力量，但没有特色。[①] 约翰逊所强调的事实和所期待的结果都已经包含在他任职期间的立法之中。然而，约翰逊政府或是后来的政府都无法控制他所谈到的结果 412
的未来发展。这种结果在随后的几年里，会被公民权利的目标和含义的新观念所改变。根据美国新出现的有关平等的含义的思想，那些少数族裔的代言人们开始在就业、教育和政治本身等各种公众生活的领域提出平等的**群体**代表权的要求。

正是在这时、也正是由于这种原因，个人机会平等的传统原则迷失了方向。为了纠正这些领域现存的比例不均衡的问题的“肯定性行动”的观念，实质上是要同等对待社会群体。当那些受雇佣或被录取的人的**比例**的增加与他们在人口中的比例大体上相应的时候，它的目标就实现了。这种目标后来被

于过去的种族偏见所造成的当前的不平等。像往常一样很难将这个案件所包含的原则与使黑人工人比他们的白人工友技术水平和工资水平较低的更为广泛的历史背景分开。工会强制实行的种族歧视表现为几种形式，包括不允许黑人参加熟练技术工种的培训和学徒计划。是否能够进入这些行业都一直控制在工会手里。而资方普遍默许这些政策。Robert L. Carter, in Robert L. Carter, Dorothy Kenyon, Peter Marcuse, and Loren Miller, *Equality* (New York, 1965), 117—26.

① 似乎非常奇怪的是他对**自由**和**机会**进行了区分。真正的自由可能被认为是真正的机会。而**法律上的公正**和**人的能力**的区分可能指的是通过法律上权利的运用解放人的能力。

称为"结果的平等",或者用其他的表达方式被称为"按人口比例的代表权"、"统计数字上的平等",或者更为恰当地称为"按人口比例的多元化"。[①] 无论叫什么名字,那种制度所提出的道义的和宪政的问题要比它要解决的问题更为严重和令人困惑。它注重群体的比例而不是个体的资历,不仅使一个群体的一个个人的权利和另一个群体的另一个个人的权利对立起来,而且也在许多微妙的方面使历史与现实对立起来。[②] 这个计划的那些支持者们可能会说,这并非一个新生事物;这个武器只是被瞄准了一个不同的目标。任何诚实的人都不会怀疑,在过去,特权群体的无数成员,尽管能力平庸,经常得益于一
413 个无疑偏向白人、新教徒和城市中产阶级的制度的溺爱。要求纠正集体的不满的理由所聚集的力量来自深厚的历史根源以及非常抽象的正义原则。然而这无法缓解新近受到威胁的男人和女人以及男孩和女孩们的痛苦。从追求平等的立场对过去的明显的不公正的批评,无法对消除社会上的特权群体的个体成员在其位置被受到偏袒的少数群体的竞争者占据时所产生的不满情绪提出明确的答案,而那些少数群体的竞争者在许多情况下能力或资格都更为令人怀疑。

大学尤其是职业性学校所采取的肯定性行动计划倾向于拒绝接纳具有传统背景的候选人。更糟的是,它们有时拒绝接纳按通常的标准拥有足够的学术资格的申请人,而接纳按照同样的标准不具备足够的资格的人。可以预见,这些政策将会在法庭上受到质疑。

---

① 对这每一种说法都可以进行合情合理的反对。**平等的结果**(equality of result 或 equality of results)未能表达出发生了从以个体为基础到以集体为基础进行考量的微妙变化,并通过某种手段暗示所说的结果将符合最初对平等的机会的要求。**按人口比例的代表权**(proportional representation)已经是表示某种类型的选举制度的约定俗成的用法,可能造成混乱。**统计数字上的平等**(statistical parity)似乎指的不是平等,而是某种明确指出的不平等。尽管**按人口比例的多元化**(proportional pluralism)的两个英文单词包含了七个音节,可以以不好听为由表示反对,但是它的优点是这个术语简洁,而且切中要害。它一方面利用了按比例的观点,同时直接指出人口的多元化特点。

② 这些分析所采用的语言也是观点的一部分。对个体**美德**的概念也可以提出质疑,因为它随着当代社会的价值观体系的变化而变化。可以认为,对**美德**如何界定取决于谁来制定规则(Philip Green, *The Pursuit of Inequality* [New York, 1981], 175—76.)。

那个时期最为著名的案件与职业性学校的录取工作有关。[1] 一个挪威血统的、已经30多岁的白人阿伦·巴基的诉讼所引起的公众的关注很快超过了此前其他的案子。[2]“巴基案”是对肯定性行动问题的典型性检验。人们普遍认为，一旦这个案子在法庭、报刊、广播、电视以及无数公开和私下的激烈讨论中见了分晓，对“巴基案”的明确裁定将会严重挫败整个国家的大学中的肯定性行动的整个观念和计划。

加利福尼亚州戴维斯镇的医药学校为少数群体的申请者预留了16个名额，对这些申请人的入学资格的考虑部分地与学习成绩无关。巴基的不满情绪是可以理解的。他的考试成绩要比在他之前被录取的任何一个少数群体的 414
成员高得多。[3] 如果以考试成绩作为录取的唯一标准，不录取巴基似乎违背了平等保护的原则，而且也不符合《1964年民权法》公开宣布的目标和原则。然而这个观点也有一个弱点，因为在《民权法》、联邦宪法第十四条修正案或大学录取学生的惯例中，没有任何规定将考试成绩确立为是否录取的唯一决定性条件。在以前一般也没有人这样认为。校友的子女、所有有钱人的子女、非犹太人（而不是犹太人）的子女、白人（而不是黑人）的子女享有被高等院校录取的特权的漫长历史表明，学习成绩之外的考虑常常很普遍，在某些学校是正常而普遍的现象。

工作场所和工会也是如此。各种各样的限制方式，包括种族排斥和族裔的家庭招工网络，在历史上曾经主宰进入劳工大军的机会。在管子工这样的特殊技术方面的排斥表现得极为突出和持久。也许当人们意识到民权立法中

---

① DeFunis v. Odegaard, 416 U. S. 312 (1974); Ronald Dworkin, "The DeFunis Case: The Right to Go to Law School," *The New York Review of Books*, February 5, 1976. 马克·德弗尼斯(Marco DeFunis)是第一个将官司打到联邦最高法院的原告。他的考试成绩要比得到华盛顿大学法学院照顾的36个少数族裔申请人高。根据法庭颁发的指令，他被学校录取了。但是那个案子一直悬而未决，在联邦最高法院还未作出裁定之前，他已经快毕业了。

② *Regents of the University of California v. Bakke*, 438 U. S. 265 (1978).

③ J. Harvie Wilkinson III, *From Brown to Bakke: The Supreme Court and School Integration, 1954—1978* (New York, 1979), 254.

所暗含的以个人资历为判断标准的时候，那个历史时期也就走到了尽头。然而，当在历史上被剥夺基本社会权利的人的子女们将要从新采用的社会的和学术的标准中获益的时候，那个历史时期似乎很难彻底结束。这些限制性的做法可能不会得到立法机关和司法机关的赞同，但是它们是所有有关的人人人尽知的。这种考虑反过来表明，整个肯定性行动计划似乎比它正式宣称的更为雄心勃勃。它的实施不可能停止，直到与个体机会平等相联系的资历原则被在整个国家确立起来。

当联邦最高法院支持另外一种政府政策观点的时候，那个原则遇到了更为棘手的问题。一个最近的案件尽管属于另外一类案子，但是涉及的是一个类似的原则问题。这个案件表明，在联邦最高法院看来，符合条件的个体的要
415 求不一定能决定一个机构的政策。在一个希望给予退伍军人特权地位的州，政府政策可以合法地压倒个体平等的要求。①

法官鲍威尔先生的微妙的模棱两可使一个陷入困境和分歧很深的联邦最高法院摆脱了瘫痪状态。鲍威尔的意见后来被称为联邦最高法院中势均力敌的两派中间的“摇摆票”。他否定了那种认为教育机构有权根据它们对历史上受过委屈的种族中的个人进行补偿的必要性的估计采取行动的观点；“社会歧视”的观念提出了对群体受伤害这个伤脑筋的问题作出主观判断的各种未知的可能性。为此他提出了一种积极的社会利益多元概念，这种想法在有影响的哈佛案(哈佛碰巧是鲍威尔的母校)中赢得了他的赞同。不可避免的是，这种多元指的是族裔混杂的社会的多元，而种族或族裔的概念偷偷地进入了联邦最高法院的裁定。在这种混合社会，可以设想，青年男女遇到他们群体之外其他族裔群体的成员是他们合情合理的教育经历的一部分。坚定地支持肯定性行动、并且打算无条件支持戴维斯医药学校的招生计划的四名法官——布伦南、怀特、马歇尔和布莱克曼更进了一步，宣布行政管理者为了纠正过去歧视所造成的结果可以把种族作为一个考虑条件是一项符合联邦宪法的原则。尽管肯定性行动没有得到响亮的支持，但是它还是保持了下来。但这并未取

---

① *Personnel Administrator of Massachusetts v. Feeney*, 442 U.S. 256 (1979).

消个人资格的标准。正是在这个基础上巴基的个人要求得到了联邦最高法院的支持。(到 1978 年,当案件作出裁定时,他已经 38 岁了。)法官马歇尔先生极为不满。他感到联邦最高法院未能尽职尽责支持那些美国历史伤害的各类人的合理要求。[①] 如果说多元的概念赢得极为突出的地位仅仅是因为它决定了鲍威尔的裁定结果,它并未关闭根据群体认同、而不是个体的能力提出要求的大门。

工业也感受到了实现平等的改革的浪潮。“韦伯案”产生于凯泽铝制品公司的一个培训计划。为了消除过去歧视的影响,这个计划优先招募这个公司 416
雇佣的黑人工人。在本案中对公正的要求需要对这个公司的黑人工人由于过去的种族歧视的阻碍不能达到他们的白人同代人那么高的职位进行推测性的、但是合理的认定。因此,被剥夺了他追求的职位的白人工人布赖恩·韦伯(尽管他具备着实在的良好资格)没有权利与得到那个职位的黑人在实在的基础上进行竞争。而如果能够证实如果没有过去的种族歧视的有害影响,他的黑人竞争者早就被提升了地位,他也就未被剥夺平等的待遇。在本案中,纠正过去的不平等似乎作为一个决定性的原则保存了下来。[②]

国会在它有关民权的各个方面的许多审议中被给予了相当多的机会从群体代表权的角度思考问题。在一个涉及联邦政府向小企业贷款的法案中国会着手解决这个问题。以前,配额的观念长期以来名声不好。它让人想起了东部一些著名的大学为犹太人预留配额的令人不快的做法。显然反对它的理由还有,根据经验,对一个特定的群体最小比例的配额很快就会满额,从而阻碍其他具备个体资历的人进一步进入。这违背了个体主义的原则,不公平地作用于这个制度打算照顾的群体的个体成员。很难将南加州将 10% 的小企业贷款预留给少数群体经营的公司这样的做法与配额原则分开。这种政策也许值得注意的一个有趣的方面是,美国市场决定合同的传统原则为了保障按人

---

① Wilkinson, *Brown to Bakke*, 298—99.

② *United Steelworkers v. Weber*, 443 U.S. 193 (1979); Green, *Pursuit of Inequality*, 168, 172; Burnstein, *Discrimination, Jobs and Politics: The Struggle for Equal Employment Opportunity in the United States since the New Deal* (Chicago, 1985), 169—70.

口比例的多元化而被绕开了。[1] 当联邦最高法院支持这个法案的时候，它承
417 认国会有权确立所谓的反向歧视的计划，只要它有正当的理由相信，涉及的少数群体由于过去的歧视遭受了损失。[2]

然而，从有关民权的辩论和正在出现的语言政策问题来看，这并不构成理由说，族裔的、语言的或宗教的群体只要存在，就有权根据他们在总人口中的比例享有代表权。这并非肯定性行动思想的一个必然的结论。那个计划实际上只能保证来自所有曾被剥夺基本社会权利的群体的候选人享有公平的被听取意见的机会，而不会决定这种听取的结果。

肯定性行动的政策所面临的选择或者是“软性的”或随意的（正如上文所提到的），或者是“硬性的”或决定性的，以保证每一个特定的结果都在数字上符合促成立法的利益集团的初衷和期望。许多受到政府的压力，或诚心重视那种压力的政府机构、学院和大学着手制定全面的政策，广泛招收和任命少数群体的成员。即使在专业技术按照规定是完成工作的必要条件的机构，也采用了非官方规定的配额，放低对他们的资格的衡量标准，招收少数群体的候选人。[3]

---

① 这似乎是实际情况。而现在联邦最高法院对实质性问题感兴趣。它现在不看规则，而只看规则的实质性影响。在目前的这个案子中，可以说基业已定的公司与规模小的、新的、拼搏中的企业相比在市场方面享有“不公平的”优势。例如，基业已定的公司通常更容易从地方银行和以前为它们提供良好服务的供应商那里取得贷款。Thomas Byrne Edsall, *The New Politics of Inequality* (New York, 1984), 48. 因此，可以以保障机会平等为理由为弱小的企业提供额外的援助。国会的这个法案将经济援助的需要与少数群体的地位结合在一起。在这里真正起作用的原则是，美国是一个有多种族裔和企业（经济活动的多元化）组成的多元共和国的观念，同时赞同有必要纠正过去的歧视所造成的伤害或权利剥夺的原则。在不对地方的情况进行细致的调查的情况下，这种区分似乎很难证实。

② *Fulilove v. Klutznick*, 448 U.S. 448 (1980). Judith Baer, *Equality Under the Constitution* (Ithaca, 1983), 134—35.

③ Nathan Glazer, *Affirmative Discrimination* (New York, 1975), esp. ch. 2. 康奈尔大学的某些教工在给《纽约时报》的信中引用了那个大学的校长给院长们和系主任们的信，告诉他们他的政策是聘用“更多的少数群体的人和女性”，即使“在许多情况下，有必要聘用资格不够或勉强够格的人”。The New York Times, 6 January 1972, quoted in Glazer, *Affirmative Discrimination*, 60. 某地的健康、教育和福利部官员告诉一个常春藤联合会大学，取消“要求学习无足轻重的语言（这里指的是希腊语和希伯来语）等过时的课程，开设少数群体的学生不必学习语言就能学习的有关重要问题的课程。”Ibid., 61.

这个政策确实实现了它的主要目标。其结果是使一大批来自少数群体的 418
人进入了公共服务、企业和专业工作等部门。在许多情况下,这种政策的好处是看得见的,甚至显著地改变了银行、政府机构、律师服务所和大学院系等机构的人员构成。然而这个政策在它实行的早期阶段就产生了新的棘手问题。政策的发起者们或者低估了这些问题,或者认为这些问题与他们更为广泛的社会目标相比是微不足道的。

"按人口比例的多元化政治"的启动或成功不能归因于任何统一的或全面的理论。一些社会思想家们公开为配额制的思想辩护,称它能像任何其他方法一样发现每一个群体中应受重视的或有天赋的人,显然的好处是还能保证在这个过程中照顾到美国所有的族裔群体。[①] 其他一些理论家描绘了一个竞争不太激烈、实际上情同手足或亲如姐妹的社会的轮廓,这种社会不太倾心于那种看起来崇尚个体差异的生活方式。然而这种伦理很难在美国历史或它所造成的当代社会中得到多少支持。[②] 整个社会秩序反应了自由个体主义的主导价值观以及它的宪政规则是建立在个体基础之上的事实,并不意味着这些享有联邦宪法保障的权利平等的自由的个人不能自己组织成为小的兄弟组合或姐妹组合。[③]

这些有关平等的含义的看法不是产生于任何一种理论观点,也不可能合 419
并为一种理论观点。"按人口比例的多元化"的发展最好应该理解为是那个时期不同寻常的政治的产物,针对的是美国社会经历的深层不满。它们所遭遇到的反对既有理论思想上的,也有实际生活中的,在许多情况下在政治上具有

---

① Philip Green, *The Pursuit of Inequality* (New York, 1981), 191.

② Amy Gutman, *Liberal Equality* (Cambridge, 1980), 220—30; Gregory Vlastos, "Justice and Equality," in Richard B. Brandt, ed., *Social Justice* (Englewood Cliffs, N.J., 1962).

③ 著名的西印度群岛的板球运动员维维安·理查兹(Vivian Richards)多年来一直为英国的萨默塞特(Somerset)县打球。一天晚上,理查兹邀请了一群西印度群岛的朋友与他一起打球。那个板球队的一位目光敏锐的英国籍运动员注意到,尽管他们都认为理查兹是一位极为优秀的击球手,而在其他各个方面他们都是平等的。人们可以认为这是这种兄弟组合中流行的"受尊重的平等"的一个例子。Peter Roebuck, *A Cricketer's Day* (London, 1986), 46.

爆炸性，造成了新的种族敌对的爆发。最为主要和最为显著的一种问题是，一旦不够资格或得过且过的人得到任命承担需要责任心的任务，就会降低所涉及的服务的效率。而包括所有少数群体的公众，正是这种水平降低了的服务的受害者。而在学术界，智力水平在学术界内部受到关注，有时这种关注较为严格，对学生的影响肯定也会被注意到。不仅资格不够或得过且过的学生有相当多的课程考查不及格，他们的同班同学由此得出的推论也只能是有害的。[1] 这直接造成了被称为“反向耻辱”的心理压力。在学术的、专业的和企业机构的勤勉而竞争性的气氛中，仅仅怀疑某个少数群体的成员在那里是为了他或她能够被人看到他（她）在那儿，以及他或她的存在只是为了装样而不是发挥作用，会令个人而不是那个机构垂头丧气。然而，这不能成为反对温和形式的肯定性行动中所包含的平等化原则的结论性的论点。当他们的社会要开辟新的领域的时候，个人所承受的压力是开辟新领域所要付出的部分代价。所出现的问题似乎不应成为放弃那种努力的理由。

另一种反对意见认为，为了实现所要求的族裔的或性别的“可见性”进行任命的政策本身，不一定需要再对个人的需要、优点或美德进行考察。一个母
420 亲是白人律师而父亲是黑人教授的候选人被界定为黑人候选人，他（或她）作为一个候选人的地位被认为应该受到特殊的待遇，为的是纠正以前所受的歧视和实现种族平衡。而其父亲是一个波兰血统的匹兹堡失业的钢铁工人的竞争同一职位的候选人则被认定为白人。根据这种严格的政策，黑人中产阶级候选人很可能要比白人工人阶级候选人占据优势。在经济事务中，有人反对说，增加或多或少严格界定的群体的成分和存在的政策，不能保证那个群体最为需要的或最有资格的人受益。人与人之间的不平等很可能像以前一样严重，而对于那些受害者来说同样令人沮丧。严格意义上的肯定性行动被它的批评者们指责为追求族裔的代表性，而不顾甚至损害了最初的根据个人的需

---

① Shelby Steele, *The Content of Our Characters* (New York, 1990). 本书的作者是一位在圣何塞(San Jose)教书的黑人教授。他说在学年开始他就知道他的黑人学生中有四分之三会在学年结束前退出他教的课程。

要或资历招聘个人的民权目标。然而平心而论，这些政策的反对者并未提出实现那个目标的更好的办法。

然而，在这些反对意见之外，还有另外一种反对意见的基础立足于需要这种补救措施的社会构成的性质。这种反对意见认为，由于族裔群体本身界限并不分明，社会特性变动不居，而且其不同的个体成员希望或在任何实际意义上认同于它的程度各异，因此把它作为确立一个实际可行的、系统的和持久的社会政策的基础在实质上是不牢靠和不稳定的。族裔作为任何总体理论的基础都是有问题的和不可靠的。①

而造成美国工人们在经济问题上讨价还价方面处于劣势的一个原因是在历史上劳工组织力量薄弱。不用从马克思主义的观点来看就能看到，如果工人阶级想从阶级认同中获得任何实惠，族裔政治就会严重地分散他们的注意 421
力。② 如果说旧的经济个体主义的企业伦理是工人阶级组织的一个敌人，他们在最近成为政治问题的族裔性的道路上也一定没有取得进步的更多希望。对于美国角色互换旧的理想来说，它只存在于民众的记忆中。

宪政裁决与原则的提升

当平等成为国家行动的议事日程的组织原则的时候，政府机构尤其是法庭很快发现它们有义务根据新的压力检讨宪政原则。而这反过来暴露了一直隐藏着的未曾预料到的冲突。我们已经看到，这些冲突正是产生于平等的理

---

① Alan Goldman, *Justice and Reverse Discrimination* (Princeton, 1979), 230—33; Douglass Rae and associates, *Equalities* (Cambridge, Mass., 1981), 80; Glazer, *Affirmative Discrimination*, passim.; Steele, *Characters*, passim.; J. R. Zvesper, "Ethnic Pluralism and Affirmative Discrimination in America," paper presented to the University of East Anglia Political Thought seminar, 17 November 1987. 我感谢约翰·兹维斯珀(John Zvesper)允许我看他未发表的论文。这个问题的研究著书颇丰，包括各种种族或族裔群体的成员的著作，提供这一参考文献不是这个注释的目的。

② Edsall, *New Politics of Inequality* 和 Green, *The Pursuit of Inequanlity* 的许多材料支持这个观点。

想本身。随后，社会学家、政治学者、经济学家、历史学家、道德哲学家和法学家对平等的社会的、经济的和哲学的含义作出了大量的评论和分析。另外，还有一系列的司法裁定通常包含(或暗示)了类似的分析的成分。尽管他们总结了不同的教训，提出了不同的观点，然而那些愿意退出那场激烈的论战并用理性而清晰的头脑观察其含义的人能够推衍出某些真理。一个似乎无法避免的真理是，并非所有的不平等能够在一个单一体制的框架下得到纠正；而同样肯定的是，在纠正某些不平等时必然造成新的不平等和新的强烈不满。这种矛盾隐藏在具体事件的历史间隙之中。暴露出这种矛盾就会揭示出冲突的目标，使旧的盟友成为敌人。然而这并不意味着，从以前或目前的数代改革者的角度看，没有取得任何成就，努力是徒劳的，或者精力白费了。

在美国的政治制度中，由联邦最高法院通过解释宪法的“棱镜”来调解广大社会中的这些冲突。从这一点上说，联邦宪法是这个国家的道义法则，而法
422 官们是社会道义的仲裁者。这似乎是法官们要承担的一个沉重的负担。在美国历史上的不同时期，意识水平的提高总是会激起相应的不满，有时会对我们在这个研究中所分析过的平等的类型进行区分，而不是把它们统一在一起。从经济阶级、种族、宗教和性别等角度考察的机会的种种不平等在不同的条件下表现为主要的不满。首席大法官厄尔·沃伦主持联邦最高法院的时期的不同寻常的情况是，这些问题史无前例地交织在一起。林登·约翰逊的民权政策和政治语言反映了、也集中于这种交织在一起的问题。整个国家都意识到了，对平等的要求产生于这个国家的建国原则，产生于当前的需要，也产生于长期未被履行的道义义务。然而这些原则既未充分界定那种义务，也并未充分满足那种需要。因为目标本身的分歧，解决问题的方法也各异。尽管这个运动日益表现出分裂的特点，这种全民意识的提高在美国的历史上是没有先例的。

宪政规则或裁定不能决定具体的政策，但是它们确实要求态度要发生一个根本性的变化：政府的义务之履行不能仅仅通过限制性措施。政府干预成为保护公民权利和公民利益的一个积极的职责。到 1967 年，当阿奇博尔德·考克斯回顾前一届联邦最高法院裁定的案件的时候，他轻易地宣布平等是它

们的主要主题。[①] 极为重要的是，在涉及《选举权法》在南卡罗来纳州实施的案件“卡增巴赫诉摩根案”中，联邦最高法院顺应国会的意见推翻了州的政策。在广泛的范围之内，国会现在有权确定平等保护条款如何在地方实施。[②] 考克斯指出，这个案件“为大大扩展国会促进人权的立法清除了障碍”，但是它“深深地植根于既定的宪政原则”。这些裁定的总体结果是，国会恢复了它在1875年掌握的权力，这种权力涉及“与生命、自由和财产有关的所有权利，负责对它们进行界定，并对维护这些权利作出规定”。当法官布拉德利先生代表 423
联邦最高法院宣读推翻了《1875年民权法》的裁定意见的时候，他遏止了联邦权力扩展到州议会的权力范围。而如今，80多年以后，那个法案中所包含的根本性原则得到了重申。考克斯的结论是，联邦最高法院现在所做的是，推翻了“1883年民权案”的裁定。[③]

近几年的案件裁定的总体方向是要规定，州议会、公有或私有的公司等其他机构在选择人才时所作出的抉择或区分的理由，必须与让他们发挥适当的作用有关，而不能出于随意的理由或偏见。这个政策在1971年被大大地推进了一步。在那一年，联邦最高法院在“格里格斯诉杜克电力公司案”中裁定，利用考试成绩和其他证书选择雇员违背了《1964年民权法》第七条的规定。因为第一，这种选择过程造成了少数群体的雇员偏少；第二，雇主不能说明在考试成绩或类似的准则与完成有关的工作所需要的品质之间存在的联系。[④] 这在意图和结果之间留下了一个漏洞：如果说没有以非法的理由进行歧视的意图，但是选择过程的结果实际上表明某个群体的雇员偏少，这怎么办？联邦最高法院在1976年“华盛顿诉戴维斯案”的裁定中堵上了这个漏洞。这个案件产生于华盛顿特区警察局的雇员招聘过程。联邦最高法院的裁定是，尽管一

---

① Archibald Cox, “Foreword: Constitutional Adjudication and the Promotion of Human Rights,” *Harvard Law Review* 80 (1966—67), 91—272.

② 384 U.S. 641(1966).

③ Cox, “Constitutional Adjudication,” 107, 118.

④ *Griggs v. Duke Power Company*, 401 U.S. 424, also cited as 91 S.C. 849 (1971).

个普通的、与工作没有具体的联系的考试可能造成招聘人员在种族上的不平等，但是如果不存在着在种族上的歧视意图，这并未剥夺平等的保护。联邦最高法院宣布："应聘的黑人和考试不及格的白人应聘者一样不能说考试剥夺了他们平等的保护。"陈情者们未能通过的考试在文官制度中被普遍使用，旨在测验口头表达的能力、词汇、阅读和理解能力。联邦最高法院否认它曾经接受了这样的原则：一个法律或政府的行为是违宪的，仅仅是因为它造成了种族比例不均衡。法官布伦南先生发表了反对意见。在他看来，这个裁定显然与"格
424 里格斯案"矛盾。他说："今天的裁定存在着大大削弱预防就业歧视的法令的潜力。"[①]然而，这个裁定的重要之处是，是否违宪不是取决于无意造成的种族构成不平衡的结果，而是取决于是否存在着造成种族构成不平衡的意图。[②]

对"歧视的意图"和对不同的社会群体不平等的影响进行区分的做法有着明显的好处。首先这较为容易操作。而且，在它自己的参照系中，它也是一致的，因为它暗示着要把工作或擢升职位的申请人视为个体的人，而不是群体的代表。但是它忽视了整个问题在社会上极为重要的一个方面，那就是不同的群体之间以及多数群体和少数群体之间观察和感受不平等的影响的方式存在着很大的不平等，或者说相差悬殊。在一个历史上曾经充斥着种族偏见的社会里，对这些悬殊的差异的不同看法，取决于观察者的立场。由于这种悬殊的差异，不利的影响对这些群体的不同的个体成员来说倾向于表现出程度不一的含义。曾经推动南部州限制公民权利和政治权利的有意识的和敌意的种族歧视可能从美国几乎完全消失了，但是无意识的或者无意的种族蔑视的成分却保存了下来。在许多情况下，白人暗暗地认为，当不偏不倚地设计的考试造成了种族不平衡的结果的时候，那仅仅是因为个人未能达到个体的抱负所提

---

① 426 U.S. 229 (1976); 109 U.S. 6 (1976); 11 EPD, no. 10, 958.

② 329 U.S. 629 (1950). 然而，根据这种原则作出判断是否公平以及在特定的情况下进行的语言测试是否适用于在黑人社区履行警察的职务的问题，远未得到解决，并引发了相当多的评论。下面一段反映了 Charles R. Lawrence III, "The Id, the Ego, and Equal Protection: Reckoning with Unconscious Racism," *Stanford Law Review 39* (1986—87), 317—88 的观点。进一步的分析参见 Neal Devins, "The Rhetoric of Equality," *Vanderbilt Law Review* 44:1 (January 1991), 15—44。

出的要求，而不能归咎于社会的种族主义特点。

华盛顿招收警察的事件平息后不久，芝加哥一个白人和上层中产阶级为主的郊区收到了一个提议为收入很低的人在那里建设住房的申请。当地的有关部门阻挠了那个动议，认为没有必要申请把那里重新化区允许建设多个家 425
庭合住的楼房。因为绝大多数的受益者将是黑人，联邦最高法院承认其结果具有种族歧视的意味。但是法庭驳回了黑人业主受到平等保护的要求，理由是他们未能证明其中包含着种族歧视的意图。换句话说，问题与“华盛顿诉戴维斯案”一样。确实没有明显的证据表明存在着有意识的种族意图，而如果那些较为贫困的人都是白人，地方的政策可能（也很可能）完全一样。但是黑人业主必然把这种政策以及联邦最高法院的裁定视为弥漫他们的社会的种族主义的反映。（人们可能会问，他们在其他什么地方还能住上更好的房子？）[①]在这些情况下，不偏不倚地设想的权利的平等似乎与产生于文化历程的受尊重的平等相矛盾。这个充满了思想意识、政治抱负和群体利益的冲突的问题，必将进一步经历极有争议的波折，因为这是美国社会所特有的事情。[②]

从本质上说，机会平等的思想不仅是个体主义的；它也反映了美国人历史上一种非常深厚的乐观主义，深信拥有正当的意图的正当的制度一定会产生理想的结果。从另一方面说，主张平等的结果的那些人的社会思想是值得怀疑的。除非进行精心筹划，不可能指望取得理想的结果。政府机构要进行干预才能产生新的分配方面的平等，它们不能坐等目标的实现。这两种思想都预先假定，那些结果将是最为接近不同的族裔群体在总人口中的比例的随机的分配。无疑，无论哪一种思想占据上风，无论结果如何，个体结果的公平的 426

---

① *Village of Arlington Heights v. Metropolitan Housing Development Corp.*, 429 U.S. 252 (1977); Lawrence, "Id, Ego," 347.

② *The New York Times*, 22, 23 October 1990. 不要认为在前面的注里（英文原书424页上的注）引用的劳伦斯的文章呼吁对存在着无意识的种族主义（无论如何评估它）的案件进行明确的裁定。它确实呼吁司法机关进行更为细致的审查。在像阿灵顿高地（Arlington Heights）这样的案件中，人们仍然可以问：是否影响黑人的拒绝重新分区是违宪的，而影响白人的拒绝重新分区就是不违宪的呢？为什么贫困剥夺了其受害者的平等机会不能根据同样的平等保护条款作为一个问题来处理呢？

比例都将是重叠的。但是两种思想包含的根本原则是不同的，尽管二者都声称要实现平等。引人注目的财富的不平等本身就是一种不平等的"结果"，它将继续激起两种平等思想的批评，搅动两派的良心。从群体的上观点来看，这种结果是难以忍受的；不公正的歧视将继续毒害这个制度的血液。而从个体的立场上来看，这种结果仅仅是令人沮丧的；改革并未造成人们希望和期望的结果。

财富的分配

自从詹姆斯·麦迪逊分析财产分配不平等的原因（这种分析成为《联邦党人文集》第十篇的复杂论述的组成部分）以来，美国人对于他们信奉的平等的原则并不意味着物质资源分配的平等这个显而易见的事实一直有着理论上的充分理由。[①] 无论多么仁慈的理论都无法使一个开放的、流动的经济体制产生分配的平等。正如我们已经看到的，安德鲁·杰克逊这个主张平等的人也认为不平等的努力和能力的自由发挥也会造成不平等的结果。在毕竟占据着多数人的大部分生命的经济领域，平等的机会永远也不可能产生书面上的"平等的结果"的对应物。[②] 如果这个结果可能实现，这实际上会与平等的机会背后的动机相矛盾。

这些较为简单的真理之所以很流行，只是因为它们与提供了美国历史的一种驱动力的改善个人地位的强大抱负并不矛盾。但是它们也会避免在林登·约翰逊总统时期仍然很普遍的财富分配的严重不平等的较为讨厌的影响。大体上说，继续存在的事实是，这个国家的五分之一的人口的收入占国民的总收入的46%，占有着国家财富的77%。在这个梯级的顶端，二十分之一的人口
427

---

① 然而，我们自己分析的麦迪逊为什么依靠这种观点，请回到本书第三章，第58—60页（英文原书页码）。

② 这个事实在有关所谓的"平等的结果"的争论的框架下具有具体的意义。它表明，那个观念产生于族裔政治的具体实践，而不是产生于其他常常较为传统的得到承认的利益类型。我们在这一章的后边还会谈到这个主题。

的收入占整个国民收入的20%，占有着整个国家财富的53%。相比之下，国民收入的3%以及国家财富的不到0.5%分布在低收入的群体中间，他们占美国人口的大约五分之一。同样的不平等在企业界收入的分配和公司资产的占有上也很突出：在企业界总共接近200万家公司中，55%的公司资产被其中百分之一的公司中的十分之一控制。[①] 这种不平等是否可以被视为不公正，可能取决于提供的服务以及通过税收分担的公众负担是否同等。但是《国内税入法》有意对穷人的征税高于富人。尽管将政府的钱分给贫困的人的福利计划吸引了广泛的注意（和不少的批评），将给高收入者、持有公债者以及财产的拥有者或购买者的优惠和免税描绘为“颠倒通常的模式的福利计划——给超级富豪巨大的福利份额，而给穷人的只是一点零钱”，不是太离谱的想法。[②]

无论财经的刺激多么诱人，无法以经济效益为理由对这些贫富悬殊进行辩护。正如我们所看到的，无论对市场的管理多么细致，在任何开放的制度下都会存在贫富悬殊。然而这么大的贫富悬殊与经济运行的需要绝对没有关联。如果说目标是追求产量的最大化和财富的公平分配，某些保护和某些激励有着正当的理由；而某些显而易见的贫富悬殊可能证明对于整个经济是有益的。然而这些理论原则与美国的现实没有关系。所报道的经济不平等的程度无法以它们通过创造繁荣服务于公众为理由得到充分的解释。[③]

美国绝不是造成财富和收入的巨大鸿沟、并使这种鸿沟长期存在着的唯 428
一的工业经济。而美国的贫富悬殊的根源在于美国劳工和经济史的特殊性。低收入群体难以接近政治程序；而与欧洲的主要工业经济相比较而言美国工人加入工会的水平很低，是造成工业产品分配的不平等的一个因素。美国的有影

---

① Herbert J. Gans, *More Equality* (New York, 1974), 13—14.

② Philip Stern, *The Rape of the Taxpayer* (New York, 1973), quoted by Gans, ibid., 15.

③ Sidney Verba and Gary R. Orren, *Equality in America: The View from the Top* (Cambridge, Mass., 1985), 150—51; Jeffrey G. Williamson and Peter H. Lindert, *American Inequality: A Macroeconomic History* (New York, 1980), 280.

响的行业工会对社会政策不太感兴趣。[①] 这个结论从反面有力地证明了制度产生的巨大的不平等对于那种制度的总体成功绝对不是必需的观察。

在"二战"以后持续繁荣的年代里，这些贫富悬殊在公众的意识中只占据了极为有限的空间。这种繁荣造成了对从"新政"及其继承者的手里接过来的经济的优劣的容忍和自鸣得意。[②] 然而这种自鸣得意受到了一个粗鲁的震动。1962 年麦克尔·哈灵顿出版了他分析贫困问题的《另一个美国》。国民听到了令人感到耻辱的消息——他们中一直存在着穷人，现在还是这样。他们并不是不存在了，而只是从公众的视线中消失了。[③] 四千万至五千万的美国人生活在贫困和饥饿之中。他们约占美国人口的五分之一，但正如上面提到的其收入仅占国民总收入的 3%。美国经济似乎未能为他们提供衣食、住房或照顾，但是它却成功地把他们隐藏在公众的视线之外。[④]

这种令人痛心的曝光刺痛了约翰逊总统的行政良心，对他的"向贫困宣
429 战"计划不会没有影响。这个计划的目标是，让需求被忽视了的那些人享受到现有美国经济的利益。[⑤] 这个运动包括像"先行计划"和"援助拥有未成年儿童的家庭计划"这样具体的计划，其中"先行计划"旨在激励非常贫困的家庭的小孩子的学习。两个计划都是要走近穷人和黑人人口。许多人同时享有了这两种计划。"先行计划"在一定程度上成功地促进了贫困孩子的学习进步。但是从整体上说，在政治热情开始衰退（这是在东南亚的战争在国内造成的危

① J. Rogers Hollingsworth, "The Political Structural Basis for Economic Performance," *Annals of American Academy of Political and Social Science* 459 (January 1982), 28—45.

② 理查德·霍夫斯达特(Richard Hofstadter)在 20 世纪 50 年代中期评论道："'新政'在 30 年代可能是一个失败，但它在 50 年代是一个成功。"

③ 20 世纪 80 年代无家可归者的显著增加最终纠正了这种疏忽。

④ Michael Harrington, *The Other America* (New York, 1962; Harmondsworth, 1963), 19. 这种情况中唯一可以被称为是新事物的是，消息更灵通的阶级显然未能意识到严重的贫困的存在和程度。在 19 世纪人们就知道了穷人的存在，他们中的一些人被称为"危险的阶级"。Eric H. Monkkonen, *The Dangerous Class: Columbus...1860—1920* (Cambridge, Mass., 1975).

⑤ Verba and Orren, *Equality in America*, 44—51, 63; Green, *Pursuit of Inequality*, 38.

害)之前,这个运动未能造成教育的或经济的转变。① 然而,把那个时期描述为政府采取积极主动的时期也是正确的,这种主动性在很大程度上是那时对平等的关注造成的。这种主动性一直维持到1966年*,对移民法进行了重大改革。同样在约翰逊的领导下,给予西北欧民族仔细分级的偏待、确立了早期时代的社会偏向等级制的旧的群体称谓被彻底摒弃;移民配额制的观念在整个世界追求平等的潮流的猛烈冲击下土崩瓦解,表明对美国具有使来自世界的任何地方的任何人成为美国人的最为热情洋溢的信心。自重建以来,美国意识形态的核心信条从未如此有力地推动政府采取主动。①

1972年在尼克松政府时期通过了一个更为有力的《民权法案》,旨在消除就业市场中的种族歧视。② 然而,尽管从总体上说民主党人比共和党人更为愿意花钱用于社会进步,但他们却不喜欢把征税作为重新分配财富的一般性手段。当他们将增加税收放在了1972年乔治·麦戈文竞选总统的竞选纲领中时,他们似乎让一大批选民们深信:他们的思想激进而危险。③

零星救济的政策提供的救济常常不能解决更大的问题。这种救济的好处 430
是能吸引那些本身有影响或能够找到有影响的代言人的特定群体。(农场主长期以来的政治影响超过了他们的人数。)但是随着"先行计划"等积极政策的出台,这种解决社会问题的措施开始产生于行政干预,而不是产生于受到伤害的社会群体的有意识的和一致性的要求。是城市骚乱和焚毁的建筑,而不是有序的政治程序,激起了政治公众的忧虑,搅动着他们的良心。当投票决定实施救济的时候,救济的目标一般是缓解地方性的贫困,而不是进行经济重建。

---

① 对这种政治热情衰退的个人描述参见 Eric H. Goldman, *The Tragedy of Lyndon Johnson* (London, 1968)。

* 应为1965年。——译者

① Philip Gleason, "American Identity and Americanization," in Stephan Thernstrom, ed., *Harvard Encylopedia of American Ethnic Groups* (Cambridge, Mass., 1980), 52.

② Godfrey Hodgson, *In Our Time: America from World War II to Nixson* (London, 1976), 454.

③ Gans, *More Equality*, 53.

无论如何,政治权力的结构使实施广泛的经济计划的前景渺茫。穷人可以在选举中投票,但是他们中的许多人并不参加选举。他们从未资助候选人,或对国会的议员持续施加压力。直接导致界定平等的含义的新一轮的斗争的政治危机的一个重要方面是,穷人们所能够施加的这种有限的压力,更多地来自他们种族的和族裔的认同的力量,而不是来自他们贫困的地位本身。许多城市穷人是黑人,许多城市黑人是穷人。意识到种族的不平等促进了那个时期的政治游行,而美国社会是对这种意识作出的反应,而不是看到经济阶级所遭受的匮乏和伤害时的良心发现。[①]

如果在地图上根据经济特点划分地区,机会的不平等将一目了然。用来表示贫困地区的颜色会与学校资金不足的地区基本吻合。种族的不平等经常与财富分配的不平等共用同样的界限。学校及其隔离一直处于当代社会争取平等的斗争的核心。然而,种族并非是使学校成为实现社会隔离的有效机构

431 的唯一途经。如果说联邦宪法禁止种族隔离,那么它有什么理由允许其他形式的、对其受害者同样毁灭性的隔离?在得克萨斯的圣安东尼奥,州政府发起的学校资助制度将大笔资金给了富裕的阿拉莫高地区,而相对来说给贫困的埃奇希尔区的资助很少。有人根据联邦宪法第十四条修正案提起了诉讼。联邦地区法院裁定说,学校资助制度以财富为基础的歧视,是不能允许的对平等的保护的剥夺;财富被认为是进行区别对待的可疑标准;州未能就它进行这种区别对待作出合理的解释。

这个案件具有预示未来的意义。如果说不平等的学校资助制度被裁定为是违宪的,那么下一步就应该进行大规模的和极为复杂的改组。这个案件的结果取决于如何界定“阶级”。对平等的政治定义都建立在这样的原则基础之

---

① 甘斯(Gans)的前引书中有一个有关这个问题的大量的参考书目。重要的是,这些书目绝大部分都是 20 世纪 60 年代末和 20 世纪 70 年代初的著作。这些问题重新得到了民众的关注。另外参阅 Edward C. Budd, ed., *Inequality and Poverty* (New York, 1967); William L. Taylor, *Hanging Together: Equality in an Urban Nation* (New York, 1971)。这些书名以及其他许多书名证实了本章的观点:在这个时期对平等问题的全新的意识浮出了政治的水面。

上:把某些个人作为一类人进行孤立、并剥夺那一类人的平等机会,违背了联邦宪法第十四条修正案的平等保护原则。但是,如果一个人生来属于某个种族,或者皈依了某个宗教,而同时又属于这样一类人,那么他继承下来的贫困和不是出于自愿的选择居住在某个贫困住宅区,这就构成了应该受到类似保护的条件。无论如何,孩子们没有更多的的自由选择他们的社会阶级、种族或者他们生长于其中的宗教。

无论城郊的上层和中产阶级的优越地位是否归因于继承的财产或自己价值的实现,那肯定在很大的程度上归因于私有财产制度以及维持这种制度的法律。从传统的观点来看,将这些优越地位传给他们的子孙的权力可以被视为一项基本权利。然而,根据规定,公立教育机构要对政府政策的原则负责。而通过资助那种机构,将相应的劣势地位传递给穷人的孩子们应该被视为是完全错误的。教育无疑是生活中拥有更多机会的最为根本性的决定因素之一。联邦最高法院现在所面临的问题是,是否联邦宪法的平等原则要求美国经济史在教育方面造成的不良后果被公立教育中保障平等的教育机会的制度 432
所清除,所取代。这并不是一个不可能实现的要求,不到20年前的"布朗诉教育委员会案"扭转了世世代代的种族主义的历史。但是联邦最高法院并未冒险进入这个危险的领域。法官鲍威尔代表多数派小心谨慎地采取了一个狭隘的立场。他认为,校区制度的运作没有对任何被公正地界定为贫困类型的人或"收入低于任何指定的贫困线之下的人"不利的情况。用联邦最高法院自己的说法,得克萨斯校区制度的运作没有不利于"可疑类型的人"的情况。"可疑类型的人"指的是需要特别的审查的分类方法。孩子有享有公立教育的权利。但是他不认为一个孩子享有某种特殊标准的教育是一项需要政府做出规定的"根本性"权利;对平等的教育的剥夺,即使得到了证实(他并未承认这一点),也不一定就是联邦宪法禁止的剥夺,除非这种剥夺本身是以不允许的种族为理由的。①

---

① *San Antonio Independent School District v. Rodriguez*, 411 U. S. 1 (1973), 22—23.

四个法官组成的少数派认为，这个案件应该按照以前的裁定所确立的权利平等原则进行审理。法官马歇尔先生代表持反对意见的法官们回答说，联邦最高法院正在从“我们历史上致力于的教育机会的平等”后退。平等保护条款针对的问题不是州是否达到了最低的要求，而是州行为中没有正当理由的不平等。“它要求‘所有情况类似的人都应受到同等的待遇。’”他补充说，提出剥夺了法律的平等保护问题的理由是不平等，而不是多数派认为的教育经费完全不足的看法。法官怀特先生也提出了反对意见。他评论说，得克萨斯的校区制度为富裕的阿拉莫高地区提供了具有重要意义的选择自由，但几乎没有为征收教育税不动产基数低的地区提供任何可以选择的机会。在财产未被征收教育税的地区，根本没有分享教育经费的真正选择。因此，地方参与的计划尽管在原则上是好的，但是只是对那些能够上得起学的人有利。实质上，多数派的立场的基础是，认为那是一个政治问题。得克萨斯人民可以通过他
433 们的代表自由地改变他们的制度——对此，马歇尔认为在联邦最高法院不可能给予认真的考虑。[①]

联邦最高法院似乎正在缩回联邦宪法伸出去的干预的手。它当然是在从利用联邦宪法作为社会变革的工具上后退。费利克斯·法兰克福特认识到，政治决定在没有违背联邦宪法的情况下也可能是错误的。他在最近去世的时候，无疑会赞同联邦最高法院从这种干预性的努力中后退。

这并非这个问题的定锤之音，因为后来某些州在他们自己的管辖范围之内开始启动平等教育政策。然而，它们不能遏止中产阶级的孩子逃进私立学校的危险，只要中产阶级依然能够付得起那高昂的费用。这个问题与以前在许多地区造成了白人为主的学校郊区环形地带的“白人逃亡”、并导致了底特律的“米利肯诉布拉德利案”的现象极为类似。[②]

---

① Ibid.，71，89. 无论那个问题是否实质上是一个政治问题，案件的原告的观点是，无论采取什么制度，都要符合平等保护的原则。

② 338 F. Supp. 583 (1971)；418 U.S. 717 (1974).

得克萨斯的案件并未让人减少理由相信，旨在促进更高水准的种族、宗教或族裔平等的政治政策比那些旨在重新分配财富的政策取得了更多的成就。这个结论对于解释美国社会有着非常广泛的意义。在美国历史上财富分配的总体趋势只在最小的程度上对政府政策作出了反应。在1800—1940年间，除了少数的上下波动之外，财富的分配一直较为稳定。随后，财富分配的不平等稍稍减小。19世纪末期那个时代促使索尔斯坦·凡勃伦杜撰了“显示性消费”这个短语并撰写了《有闲阶级论》(1899年出版)的热衷炫耀的财阀们，对占人口10%的社会上层持有财富的份额的统计数字没有多少影响。有20%至40%的工人似乎一辈子也不能积累多少财富。政党不断更替，有时还包括杰克逊时代 434
的工人党、平民党和社会主义党。然而，财富分配的问题很少作为一个全国性的问题长期存在，或经常出现。对容忍这种似乎不能令人满意的状况的一种解释是，尽管个人改善社会地位的希望无疑经常不能实现，但是却经常看起来是可能的(尽管有时是骗人的幻觉)。[①] 这些个人的抱负有时会挫钝抗议的锋芒。然而无论多么领导有力的抗议一般都有着地方性的目标。而更为深刻的和复杂的原因可以从政治结构和广泛而散乱的个体主义的经济思想中去寻找。

要想成为一个政治问题，对不平等的不满必须被感觉到，而且这种不满可以通过某种政治的或能够引起政治关注的行动来寻求解决。(像20世纪60年代中期至末期这样的种族骚乱，尽管不能说是正式的政治，但是它们却时常引起政治的关注。它们并未展现出力量，而是无助的表现。)美国人一生中要经历各种各样的不平等，经常是到处碰壁。小视这些支撑他们的努力或理想是错误的。即使这样，人们在很大程度上默认了财富的巨大差别。

美国人希望建立一个在平等的原则之上运行的社会，但是不想建立一个由平等的人组成的社会。在这种希冀方面，他们与其他的现代社会并无二致。然而一个使美国人卓而不群的特点是，他们总是公开而坚决地宣布致力于一种含混的平等理想，这经常使有关社会政策的争论不得不回来采用平等的语

---

① Lee Soltow, *Men and Wealth in the United States, 1850—1870* (New Haven, 1975), 122—23, 174, 183.

言。然而,原则与实质之间的紧张关系永远无法解决。而实质性平等的最为热心的支持者们不得不满足于以改善了的但永远不充分的福利和社会保障政策回应千差万别的人的各种要求。重新分配财富政策的限度清楚地表明,只有不切实际的幻想家们会怀有建立一个在结构上更为平等的社会的想法。

435 维持和推动这些福利政策的是起初的大萧条、然后主要是美国参加第二次世界大战所造成的全国性公众意识的巨大发展。从1929年经济崩溃到共和党人德怀特·艾森豪威尔总统执政时期,公众思想发生了巨大的转变。充满活力的、高度个体主义的平等机会的思想逐步让位于与个人安全相关的思想。因为合股公司常常证明比私人公司有着更强的防止经济震荡的能力,个人日益认同于合股公司的目标和体制性的防范措施。这些发展奠定了政府政策的基调和框架,但是在企业界和地方政府,平等的理想都未发挥任何重要的作用。"新政"的思想及其实践的成就的一个影响是,影响美国民众的平等的思想,正被福利是政府应对人民履行的一个主要责任的观念的发展悄无声息地渗透和改变着。福利就像政府掌握的其他商品一样,成为一种资源。而平等,在可以实现的政治层面上,对于大多数人来说成为要求平等地享有福利的资源。当这些资源存在着稀缺的危险的时候,对这些资源的竞争就会变得异常激烈。由于贸易周期捉摸不定,尤其是当它们与捉摸不定的国际经济联系在一起的时候,这种资源的短缺经常合情合理地发生。后来蓝领工人对肯定性行动的新政策的抵制包含了这种因素。这种政策的目标,实际上是在一个更为广泛的种族的或族裔的基础上分配经济资源。在思想上,这种抵抗产生于以前劳工组织抵制移民时类似的感情,与劳工组织长期抵制工作场所的种族整合的纪录一脉相承。

在一个不同的层面上,同样使工人阶级不愿通过实现平等的解决方案解决社会问题的是,成功的理想化(并未因为媒体强调巨大的私人财富而变得不突出)和个人发财致富的减弱了的火焰的余光,仍然构成一种朦胧的诱惑。工
436 人们不愿完全放弃它们。这从一个方面解释了为什么人们(尤其是对于熟练工人阶级来说)感到平等的思想给个人增加了一个他们中很少有人愿意承担的责任。经过深入的研究发现,熟练工人们不愿使用平等的语言表达他们自己的

或国家的目标。对他们来说机会仍然很重要，而个体工人的技术、精力和抱负被认为创造了合理的理由要求社会尽量提供机会。然而单单实现挣钱的愿望还不够。熟练的男性工人总是想，应该允许一个个人持有他命运中的财富；一个挣了一百万美元的人值得得到这样的报偿。他们也许不愿认为他们自己以及他们的子女不会没有成为百万富翁的可能，尽管这种愿望可能是虚无飘渺的。没有出现任何证明或迹象表明，他们普遍设想建立一种与此不同的社会秩序；他们对一个更为平等的社会应如何分配其财富也没有一个明确的概念。①

不愿将他们自己的个人地位、自己的挫折、失望和满足归咎于他们生存于其中的制度的人，同样不可能对分析这个制度感兴趣，甚至不可能认同于他们工作于其中的"制度"。开始出现的对这种分析的一个例外是妇女。新一波的女权主义者们确实发现了一种"制度"，这种制度是男性确立的，也是服务于男性的。它通过政治、法律、就业、财政、公共服务、教育以及私人生活的很大一 437
部分构成的整个一套东西极为有效地运作着。争取很快被称为"性别"平等的运动不仅从几乎各个方面对现有的权力分配提出了挑战，也对现有的争取种族平等的运动产生了横向的影响，对这些运动中发挥作用的男性主宰的权力

① Robert E. Lane, *Political Ideology: Why the American Common Man Believes What He Does* (New York, 1962), 57—81; idem, "The Fear of Equality," *American Political Science Review* 53 (1959), 35—51; W. G. Runciman, *Relative Deprivation and Social Justice: A Study of Attitudes to Social Equality in Twentieth Century England* (Harmondsworth, 1972). 美国的工会集中关注实用性的问题，当然在这其中也发挥了关键性的作用。这个政策使劳工组织实质上仅仅成为一个在一种被接受了的体制之中运作的各种压力集团之一。多数美国人会感到，在这个框架下，具备一种更为广阔的社会视野是不合时宜的。这里提出的观点基于具体的历史研究，而不是某种思想理论。在美国人看待社会需要的方式上没有必然的或理所当然的事情。我们只需对照一下劳工组织在英国、法国或瑞典政治中所发挥的巨大作用，就能够理解更为广泛的社会视野是可能作出的选择。但是这里也具有一种讽刺意味。如果说英国和法国的工人对个人提高社会地位的前景很少抱有幻想，也正是出于这种原因，再加上他们自己的社会纽带的不同形式的历史，他们较为满足于集体的劳工意识所施加的种种限制。尽管英国和法国的工人们在历史上一直愿意改善工人阶级的地位，没有多少证据表明他们希望不再作为工人阶级的一员，或放弃他们的阶级认同。尽管在美国和在欧洲一样，"阶级"是一种不容置疑的社会现象，美国人对于"阶级"的概念总是感到不舒服，并经常拒斥这种概念。

结构提出了挑战。然而这种把社会制度视为一个整体的意愿又受到了它的目标的限制。实际上,这些目标可以通过重新分配两性的权力得到满足。美国的意识形态因为是一种男性的意识形态受到了批评。这种特定的批评实际上并不反对它容忍其他形式的社会不公正和经济上的不平等。

族裔与语言:美国意识形态中连字号的重新启用

20世纪60年代中期的各种新的运动是由各种有些矛盾和令人困惑的推动力驱动的。但是它们都极大地推动了意识的觉醒。在这混乱中,出现了两个巨大的驱动力:一个来自上面,一个来自下面。正如我们所看到的,第一个驱动力是约翰逊总统领导的"向贫困宣战"。而那个时期第二个争取平等的驱动力的社会的和文化的根源在于美国多样化的族裔。因为约翰逊的改革计划所针对的受益者们实际上是根据族裔(或种族)确定的少数群体,这些在经济上被剥夺了基本生活保障的人与在族裔上被剥夺了基本公民权利的人在很大程度上是相互重叠的。没有理由认为约翰逊政府的目标是,或者说它希望在这些少数群体中间激起一种新的政治意识,并把少数群体的意识转变为一种新的巨大的政治力量。然而,这种发展及其更为长远的后果的影响是始料未及的也是巨大的。在刚刚过去的时间里,在肯尼迪和约翰逊政府时期,基本的关系仍然是政府给与,被剥夺权利的少数群体接受。在权利被剥夺在某种程度上有所缓解之后,少数群体的反应是,不再作为任何政治意义上的少数群体而存在。少数群体在短短的几年里赢得了主动,对平等的游戏规则提出了挑战。

438 是黑人最先赢得了那种主动性,其标志是1966年斯托克利·卡迈克尔杜撰了"黑人权力"这个短语。一个始料未及的讽刺是,这种分离的主张是在白人刚刚暗示允许黑人同化入美国社会整体之中(这种美国合众为一的思想扎根于历史上的整个自由主义计划之中)之后提出的。[1] 然而,会出现新一轮自

① Gleason, "American Identity," 52.

我隔离并非完全未被预见到。1962 年就有人观察到，美国式的多元化正在导向那个方向，眼前的例子有白人新教徒、天主教徒和犹太人。[①] 法律上的隔离的城墙的倒塌很快暴露出小社会自身在摒弃“整合”思想的新型激进主义者的抗议声中树立的各种形式的隔离。在一个群体和个人关系迅速变化的时代，有时很难区分一个小社会与另一个小社会，或者作为一种社会习俗的旧社区和作为一种自卫形式的新社区之间的界限。也许法律上隔离的城墙的倒塌只是暴露出旧的、自己建造的城墙的存在。而美国情势的一种特殊性初露端倪：黑人美国人（如今名称 **black** 被宣布取代 **Negro** 一词。）不愿承认他们仅仅是其他少数群体中的一个。由于深刻的历史原因，也许黑人的情况不同。詹姆斯·鲍德温在他的著作《下一次的烈火》中扪心自问：“我是否真的想被整合进一个燃烧着的房子？”[②]

黑人正从种族自豪和族裔团结中寻求新的、迫切需要的力量。“黑人权力”的倡导者们并不接受旧的实质上是自由主义者的观点——认为整合将会给他们的人民带来好处或自尊。他们吸收了（或者说复兴了）扎根于杜波依斯和加维的思想中的主题，指出其权力、法律和社会道德使黑人受尽了压迫的白 439
人文化是一种“异类”文化；力劝或者强迫他们把他们自己以及他们的子女同化其中是对他们的进一步的羞辱和压迫。“黑人权力”和种族自尊的倡导者们把主导民权运动的各个阶段并导致了“布朗诉教育委员会案”的原则完全颠倒了过来，复兴了马库斯·加维建立独立的黑人学校、重点教授黑人文化和历史的要求。雪莉·奇泽姆等国会众议员谴责过时了的“大熔炉”理论。她在 1974 年宣布，我们必须“抛弃这种大熔炉理论，并认识到这个国家实际上是一个各种类型的群体构成的沙拉碗，每一个群体都能为之作出贡献”。[③]

---

① Harold R. Issacs, *The New World of Negro Americans* (Cambridge, Mass., 1963; London, 1964), 328, 335—39. 另外一种自称“异己分子”的人也与激进抗议运动有联系。但是，笔者称他们“假激进主义者”，暗示这些青年人逃避的是个人的、而不是社会的或政治的失败。而在这些时常以大学为基地的普遍属于中产阶级的青年人与城市中心或者南部被社会疏远的阶级之间没有多少联系。二者可能不应被合并为一个运动。

② James Baldwin, *The Fire Next Time* (London, 1963), 108.

③ Abigail Thernstrom, “Language: Issues and Legislation,” in S. Thernstrom, ed., *Harvard Encyclopedia*, 619—21.

南部种族关系的危机、北部城市骚乱以及在越南越来越没有希望的战争，并未构成宣传开化各个民族的美国传统价值观的有利背景，正是这些价值观一直将这些民族排斥在美国历史的各种有益的影响之外。美国争取平等的新阶段发生在一个道义信心出现危机的时期。[①] 正是先后由约翰·肯尼迪和林登·约翰逊领导的传统的自由主义者——“新政”的后代子孙们，使这个国家陷入了美国时间最长、最具灾难性的海外战争；这个事实并不能使形势有所好转。一些有地位的黑人美国人认为这场战争带有种族主义色彩。[②]

其他族裔的少数群体开始注意到了这些主动性。如果就像首席大法官沃伦所裁定的，隔离的设施从本质上说是不平等的，那么雪莉·奇泽姆所说的沙拉碗中的其他成分也可以说在某种意义上遭受了不平等的待遇的影响。最为突出和数目最大的是西班牙裔的各种阶层的美国人。来自墨西哥的移民（许多都是潜入的）增加了居住在西南部的大批西班牙裔人的人数。还有大批西
440 班牙裔人在东部城市站住了脚根。如今公开的声明和广告经常以西班牙文发布。在20世纪60年代中后期至70年代初这段较为短暂的时期，其他离盎格鲁-撒克逊血统较远的移民群体找到了代言人，准备为他们过去所遭受的委屈要求某种补偿。一位社会学家自称从天主教以及巴尔干半岛国家、中欧或东欧血统的移民的角度发表文章，发现了一种新形式的族裔政治。在他的笔下，这种族裔政治从本质上说是一种文化政治。[③] 这些民族不能说它们被奴役过。如果说它们在经济上受到了剥削，那只是在作为整个工人阶级的意义上。但是他们所经历的道义伤害更为微妙，而且同样普遍。因为（现在有人认为）他们的传统家庭、宗教以及以社区为中心的关系，受到了这个国家历史上盎格鲁-撒克逊新教徒统治者和立法者的个体主义伦理的严重（而默默的）伤害。流行的美国价值观制度，加上其处于主导地位的自立神话，看来比战争和种族问题

---

① 这是格利森(Gleason)在“美国认同”一文第52—53页的观点。我的解释归纳了他的要点，并稍微加深了一点。

② 肯尼思·克拉克(Kenneth Clark)在1970年的某个记不清的时间向笔者非常有力地表达了美国正在越南进行一场种族主义战争的观点。

③ Michael Novak, *The Rise of the Unmeltable Ethnics* (New York, 1972), 289.

更深地分裂了美国。[①]

激起这种要求的潜在主题是感到精神上受到了伤害。那种要求是希望得到受尊重的平等。[②] 然而不幸的是，受尊重的不平等，尤其是那些产生于不同的社会价值观的受尊重的不平等，最不容易通过政治的途径来解决。得到确认的许多受害者是在社会上和政治上具有普遍的保守倾向的工人阶级男子（妇女们在这个方面并不突出）。除了黑人以及一些西班牙裔的人以外，族裔少数群体似乎不太迫切投身于政治行动。这不足为怪，因为作为选民，他们在传统的政治选区中已经被有效地代表了。历史的记录似乎无章可循。黑人、犹太人、意大利人和斯拉夫人一般倾向于支持他们自己形象的候选人，而爱尔兰裔和墨西哥裔美国人政治热情不高。而这也预示了未来的事情。积极的领 441
导和对族裔认同的自豪感的灌输开始表明，少数群体在地方确实能够对选举的结果产生影响。[③]

国会对政治中的"族裔"这个新的力量的敏感性的显著标志是，在 1972 年通过了《族裔传统研究法》。这个法案的发起者们将这个法案描述为"联邦政府使族裔和多元化合法化的一个新举措"。法案规定将拨款促进族裔研究。强调族裔是"我们当今社会的一个积极的建设性的力量"，是对受尊重的平等的要求的回应。这种回应的力量在于它能够促进族裔的自尊。[④]

确定族裔生活的文化方面（包括食品、教会和家庭关系等主要内容）要比发现需要政治干预的不满或利益容易一些。说西班牙语的少数群体人数众多及其语言问题的严重性（不必说他们构成的多样性），使语言本身成为族裔政治的主要问题。在英语为主的情况下，美国在整个历史上一直非常容忍语言

---

① Ibid.，97.

② Ibid.，12，19，55，69. 但是解决问题的方法尚未确定，而这个观点本身也遭到了反对。因为还不完全清楚诺瓦克（Novak）一书的标题中"无法熔化的"族裔是否如标题所暗示的和作者所指出的那样一直就存在着，还是也如那个标题暗示的那样是最近出现的？

③ Mark R. Levy and Michael S. Kramer, *The Ethnic Factor: How America's Minorities Decide Elections* (New York, 1972), 19, 24.

④ Richard Polenberg, *One Nation Divisible: Class, Race, and Ethnicity in the United States Since 1938* (New york, 1980), 246.

的多样化。1837—1841 年间担任美国总统的马丁·范布伦在纽约市肯德胡克一个说荷兰语的社区长大。[①] 在他担任总统一百年以后，纽约市用外国语出版的杂志不下 237 种，而在芝加哥不下 96 种。[②] 因为英语依然是这个共和国和各州的官方语言，各种语言的迅速增加从未被认为损害了长大成人的一代又一代人的社会的或经济的机会。而如今，看起来说西班牙语的家庭的子女们正处于极为不利的地位，这种地位有可能伴随他们终生。

在一个拥有一种得到认可的语言的政治文化中，语言上的少数群体的子女显然应该要求被给与更多的机会学会那种语言。做不到这一点就是对机会
442 平等的剥夺。而政府显然应该对这个问题负责。为实现这个目标所制定的计划允许少数群体在过渡时期维持原来的语言（这并非一个新生事物），随着西班牙裔人的需求的增加这些引起了人们的关注。这些计划中平等的含义远未明确。但政府政策的制定者们正沿着符合与日俱增的群体要求的方向进行引导。事情的发展取决于联邦最高法院的一个裁定。这个案件涉及的不是西班牙裔人的要求，而是旧金山不说英语的华裔学生声称他们被剥夺了平等的受教育机会。在 1974 年作出裁定的"劳诉尼古拉斯案"中，联邦最高法院要在两种不同的平等观中间作出选择。联邦最高法院并未依靠原告提起诉讼所依据的联邦宪法第十四条修正案中的平等保护条款，而是依靠有关法令。联邦健康、教育和福利部依据《1964 年民权法》所颁布的指导原则禁止以种族、肤色或民族血统为由的歧视，但并未提到语言问题。联邦最高法院为了消除这种忽略，将语言纳入民族血统的概念，并裁定采取"积极的措施纠正语言上的欠缺"。[③] 这个裁定也只是满足了华裔学生被给予学习英语的机会的愿望。而联邦健康、教育和福利部对有关群体关系的方方面面的平等要求的巨大压力作出反应，将联邦最高法院的这个裁定解释为要求双语甚至双文化的教育。

到 1974 年为止，在参议员爱德华·肯尼迪和艾伦·克兰斯顿的领导下，

---

① John Niven, *Martin Van Buren*: *The Romantic Age of American Politics* (New York, 1983), 5.

② Polenberg, *One Nation Divisible*, 36.

③ A. Thernstrom, "Language," 626—27; *Lau v. Nichols*, 414 U.S. 563 (1974).

国会通过立法，允许积极地进行第二外国语的教育。这个举措反映了对以前的移民的原始语言只应在过渡时期保持和得到支持的原则的逐渐偏离。双语教育如今成为一个法律上的要求。[①] 国会在原来《1965 年选举权法》的基础上，又纳入了对根据语言的族裔认同的保护。1968 年 1 月签署的《双语教育法案》规定，为旨在满足低收入家庭孩子高度集中的学校中英语表达能力有限的学生的特殊教育需要的计划提供资金。[*] 然而，主宰国会辩论的平等原则只是提出了更多的问题，因为有数百万美国人在他们的家庭背景中使用"来源国的"语言。推行教育政策所面临的问题是，弄清导致在参与英语文化的竞争性 443
斗争中处于某种可以确认的不利地位的语言状况。移民的漫长历史确实记录了早期数代人的大量成功的例子，他们中的许多人在到达美国海岸的时候完全不懂英语。1975 年，国会将问题简单化，界定了四个主要的"语言上的少数群体"——他们是阿拉斯加土著居民、美国印第安人、亚裔美国人以及西班牙裔美国人。通过采用"在语言上处于不利地位"的分类，国会解决了如果挑出一个具体的少数群体（这里保护的目标是墨西哥裔美国人）进行保护无疑会产生的宪政问题。因为，那将是特殊的保护，而不是平等的保护。[②]

正如在对平等的追求中时常发生的，一个更为深层的问题被揭示出来了。维持少数群体语言运动背后的支撑性理想之一是，对持续存在的族裔认同观念的根本性尊重。它是来源日益多元的美国众多少数群体对西奥多·罗斯福"归化了的美国人"（hyphenated Americans）的"长距离的"反驳。这是在本章开头谈到的意识的转变中并非微不足道的因素。

这种反驳是族裔自尊的有力表示。然而当它被转变为一种政策的时候，它所提出的严重问题是选择甚至确定构成这些少数群体的个人，因为少数群体就像多数群体一样，也是由个体的人组成的。典型的美国机会平等的伦理暗含着一种个体主义的和雄心勃勃的流动性，与族裔团结的伦理并不完全一致，因为族裔团结鼓励个人待在群体的社会的和心理的范围之内。当与之相竞争的赢得

---

① A. Thernstrom, "Language," 623—24.

* 这句话为作者新增添内容，英文原书无此内容。——译者

② Ibid., 627—28.

财富和地位的利益诱惑相对照的时候，有意识的族裔运动被描绘为“脆弱的制度”。在这里值得提及的是，英语语言的能力通常对于获得财富和地位是必不可少的。当群体的语言被吸收进教育结构，而且英语的吸引力被削弱（或在群体形
444 成的关键时期被削弱了）的时候，群体的挽留力量就会增强。而群体平等可能与自尊建立在个人成就的基础之上的个体平等相冲突。[①]

保持移民语言存在的政策，在千差万别的语言迅速增加的时候，在资源和组织方面造成了巨大的现实困难。它还提出了这样的严重问题：这一代对族裔敏感的改革家们是否一定能最恰当地判断新一代美国儿童们的长期利益。很难说语言计划意图中的受益者们会感谢他们的恩人切断了他们与他们国家的文化主流的联系。此外，更为深刻而不容忽视的问题是，是否这些政策预见到最终会出现一个官方认可的使用多种语言的国家，以及这对于法律、政治、教育和企业意味着什么。这个问题由于它与相关的作为一个政治代表权原则的族裔问题的联系，成为政治议事日程上的一个举足轻重的问题。

族裔与代表权

政治代表权是共和国大厦的基石。联邦最高法院在 20 世纪 60 年代所阐述的美国宪政原则要求平等的代表权，这意味着所有的成年公民平等地参与政治过程。《1965 年选举权法》的唯一目标是贯彻那种原则，保障南部州的黑人公民毫无限制地参与政治过程。在几年的时间里，当南部的官员们设置了新的障碍（例如旨在削弱黑人的选举权力量的影响的以县为单位的选举）的时候，联邦最高法院利用那个法案的一个条款保障选举权的行使。问题的实质是，每一张选票都应该发挥平等的作用；选票“掺水”没有正当的理由。[②]

---

① Joshua A. Fishman, “Language Maintenance,” in S. Thernstrom, ed., *Harvard Encyclopedia*, 629—37.

② Abigail M. Thernstrom, *Whose Votes Count? Affirmative Action and Minority Voting Rights* (Cambridge, Mass., 1987), 3—4, 20—21; *Allen v. State Board of Elections*, 393 U.S. 544 (1969).

有关这种立法和司法政策的结合的第一个观察是，从眼前的目标看，它取得了非常突出的和看得见的成功。到20世纪70年代初，在数代的时间里几乎从未听说过黑人选举权的南部州，黑人和白人在几乎平等的基础上进行登记和参加选举。而白人和黑人的民权工作者们深信，黑人选举权永远不能反映南部黑人社会的需要，除非这种选举权的结果选出黑人男女担任政府职务。进入饭店或参加选民登记等公共活动的权利与拥有了实际机会或有效代表权的结果之间的差别，正是形式上的平等和实质性的平等之间的差别——约翰逊总统在霍华德大学发表演讲时想到了这种差别。而这种差别可以细分为三种可以采取的举措：第一，制定正式的规则；第二，创造能够促进和鼓励平等的参与的环境和条件。第三（是第二条的延伸），创造使规则本身几乎必然产生理想的结果的条件，以保障这种"实质性的"平等。[①] 将作为政府政策出现的第三种类型的举措的例子是，建立只是某个族裔群体候选人有当选的希望的选区。（这当然并未规定个体的候选人。） 445

这种发展不能被归咎于《选举权法》的失败。在长达10年的越来越有效的实施之后，这个法案在很大的程度上实现了它原始的目标。但是结果仍然令民权运动较为积极的成员们失望，他们希望保证新的规则能造成黑人官员的当选。这里要区分规则能够允许什么以及选民群体的动机和利益能够在实际上带来什么。似乎需要干预力度更大的措施克服历代南部黑人对某种或另外一种白人统治的默认。

国会制定一个新的法案的时间到了。策略是将黑人的利益与墨西哥裔美国人的利益联系起来。墨西哥裔美国人在这方面也是代表权不足。因为墨西哥裔美国人无法被明确地描绘为一个"种族"，按肤色和宗教也不能被称为一 446

---

① A. Thernstrom, *Whose Votes Count?* ch. 3; Terry Eastland and William J. Bennett, *Counting By Race* (New York, 1979), esp. 118—19; Edwin Dorn, *Rules and Racial Equality* (New Haven, 1979), 4—11. 尽管塞恩斯特罗姆(Thernstrom)和多恩(Dorn)得出了相反的结论，塞恩斯特罗姆对"形式的"平等和"实质性"平等的区分与Dorn坚持有必要区分正式的规则与实际上的结果相似。塞恩斯特罗姆强调集中关注后者的重要性。上述第三种类型的举措反映了笔者企图提炼出另外的可能性。

个种族，这里采用的是语言学的名称，带有上文描述的在语言上处于不利地位的概念。

在1975年制定的一个大大增强了的法案（这无疑是重建以来最具干预力度的措施）中，首席大法官沃伦在以前所解释的“掺水”概念被转变成为一种解释原则，为联邦政府的行动提供了正当理由。这本身似乎并非一个容易引起争议的程序。这个原则与有关“按人口比例的多元化”的裁定的原则完全一致。如果说它是一个不错的宪政原则，那么联邦政府就有权力也有责任实施它。而赋予“掺水”的实质性含义发生了具有重要意义的变化。此后将根据选举的结果来判断是否选票“掺水”了。倡导者们经常使用的语言是，选民们应该享有平等的机会选出“他们选择的代表”，由此将这个问题与机会的平等的问题合而为一。[①] 不久明确的是，当他们提到“他们选择的代表”的时候，新立法的支持者们说的是他们自己种族或群体（也就是说指定的族裔群体）的代表。换句话说，黑人民众选出黑人代表，西班牙裔的人选出西班牙裔的代表，以此类推，涉及各个群体。这个观点并未被完全确立起来，但是它作为一种有关平等的辩论中要应对的力量已经出现。经过在参议院的长期辩论与谈判，通过的议案稍微改变了对“结果”的含义的解释；选出的少数群体代表的比例成为可能被考虑在内的因素之一。但是，议案的主要部分并未通过。法案否定了少数群体有权严格根据它们的人数按比例选出代表的看法。[②]

然而，无论是在它规定的权利上，还是在它授予政府的权力上，这个法案
447 都是一个强有力的法案。这个新法案采取了根据选举规则的结果而不是根据规则的意图作出判断的原则，其特点来自我们刚才注意到的第二和第三种举措中的某些部分：它否定了按人口比例选举代表的原则，但是它同时所创造的条件大大提高了黑人候选人当选的可能性。令国会多数派和在1974年8月尼克松总统辞职之后继任总统的杰拉尔德·福特新政府满意的是，对南部影响巨大、其白人至上主义者拼死抵抗极力维持的历史性条件，为联

① A. Thernstrom, *Whose Votes Count?* 6—7.

② Ibid., 135—36.

邦政府进行这种史无前例的干预提供了正当理由。①

在试图追溯美国通过对平等的越来越细致的阐释追求社会正义的历史时，重要的是认识到不会必然会出现这种特定的结果。它不是崇高的历史原则注定结出的应有的果实，而是复杂的国会政治和在激烈变动的政治形势中产生的族裔联盟的直接结果。在南部的政治背景中，如果在一定意义上说那是美国黑人领袖新的紧迫感的结果，它也是他们的对手们的策略所造成的结果。如果南部的白人领袖们利用他们的影响减弱白人的抵抗，领导南部走进一个黑白种族合作的时代，而不是煽动民众抵抗共和民主的原则，那么南部平等的整个立法史和司法史就会有机会走上一条不同的道路。历史学家没有责任断定南部会走上什么道路。

选举选民们自己选择的代表的平等机会是保证他们选出他们自己种族的成员的手段的思想，并非 1975 年法案的原始驱动力。然而这种思想进入了辩 448
论，并似乎从法案本身获得了力量。在多数群体的议员压制少数群体的利益、具体地说白人议员压制黑人利益的漫长历史的背景下，很容易理解少数群体的代表权如何会自动地转变为少数群体的担任公职问题。尽管很少公开得到承认，这种假定的一个重要因素是，不同的种族的人居住在界线分明的居住区。非洲裔美国人在某种程度上是这样，西班牙裔的人也集中在某些重要地区。所涉及的原则是，如果看到了这些考虑，每一个社区应该由它自己成员中的人代表；同类人代表同类人。1969 年，印第安纳波利斯的联邦法院认可了这个原则。作出裁定的是法官奥托·克纳。他刚刚领导了一个委员会，撰写了有关城市黑人暴动的报告。而联邦最高法院在这个案件上有其他的考虑。在联邦最高法院审理的案件中，那位黑人候选人在选举中失败不是因为他的

① 是否史无前例呢？在预先确定议会的**种族**构成方面，是这样的。（重建时期的立法并未打算造成预先设想的自由民选举自由民、白人选举白人的代表权。）然而，如果从种族问题上后退一步，回顾一下政党斗争的历史，为了取得党派优势、不公正地划分选区的每一个行动，都体现出了同样的原则。这是一个漫长但并不完全光彩的美国传统。按照定义，每一次不公正地划分选区都是一种制定选举规则以便预先决定选举结果的途径。当然，仍然可以说联邦政府干预的水平是史无前例的。

黑人身份，而是因为他是一个民主党人；除了因为是黑人之外，还有其他的在选举中失败的原因。① 而最高法院不愿容忍违背“掺水”原则的手段。在“怀特诉里杰斯特案”中，联邦最高法院裁定说，在复数选区，如果少数群体的候选人在整个县未能在选举中胜出，就违背了联邦宪法第十四条修正案的平等保护的条款。②

《选举权法》在1982年再次通过时稍微作了修订。参议院利用这个机会坚持否定“受保护的阶级”的成员有权依据他们在整个人口中的比例选出成员代表的要求。然而新法律仍然保留了对歧视性结果的基本判断。出于实际的目的，结果仍然是判断意图的关键。③

除了提前设定特定的结果、并因此准备好制定实现这个结果的规则的问题之外，还提出了真正困扰人的棘手问题。总是很难诊断出歧视性意图的症状。正如联邦最高法院在“惠特科姆诉查维斯案”中所暗示的，任何候选人有权因为他或她的优点和缺点、或者他或她的党派的优点和缺点当选

449 或落选。不能肯定地认为，白人候选人落选是因为政治问题，而黑人或西班牙裔美国人落选总是因为“种族”的原因。（确实，这个观点对于民主理论来说将产生非常奇怪的后果。）根据“结果”判断是否存在歧视在政治画布上划上了宽大而粗糙的一笔。但是在那种水平上，在选举的结果中能看出其明显的优点。

随着选区形状的变化暴露出更为复杂的问题。当弗吉尼亚的彼得斯堡因为兼并了周围的一个区而扩大（顺便提一下，这是黑人企业利益鼓动的结果）时，有效地“淡化”了黑人选民的构成，尽管这并未反映敌视黑人的白人的“意图”或者为了他们的利益而采取的行动。面对黑人选举权力量的削弱，联邦法

---

① A. Thernstrom, *Whose Votes Count*? 67—69; *Whitcomb v. Chavis*, 403 U.S. 124 (1971).

② A. Thernstrom, ibid., 70. 联邦最高法院在这里认可的原则是平等的参与政治的权利。Dorn, *Rules*, 88—89; *White v. Regester*, 412 U.S. 755.

③ A. Thernstrom, *Whose Votes Count*? 的第五和第六章详尽描述了法案的通过。我依据她的论述，并增加了我自己的评论。

院下令这个城市重新划分选区。目标是重新设立一个选区，以使其中的黑人选民能够像以前一样作为一个团体而发挥影响。[①] 这个裁定似乎反映了应避免"淡化"少数群体的选票的原则，尽管联邦最高法院的语言留有余地，让人怀疑它在法律上的意义。几年后这些怀疑被消除。在1980年涉及佐治亚州罗姆市的一个案件中，决定联邦最高法院的裁定的唯一标准是种族：实际上，在有理由相信种族作为团体投票的情况下，只有黑人能够代表黑人。法院还不习惯怀疑这种趋势是南部政治的惯例。[②]

这个观点值得商榷。至此，在白人公民选票以及在黑人选民支持下当选的白人候选人的帮助下当选的黑人官员数不胜数。还有另外两个问题值得怀疑：是否司法机关应该决定选民应如何投票——是集团投票还是采用其他的形式？维持鼓励那种或另外一种投票习惯的情势的政策是否符合个体平等的民主原则？创造和维持稳妥的"黑人"席位的明显（尽管是间接的和无意的）结果之一是，孤立了黑人社区，削弱了选举中的竞争。在非洲裔美国人选民被限制在一个选区时，他们可能有把握选出一名非洲裔美国人候选人，但是他或她 450
可能是唯一的一个候选人，或是一个在人数上处于劣势并因此不起作用的一小群体的一员。与此同时，非洲裔美国人选民影响那些需要依靠黑人选票因而可能考虑黑人所关心的事情的白人代表的能力也被削弱。对经济问题、教育问题以及公共服务规定等地方性的问题感兴趣的黑人公民们所面临的危险是，丧失为他们的主要利益投票的机会。因为多数黑人选民支持民主党以及多数黑人选民被集中到有限的几个选区、有时甚至一个选区，另外一个也许不是完全无意的结果是，增强了共和党在立法机关的力量，至少在共和党人选民力量强大的地区是这样。

族裔群体的少数派地位是一种需要通过选举制度纠正的特殊形式的权利剥夺的思想，对于非洲裔美国人来说不是一个新的观点。在内战之后，有人出于这种考虑强烈支持重建的政治措施。然而一百年之后当这一思想再次出现

---

① Ibid.，138—39.

② Ibid.，154.

的时候，却造成了各种全新的复杂问题。当少数群体代表权的思想开始从黑人美国人中间传播到其他少数群体中间的时候，这些问题就成为新的突出的宪政问题。

在涉及黑人的地方，联邦最高法院已经发出了信号，表示愿意承认按人口比例的种族代表权原则。然而这些既定的目标可以被解释为，具体针对的是非洲裔美国人作为在美国历史上受压迫的群体的特殊经历。最为突出的目标是纠正历史上不平等的影响。然而另外一个目标已经体现在在选举、就业和教育等问题上。新发现的这个目标是努力使平等成为一种实际可行的实践，而不仅仅是形式上的规则。所涉及的平等问题最终可以归类为“机会的平等”。为了给形式上的规则赋予生机，并将那种理想转变为活生生的实践，有必要将一种社会心理学的因素注入那种情势。要通过某种方式使受压迫的少数群体的成员们相信自己，相信他们的努力不会白费；如果他们做出了努力，这个制度就会像对待其他人一样对待他们。不仅是黑人选民，而且正如我们所看到的，黑人议员、专员、市长和城市委员会委员是这个制度的实际作用看
451 得见的标志。然而，如果黑人确是一个特例，适用于他们的观点是否可以被其他的少数群体采纳呢？是否东欧和中欧国家的移民后裔们的“文化政治”应该转变为要求同样的政治代表权的形式？

显然是黑人领导潮流，率先垂范。然而这个榜样具有感染性；对过去所受的权利剥夺应该进行补偿的理论不会老是待在屋里。1979 年，联邦司法部要求休斯敦市重新划分选区，以维护城市中心少数群体的具体的、依照语言界定的利益，在这里涉及的主要是墨西哥裔美国人。[1] 族裔论点正在提出两个强大的要求：被纳入美国文化；被转变为美国选举政治。

那种既属于一个保留了自己的风格和完整性独特文化、同时又被容纳到多元化美国的整体之中的感觉，很可能有着产生于美国移民和定居历史的特殊价值。在一个族裔被视为是理所当然的世界，没有对族裔认同的任何界定

① A. Thernstrom, “Language,” 628.

可能会被视为一个耻辱。[①] 某种多元化的许多倡导者们表示希望保留他们认为的族裔的精髓特质。正如在20世纪初霍勒斯·卡伦所看到的，犹太人的认同是一个恰当而有力的例证。然而族裔认同从本质上说是不稳定的。它会消失，会改变形式和特点，或者主要表现在节日的游行和庆典中。而这些群体中的许多个体成员在他们日常的生活中，会自由地与其他群体的成员在工作场所、学校和大学、娱乐场所、社区、洗衣店和（有时最终在）婚礼上交往。

尽管这些不稳定因素令那些保持族裔文化的核心倡导者们叹息，却似乎必然产生于一个相对自由的社会反复无常的人性的脆弱。然而这些倾向并未令选举法的改革家们畏缩不前。他们指出，应该保护族性是因为它容易被侵蚀，应该尊重族性因为它具有顽强的生命力。[②] 美国不像苏联一样是一个多 452
民族组成的共和国。但是新一波的改革家们似乎愿意冷静地考虑建立一个由政治族裔组成的共和国的前景。

1982年所提出的改革方案并未缓解那些批评家们的恐惧，他们看到族裔认同政治化的明显趋势。两种观点都清楚地被看到和坦率地得到表达。1977年，意大利裔美国人基金会（意大利裔和美国人之间的连字符不再使用）全国主席J. F. 保鲁西广泛暗示了带有种族偏向的赔偿计划一旦被纳入政府政策可能开放的广泛机会。他希望扩展这种偏向，将来自南欧和东欧的白人族裔也包括在内，因为它们在高等教育和专业领域的代表偏低。他宣称："做不到这一点就是鼓励种族主义，而不是消除它。"各个学院和大学应该使它们的招生程序适应它们所服务的人口的族裔构成。[③] 亨利·亚伯拉罕教授在回应这

---

① Harold J. Abramson, "Assimilation and Pluralism," in S. Thernstrom, ed., *Harvard Encyclopedia*, 159.

② 诺瓦克（Novak）有关经过三、四代人的通婚之后许多人不再认为自己属于任何一个族裔群体的论断中包含了这两种情况。"他们心灵中各种因素都被抑制了。"（这令人怀疑它们的存在是如何为人所知的。）然而这种混杂的族性中决定一种族性而不是其他的族性保留下来的基础是什么？（第32—33页）。正如本书第十章第303—304页（英文原书页码）所分析的，霍勒斯·卡伦（Horace Kallen）也提出了同样的问题。

③ Allan P. Sindler, *Equal Opportunity: On the Policy and Politics of Compensatory Minority Preferences*, American Enterprise Institute (Washington, 1983), 14.

种原则时警告参议院委员会说:“这里不是印度。这里没有以群体身份为基础所代表的权利。”换句话说,美国是一个由平等的公民组成的共和国,而不是一个由族裔的或宗教群体组成的共和国。另外一位批评者在指出联邦宪法谈到的只是个人之后问道,当选政府职务的个人所代表的是个体的公民,还是由选民组成的族裔的或种族的团体?[①] 令问题更为复杂的争论是,谁有权利确定是何种群体特征构成了应该享有政治权利的族裔认同?一个激烈地诉讼的官司产生于重新划分选区。这种划分为了迎合黑人的利益,但造成了纽约市一个哈西德派犹太人社区被一分为二。看来哈西德派犹太人更为重视宗教认同,而不是对他们更为普遍的描绘——“白人”。然而联邦最高法院裁定说(那
453 是在 1977 年),提起诉讼的人作为哈西德派犹太人没有要求代表权的宪政权利。[②] 似乎在联邦最高法院看来,以下两种观点都不能采用:族裔不能要求政治上的代表权;黑人族裔可以要求政治上的代表权、西班牙裔可能也行,但其他族裔不行。不足为怪的是,这个裁定并未遏制这个问题的活力。当大约十年后纽约市修改特许状的时候,这个大都会的城市委员会委员们确立的选举制度的原则是,组成这个城市的人口的族裔群体应尽可能地由他们自己人代表他们。[③]

两种从同样的根源获得启示的代表权理论的变种,如今在美国宪政土壤中已经结下了成熟的果实。两种理论都要求享有平等的权利。一种要求将那些权利赋予平等的个人;另一种赞同这些个体在政治上是平等的,但是他们的政治选择取决于他们自愿或不自愿地被划归的族裔群体的命运。这种发展的久远的先例是,像马萨诸塞村镇这样的群体是 18 世纪衡量平等的真正标准的

---

① A. Thernstrom, *Whose Votes Count*? 132. 不太清楚为什么亚伯拉罕(Abraham)认为印度的公民在政治上被作为族裔的或宗教群体的成员得到代表。

② *United Jewish Organizations v.* Carey, 45 L. W. 422 (1979); Dorn, *Rules*, 93—96.

③ Charter of New York City, 1988, chapter 2—A, sec. 50, b. 1:“城市委员会的成员:(1)至少要有每一个区的一名居民;(2)受公元 1965 年修订的《合众国选举权法》保护的纽约市的种族或族裔群体的成员,委员的数目尽可能依据他们在纽约市的人口比例确定。”

思想。[1] 但是它真正的历史根源在于移民的历史以及同化观念成功的有限性。这可以被视为美国联邦制的最新的和最为成熟的形式，但是共和国的创建者们不会赞同这种联邦制。在 1787 年的情况下，他们也不会想像到这种联邦制。[2]

① 这个原则的提出是为了抗议 1780 年马萨诸塞州宪。它未能占据主导地位，而且与后来提出的群体认同的原则没有明显的连续性。

② 这个论断是根据能够找到的有关 1787 年的历史记忆和共和观念作出的。它的历史可靠性不能作为批评上面提到的新的“族裔联邦制”的足够依据。联邦宪法是一种能够适应共和国结构的根本变化的机制。

454

第十四章　平等与正义

经受历史检验的平等的类型

平等证明要比以前历代它的绝大多数倡导者以及虔信者包括共和国的创建者们看来复杂得多。这一点至少对于那些能够后退一步并透过他们历史的眼光审视那一大堆立法、法庭裁定、社会评论以及正式的哲学和政治学的著作的人来说是一目了然的。

确实，即使在美国共和政府的原则第一次被写进法典的较早的时期，平等就已经能够为启蒙运动的思想家们以及立法者们提出复杂的问题。但是实质上他们相信，鉴于平等只是在极为有限的意义上属于政治抱负的范畴，可以通过从本质上说是政治的规则来保障平等。当制定了适当的规则而且这些规则符合平等的原则的时候，由此产生的结果将会满足平等思想的道义需求。由此看来，政治平等至少意味着通过平等的选区的平等的选票平等地参与政治过程（只是适用于那些享有政治权利的个人）。这个根本性的原则的重要性表现在一个半多世纪之后整个南部州的权力结构在《选举权法》通过之后所发生的剧烈变化以及联邦最高法院有关按人口比例确定代表权的一系列裁定。

455 1787 年的美国社会要比 200 年以后更为等级森严。但是对于那些享有公民身份之优越条件的人来说，能够更为直接而平等地参与它的政治。随着政党的创建和发展所发生的重大变化，表现为公民阶级大大扩大，而不是政治平等的观念的发展或升华。但是经验证明，只是平等地享有这个制度外在的东西总是令个人感到不满，甚至幻灭。政治参与只是让人非常有限地尝到了政治权力的滋味。经验将逐步证明，只是参与政治并不能让人控制经济的、教育的和社会的机会的其他许多方面，而这些对于实现主宰一个人自己的生活的目标同样至关重要。而且，如果只有参政的机会，面对他（后来还有她）只是其中一员的众多选民，个人容易感到相形见绌，而不是力量倍增。然而，参加选举是一种行使权力的行为，是参与政治的举动，也是对政治自我的维护。它是一种社会的行为，也是一种严格意义上的政治行为。随着共和国的政治变得越来越复杂，似乎十分矛盾和令人忧虑的是，只有极少数的人认为参加选举是值得做的事情。而这至少部分地是因为政治过程本身的令人费解的复杂性，这造成了令人担心的其他理由。面对错综复杂的院外活动集团、与代议制原则没有多少关系的委员会任命以及公开的听证会但是私下的交易，政治平等的思想似乎成为一种缺乏分量或锋芒的钝武器。尤其是在电视成为宣传和竞选的主要手段之后，竞争公职的竞选人所募集的巨大资金，似乎越来越排斥或降低了个人的分量和意义。当经验去探索将平等确立为一种程序模式的形式上的基本规则的局限性的时候，又暴露出更为微妙的问题。在寻求形式上的平等的时候，男人和女人们又发现了他们自身埋藏更深的抱负，因此他们对制度提出了更为强烈的要求。

作为一套规则的平等的观念在法律领域同样十分突出。正当的法律程序顾名思义指的是在程序上对所有的人是同样公正和容易得到的，但是它并未提到法律应该在实质上是平等的宪政要求。甚至在内战前，"实质性的"正当 456
程序的思想就已经开始加大法律在社会方面的鸿沟。剥夺一个人的财产（这里指的是奴隶财产）的法律是糟糕而无效的法律，因为它未能经过否定他对那个财产要求的法律程序就剥夺了他的财产。[①] 首席大法官坦尼也许并未打算利用"德雷德·斯科特案"引入一个新的法学原则，但是那个原则具有进一步扩展的潜力。平等保护的原则一旦在1868年通过第十四条修正案的形式纳入联邦宪法，就表现得更具创造性。一个被剥夺了某些其他类型的平等的人可以合情合理地称，允许或批准了这种权利剥夺的法律未能发挥给予他或她平等的

① 主要案件是本书在第181—185页（英文原书页码）提到的"德雷德·斯科特诉桑福德案"（19 Howard 393［1857］）。

保护的作用。这个原则蕴含着巨大的潜力造成法律主导下的巨大的社会变革。政治的道路证明是蜿蜒曲折的，但是当政治形势允许的时候，法律就会由规则转变成实质性的东西。确实在许多方面，法律为立法者们引领道路。

如果说联邦宪法第一条修正案简明扼要地宣布禁止确立官方宗教、尊奉信教自由的权利将被视为联邦政府的指导原则，修正案所包含的两个方面之间的不平衡必然使这个规则难以承受实质性的重负。在这里不能说这个修正案所确立的规则是强制实施可以确认的平等原则。形成于教派冲突的经历的平等的原则最终证明可以用来保护个人信仰自由，与其说这表明了联邦宪法的根本特点，不如说这是联邦宪法的内在逻辑的结果。平等在这个意义上是一个非常个体化的问题。

性别的问题可以表述为从“性别”到“社会性别”的术语的转变问题。这个问题从本质上说是一个实质性的问题。限制妇女们的法律的、经济的和政治的权力和自由的规则反映了对她们的先天能力的一种普遍持有的观点。正是这一点为这个研究中将性别作为一个独立的平等类型处理提供了正当的理由。在所有这些方面都不能有把握地说，这些规则直接导致了既令所有有关的人满意的又最终稳定的平等形式。这种不满和不稳定产生于在其他类型的平等——机会平等和受尊重的平等——方面的躁动。

457 约翰·罗尔斯在那个时代最有影响的哲学著作中将自尊描绘为“也许是最为重要和首要的好东西”。[①]他将自尊界定为尽自己所能实现自己的目标的能力。这个定义与控制自己的生存环境的能力的观念一致。社会学家詹姆斯·S. 科尔曼在前不久受国会的委托所撰写的有关南部的学校状况的著名报告的导言中利用了这个定义。[②]

---

① John Rawls, *A Theory of Justice* (Oxford, 1972), 433, 440.

② James S. Coleman et al., *Equality of Educational Opportunity* (Washington, D.C., 1966). 它被称为《科尔曼报告》(*Coleman Report*)。然而没有内在的证据说明罗尔斯(Rawls)受到了科尔曼报告的影响，他的书中并未提到科尔曼报告。这种有关自尊的观点与伯纳德·威廉斯(Bernard Williams)的观点一致。威廉斯将自尊界定为“是人所做的事情得到认同、能够实现他自己的目标以及不成为他人意志的工具(除非他自己愿意接受这种角色)的某种愿望”。Bernard Williams, *Problems of the Self* (Cambridge, 1973), 322—24. 克里斯托弗·詹克斯(Christopher Jenks)和他的助手们认定尊重是一个至关重

自尊的问题与受尊重的平等难解难分地联系在一起。我们在前面的章节中已经指出，独立革命促使人们日益明确要求个人受尊重的平等。这个过程在它所产生的变动的社会历史背景中要比后来在历代中表现得更具颠覆性，也更具创造性。这在法国大革命造成的社会剧变以来尤其如此。美国的理想与美国的事件交错，将个人从等级、阶级或“阶层”的束缚中解放出来。当然，余下的相当大的一部分个人仍然受到强加的种族或等级制以及社会性别的羁绊。

政治运动的结果时常如暴风骤雨，有时令人彷徨，但至少是丰富多彩的。然而，与共和国相联系的意识形态并未立即将社会尊重或是保护自尊的问题置于政治权威的轨道之中。联邦宪法以及法律并未涉及尊重的问题。这也不属于它们的管辖范围。即使18世纪政治的议事日程已经包括了这种问题，它 458
们也难以与构成了独立革命的另外一个具体的贡献的美国强烈的辉格党意识形态相协调，这种意识形态恰恰要求减少政府对个体生活的影响。在本书所研究的美国历史上的各种平等的类型中，“受尊重的平等”总是最为难以捉摸的，最难以界定的，也是最不容易进行具体的或政治的干预的。

然而这个问题成为政治性问题的途径也使我们概念的形成成为可能，也最终使之十分必要。那是一个历史的过程，经历了美国历史上许多时期的动荡阶段而出现。简要回顾作为社会生活中的一个力量——“尊重的意识”——的历史发展，将有助于解释它作为一个政治力量、更为确切地说作为一个分散政治力量的因素的重要意义。

非洲裔美国人对这个问题进行了最为极端的检验，因为美国人口中没有其他的成分比非洲裔美国人更为强烈地体验到了被剥夺了社会尊重以及随之而来的在经济上、法律上和政治上被剥夺了权力的含义。肉体上和经济上的

要的范畴。他们在《不平等：重新评价美国家庭和学校教育的影响》(*Inequality: A Reassessment of the Effect of Family and Schooling in America*)(纽约，1973年版)中分析了大量有关学校教育和家庭的证据。他们使用了“声誉”一词取代自尊，指出美国社会通过其宣示的价值观为不同的职业赋予了不同程度的声誉。他们所说的尊重的类型与人们的职业而不是与他们的出身或世袭地位有关。詹克斯和科尔曼一致认为，学校教育的社会影响是微不足道的。但詹克斯接着指出，社会主义是能够产生美国人所信奉的平等的唯一制度。

压迫产生了心理上压迫的明显后果。因此,简要回顾非洲裔美国人的社会思想家们对他们亲身体验那个问题的反思有助于阐明,整个问题是对美国的平等含义的方方面面的严格检验。在较具反思能力的黑人社会的内部早就熟知和理解种族问题的这些方面。在19世纪70年代中期,牧师亚历山大·克鲁默尔(在利比里亚长期传教、不久前在华盛顿定居的新教圣公会牧师)着手恢复他的人民的种族团结和自豪感。尽管他的传教活动和他晋升领导地位的抱负未能取得完全的成功,但是随着南部压迫的加深他所阐述的主题越来越有影响。克鲁默尔是较早的使人们认识到了黑人美国人被美国社会疏远的根本性问题的黑人领袖之一,当然那也是他们自己的社会。[①]后来他的年轻的信徒W. E. B.杜波依斯更为雄辩地阐述了这个主题:黑人
459 透过一个面纱审视美国,也透过这个面纱审视自己,由此产生了"一种独特的感觉,这种双重意识,这种总是通过别人的眼睛看待自己的感觉,通过用一种幸灾乐祸的蔑视和悲悯的眼光看待黑人的世人的卷尺衡量自己的心灵的感觉。他总是感到有两个他——一个是美国人,一个是黑人,感到他有两个灵魂、两种思想,正进行着两个不可调和的斗争,感到在他的一个黑色的身躯内部存在着两种冲突的理想,只是凭着它顽强的力量才避免了它被撕成碎片"。[②] 这些话是杜波依斯在他致力于的事业的早期写下的。正如我们所看到的,这个事业将把他导向强烈地强调黑人的种族特性。推动杜波依斯思想变化的原因也影响了许多有天赋而雄心勃勃的黑人。在20年前的1883年,华盛顿的贝瑟尔文学和历史协会曾经举行过一场有关种族自豪感和种族团结的热烈辩论。在辩论会上,一个发言者提出了一个经常被提出来的问题——这个问题在一个世纪之后将再次凸显出来。他指出,强调个人的而不是种族的成就的宣传政策的问题在于,"白人不会让你摆脱种族的概念。"随着辩论在黑人的报刊上继续展开,投稿人强调黑人种族必须采用它自己的

① Alexander Crummell, "The Social Principle Among a People," in *The Greatness of Christ and Other Sermons* (New York, 1882), 290—91.

② W. E. B. Du Bois, *The Souls of Black Folk* (Chicago, 1903), 3.

行为准则这个主题对于黑人自我地位改善的重要性。堪萨斯州的律师兼主编 C. J. H. 泰勒指出，黑人自我贬抑的习惯削弱了黑人自己。他评论道："我们没有理由抱怨，直到我们对自己有了更多的自豪感。"黑人如果仇恨自己，鄙视自己的民歌，漂白自己的皮肤，弄直自己的头发，就无法改变自己的处境。①

这种极为重要的自尊精神以及当它软弱无力的时候激励它的需要，一直是黑人抗议的驱动力。它常出现在发生巨大危机和需要巨大心理承受的时刻，如在内战前的抵制公共汽车和争取进入公立学校，以及 1955 年的蒙哥马利市著名的抵制公共汽车运动。② 它也确实出现在 1964 年联邦最高法院中的一个不大的礼节问题上。当亚拉巴马州的检察官坚持称呼一个黑人妇女玛丽·汉密尔顿"玛丽"时，她拒绝回答他的问题，直到他称呼他"汉密尔顿小 460
姐"。州最高法院认为"玛丽"这个名字是"一个适当的称呼"，于是判她蔑视法庭罪。但当官司上诉到联邦最高法院的时候，联邦最高法院裁定说是检察官蔑视了司法程序的礼节。③ 这个小小的插曲却浓缩了巨大的道义上的意义。称呼的形式这样似乎微不足道的问题，关乎受尊重的平等这个根本问题。而这不仅仅是一个程序的问题。可以说，贬低汉密尔顿小姐作为一个人的地位，必然会贬低她作为证人的地位。在奴隶制废除之前，南方的法庭不能采信黑人不利于白人的证词。

玛丽·汉密尔顿小姐不乏自尊。在愤怒和不再忍耐的支持下，自尊推动黑人走过了蒙哥马利市的抵制公共汽车运动，走进了随后几年充满危险的静坐示威和游行示威。没有人会严肃地怀疑，长期遭受轻蔑的或傲慢的对待对于许多受害者的自我评价造成了有害的影响，尤其是在这些态度支持的一种

---

① August Meier, *Negro Thought in America, 1880—1915* (Ann Arbor, Michigan, 1968), 50—51.

② J. Morgan Kousser, "'The Supremacy of Equal Rights': The Struggle Against Racial Dsicrimination in Antebellum Massachusetts and the Foundations of the Fourteenth Amendment," *Northwestern University Law Review* 82:4 (Summer 1988), 941—1010.

③ Morroe Berger, *Equality By Statute: The Revolution in Civil Rights* (Garden City, N. Y., 1968), 116—17.

复杂的社会结构有效地剥夺了他们控制自己的环境的能力的时候，而这种能力却被认为对自尊极为重要，甚至对自尊起着决定性的作用。值得注意的是，肯尼思·克拉克在“布朗诉教育委员会案”中所提供的证据，使广大听众认识到，在学校对学生的期望值低就会降低学生的成绩。这一点以及反过来的道理从此成为教育理论中的老生常谈。

当20世纪中期白人政治哲学家们在大学的安逸条件下以研究报告为基础发现了自尊，并把它与平等联系在一起的时候，他们没有否认他们的黑人同胞公民在很久以前就已经发现了这个问题。但是二者差别是巨大的：一个是白人学者能够触及广泛得多和影响大得多的听众，因此这个问题永远不会被
461 完全忽视；另一个是他们提炼了尊重的概念，通过研究对剥夺尊重的性质和后果提出了新的证据；而这些资源使他们能够将作为一个社会的范畴和个人的范畴的“受尊重的平等”的主题，纳入有关整个社会应该承担的义务的复杂观点。在这个过程中扩大了政治哲学。

政治哲学本身是社会经验的产物。非洲裔美国人的体验的强度与其他在族裔、宗教、语言或是在经济上处于不利地位的群体不同。尤其是对于欧洲裔美国人来说，美国化常常是对自尊的积极发现。这种观点将美国白人和黑人明确地分开，对美国独立初期的历史观察证实了这个观点。它的重要性不仅仅在于美国社会能够使个人的要求合法化，而且它能够较为细致地解释有助于维护美国社会秩序的那种社会纽带。在几代人的时间里，目光敏锐的来访者们注意到了美国社会关系的直接性以及人与人之间的亲密关系，这种不同于欧洲的类似关系的情况给他们留下了深了的印象。当共和国年仅20岁的时候，拉罗什富科-利昂库尔公爵写道：“有钱的人与工人握手和交谈，不像其他地方一样是为了向他表示敬意，而是因为有一天可能需要他帮忙。而且这一切并非装腔作势，而是出于习惯，是受到良好教育的结果。”诚实而不拘小节和矫揉造作的举止之间的鲜明对照显然与法国的情况相去甚远。在法国，公民身份是一种新时尚。而个人之间有益身心健康的坦率给他留下了深刻的印象，他认为这“令自由的灵魂感到惬意”。直到阿列克西·德·托克维尔把追求地位的平等作为他自己撰写的著作的核心主题时，也仍能找到许多类似的

评论。他认为地位的平等是给自由的公民带来每日的“快乐”的情况。[①] 大约20多年后，来访的英国人巴巴拉·博蒂钦印象很深的是，她发现许多来美国的德国和法国移民以身为美国人而自豪。她观察到：“这使他们感到跟到了自己家里一样，让他们感到了他们可能从未感觉到的价值，使他们自尊，给予他们的地位创造了改善自我处境的新动力。”这促使她对人们在英格兰所说的在 462
他们国家人人在上帝面前是平等的骗人的鬼话进行了尖刻的评论。[②]

大约30年后，一位更为著名的英国人詹姆斯·布赖斯在他撰写的著作《美利坚共和国》中专门有一部分写“平等”。[③] 他对平等的界定包含“尊重”，这是民众理解的平等的含义的重要内容。布赖斯对托克维尔的抽象研究不太满意，于是想要把对美国的研究置于更为坚实的基础之上。他这样做必然会观察到美国所发生的巨大变化。在过去的60年中，财富的不平等变得极为严重，而且还会继续恶化。他认为不可能再回归原始的质朴。美国的理想接受了这种发展，是因为通过展示非凡的天赋的而赢得巨大的财富的人的天赋和成就被认为是这个国家的荣誉。布赖斯敏锐地观察到，美国社会的等级划分尽管没有具体的表达，却如欧洲一样泾渭分明。他注意到，那些“养尊处优的人”的奢华之风从东部传播到西部的城市。然而给他留下深刻的印象的、似乎比这种过分考究更为重要的是，一种基于“在美国人们在内心把他人视为与他们自己完全相同的人”的明显事实的“受尊重的平等”。他显然欣赏美国人看待取得卓越成就的人士的颇为实际的现实主义。他评论道：“对他人成就的尊重激发起人们的兴趣，甚至敬意，”但这不会让人如此对待他所尊敬的人，“好像他是瓷器质地的，而你只是陶器质地。”[④]这种态度在佣人们中间也能看到。

---

① La Rochefoucauld-Liancourt, *Voyage dans les États-Unis, fai en 1795, 1796 et 1797*, 5 vols. (Paris, L'An VII de la République), 253—56; Alexis de Tocqueville, *De la Démocratie en Amérique*, ed. J.-P. Mayer (Paris, 1961). 有关“快乐”的分析，参见本书第136—137页(英文原书页码)。

② Barbara Leigh Smith Bodichon, *An American Diary* 1857—8, ed. Joseph W. Reed, Jr. (London, 1972), 72—73.

③ James Bryce, *The American Commonwealth*, 2 vols. (Chicago, 1891) 2: 615—27.

④ Ibid., 622.

他评论道，在西海岸，黑人常常与白人在同一张桌子旁边落座，尽管他注意到华人在那里受到的虐待。从总体上说，布赖斯的目光避开了较为严重的种族关系问题。在他的著作早期的几个版本中构成他的研究对象的美利坚共和国，几乎完全是白人的共和国。

两年前，著名的钢铁大王安德鲁·卡耐基（一个贫困的苏格兰织布工的孩
463 子）通过他写的书《凯歌高奏的民主》的献词中的溢美之词，对各种不同的但相互联系的平等类型大加颂扬："献给我挚爱的共和国：在她平等的法律下，我与任何人都平起平坐，尽管在我的母国我被剥夺了政治平等。我将这本书献给这个共和国的强烈感激和敬意，我母国的公民无法感受到，也无法理解。"他在书的序中解释说，这个共和国"消除了他的母国在他出生时就给他烙下的低人一等的耻辱的印记，使他在伟大的法律面前和在他自我评价（这是更为重要的考虑）中能够与世上的任何人平起平坐，无论他是教皇、皇帝、牧师还是国王——因此，他不是任何人的臣民，而是一个自由人，一个公民！"[①]在这里平等的法律在很大程度上赋予了人们受尊重的平等，对于巴巴拉·博蒂钦所评论的其他欧洲移民来说也是如此。但是，也许如卡耐基所暗示的那样，这只是第一代移民的现象。而且我们在这里没有1892年在宏大的芝加哥罢工中为他们的目标而奋斗的钢铁工人们的见证，那时他们的主人仍然呆在斯基博（Skibo）的苏格兰式城堡中。

权利与社会尊重

尊重问题的政治意义在紧张和危机时期一再出现。而这完全是美国经历的特点（我们也许可以说这是美国人对这个问题的总体方面的贡献），是对尊重的剥夺激发了对这个问题的阐述。20世纪中期* 全民对尊重问题意识的提

---

① Andrew Carnegie, *Triumphant Democracy, or The Fifty Years' March of the Republic* (New York, 1886), dedication and pp. v-vi.

* 本书作者误写为19世纪。——译者

高所造成的结果是，不仅提出了纠正问题的具体要求，而且正如我们所看到的，它促成了一个正式的哲学思想。

然而，约翰·罗尔斯所宣称的自尊是"最为重要和首要的好东西"前面还有限定词"也许"。这种慎重是明智的。因为经过罗伯特·莱恩的进一步研究，自尊可能证明不是首要的好东西，而且在某些情况下根本不是一个好东西。充其量，它应被视为得到其他好处的一个手段。例如，工作的权利，提供了取得成就的机会。在自尊（self-respect）（在这里可以与 self-esteem 互换） 464
是以成就而不是归属为基础的情况下，工作的权利就是取得自尊的权利。莱恩指出，建立在成就之上的自尊要比建立在归属之上的自尊更能令个人和社会满意。对于个人来说，它产生了更高水平的满足感；而对于社会来说，它成为社会活力的一种来源。[①] 但是，如果一个人通过与其他人进行令人反感的或有害的比较而获得他或她的自尊，这种自尊就可能造成更多的伤害，而不是带来好处。由于人的本性和当今时代的竞争性氛围，这并非罕见的现象。[②]

从总体上说，当代美国社会主张根据人们的成就或挣钱多少来给予尊重，而不是他们属于哪一类人（无论他们是得克萨斯的百万富翁、老南部的黑人家庭或尼日利亚裔移民出租汽车司机）。可以毫不夸张地说，美国社会自身对自尊的要求，在很大程度上取决于它具有令人信服地提出这种要求的能力。

这个观点揭示了确立一种统一的平等理论的任何似乎合理的尝试的根本性缺陷。当代社会极为复杂。它还呈现出一种正常的内在波动。重视成就的观点的社会理由源自同样具有根本性的美国机会平等的原则。当男人们和

---

① 尽管从总体上说这种评论无疑适用于当代美国，但是它并非一个普遍性的真理。欧洲的地主们在传统上更为重视靠他们的佃户缴纳的地租过上的悠闲生活的地位，而不关心他们的佃农通过在土地上的艰辛劳动争取的地位。

② Robert E. Lane, "Government and Self-Esteem," *Political Theory* 10:1 (Februrary 1982), 5—29. 主导性的观点认为，经济持续发展的社会从整体上说要比经济停滞不前的社会更富裕。中世纪并未产生经济理论学家，那也许是因为人们还不知道经济增长的概念。当自尊根据个人或家庭消费大力宣传的消费商品的多少来仔细地衡量，并通过邻居注视的目光来检验的时候，消费的能力就会成为各个阶级首要利益，而劳工组织就会致力于保护或扩大这种利益。罗尔斯（Rawls）指出，对自尊的追求会使人人为敌。*Justice*, 545—46.

女人们拥有平等的工作机会的时候，他们必然会从生活中不同的兴趣和目标起步，发现自己最终从事着千差万别的职业，从医生和律师到男邮递员（或女邮递员）、看门人或教师，所有这些职业都会得到不同水平的社会尊重。

465 莱恩在他经验主义的研究结果中预见到了这种困境，具有重要的理论后果。细致的研究发现人们更多地关心拥有某种机会，而不是机会的平等。熟练工人会与他周围的人比较命运，会与在地位的等级上比他略高和比他略低的人比较。实际上，所有的劳动者都能达到这些地位。某种地方性的、看得见的不平等会令他（或她）愤愤不平，但是他（或她）不可能憎恨所有人构成的等级上不可企及的明星闪烁出来的不平等。[①]

这个颇有见地的观点还可以进行延伸。如果说人们更多地关心他们自己力所能及的实际机会，而不是某种抽象的平等观念，那么可以预见他们更多地关心得到适合他们的职业、给予他们的社会圈子的尊重，而不会觊觎给予伟人的尊重。无法企及的高度一般不会成为妒嫉的目标。其结果是软化社会憎恨的坚硬锋芒。然而应该注意的是，这个观点将机会的平等作为美国意识形态的基本原则，而认为尊重源自机会。

平等与社会义务：理论性探究

"respect"和"esteem"这两个词尽管词源不同，但在使用时几乎可以互换。词典中也总是用其中的一个解释另外一个。在当代思想家们的著作中，它们也经常通用。然而迈克尔·沃尔泽在他有关在一个复杂的社会可能确立一种平等的价值观体系的观点中，却对"self-esteem"和"self-respect"作了区分。

---

① Robert E. Lane, "The Fear of Equality," *American Political Science Review* 53:1 (March 1959). 这个见解与 W. G. 朗西曼所著《相对权利剥夺与社会正义：对 20 世纪英国对社会不平等的态度的研究》(W. G. Runciman, *Relative Deprivation and Social Justice: A Study of Attitudes to Social Inequality in Twentieth Century England*)(Harmondsworth, 1972)一书中所阐述的"相对权利剥夺"的主题密切联系。

后者包含具有明确的社会目标的角色或职业的含义，因此接近构成莱恩研究的主要目标的那种尊重。[1] 一个医生受到别人的尊重是因为他的社会价值，而我们可能会希望一个自尊的医生会根据病人们的需要而不是付费多少对待 466
他们；[2]一个木工尽管在社会上得不到那么多的尊重，但是一个自尊的木工将会为他或她完美的产品感到自豪。沃尔泽从一种较为难以估计的角度阐释尊重概念，更为重视不是赢得的荣誉。

对于沃尔泽来说，respect 概念（与 esteem 不同）产生于生活中获取的角色。而约翰·罗尔斯相对而言的出发点是一种原初的平等地位；个体的人被一种茫然的帷幔所遮蔽，并不知晓他们在未来生活中的地位。当他们的道德价值观形成的时候，他们还没有获取到的角色。以后可能会偏离平等，但是偏离的合理理由必须对每一个人有利，而尤其要对最贫困的人有利。[3] 罗尔斯从“原初地位”的道义后果出发，发展了早期的一些哲学家出于其他原因持有的观点——人人应该以符合他们的人格的尊重对待对方。这种态度是对人的某种道义能力的平等的基本尊重。这种相互尊重的根本要求是罗尔斯详尽分析的康德的观点的基础。康德认为，应该总是把人自身作为一种目的来对待，却永远不能仅仅把他们视为实现他人目的的工具。

罗尔斯假定他的有道义能力的人对自己的利益有自己的想法，也有正义感。道义的个性不一定总是能够充分展现，但是它却作为一种可以实现的潜力存在于正常的人身上。这种说法似乎表达了一种具有根本的道义意义的原则，但是其适用性却较为有限。人作为具备道义能力的生命应该相互给予平等的尊重的说法在早些时候曾受到批评，理由是单有尊重就够了，根本用不着

---

① Michael Walzer, *Spheres of Justice: A Defense of Pluralism and Equality* (New York, 1983), 274.

② 那至少是一种原则。然而，我们经常注意到，人们对脑外科医生的评价要高于那些对身体其他部位做手术的外科医生，尽管他们的工作并不一定更难或更必要。这表明对社会上工作的尊重的分配存在着某种不合理的成分。

③ Rawls, *Theory of Justice*, 19, 60－62. 当然一个人是穷是富蕴含着多种含义。世界的民间故事（不用说寓言故事）告诉我们，穷人可能比社会地位高于他们的人更为诚实，因而更为快乐。

平等的观念。人们所需要的仅仅是他们能够相互之间把对方作为完整的人对待，他们中的每一个人本身都是一种目的，而不是一种手段。[①]

467 如果平等的理论要求每一个人询问是否所有的人相互之间应该给予的尊重（仅仅因为他们是人）正是他们出于某种原因应该得到的一切尊重的话，那么它就会对人的判断力施加难以承受的压力。如果是这样的话，那么对受尊重的平等的要求就难以确立，也不再值得拥有。

社会的存在依靠满足其成员们的需求。满足这些需求所需要的条件总是与具备那些条件的人所受到的尊重之间总是存在着某种联系。这些条件会随着供应与需求以及时尚和无数暂时的标准的变化而变化。而这些人也不一定因为发挥那种作用应该被给予更多的尊重。而社会也不会以这种合理而简单的形式运作；也许过分的合理性会使人际关系丧失人情味。[②]

个人尊重在人际关系的自由进行中总是一个变量。在个体之间的关系中，不能由政府来规定或决定人际关系。然而，美国历史上最为重大的变化之

---

① Stanley I. Benn, "Egalitarianism and the Equal Consideration of Interests," in J. R. Pennock and J. W. Chapman, eds., *Nomos IX: Equality* (New York, 1967), 66—67. 这个观点将平等的观念是否能够承受包含任何具体的含义的重负的问题提到理论的高度，因为所有要求平等的利益群体可以通过其他的语言表达自己的观点，而不失说服力。彼得·韦斯顿在《空洞的平等观念》(Peter Westen, "The Empty Idea of Equality") (*Harvard Law Review* 95: 3 (January 1982))，第537—596页中阐述了这种观点。但是这不能削弱这样的有力事实：在历史上人们经常充满激情、有时难以名状地相信，无论人们如何理解平等，它都是社会正义的灵魂。我们已经注意到，亚里士多德也受到了这种观念的影响。这种信念具有推动事件发展的力量；而许多事件可以从这种信念的角度来理解。鉴于此，它们应该受到历史学者如果说不是哲学家们的尊崇。它们确实受到了哲学家们的尊崇，如伯纳德·威廉斯(Bernard Williams, *Problems of the Self*)和托马斯·内格尔(Thomas Nagel)。内格尔在题为《平等》的文章中指出，形式上的平等应该被视为与功利主义和个体权利这两个主要问题同样重要。参见 Nagel, *Mortal Question*, Cambridge, 1979。

② "他是一个好学者，却是一个糟糕的主席。""她是一个伟大的歌唱家，却是演员中一个不能让人接受的成员。""他是一个技术娴熟的木工，却是一个糟透了的父亲。"读者可以举出更多自己的例子。在每一种情况中，都对具体的职能进行了区分，而这种区分实际上经常进行。而人们通常由于他或她的天赋或成就而给予这个人一些尊重。然而，对于这种做法的道义困难，参看肖伯纳 (George Bernard Shaw) 撰写的《医生的困境》(*The Doctor's Dilemma*)。

一就是发生在这个捉摸不定而无处不在的社会尊重领域。在第二次世界大战之后的年代里，美国政府发现自己在以前历代人从未听说过的程度上和深度上不可避免地被拖向承担社会尊重（而不是个人尊重）这个复杂而几乎模糊不 468
清的领域的责任。

这个问题作为一种抗议而不是一种要求进入政治。不同种族、宗教以及其他族裔群体的成员，最为值得提及的是非洲裔美国人和犹太人，自身想要摆脱他们的同胞公民对他们毫无根据的不尊重。受尊重的平等的力量在于它是一种消极性的要求——一种不能以任何专横的和不合理的理由被轻视或拒绝的权利。而将个人和群体联系起来，从群体的角度来判断和谴责个人看来是专横而不合理的。社会史的这个事实所造成的结果是，如果不通过某种形式的对群体价值的承认，就无法完全解决个体的问题。而所谓美国没有阶级的思想使政治学的学者们忽视了社会权利和经济权利的剥夺而不是族裔权利的剥夺所造成的伤害。无论掩盖得多么严密，阶级的伤害都同样严重。[①]（实际上，杰克逊时代的工人组织既较为公开地承认了这种伤害，对这种伤害也有着更深的理解。）竞争性的价值观体系对失败的严厉谴责，只会恶化许多无助的或不成功的个人的命运——这种命运常常让他们的家人跟着降低社会地位。失败了不仅会失去收入，也会失去社会的尊重。而平等的准则也不能为他们提供多少帮助。

我们已经注意到了，尽管“respect”和“esteem”经常可以互换，许多作家却以不同的方式使用它们。进行进一步的也许同样有用的阐释可能有助于澄清这一组复杂的问题。“Respect”可以被视为一种政治的或政府的特性。它是政府对其所有的公民的平等的关照。政府必须不分种族、宗教、族裔群体或经济阶级保障每个人政治参与的平等、法律面前的平等、宗教自由的平等、机会的平等、性别的平等，正是给予他们平等的“respect”的表现。在这个意义上，我们现在可以说，尽管共和国的创建者们没有同意把它作为一种正式的原则，

---

① Richard Sennett and Jonathan Cobb, *The Hidden Injuries of Class* (Cambridge, 1972), 147—53, 203, 237.

他们毕竟相信政治意义上的受尊重的平等(equality of respect)。这并不是说
469 政府可以授予个人平等的"esteem",或者说它能够或者应该进行这种尝试。它显然可以做的事情是利用其对"respect"的权力影响"esteem",消除给本来前程似锦的人的"esteem"笼罩上的厚厚的阴影的经济上和体制上的障碍,这种阴影经常令他们的前景暗淡,希望泯灭。

罗纳德·德沃金曾经指出,政府能够在它设计的有关财产的计划中把人民作为平等的人来对待。这个建议与我们的尊重概念有关。然而把他们作为平等的人来对待不一定意味着使他们成为平等的人。他补充说,因此人们不必相互之间把对方作为平等的人对待,无论那个计划分配给他们什么。社会拥有可以集体支配的多种资源,包括物质的商品、自然以及各种人的天赋。在德沃金看来,判断政府是否给予了所有人平等的关照的基础是,资源是否得到了平等的分配。只要这种资源按照理解还包括权利,这个原则就在一个复杂的社会分配给政府一个适当的角色。既然这种平等关照的目标是个体的人,德沃金的分析涉及平等的个体主义基础,这种基础至少也是启蒙运动和美国宪法制定以来西方传统的主流的基础。①

当代政府对国家资源的分配发挥着巨大的权力,它采取行动还是不采取行动会产生截然不同的结果。② 政府权力的这种增强是两个多世纪以来政治发展的主要特点。这是不可逆转的,任何雄辩的言辞都无法削弱这种权力。在国会通过法案将某些资源分配给加利福尼亚南部的少数群体公司(这造成了"富利洛夫案")这样的举措中,推动政府政策的是希望通过在一组少数群体利益集团中间分配资源,打出平等的尊重的旗帜。有两点需要注意的地方值得提及:第一,这个过程所重视或"关照"(用德沃金喜欢使用的词语)的群体或
470 个人被认定的主要身份是群体的成员。第二,重要的是不要犯认为每一个有关资源分配的利益的冲突都涉及尊重的问题的错误。对立的部落或民族、族

---

① Dworkin, *Law's Empire* (Cambridge, Mass., 1986), 297—312. 他指出个人的天赋也是人们中间的资源,而且这种资源分布不均衡。这种先天的不平等要求采取某种措施弥补那些资质较差的人。

② Lane, "Government and Self-Esteem," 5.

裔或宗教群体可能为争取控制同样的资源而斗争，但不一定相互鄙视(尽管事实上，在调动起足够程度的敌意的过程中，它们通常相互间进行一定程度的诋毁)。美国历史上经常发生的事情是，被剥夺尊重的少数群体(黑人、爱尔兰人、华人、某些情况下的犹太人)的成员也被剥夺了公平的就业机会，因此失去了赢得与那种职业相应的受尊重的机会。只要政府干预并保障这些机会，就为他们提供了赢得尊重的可能；而赢得的这些尊重由个人享有。政府为特定的群体提供分享市场的固定份额，可能也是这种动机的驱动。但是如果少数群体经营的公司在同一个市场运作并且竞争同样的资源，在竞争的群体中间分配这些资源的政策却无法保障个人的重要利益。如果用另外一种令人沮丧的话说，政府的动机可能更多地与保持某种政治和平有关，而不是要保障个人享有平等的机会。从另一方面来说，在个人机会方面更为公平的资源分配看起来确实在社会尊重的语言上产生了较为公平的结果——这个结论证实了政府与舆论之间的联系。政府政策开创了"公平就业"的原则和实践，而"公平就业"产生于向机会平等的理想靠拢的目标。法律如果得到充分的实施，就会成为社会已知的最为有力的教员。而法律越来越得到了正式教育的支撑。直到第二次世界大战的结束阶段，据报道只有 42%的白人美国人认为他们的黑人同胞应该被给予平等的就业机会；到 1972 年，这一比例增加到了 95%。《1964 年民权法》中发挥作用的第七条是在 85%的美国公众表示支持黑人享有平等的经济机会、90%的公众表示支持妇女与男人同工同酬的情况下在国会通过的。不容置疑，联邦法院的权威影响到了民意的这种深刻转变。白人对满足黑人的要求的态度所发生的变化太缓慢了，但是他们的态度变化之快超过了以前的任何时期。黑人劣等的古老神话在理性的证据面前也逐渐被打破。直 471
到 1963 年肯尼迪遇刺身亡那一年，仍有 39%的白人认为黑人的智力先天劣等。但是 15 年以后这个数字下降到了 25%。[①] 白人美国人似乎在他们对机会

① Burstein, *Discrimination, Jobs, and Politics: The Struggle for Equal Employment Opportunity in the United States Since the New Deal* (Chicago, 1985), 40—41; Edwin Dorn, *Rules and Racial Equality* (New Haven, 1979), 50—54. 在这两本书中对这个问题进行了比上文详尽得多的分析。所有的证据都表明逐渐出现了非常明显的**期望值**(expectations)的平等化。随着对男人和女人们的族裔背景的关注越来越少，人们期望他

的平等的潜在信念所展现出来的力量的推动下变得相信，并且普遍认为(尽管他们没有宣布)：任何背景的人都应该得到与他们的功绩相应的报偿。①

这些观点的变化实质上是一个群体对另外一个群体的尊重的转变。而尊重的提高反过来造成了期望值的提高和实际机会的相应增加。其中所包含的矛盾不应忽视。因为这意味着，针对群体和通过群体所进行的情况的改善，对于那些不能凭他或她自己的力量取得进步的个人来说，是提高个人的地位的最好途径。群体尊重的提高能够也显然提高了无数个人的自尊；受尊重的平等的政治意义因此作为一种群体现象而出现。这个实实在在的社会现实造成了个人对群体的期望和忠诚；结果当摆脱这种期望和忠诚的适当时间到来的时候，个人仍难以自拔。

詹姆斯·S. 科尔曼在反思他的有关南部的教育不平等的报告时所得出
472 的结论，现在看来没有什么大惊小怪的。他的委员会否认有责任为了决策的目的对平等进行界定："这种界定将是各种利益互动的结果，而且一定会随着不同时期利益的变化而变化。我们的责任只是揭示用这个时代看起来合理的各种方式界定的不平等的状况。"②

平等的观念在其漫长而时常充满暴风骤雨的历史过程中，产生了各种各样的含义。③在早期的历史中并不能找到所有这些含义。产生了道义平等思想的古代世界并未设想到个人会向社会提出权利要求。然而权利平等是美国

们根据他们的能力，而不是在那些背景所划定的界限内表现自己。从另一方面来说，可以被称为**基因主义**(geneticism)突然出现的理论，表现为根据智商测验的结果做出推断，导致了20世纪60年代末和70年代初激烈而(似乎)短暂的论争。智商测验作为能力的证明并非完全没有价值(当然尤其它能够证明人有能力参加这种智商测验)，但是它并不能说明人的动机这个关键因素。我并未谈到这个小插曲，但是菲利普·格林在他的《对不平等的追求》(Philip Green, *The Pursuit of Inequality*)(纽约，1986)第38—75页进行了详尽的分析。诚然，他对智商测验很反感。

① Sidney Verba and Gary R. Orren, *Equality in America: The View from the Top* (Cambridge, Mass., 1985), 82.

② James S. Coleman, "The Concept of Equality of Educational Opportunity," *Harvard Educational Review* 38:1 (Winter 1968), 17.

③ 参见 Douglass Rae and associates, *Equalities* (Cambridge, Mass., 1981)。这本书的标题突出了这个观点。这本政治学者撰写的著作证实了三年前出版的《美国平等的历程》(*The Pursuit of Equality in American History*)中所采用的历史分析法。

启蒙运动和欧洲启蒙运动思想的关键，被纳入了美国的政治原则。机会的平等在一个正在扩张中的经济中成为一种应者云集的召唤。无论是扩张还是周期性地收缩，那种经济永远不会认真考虑确立一种平等分配商品的稳定制度。适用于一个简单而静态的社会的"纯粹的"平等观念，只能是哲学家们的玩物，或是道义主义者们的理想，却不可能登上改革的议事日程。

根本法与政治环境

在平等的原则开始被视为根本法所赋予的一种道义真理之后的 200 多年，要说这个观念应该被视为一个开端或是一种手段而不是一个目标，似乎是忘恩负义。然而在这个漫长的时期中，平等的观念曾被一再重新解释以满足许多不同的需要和偶然情况。这个过程所得出的一个见解是：在特定的情况下得到赞同的那种平等，总是社会抉择的结果。我们看到，社会道德的要求随着时间和环境的变化而变化。这个结论代表着一种共和国赖以为基础的道义
思想的深刻转变。当美国人批准《独立宣言》的时候，通过这个行动他们表示 473
赞同一种植根于不可让与和不可改变的权利的平等观念。尽管政策可以变化，但是这些权利却是不能破坏的，不能随着不同的社会或时期而改变。

共和国的创建者们，无论他们之间存在着什么分歧，从总体上说都赞同自然法则的恒久性；上帝恩赐的礼物不容易败坏，也无需改进。然而他们在涉及平等和自由的问题的做法中显而易见的矛盾和局限性，未能逃避他们自己的时代的批评；逝去的两个世纪教会我们以审慎怀疑的态度看待对启蒙运动的盲目信仰中所揭示出来的真理。① 我们发现，公民们在他们自己的社会中所要求的权利至少必须根据那个社会的规则和需要给予他们，而不是从自然之手中直接得到。在终极的哲学意义上说，个人的权利实际上可能来自同一个

---

① 我承认这里模仿了吉本有关基督教传播的原因的著名章节中的话："17 世纪的革命教会我们：不要极力坚持让人接受预言和启示录中的神秘语言。"*The Decline and Fall of the Roman Empire*, ch. xv, s. II.

来源——自然，或者用罗尔斯的当代比喻说，来自“原初地位”的道义要求。然而，在较早的时期，政府充其量只能发挥有限的保护性的作用，而人们作为平等的人的权利更多地是要求免受政府的侵犯，而不是要求政府的保护。这种情况后来被完全扭转了过来。政府经常通过其司法机关，成为在发生冲突时决定对平等进行何种解释，并通过时刻监督和定期评估的政策实施保护的主要机构。政府本身必须决定它应该在多大程度上促进个人机会平等，或“按人口比例的多元化”的平等。社会哲学和政治哲学的深刻分歧都围绕着对当代的平等的含义的不同看法。

这一类问题无法单单从平等的标准的角度得到回答，因为正如我们所看到的，它们产生于对平等本身不完善的或矛盾的解释。要回答这些问题只能转向更高水平的公正观念，或者用更为通俗的话说，转向更高水平的公平观
474 念。当联邦最高法院问道某种形式的歧视是合理的还是专横的、它们能否经受客观的标准的检验的时候，它正是转向了这个方向。公平与平等相比较，属于一个更高水准的伦理，而理解平等的一个方式是，它是将公正的指令运用于具体的情况。而公正要求对平等的显然偏离的理由不能是有悖平等本身的个体基础的考虑。正是在这个基础上说，不能为了不平等本身，或者为了它们的直接受益者而创造或维持不平等，而只能作为一种统一的伦理体系的一部分。

有关平等的辩论不断地重新开始表明，走向社会平等的运动是一个走向幻觉的运动，尽管目的地经常发生变化。每当看起来已经找到了问题的答案的时候，常常证明只是到达了问题的性质发生变化的那个点。然而这并非一个定论。因为认识到这是一个历史真实，并非要承认那些理想全是幻觉，或者说斗争一无所获。毕竟人类事务只有一个共同的目的地，而且那个目的地是人类不自觉的选择。

美国由于它自己所宣称的理想，成为平等问题一个动荡的但在某种程度上幸运的检验场地。它公开宣布致力于平等赋予它一个引人注目和率先垂范的责任。无论是面对《独立宣言》所正式针对的人类的舆论还是当代世界的舆论，都无法拒绝承担这种角色。联邦宪法赋予美国典范的特殊的特点增加了问题的复杂性，但是并未削弱其总体的重要意义。

各种平等的类型所提出的问题在美国较为突出，是因为美国如此突出地致力于保障平等。乔万尼·萨托利在提出基本上同样的观点时并未具体提到美国："我们现在必须停止谈论单数形式的平等，而着手处理复数形式的平等……正如自由实际上要具体为实现特定的自由的斗争，因此在历史上平等被界定为对某种差别而不是其他差别的否定。而我们对平等的分析必须回答这样一个明确的问题：在民主社会中占据优先地位的具体的平等是什么？"[①] 然而，尽管美国的民主是最早确立的民主制度，而且最为具体地致力于保障权 475
利的平等，但是从未对这个"明确的问题"给出一个具体的答案。从美国前200年的历史中至少能得出的一个论断是，这个问题的答案随着时间和环境的变化而变化。

公平的观念作为政治正义的主导性原则一直可以追溯到亚里士多德有关人人应该得到应得的公正待遇的观念。[②] 然而那并不意味着应指望亚里士多德、18世纪的普通法或自然法观念、联邦宪法的语言、法国大革命的《人权公民权宣言》或者欧洲共同体的《人权宪章》对适应不断变动的社会需要的平等程度拥有最后的发言权。归根结底，很难针对平等提出一种总体的理论的原因在于，平等本身作为一种目标，不再是一个统一的概念；尽管它的不同方面都分享了一个核心理想的重要成分，但是它们相互之间无法保持一种不变而稳定的平衡。而在公众生活中，从未到达终点，与已经取得的相比，总是有更多需要做的事情。

美国人从盎格鲁-撒克逊法学中继承来的，得到普遍赞同的首要的平等原则是法律面前的平等。然而，实现正义需要类似的程序的观点，从来就不仅仅是一个程序性规则。它代表着一种原则：即使在一个分层的社会里，当不同等级的人发现自己处于共同的或中立的立场上的时候——例如当在他们中间寻求正义的时候，人性要求必须对所有的人适用同样的程序。总之，优先考虑等级、财富、性别、种族或宗教无法引导人们寻求真理；而正义的本质就是寻求真理。

---

① Giovanni Sartori, *Democratic Theory* (New York, 1967), 334.

② 对亚里士多德的分析参见本书第一章。

如果把这个原则进一步扩展，我们可以说平等的原则至少是一种程序规则，是一种估计平等的已有程度以及尽可能地能够满足个人愿望和社会目标的总体需要的平等程度的方法。然而这只是问题的关键，而不是其解决方法。正如我们在这个研究中所看到的，平等可以作为已经达到的或者希冀的社会
476 地位的比喻或者同义语。它是男人们和女人们要求缩小他们自己的地位与那些赢得了不应拥有的优越地位的人的地位之间看得见的鸿沟时所使用的语言。因此它是美国政治论辩中最容易引起强烈感情和最具影响力的比喻。

然而，如果用人们最为熟悉的语言说明问题，可以正当地要求社会的规则保护的个人的愿望，并不总是与同一个社会实现种族的或群体的某种平衡的广泛利益和谐一致，有时甚至与它相冲突。在1954年之后未完成的革命的年代里为美国的议员们和法官们所提出的问题突出了一个不可避免的矛盾要求：他们常常要找到一种普遍性的原则，并依据这种原则解决一个大众社会中的微观世界的问题。平等的程序规则一直是不可或缺的出发点和重要方法。它们最终可能在整个人口中间造成一种近似的平等结果。然而在民权运动时代的美国，那种愿望所赖以立足的基础是一种假说，而不是社会科学中一种证实了的演绎推理（如果说这是可能的话）。如果这些程序造成了社会的变革了的话，那种社会反过来会提出不同的要求，并且非常可能产生一种用来评估那些要求的不同的追求社会正义的直觉。在以前的美国历史的不同时期，一直有许多因素挑战当前的共识（如果说存在着这样的共识的话），希望确立起一种他们自己想像的新的共识。无论是否可以说这种共识在任何一个时间曾经存在过，没有理由指望这种过程会停止。

把指向按人口比例多元化的政策（以前被称为“结果的平等”）作为在社会、经济和教育政策中的平等和正义含义的实际决定性因素，代表着对以前的评估方法和对美国历史上机会平等的观念的个体性基础的偏离。它为得到正式保护的美国多元化观念提出一个新的途径。在争取取消南部的种族隔离的斗争期间，种族问题把各种问题都囊括在内，将问题凸显和简化为在平等和不平等之间的抉择。那场斗争的结果是，使未来人口重新组合的数代美国人不再是在平等和不平等之间作出抉择，而是在一种平等观念和另外一种平等观

念之间作出抉择。

产生了这些得到升华的重要含义的辩论，在很大程度上有助于澄清必须 477
作出的抉择的性质。当然，这种澄清不会决定特定问题的结果。从美国历史和共和政府中推演出来的主导性原则，在过去曾为旨在通过适用平等的规则获得实质性的平等结果的政策提供了正当理由。而且还不仅如此。要理解这个论断，极为重要的是要认识到，在任何特定的历史时期，利益分配（包括教育、家庭背景和衡量智力的证据）本身代表着过去分配结果的严重不平等。正是由于这种原因，无论在哪一方面这些情况需要制定行动计划，主要的目标一直是纠正延续下来的明显的不平衡，而不是创造一种理想的预先设想的争取达到的"高原"。

对平等规则原则的偏离永远不能得到联邦宪法的支持。而对平等地位的偏离却时常有正当的理由，而且也是必要的。联邦宪法仅仅要求，提出这种偏离要求的人有责任给出正当的理由。如果说在联邦宪法有权采取行动的地方可以期望它一般会朝着实现平等的方向倾斜，这不会给联邦宪法增加太沉重的负担。然而，这个负担包含着几种不够协调的成分，其中最为重要的是，联邦宪法给予所有的人平等的和公正的保护——这所有的人包括美国土地上每一个作为独立而完整的个体的个人。被作为需要联邦宪法特别关怀的目标正是个人的权利；正是为了保护这种权利共和国才应运而生。

索 引

（索引后的页码为边码）

图书在版编目(CIP)数据

美国平等的历程/〔英〕波尔著;张聚国译.—北京:商务印书馆,2007

ISBN 978-7-100-05019-7

I.美… II.①波…②张… III.平等—研究—美国 IV.D771.224

中国版本图书馆 CIP 数据核字(2006)第 046537 号

MĚI GUÓ PÍNGDĚNG DE LÌCHÉNG

美国平等的历程

〔英〕J.R.波尔 著

张聚国 译

商 务 印 书 馆 出 版

(北京王府井大街36号 邮政编码 100710)

商 务 印 书 馆 发 行

北京民族印务有限责任公司印刷

ISBN 978-7-100-05019-7

2007年2月第1版 开本 787×960 1/16

2010年9月北京第2次印刷 印张 30¾

印数 3 000 册

定价:50.00元